"十四五"职业教育国家规划教材

Qiche Fadongji Gouzao yu Jianxiu

汽车发动机构造与检修

全国交通运输职业教育教学指导委员会　组织编写

王　雷　主　　编

陈纪民　主　　审

人民交通出版社股份有限公司
China Communications Press Co.,Ltd.

内 容 提 要

本书为"十四五"职业教育国家规划教材。全书分为十个单元,内容主要包括:汽车发动机基本知识、发动机曲柄连杆机构构造与检修、发动机配气机构构造与检修、汽油发动机燃料供给系统构造与检修、发动机润滑系统构造与检修、发动机冷却系统构造与检修、发动机排放控制系统构造与检修、发动机拆装与维护、发动机综合故障诊断与排除、柴油发动机。

本书可作为高等职业院校汽车运用与维修技术专业、汽车检测与维修技术专业的教学用书,也可作为汽车检测与维修技术人员的培训教材。

图书在版编目(CIP)数据

汽车发动机构造与检修/全国交通运输职业教育教学指导委员会组织编写;王雷主编. —北京:人民交通出版社股份有限公司, 2019.7

ISBN 978-7-114-15497-3

Ⅰ.①汽… Ⅱ.①全…②王… Ⅲ.①汽车—发动机—构造—高等职业教育—教材 ②汽车—发动机—车辆修理—高等职业教育—教材 Ⅳ.①U472.43

中国版本图书馆 CIP 数据核字(2019)第 082144 号

书　　　名:汽车发动机构造与检修
著 作 者:王　雷
责任编辑:张一梅
责任校对:张　贺
责任印制:刘高彤
出版发行:人民交通出版社股份有限公司
地　　　址:(100011)北京市朝阳区安定门外外馆斜街 3 号
网　　　址:http://www.ccpcl.com.cn
销售电话:(010)59757973
总 经 销:人民交通出版社股份有限公司发行部
经　　　销:各地新华书店
印　　　刷:北京市密东印刷有限公司
开　　　本:787×1092　1/16
印　　　张:21
字　　　数:496 千
版　　　次:2019 年 7 月　第 1 版
印　　　次:2024 年 1 月　第 5 次印刷
书　　　号:ISBN 978-7-114-15497-3
定　　　价:49.00 元

前　言

为贯彻落实《国务院关于印发〈国家教育事业发展"十三五"规划〉的通知》（国发〔2017〕4号）精神，深化教育教学改革，提高汽车技术人才培养质量，满足创新型、应用型人才培养目标的需要，全国交通运输职业教育教学指导委员会组织来自全国交通职业院校的专业教师，按照教育部发布的《高等职业学校汽车运用与维修技术专业教学标准》的要求，紧密结合高职高专人才培养需求，编写了交通运输职业教育高职汽车运用与维修技术专业教材。

在本系列教材编写启动之初，全国交通运输职业教育教学指导委员会组织召开了交通运输职业教育高职汽车运用与维修技术专业教材编写大纲审定会，邀请行业内知名专家对该专业的课程体系和教材编写大纲进行了审定。教材初稿完成后，每种教材由一名资深专业教师进行主审，编写团队根据主审意见修改后定稿，实现了对书稿编写全过程的严格把关。

本系列教材在编写过程中，认真总结了全国交通职业院校的专业建设经验，注意吸收发达国家先进的职业教育理念和方法，形成了以下特色：

1. 与专业教学标准紧密衔接，立足先进的职业教育理念，注重理论与实践相结合，突出实践应用能力的培养，体现"工学结合"的人才培养理念，注重学生技能的提升。

2. 打破了传统教材的章节体例，采用模块式或单元+任务式编写体例，内容全面、条理清晰、通俗易懂，充分体现理实一体化教学理念。为了突出实用性和针对性，培养学生的实践技能，每个模块后附有技能实训；为了学习方便，每个模块后附有模块小结、思考与练习（每个单元后附有思考与练习）。

3. 在确定教材编写大纲时，充分考虑了课时对教学内容的限制，对教学内容进行优化整合，避免教学冗余。

4. 所有教材配有电子课件，大部分教材的知识点，以二维码链接动画或视频资源，做到教学内容专业化，教材形式立体化，教学形式信息化。

《汽车发动机构造与检修》是本系列教材之一。全书由安徽交通职业技术学院王雷担任主编,河南交通职业技术学院陈纪民担任主审。参加本教材编写工作的有:安徽交通职业技术学院王雷(编写单元一、单元四、单元七、单元九),云南交通技师学院彭华(编写单元二、单元三),陕西交通职业技术学院姚鑫(编写单元五、单元六),湖南汽车工程职业学院张凡(编写单元八、单元十)。

由于编者水平和经验有限,书中难免存在不足或疏漏之处,恳请广大读者提出宝贵意见,以便进一步修改和完善。

全国交通运输职业教育教学指导委员会
2019 年 2 月

目　录

单元一　汽车发动机基本知识

学习任务1　发动机概述

学习目标

☞ **知识目标**

1. 能正确描述发动机的定义;
2. 能正确叙述发动机的分类;
3. 能正确描述发动机的基本结构及其作用。

☞ **技能目标**

能在汽油发动机上正确找出两大机构、五大系统的部件。

☞ **素质目标**

1. 通过教学活动,培养学生良好的学习习惯,树立高尚的职业道德;
2. 通过教学活动,培养学生爱党报国、敬业奉献、服务人民的思想意识。

建议课时

2~3课时。

一、理论知识准备

发动机是一种能够把其他形式的能转化为机械能的机器,包括内燃机、外燃机(蒸汽机等)、电动机等。内燃机是燃料在机器内部燃烧,首先将化学能转变成热能,进而将热能再转化为机械能的发动机。目前汽车上应用最广泛的是往复活塞式内燃机。

1. 发动机分类

发动机通常可按下列特征分类:

(1)按照燃料分类:汽油发动机、柴油发动机、生物燃料发动机等。

(2)按照点火方式分类:点燃式发动机、压燃式发动机。

(3)按照冷却方式分类:水冷发动机、风冷发动机。

(4)按照缸数分类:单缸发动机、多缸发动机。

(5)按照排列方式:直列式、V形、对置式。

(6)按照行程分类:四冲程发动机、二冲程发动机。

2.发动机总体结构

汽油机和柴油机总体结构略有区别。汽油机一般由两大机构和五大系统组成,即曲柄连杆机构、配气机构、燃料供给系统、润滑系统、冷却系统、点火系统和起动系统,而柴油机则缺少了点火系统。发动机总体结构如图1-1所示。

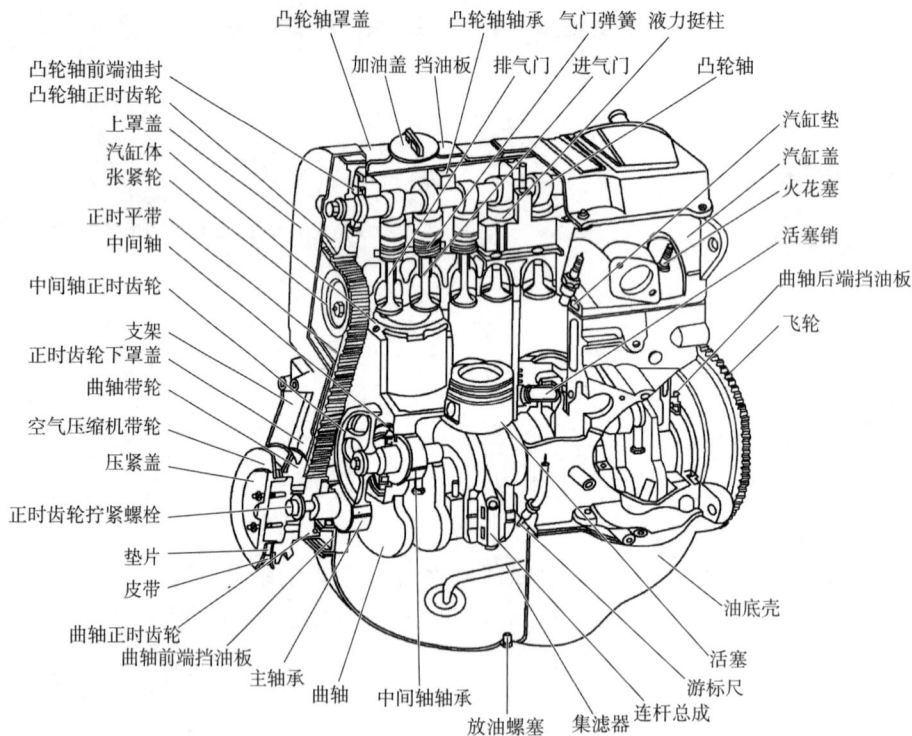

图1-1 发动机总体结构

1)曲柄连杆机构

曲柄连杆机构是发动机的主要运动机构。其功用是将活塞的往复运动转变为曲轴的旋转运动,同时将作用于活塞上的力转变为曲轴对外输出的转矩,以驱动汽车车轮转动。

曲柄连杆机构主要由机体组、活塞连杆组和曲轴飞轮组等组成。

2)配气机构

配气机构是按照发动机每一汽缸内所进行的工作循环和点火顺序的要求,定时开启和关闭各汽缸的进、排气门,使新鲜的可燃混合气(汽油机)或空气(柴油机)得以及时进入汽缸,废气得以及时从汽缸排出,在压缩与做功行程中,关闭气门保证燃烧室的密封。

配气机构大多采用顶置式气门配气机构,主要包括气门组和气门传动组两部分。

3)燃料供给系统

汽油机燃料供给系统是根据发动机各种不同工况的要求,配制出一定数量和浓度的可燃混合气,供入汽缸,使之在临近压缩终了时点火燃烧而膨胀做功。

汽油发动机燃料供给系统由空气供给系统、燃油喷射系统和电子控制系统组成。

4）润滑系统

发动机工作时，各运动零件均以一定的力作用在另一个零件上，很多传动零件都是在很小的间隙下做高速相对运动，有了相对运动，零件表面必然要产生摩擦，加速磨损。因此，为了减轻磨损，减小摩擦阻力，延长使用寿命，发动机上都必须有润滑系统。

润滑系统主要包括机油泵、集滤器、限压阀、润滑油道、机油滤清器、油底壳等部件。

5）冷却系统

发动机工作过程中产生的热量会使发动机的温度越来越高，如果不及时疏散热量，将导致发动机无法工作。冷却系统主要利用液体循环将发动机多余的热量带走并散发掉，确保发动机的工作温度正常。

冷却系统主要由发动机缸体水套、水泵、节温器、散热器、冷却风扇、储液罐以及水管等组成。

6）点火系统

点火系统的功用是在不同的工作情况下产生足够的高压电火花，点燃汽缸内的可燃混合气，保证发动机的正常运转。电子控制点火系统一般由低压电源、发动机控制模块（或点火控制模块）、点火线圈、火花塞、传感器等部件组成。

7）起动系统

因发动机不能自行由静止转入工作状态，必须用外力转动曲轴，直到曲轴达到发动机开始燃烧所必需的转速，保证混合气的形成、压缩和点火能够顺利进行。发动机由静止转入工作状态的全过程，称为发动机的起动过程。

发动机起动系统主要由蓄电池、起动机和起动控制电路等组成，起动控制电路包括点火开关、起动继电器、线束连接器以及导线等。

二、任务实施——发动机总体结构认知

1．准备工作

(1)将发动机台架摆放在实训区域，确保人员和设备的安全。

(2)检查实训室通风系统设备工作是否正常。

(3)准备汽油发动机台架 1 台、柴油发动机台架 1 台、V 形发动机台架 1 台。

2．操作步骤

(1)将学生分成 3 个实训小组，每组确定一名组长。

(2)在实训指导老师的同意下，按照工作单的引导，完成发动机总体结构的认知。

(3)观察实训发动机，本次实训所用的发动机型号是＿＿＿＿＿＿＿＿＿＿＿。

(4)观察发动机，认识发动机外围各部件，说出其名称并记录。

本次实训所用发动机外围主要的附件有＿＿＿＿＿＿＿＿＿＿＿＿＿＿＿＿＿。

(5)分组讨论发动机的总体结构，做好记录并向指导老师汇报。

两大机构是：＿＿＿＿＿＿＿＿＿＿＿＿＿＿＿＿＿＿＿＿＿＿＿＿＿＿＿。

五大系统是：＿＿＿＿＿＿＿＿＿＿＿＿＿＿＿＿＿＿＿＿＿＿＿＿＿＿＿。

(6)完成实训任务后，对工作过程进行自我评价，提交实训工作单，接受指导老师的技能考核。

(7)整理清洁工作场所，把发动机台架放回原处并确保安全。

三、评价与反馈

1. 自我评价

(1)通过本学习任务的学习你是否已经知道以下问题：

①发动机通常按哪些特征分类？

②发动机总体结构主要有哪些？

(2)发动机总体结构认知过程中用到了哪些发动机？

(3)实训过程完成情况如何？

(4)通过本学习任务的学习,你认为自己的知识和技能还有哪些欠缺？

签名：_____ ___年___月___日

2. 小组评价（表1-1）

小 组 评 价 表   表1-1

序　号	评价项目	评价情况
1	着装是否符合要求	
2	是否能合理规范地使用仪器和设备	
3	是否按照安全和规范的流程操作	
4	是否遵守学习、实训场地的规章制度	
5	是否能保持学习、实训场地整洁	
6	团结协作情况	

参与评价的同学签名：_____ ___年___月___日

3. 教师评价

_____

_____

教师签名：_____ ___年___月___日

四、技能考核标准（表1-2）

技能考核标准表   表1-2

序号	项目	操作内容	规定分	评分标准	得分
1	发动机总体结构的认知	记录发动机型号	5分	记录信息是否全面	
		记录发动机的外围部件	20分	是否达到操作要求标准	
		该发动机是汽油机还是柴油机	10分	是否达到操作要求标准	
		该发动机汽缸是直列式还是V形式	10分	是否达到操作要求标准	
		该发动机是水冷式还是风冷式	10分	是否达到操作要求标准	
		该发动机是四缸还是六缸	10分	是否达到操作要求标准	
		记录发动机的总体结构组成	30分	是否达到操作要求标准	
		设备仪器回收、清点、清洁场地	5分	是否符合5S要求	
	总分		100分		

学习任务2 汽油发动机基本术语和工作原理

学习目标

☞ 知识目标
1. 能正确描述发动机的基本术语;
2. 能正确叙述发动机的基本工作原理。

☞ 技能目标
1. 能正确测量发动机活塞的行程;
2. 能正确计算发动机的工作容积和压缩比。

☞ 素质目标
1. 通过教学活动,培养学生合作意识、沟通能力、自学能力、动手能力、逻辑思维能力;
2. 通过教学活动,培养学生独立学习、分析和处理信息的能力,不断提出真正解决问题的新理念新思路新办法。

建议课时

1~2课时。

一、理论知识准备

1.发动机基本术语

1)上止点、下止点

活塞顶部离曲轴回转中心最远处为上止点,活塞顶部离曲轴回转中心最近处为下止点,如图1-2所示。

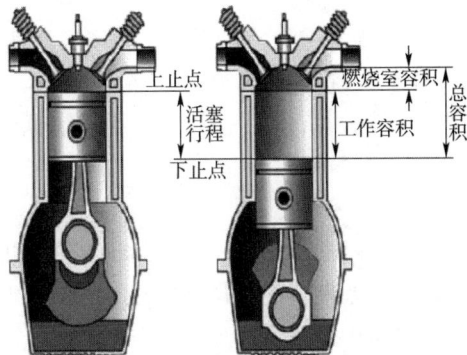

图1-2 发动机常用术语示意图

2）活塞行程

活塞行程是指活塞上、下止点间的距离，如图1-2所示。曲轴每旋转一周，活塞移动两个行程。

3）汽缸工作容积

汽缸工作容积是指活塞在运动过程中从上止点到下止点间所扫过的容积，如图1-2所示。

4）燃烧室容积

燃烧室容积是指活塞位于上止点时，其顶部与汽缸盖之间的容积如图1-2所示。

5）汽缸总容积

汽缸总容积是指活塞位于下止点时，其顶部上方整个空间的容积，如图1-2所示。它等于汽缸工作容积与燃烧室容积之和。

6）发动机工作容积

发动机工作容积是指发动机各缸工作容积的总和，即汽缸工作容积乘以缸数，也称发动机排量。

7）工作循环

在汽缸内进行的每一次将燃料燃烧所释放出的热能转化为机械能的一系列过程（包括进气、压缩、做功和排气），称为发动机的工作循环。四冲程发动机中，每完成一个行程，曲轴旋转180°，每完成一个工作循环，曲轴旋转720°。

8）压缩比

汽缸总容积与燃烧室容积之比称为压缩比。压缩比的大小表示汽缸内气体被压缩的程度，压缩比越大，压缩终了时汽缸内气体的压力和温度越高。

9）空燃比

可燃混合气中空气质量与燃油质量之比称为空燃比，用 A/F（A：air——空气，F：fuel——燃料）表示。从理论上说，每克燃料完全燃烧所需的最少的空气克数，称为理论空燃比。汽油发动机理论空燃比为14.7。

2. 汽油发动机工作原理

四冲程汽油发动机工作过程依次为进气行程、压缩行程、做功行程和排气行程，如图1-3所示。

1）进气行程

进气门开启，排气门关闭，活塞由上止点向下止点移动，活塞上方的汽缸容积增大，产生一定真空度，在真空吸力作用下，通过汽油喷射装置雾化的汽油，与空气混合形成可燃混合气，由进气道和进气门吸入汽缸内。进气过程一直延续到活塞过了下止点进气门关闭为止。

2）压缩行程

进排气门全部关闭，活塞从下止点开始向上止点运动，压缩缸内可燃混合气，混合气温度升高，压力上升。活塞临近上止点前，可燃混合气压力上升到 0.6 ~ 1.2MPa，温度可达 330 ~ 430℃。

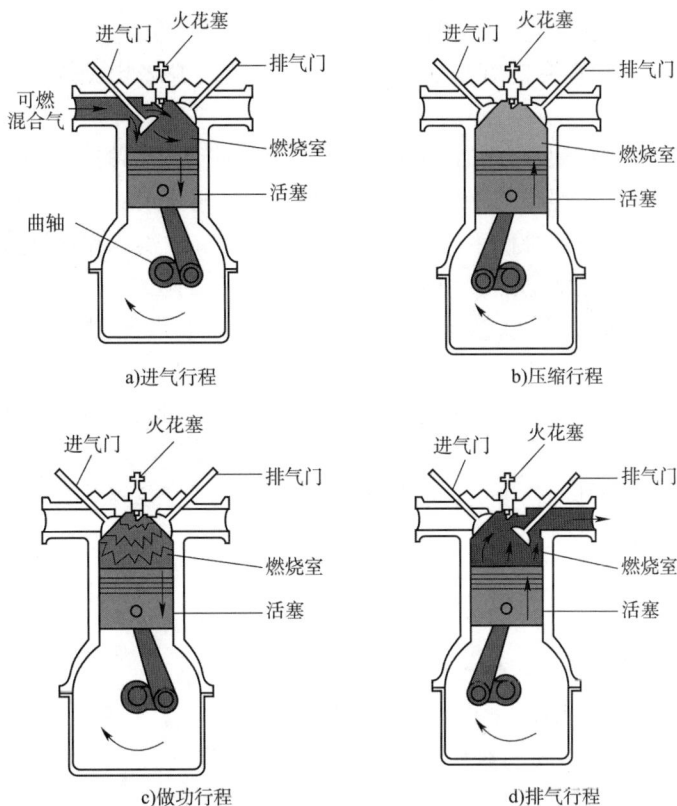

图1-3　四冲程发动机工作过程

3）做功行程

在压缩行程接近上止点时，装在汽缸盖上方的火花塞产生电火花，点燃所压缩的可燃混合气。可燃混合气燃烧后放出大量的热量，缸内燃气压力和温度迅速上升，最高燃烧压力可达 3～6MPa，最高燃烧温度可达 2200～2500℃。高温高压燃气推动活塞快速向下止点移动，通过曲柄连杆机构对外做功。

4）排气行程

排气门开启，进气门依然关闭，活塞在曲轴的带动下由下止点向上止点运行。废气在汽缸内部压力和活塞的驱赶作用下从排气门被强制排出汽缸。至活塞运行到上止点时，排气门关闭，排气行程结束。

排气行程结束后，进气门再次开启，发动机又开始下一个工作循环。如此周而复始，发动机就自行运转起来。

二、任务实施——发动机活塞行程的测量

1. 准备工作

（1）将发动机摆放在实训区域，确保人员和设备的安全。

（2）检查实训室通风系统设备工作是否正常。

（3）准备汽油发动机台架1台、发动机检修工作台1台、游标卡尺1个、扭力扳手1把、常用工具1套。

（4）与实训用发动机配套的维修手册1本（纸质或电子版及电脑终端）。

2. 操作步骤

（1）将工具分类摆放，观察并认识工具，记录本次实训所领用的主要工具。

（2）查阅维修手册，按照维修手册的指导拆卸发动机相关附件。

（3）查阅维修手册，按照维修手册的指导拆卸发动机汽缸盖罩和汽缸盖。

（4）通过转动曲轴，把活塞摇转到上止点，记录上止点的位置。

（5）通过转动曲轴，把活塞摇转到下止点，用游标卡尺测量上止点和下止点间的距离。

（6）完成实训任务后，对工作过程进行自我评价，提交实训工作单，接受指导老师的技能考核。

（7）整理并清洁工作场所，清点和收拾借出的工具、设备和资料，交回实训室。

三、评价与反馈

1. 自我评价

（1）通过本学习任务的学习你是否已经知道以下问题：

①如何确定发动机上止点、下止点的位置？

②如何测量发动机的活塞行程？

（2）发动机活塞行程测量过程中用到了哪些设备和工具？

（3）实训过程完成情况如何？

（4）通过本学习任务的学习，你认为自己的知识和技能还有哪些欠缺？

签名：_____ ___年___月___日

2. 小组评价（表1-3）

小 组 评 价 表   表1-3

序　　号	评价项目	评价情况
1	着装是否符合要求	
2	是否能合理规范地使用仪器和设备	
3	是否按照安全和规范的流程操作	
4	是否遵守学习、实训场地的规章制度	
5	是否能保持学习、实训场地整洁	
6	团结协作情况	

参与评价的同学签名：_____ ___年___月___日

3. 教师评价

_____

_____

教师签名：_____ ___年___月___日

四、技能考核标准（表1-4）

技能考核标准表　　　　表1-4

序号	项目	操作内容	规定分	评分标准	得分
1	发动机活塞行程的测量	准备拆装工具和测量工具	10分	工具准备是否齐全	
		拆卸发动机的外围部件	10分	是否达到操作要求标准	
		拆卸发动机汽缸盖罩	10分	是否达到操作要求标准	
		拆卸发动机汽缸盖	10分	是否达到操作要求标准	
		找到发动机上止点并记录	10分	是否达到操作要求标准	
		找到发动机下止点并记录	10分	是否达到操作要求标准	
		测量上止点和下止点之间的距离	15分	是否达到操作要求标准	
		正确读取游标卡尺测量值	20分	是否达到操作要求标准	
		设备仪器回收、清点，清洁场地	5分	是否符合5S要求	
	总分		100分		

学习任务3　汽油发动机主要性能指标和特性

学习目标

☞ 知识目标
1. 能正确描述发动机主要性能指标；
2. 能简单叙述发动机万有特性。

☞ 技能目标
1. 能根据发动机外特性和负荷特性曲线图对发动机的性能进行正确分析；
2. 能根据发动机万有特性曲线图对发动机燃油经济性进行正确分析。

☞ 素质目标
1. 通过教学活动，培养学生从个案中找到共性、总结规律、积累经验的能力，以科学的态度对待科学；
2. 通过教学活动，培养学生在学习中敢担当、能吃苦的好品质。

建议课时

1课时。

一、理论知识准备

1.发动机主要性能指标

发动机的性能指标用来表征发动机的性能特点,并作为评价各类发动机性能优劣的依据。发动机的性能指标主要有动力性指标、经济性指标、环境指标、可靠性指标和耐久性指标。

1)动力性指标

动力性指标是表征发动机做功能力大小的指标,一般用发动机的有效功率、有效转矩作为评价指标。

(1)有效功率。发动机通过飞轮对外输出的功率称为有效功率,用 P_e 表示,单位为 kW。它等于发动机的有效转矩与曲轴角速度的乘积。有效功率可以利用测功机在发动机试验台架上测出。

(2)有效转矩。发动机对外输出的转矩称为有效转矩,用 M_e 表示,单位一般是 N·m。M_e 和 P_e 之间有如下关系:

$$M_e = \frac{60 \times 1000 P_e}{2\pi n} = \frac{9550 P_e}{n} \tag{1-1}$$

式中:n——发动机转速,r/min。

2)经济性指标

发动机经济性指标一般用有效燃油消耗率表示。发动机每输出 1kW·h 的有效功所消耗的燃油量(以 g 为单位)称为有效燃油消耗率,用 g_e 表示。g_e 可用下式计算:

$$g_e = \frac{G_T}{P_e} \times 10^3 \tag{1-2}$$

式中:G_T——发动机工作时每小时耗油量,kg/h(可由试验确定)。

3)环境指标

环境指标主要指发动机排放性能和噪声水平。

(1)发动机排放性能。排放指标主要是指从发动机油箱、曲轴箱排出的气体和从汽缸排出的废气中所含的有害排放物的量。汽车排放的主要污染物有一氧化碳(CO)、碳氢化合物(HC)、氮氧化合物(NO_x)、二氧化碳(CO_2)和微粒物(PM),如图 1-4 所示。

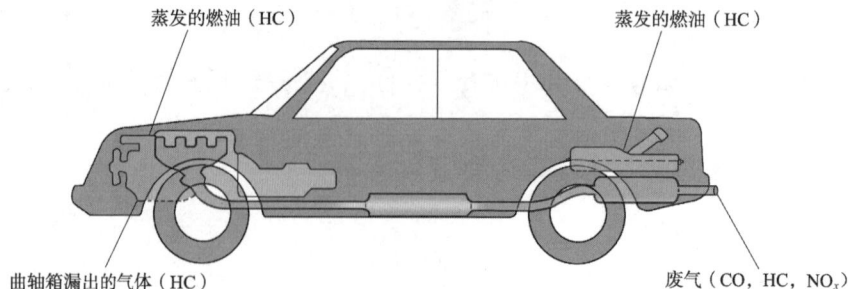

图 1-4 发动机的污染源及其污染物

这些有害气体产生的原因各异,CO 是燃油氧化不完全的中间产物,当氧气不充足时会产生 CO,混合气浓度大及混合气不均匀都会使排气中的 CO 增加。HC 是燃料中未燃烧的物质,由于混合气不均匀、燃烧室壁冷等原因造成部分燃油未来得及燃烧就被排放出去。NO_x 是燃料(汽油)在燃烧过程中高温产生的一种物质。PM 也是燃油燃烧时缺氧产生的一种物质。

(2)发动机噪声。发动机噪声是发动机工作时产生的声强很大的声音,直接从发动机机体及其主要附件向空间传出的声音,都属于发动机噪声。发动机噪声随机型、转速、负荷及运行情况等的不同而有差异。

发动机噪声主要来源于燃烧噪声、机械噪声和空气动力噪声。燃烧噪声是由于汽缸内周期变化的气体压力的作用而产生的;机械噪声是由于运动件之间以及运动件与固定件之间周期性变化的机械运动而产生的,主要有活塞敲击噪声和气门机械噪声;空气动力噪声是由于气体扰动以及气体和其他物体相互作用而产生的噪声,包括进气噪声、排气噪声和风扇噪声。

4)可靠性指标和耐久性指标

可靠性指标是表征发动机在规定的使用条件下,在规定的时间内,正常持续工作能力的指标。可靠性有多种评价方法,如首次故障行驶里程、平均故障间隔里程等。耐久性指标是指发动机主要零件磨损到不能继续正常工作的极限时间。

2.发动机特性

发动机的主要性能指标(动力性能与经济性能等)随工况变化而变化的关系称发动机特性。其中与发动机有关的性能特性主要有发动机速度特性、负荷特性及万有特性等。将发动机功率、转矩与发动机曲轴转速之间的函数关系以曲线表示,此曲线称为发动机特性曲线。

1)速度特性

发动机速度特性是指发动机节气门开度、功率和转矩随转速变化的关系,包括外特性和部分速度特性,目的是研究发动机的动力性。速度特性是用实验方法在内燃机试验台上测定的。

(1)外特性。

发动机外特性曲线是当发动机节气门开度为 100% 时测得的发动机输出功率(转矩)随转速变化的曲线。功率曲线和转矩曲线都呈现凸形曲线,但两者表现是不一样的。功率曲线在较低转速下数值很小,但随转速增加而迅速增长,转速增加到一定区间后,功率增长速度变缓,直至最大值后就会下降,尽管此时转速仍会继续增长,大众 EA211 1.6L 自然吸气发动机外特性曲线如图 1-5 所示。

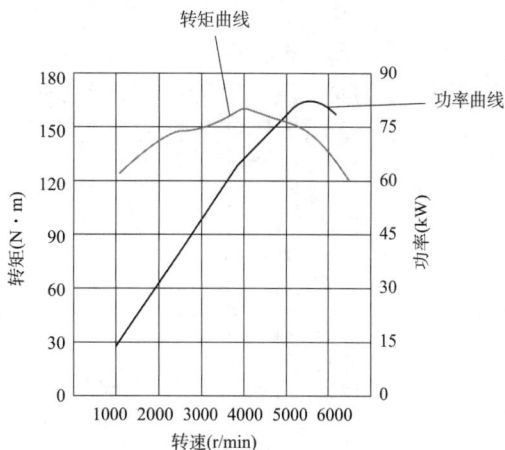

图 1-5 EA211 发动机外特性曲线

(2)部分速度特性。

当汽油机节气门部分开启时所测得的速度特性称为部分速度特性。汽油机在全、中、小三种负荷时速度特性曲线如图 1-6 所示,其中 b_e 表示燃油消耗率,b_i 表示每小时消耗油量。

2)负荷特性

发动机负荷特性是指发动机的转速不变时,其性能指标随负荷的变化关系。发动机负荷特性曲线是指发动机在转速不变的情况下,其动力性能指标和经济性能指标的变化规律,即发动机每小时燃油消耗量及燃油消耗率等指标随发动机负荷而变化的关系曲线,汽油机部分负荷特性曲线如图1-7所示。

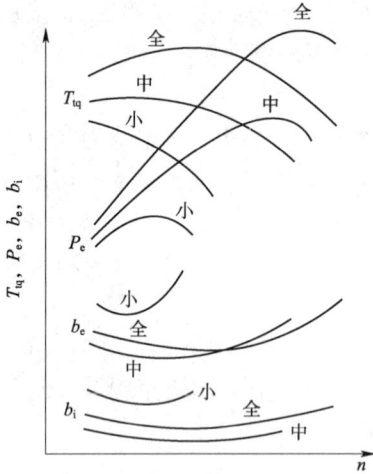

图1-6　汽油机部分速度特性曲线　　　　　图1-7　汽油机部分负荷特性曲线

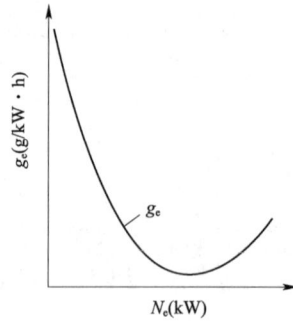

汽油机负荷特性曲线的特征,开始起动时g_e最大,但随节气门逐渐开启负荷增大而g_e减少直至最低点,此时节气门接近全开。继续开大节气门,g_e又会开始上升,曲线呈现一条内凹抛物线。曲线的最小g_e值越低越好,同时g_e随负荷的变化越平缓,发动机在不同负荷下工作的经济性越好。从曲线的形状,可以分析出哪一个负荷区域是最经济的。

3)万有特性

内燃机的速度特性和负荷特性都只能表达两个参数之间的关系,为了表示三个或者三个以上参数之间的关系,可以采用多参数特性,即万有特性。万有特性曲线是以转速为横坐标,以转矩或平均有效压力为纵坐标,在图上画出许多等耗油率曲线和等功率曲线,如图1-8所示。

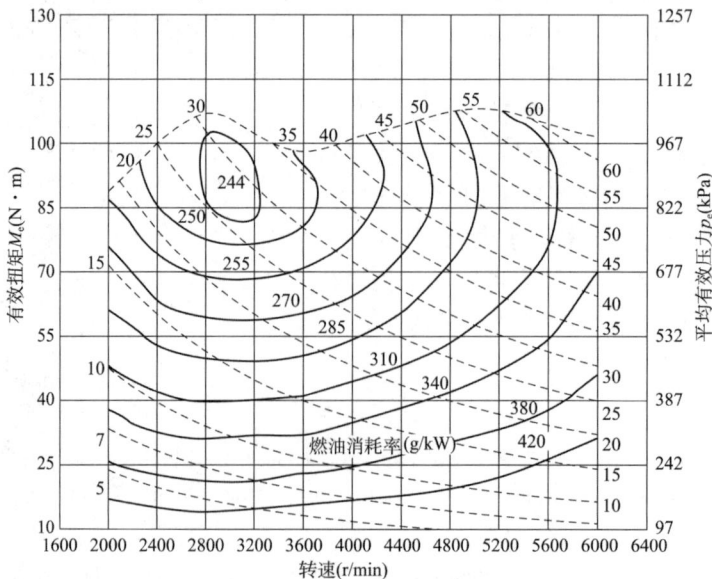

图1-8　发动机万有特性曲线

万有特性曲线实质上是所有负荷特性和速度特性曲线的合成。它可以表示发动机在整个工作范围内主要参数的变化关系,用它可以确定发动机最经济的工作区域,当然也可以确定某一排放污染物的最小值区域等。

二、任务实施——发动机特性曲线的认知

1. 准备工作

(1)准备某一款发动机的外特性和负荷特性曲线图。

(2)准备某一款发动机万有特性曲线图。

2. 操作步骤

(1)观察发动机的外特性曲线图,外特性曲线图是＿＿＿＿＿＿＿＿＿＿。

(2)观察发动机的外特性曲线图的功率曲线,最大功率对应的发动机转速是＿＿＿＿＿＿＿＿＿＿。

(3)观察发动机的外特性曲线图的转矩曲线,最大转矩对应的发动机转速是＿＿＿＿＿＿＿＿＿＿。

(4)观察发动机的负荷特性曲线图,负荷特性曲线图是＿＿＿＿＿＿＿＿＿＿。

(5)观察发动机的万有特性曲线图,万有特性曲线图是＿＿＿＿＿＿＿＿＿＿。

(6)观察发动机的万有特性曲线图,找出发动机最经济工作区域。

(7)完成实训任务后,对工作过程进行自我评价,提交实训工作单,接受指导老师的技能考核。

(8)整理并清洁工作场所,清点和收拾借出的资料,交回实训室。

三、评价与反馈

1. 自我评价

(1)通过本学习任务的学习你是否已经知道以下问题:

①发动机外特性曲线表示什么意思?

②发动机负荷特性曲线表示什么意思?

③发动机万有特性曲线表示什么意思?

(2)通过发动机万有特性曲线如何确定发动机最经济的工作区域?

(3)实训过程完成情况如何?

(4)通过本学习任务的学习,你认为自己的知识和技能还有哪些欠缺?

签名:＿＿＿＿＿＿＿　＿＿年＿＿月＿＿日

2. 小组评价(表1-5)

小组评价表　　　表1-5

序　　号	评价项目	评价情况
1	着装是否符合要求	
2	是否能合理规范地使用仪器和设备	

续上表

序 号	评价项目	评价情况
3	是否按照安全和规范的流程操作	
4	是否遵守学习、实训场地的规章制度	
5	是否能保持学习、实训场地整洁	
6	团结协作情况	

参与评价的同学签名：_____   ___年___月___日

3. 教师评价

_____

_____

教师签名：_____   ___年___月___日

四、技能考核标准（表1-6）

技能考核标准表   表1-6

序号	项目	操作内容	规定分	评分标准	得分
1	发动机特性曲线的认知	熟悉发动机外特性曲线图	10分	是否达到操作要求标准	
		熟悉发动机负荷特性曲线图	10分	是否达到操作要求标准	
		熟悉发动机万有特性曲线图	10分	是否达到操作要求标准	
		找到功率曲线图最大功率对应的发动机转速	20分	是否达到操作要求标准	
		找到转矩曲线图最大转矩对应的发动机转速	20分	是否达到操作要求标准	
		在万有特性曲线图上找到发动机最经济的工作区域	25分	是否达到操作要求标准	
		设备仪器回收,清点,清洁场地	5分	是否符合5S要求	
	总分		100分		

思考与练习

(一)选择题

1. 在四冲程发动机中,曲轴在整个进气行程中转过的角度是(　　)。

    A.180°　　　　　　　B.360°　　　　　　　C.540°　　　　　　　D.720°

2. 四冲程发动机每完成一个工作循环曲轴旋转的角度是(　　)。

    A.180°　　　　　　　B.360°　　　　　　　C.540°　　　　　　　D.720°

3. 进气门和排气门同时关闭的行程是(　　)。

    A.进气行程　　　　　B.压缩行程　　　　　C.做功行程　　　　　D.排气行程

4. 在四冲程发动机工作循环中,汽缸内压力最大的行程是( )。

A. 进气行程　　　　B. 压缩行程　　　　C. 做功行程　　　　D. 排气行程

5. 发动机中,将热能转变为机械能并对外输出动力的是( )。

A. 配气机构　　　　B. 燃油喷射系统　　C. 冷却系统　　　　D. 曲柄连杆机构

6. 活塞由上止点运动到下止点,活塞顶部所扫过的容积称为( )。

A. 燃烧室容积　　　B. 汽缸工作容积　　C. 发动机排量　　　D. 汽缸总容积

7. 关于发动机排量的说法,正确的是( )。

A. 发动机工作容积与燃烧室容积之和　　　B. 发动机各燃烧室容积之和

C. 发动机工作容积之和　　　　　　　　　D. 汽缸吸入的气体体积

8. 发动机润滑系统的作用包括( )。

A. 冷却　　　　　　B. 清洁　　　　　　C. 密封　　　　　　D. 防锈

9. 四冲程发动机一个工作循环,曲轴共旋转( )。

A. 四周　　　　　　B. 三周　　　　　　C. 二周　　　　　　D. 一周

10. 当发动机发出最大功率时,此时发动机转矩( )耗油率( )。

A. 最大、最低　　　　　　　　　　　　　B. 最小、最高

C. 最大、最高　　　　　　　　　　　　　D. 小于最大转矩、大于最低油耗

(二)判断题

1. 活塞行程是指上、下两止点间的距离。 ( )

2. 发动机排量是指所有汽缸工作容积的总和。 ( )

3. 四冲程发动机在进行压缩行程时,进排气门都是开启的。 ( )

4. 二冲程发动机完成一个工作循环,曲轴共转二周。 ( )

5. 四冲程柴油机在进气行程时,进入汽缸的是可燃混合气。 ( )

6. 汽油机的组成部分有点火系统,而柴油机没有点火系统。 ( )

(三)简答题

1. 简单叙述发动机的主要作用。

2. 叙述发动机常用术语定义和汽缸工作容积、汽缸总容积、压缩比的计算公式。

3. 叙述四冲程汽油机和四冲程柴油机工作过程的主要不同之处。

4. 叙述二冲程汽油机和二冲程柴油机工作过程的主要不同之处。

5. 说明发动机主要组成部分名称和每个组成部分的主要部件名称。

6. 说明发动机主要有效性能指标定义和计算公式。

7. 对汽油机的外特性曲线进行简单分析。

单元二 发动机曲柄连杆机构构造与检修

学习任务1 机体组构造与检修

📚 建议课时

3~5课时。

一、理论知识准备

机体组是发动机的支架,是曲柄连杆机构、配气机构和各系统部件安装和配合的基体。机体组主要由汽缸盖罩、汽缸盖、汽缸垫、汽缸体和油底壳等组成,如图2-1所示。而机体组的部分又分别是曲柄连杆机构、配气机构、汽油喷射系统、冷却系统、润滑系统的组成部分,因此,严格地区别发动机各系统所归属零部件比较困难。

1.汽缸体

1)结构

汽缸体是发动机的主体,是安装活塞、曲轴以及其他零件和附件的支承骨架,其内部引

导活塞作往复运动的圆柱形空腔称为汽缸。汽缸的作用是引导活塞和散发燃烧过程中产生的多余热量,汽缸工作表面除承受燃烧气体的高温高压外,活塞还在其中作高速往复运动。所以汽缸体必须具有足够的刚度、强度、耐磨和抗腐性,同时还要具备质量轻、散热好的特性。早期发动机汽缸体通常采用含镍量高、硬度较高的铸铁制造,并且在汽缸体上铸有许多加强筋,如图2-2所示。随着制造工艺的提高以及技术的进步,现在越来越多的汽缸体采用铝合金结构,以减轻质量。汽缸体下半部为支承曲轴的曲轴箱,内部铸有冷却水套和润滑油道。

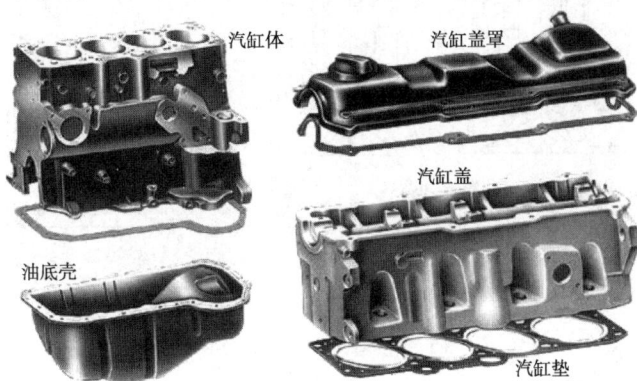

图 2-1　发动机机体组

2)分类

(1)按制造材料分。

按照制造材料的不同可分为铸铁汽缸体和铝合金汽缸体。铸铁汽缸体强度、刚度及耐磨性能较好,但汽缸体比较笨重,散热性差。铝合金汽缸体质量轻、散热好,适合于中小型发动机,但其强度、刚度较低,耐磨性较差,成本相对较高。

(2)按汽缸体与油底壳安装平面位置分

按照汽缸体与油底壳安装平面位置的不同分为平分式、龙门式和隧道式三种类型,如图2-3所示。

①平分式汽缸体。其油底壳安装平面和曲轴旋转中心在同一高度。其机体高度小、质量轻、机械加工简单、曲轴拆装较为方便,但刚度、强度较差,且曲轴前后端与油底壳接合处密封性较差,多用于中小型发动机。

②龙门式汽缸体。其油底壳安装平面低于曲轴的旋转中心。其强度高、刚度好、能承受较大的机械负荷,但结构笨重、工艺性差。

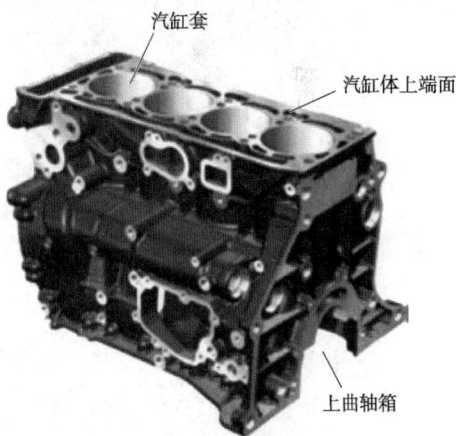

图 2-2　铸铁发动机缸体

③隧道式汽缸体。其曲轴主轴承孔为整体式,主轴承孔较大,安装曲轴时需要从汽缸体后部装入。其结构紧凑、刚度和强度好,但加工精度要求高,工艺性较差,曲轴拆装不方便。

3)汽缸体端面

发动机汽缸体有上下两个端面。上端面安装有用于固定汽缸垫和汽缸盖的定位销,同时有连通汽缸盖和汽缸体的水道、润滑油道及其回油道。为了保证汽缸盖和汽缸体之间的密封性,汽缸上端面需要有较好的平面度。汽缸体下端面与油底壳相连,两者间的接合依靠密封垫来密封,如果密封不良,将会造成汽缸体下端面与油底壳之间的接合处漏油,如图2-4所示。

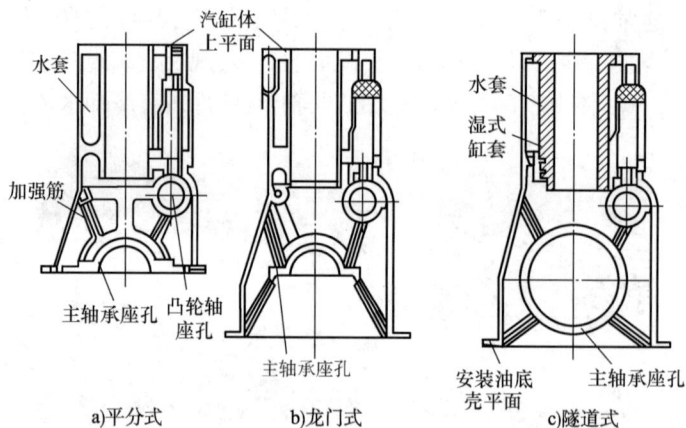

图 2-3 曲轴箱的基本结构形式

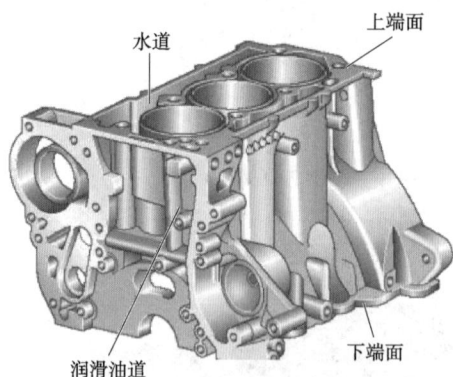

图 2-4 汽缸体端面

2. 汽缸套

目前广泛应用的是在汽缸体内镶入汽缸套,汽缸套是一个圆筒形零件,镶嵌在汽缸体孔中,活塞在汽缸套内作往复运动,其外由冷却液冷却。尤其是铝合金汽缸体耐磨性较差,通常需要在汽缸体内镶入汽缸套,这种结构大大提高了汽缸体的使用寿命。

1)干式汽缸套

干式汽缸套安装在汽缸套座孔内,其外壁不与冷却液接触,壁厚一般为 1～3mm,如图2-5所示。干式汽缸套的外圆表面和汽缸套座孔内表面均须精细加工,一般采用过盈配合以保证配合精度。干式汽缸套具有整体式汽缸体的特点,其强度和刚度都较好,但加工比较复杂,散热性能较差,温度分布不均匀,容易发生局部变形,拆装也不方便。

2)湿式汽缸套

湿式汽缸套外壁与冷却液直接接触,如图2-6所示。其壁厚达 5～9mm,以微小的装配间隙放入汽缸中。湿式汽缸套的优点是机体上没有密封水套,容易铸造,传热好,温度分布比较均匀,修理方便,不必将发动机从汽车上拆下就可更换汽缸套。缺点是机体刚度差,易产生穴蚀,且易漏气漏水。湿式汽缸套多应用在柴油机上。

3. 汽缸盖

汽缸盖位于汽缸顶部,它构成燃烧室的顶部,结构如图2-7所示。汽缸盖的上部钻有火花塞安装孔、喷油器安装孔、进气口、排气口,侧面铸有进排气通道孔,内部还加工有气门导管及冷却液通道。汽缸盖一般用优质铸铁或铝合金材料铸造,需要承受高温,铝合金汽缸盖因其具有质量轻、易浇铸、散热好等优点,现在被越来越多的发动机采用。汽缸盖上端面与气门盖罩相接合,下端面通过汽缸衬垫与汽缸体上端面配合,由汽缸盖螺栓固定。若凸轮轴安装在汽缸盖上,则汽缸盖上还加工有凸轮轴轴承孔或凸轮轴轴承座及其润滑油道。

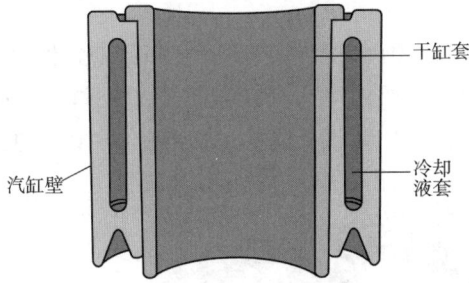

图2-5　干式汽缸套

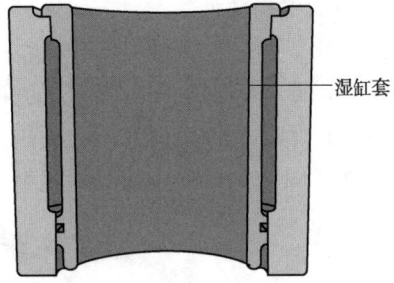

图2-6　湿式汽缸套

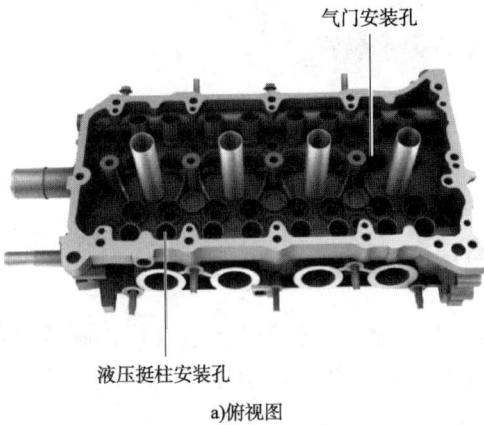

a)俯视图

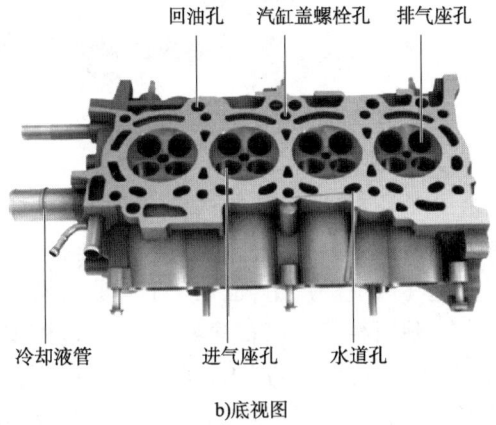

b)底视图

图2-7　汽缸盖

4.燃烧室

活塞位于上止点时,活塞顶面以上与汽缸盖底面以下所形成的空间称为燃烧室。汽油发动机燃烧室主要有半球形燃烧室、楔形燃烧室、浴盆形燃烧室、多球形燃烧室和篷形燃烧室等类型,如图2-8所示。

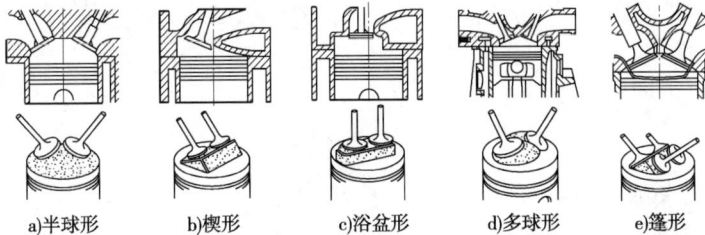

a)半球形　　b)楔形　　c)浴盆形　　d)多球形　　e)篷形

图2-8　燃烧室类型

5.汽缸盖罩

汽缸盖罩是盖在发动机缸盖上的罩壳,其主要功能是防止外界杂质进入发动机内,同时起到密封的作用。遮盖并密封汽缸盖,将机油保持在内部,将发动机运转过程中形成的油雾聚集在汽缸盖罩内,最终使机油冷凝并向下流回机油壳。此外汽缸盖罩还有曲轴箱通风的功能,通常用一根管子连接汽缸盖罩和进气道,以便内部气体流通循环,该管可以使用带槽软管接头、螺纹管接头或快换接头来连接。

6. 汽缸垫

1) 作用与工作条件

发动机汽缸垫又称汽缸衬垫、汽缸床,是机体顶面与汽缸盖底面之间的密封件,如图 2-9 所示。其作用是保证汽缸密封不漏气,同时保证由机体流向汽缸盖的冷却液和机油不泄漏。汽缸垫承受拧紧汽缸盖螺栓的压力,并受到汽缸内燃烧气体高温、高压的作用以及机油和冷却液的腐蚀。因此汽缸垫应该具有足够的强度,并且要耐压、耐热和耐腐蚀。

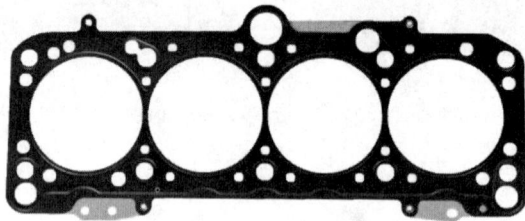

图 2-9   汽缸垫

2) 类型及特点

按所用材料的不同,汽缸垫可分为金属-石棉衬垫、金属-复合材料衬垫和全金属衬垫等多种。金属-复合材料衬垫和全金属衬垫均属无石棉汽缸衬垫,因没有石棉夹层,从而可消除衬垫中气囊的产生,也减少了工业污染,是当前的发展方向。

金属石棉衬垫以石棉为基体,外包铜皮或钢皮,有的金属-石棉衬垫是以扎孔钢板为骨架,外覆石棉及黏合剂压制而成。金属石棉衬垫具有良好的弹性和耐热性,能重复使用,寿命长。若将石棉板在耐热的黏合剂中浸渍以后,则可增加汽缸垫的强度。

金属复合材料衬垫是在钢板的两面粘覆耐热、耐压和耐腐蚀的新型复合材料,在汽缸孔、冷却液孔和机油孔周围用不锈钢皮包边。

金属衬垫强度高,抗腐蚀能力强,多用于强化程度较高的发动机上。优质铝板汽缸衬垫,冷却液孔用橡胶环密封。不锈钢叠片式汽缸衬垫的结构,冷却液孔也用橡胶环密封。

二、任务实施

(一)汽缸盖平面度检测

1. 准备工作

(1) 准备所需要的刀口尺、塞尺等量具。

(2) 准备被测汽缸盖,以及笔记本、笔等记录用具。

2. 技术要求与注意事项

(1) 查询技术资料获取被测汽缸盖技术参数。

(2) 汽缸盖测量时的测量点要严格按照工艺文件的要求进行,汽缸盖的平面度 ≤ 0.05mm 可用,最大允许量必须使凸轮轴能够自由转动。

3. 操作步骤

(1) 清除汽缸盖表面污物。

(2)把刀口尺平放于不同的检测位置。

(3)轻轻翻转刀口尺,使刀口尺的刃口与汽缸盖被测位置表面接触。用塞尺测量刀口尺与汽缸盖之间的间隙,如图2-10所示。

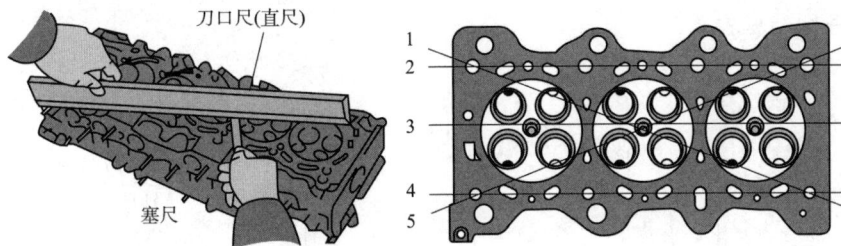

图2-10 汽缸盖平面度测量
1~5-刀口尺所放位置

(4)记录测量的数值,根据所测数据进行检测结果判断。汽缸盖下平面可根据情况采用磨削等方法予以修平。

(5)完成实训任务后,对工作过程进行自我评价,提交实训工作单,接受指导老师的技能考核。

(6)整理并清洁工作场所,清点和收拾借出的工具、设备和资料,交回实训室。

(二)汽缸圆度和圆柱度检测

1.准备工作

(1)准备所需要的游标卡尺、量缸表、外径千分尺、百分表等量具。

(2)准备被测汽缸,以及笔记本、笔等记录用具。

2.技术要求与注意事项

(1)查询技术资料获取被测汽缸的标准参数,或用游标卡尺测取大概直径。

(2)量具误差检验校准。

3.操作步骤

(1)用游标卡尺预测量汽缸直径,确定被测汽缸的标准缸径。

(2)根据汽缸直径选择适合的接杆,组装量缸表。

(3)把内径百分表装入表杆的上端,并使表盘朝向测量杆的活动点,以便于观察。

(4)用外径千分尺测量量缸表下端接杆处长度,调整使其大于缸径2~3mm,锁紧测量杆螺母,并记录,如图2-11所示。

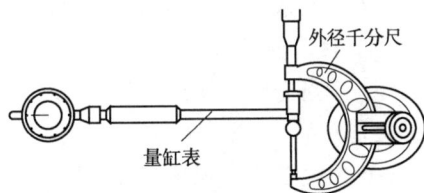

图2-11 量缸表测量

(5)将量缸表的测量杆伸入汽缸,分别对汽缸的上、中、下位置的横纵2个方向进行测量,共计测量6次,并记录。在测量上、下位置时,都是距汽缸上下平面10mm处测量,如图2-12所示。

(6)数值计算。基准长度减去测量表中变化的数值即为所测的直径。

(7)计算与判断。

①汽缸圆度计算。圆度误差=(测量最大值–测量最小值)/2,最大值、最小值分别是同

一平面的测量数据。

②汽缸圆柱度计算。圆柱度误差=(测量最大值–测量最小值)/2,最大值、最小值分别是所有的测量数据。

③参考标准见表2-1。

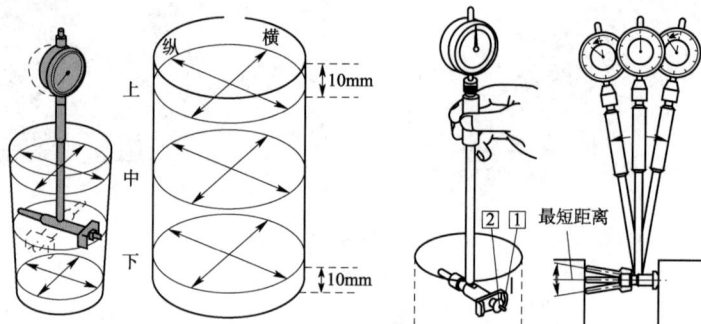

图2-12　汽缸测量
1-导板;2-探头

圆度和圆柱度参考数据　　　　　　　　　　　　　　表2-1

机　　型	圆度极限(mm)	圆柱度极限(mm)
汽油发动机	0.05	0.20
柴油发动机	0.065	0.25

④汽缸圆度公差:汽油机为0.05mm,柴油机为0.065mm。汽缸圆柱度公差:汽油机为0.20mm,柴油机为0.25mm。如超出此范围,则应进行镗缸修理。

(8)完成实训任务后,对工作过程进行自我评价,提交实训工作单,接受指导老师的技能考核。

(9)整理并清洁工作场所,清点和收拾借出的工具、设备和资料,交回实训室。

(三)汽缸体和汽缸盖裂纹的检修

1.准备工作

(1)准备汽缸体和汽缸盖。

(2)准备放大镜、磁力探伤仪和水压机。

2.技术要求与注意事项

(1)当需要镶换汽缸套(干式)时,应在镶好汽缸套后再进行一次水压试验。汽缸体在焊接修理后,也应进行水压试验。

(2)汽缸盖出现裂纹一般应予以更换。

(3)磁力探伤法不适合铝合金汽缸体和汽缸盖。

3.检查步骤

(1)观察法检测。明显的裂纹可用眼睛或放大镜观察。

(2)磁力探伤法检测。使用便携式磁力探伤仪。被测汽缸体或汽缸盖在电磁场的作用下,由于其表面裂纹会产生磁力线泄漏或聚集,从而显示出裂纹部位。

(3)水压试验法检测。如图2-13所示,试验时,应用专用的盖板封住汽缸体水道口,用水压机将水压入缸体水道中,要求在0.3~0.4MPa的压力下,保持约5min,应没有任何渗漏现象。

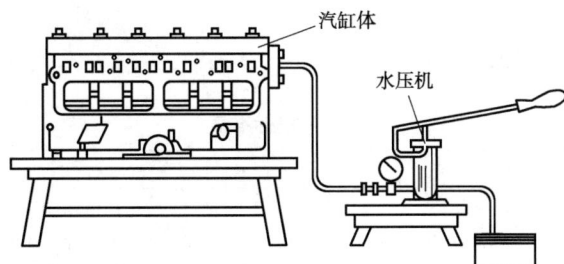

图 2-13　汽缸体水压试验

(4)完成实训任务后,对工作过程进行自我评价,提交实训工作单,接受指导老师的技能考核。

(5)整理并清洁工作场所,清点和收拾借出的工具、设备和资料,交回实训室。

三、评价与反馈

1. 自我评价

(1)通过本学习任务的学习你是否已经知道以下问题:

①发动机机体组的作用与组成是什么?

②汽缸体的结构特点及类型有哪些?

③汽缸盖的结构特点及作用有哪些?

④汽缸垫的作用与分类有哪些?

⑤油底壳的作用与分类有哪些?

(2)汽缸盖平面度检测与汽缸检测使用的量具有哪些?

(3)实训完成情况如何?

(4)通过本学习任务的学习,你认为自己的知识和技能还有哪些欠缺?

签名:_____　___年___月___日

2. 小组评价(表2-2)

小 组 评 价 表　　　　　　　表2-2

序　号	评 价 项 目	评 价 情 况
1	着装是否符合规范要求	
2	是否能合理规范地使用工量具和设备	
3	是否按照安全和规范的流程操作	
4	是否遵守学习、实训场地的规章制度	
5	是否能保持实训场地与工具设备的整洁	
6	团结协作情况	

参与评价的同学签名:_____　___年___月___日

3. 教师评价

_____

_____

教师签名:_____　___年___月___日

四、技能考核标准（表2-3）

技能考核标准表

表2-3

序号	项目	操作内容	规定分	评分标准	得分
1	汽缸盖平面度检测	量具、设备准备	2分	是否达到操作要求标准	
		安全检查	4分	是否达到操作要求标准	
		清洁检查量具和被测面	4分	是否达到操作要求标准	
		量具使用	5分	是否达到操作要求标准	
		操作方法	5分	是否达到操作要求标准	
		数据记录	3分	是否达到操作要求标准	
		数据判断	5分	是否达到操作要求标准	
		设备仪器回收、清点、清洁场地	2分	是否符合5S要求	
2	汽缸圆度、圆柱度检测	量具、设备准备	3分	是否达到操作要求标准	
		安全检查	4分	是否达到操作要求标准	
		清洁检查量具和被测面	4分	是否达到操作要求标准	
		量具使用	8分	是否达到操作要求标准	
		操作方法	8分	是否达到操作要求标准	
		数据记录	3分	是否达到操作要求标准	
		数据计算与判断	8分	是否达到操作要求标准	
		设备仪器回收、清点、清洁场地	2分	是否符合5S要求	
3	汽缸体和汽缸盖裂纹的检修	工具、设备准备	3分	是否达到操作要求标准	
		观察法检测	8分	是否达到操作要求标准	
		磁力探伤法检测	8分	是否达到操作要求标准	
		水压试验法检测	8分	是否达到操作要求标准	
		设备仪器回收、清点、清洁场地	3分	是否符合5S要求	
	总分		100分		

学习任务2　活塞连杆组构造与检修

学习目标

☞ 知识目标

1. 能正确叙述活塞连杆组的组成与作用；
2. 能正确描述活塞连杆组的结构与工作原理。

☞ 技能目标

1. 能规范对活塞连杆组进行装配；

2.能规范对活塞进行拆装；

3.能规范对活塞及活塞环进行检测。

☞ **素质目标**

1.通过对活塞栏杆组的检修,培养学生严谨的工作态度和精益求精的工匠精神,展示中国工匠可信的形象；

2.通过技能实训、质量检查,培养学生规范意识、质量意识、沟通能力、动手能力、逻辑思维能力。

建议课时

3～5 课时。

一、理论知识准备

活塞连杆组主要由活塞、活塞环、活塞销、连杆及连杆轴瓦等组成。活塞连杆组将活塞的往复运动变为曲轴的旋转运动,同时将作用于活塞顶上的燃烧气体压力转变为曲轴对外输出的转矩,以驱动汽车行驶,如图 2-14 所示。

1.活塞

活塞的作用是承受混合气燃烧后产生的压力,并将此压力通过活塞销传给连杆,最终传递至曲轴,以推动曲轴旋转。此外,活塞还与汽缸盖、汽缸壁共同组成燃烧室。活塞由活塞顶部、头部、裙部三部分组成,如图 2-15 所示。

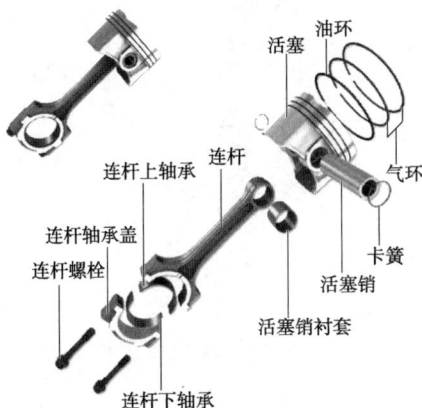

图 2-14　活塞连杆组件

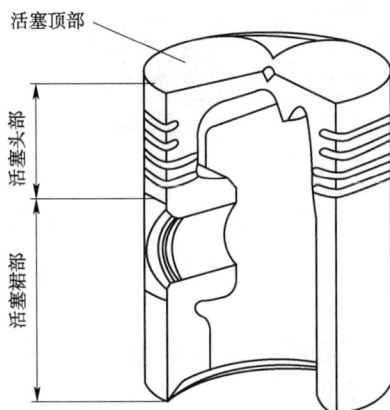

图 2-15　活塞结构

1）活塞顶部

活塞顶部的形状通常有平顶、凸顶和凹顶三种,如图 2-16 所示。平顶活塞吸热面积小,制造工艺简单,广泛应用于汽油发动机；凸顶活塞强度和刚度较高,可以增大压缩比,但吸热面积大,应用于二冲程发动机较多；凹顶活塞上加工或铸造的凹槽主要用来配合压缩比,同时可避免因正时皮带断裂而导致的活塞顶与气门相互撞击。

a)平顶活塞   b)凸顶活塞   c)凹顶活塞

图2-16　活塞顶结构

2）活塞头部

最下一道活塞环槽以上的部分称为活塞头部,其主要作用是:承受气体压力,并传给连杆;与活塞环一起实现对汽缸的密封;将活塞顶所吸收的热量通过活塞环传给汽缸壁。

活塞头部一般有两道气环槽和一道油环槽。气环槽一般具有同样的宽度,油环槽比气环槽宽度大,且槽底加工有回油孔,方便油环刮下的润滑油流回油底壳。

3）活塞裙部

活塞环槽以下的部分称为活塞裙部。其作用是引导活塞在汽缸中作往复运动并承受侧压力。

活塞裙部与汽缸壁表面的接触面积直接影响发动机的摩擦损失。然而接触面积小则油膜厚度也减小,当油膜厚度过小,将导致摩擦力增大。缩短活塞裙部可以减小接触面而降低摩擦力,但会增大活塞的晃动而造成裙顶和裙底的接触应力升高,影响活塞的工作性能。

2. 活塞环

活塞环安装于活塞头部的活塞环槽中,其作用是:密封燃烧室,防止高压气体从活塞处泄漏;刮除汽缸壁多余机油,并在汽缸壁涂抹一层均匀的油膜;将活塞的热量传递到缸壁上,并通过冷却系统进行散热。活塞环分为气环和油环两种类型,气环位于活塞上部,油环位于气环之下,如图2-17所示。

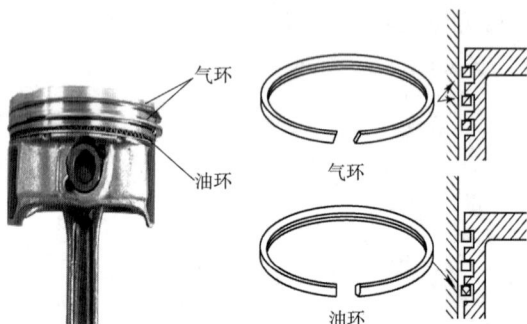

图2-17　活塞环

1）气环

气环装在活塞头部上端的环槽内,用来防止漏气,将活塞头部的热量传递到汽缸壁,疏散活塞的热量。

气环一般都标有标记来指示安装方向,安装时必须将有标记的一面朝向活塞顶部。由于活塞环在自由状态下不是正圆形,其外廓尺寸比汽缸直径大,当活塞环装入汽缸后,在其自身的弹力作用下环的外圆面与汽缸壁紧贴从而形成垂直密封面。当活塞下行时,活塞环紧贴活塞环槽上端面,形成水平封面,同理,活塞上行时也能形成水平封面,如图2-18所示。由于采用多道活塞环,在装配时环的开口相互错开,形成迷宫式漏气通道,所以气体在通道内的流动阻力很大,最后漏入曲轴箱内的气体就非常少了,一般仅为进气量的0.2%～1.0%。

（1）活塞环间隙。

为了防止活塞环受热膨胀卡死在汽缸内，活塞环设计有三种间隙，即活塞环侧隙、背隙和端隙。活塞环与环槽端面之间的间隙称为侧隙，活塞环宽度与环槽深度的差值称为背隙，活塞环在上止点时环的开口间隙称为端隙，如图 2-19 所示。

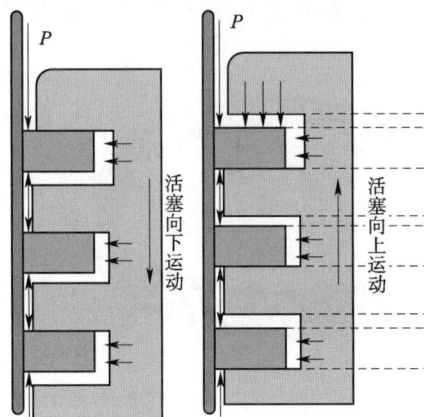

图 2-18 活塞环密封

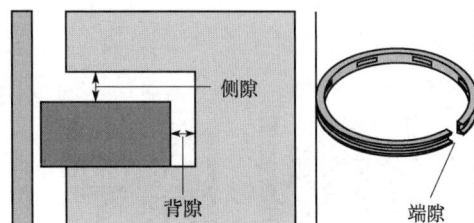

图 2-19 活塞环间隙

活塞环对间隙的要求非常高，如果间隙过大会导致密封性变差；如果间隙过小，活塞环受热膨胀可能会在环槽内形成卡滞，导致发动机故障。

（2）气环截面。

气环的截面对于汽缸的密封和润滑影响很大，不同的发动机对气环密封性的要求也不同，其气环的截面也有差异。气环根据其截面形状分为矩形环、锥面环、扭曲环、梯形环和桶面环，如图 2-20 所示。

a)矩形环　　b)锥面环　　c)扭曲环　　d)梯形环　　e)桶面环

图 2-20 气环截面

①矩形环。矩形环的剖面是矩形，其几何形状简单，正常工作条件下具有足够的密封性，便于加工，曾被中小功率柴油机广泛采用。

②锥面环。锥面环一般用于中间环，锥面环的外圆呈锥形。锥面环外圆面上加工有一个很小的斜角，这种结构减少了环与汽缸壁接触面，从而提高表面接触压力，利于磨合和密封。

③扭曲环。扭曲环包括正扭曲环和反扭曲环，正扭曲环是在矩形环的内圆上边缘或外圆下边缘切口，如图 2-21a）所示，而反扭曲环是在矩形环的内圆下边缘或外圆上边缘倒角，如图 2-21b）所示。

④梯形环。梯形环两侧面是倾斜的，随着活塞上下运动时，在活塞侧压力的作用下，环的侧隙发生变化，能将环槽中的胶状油焦挤出，防止积炭生成。

⑤桶面环。桶面环的表面形状多呈凸圆弧形，当环上下运动时，均能与汽缸壁形成楔形

空间,使机油容易进入摩擦面,从而使磨损大为减少。

2)油环

油环安装在气环之下,用来刮落附着在汽缸壁上的润滑油,防止机油进入燃烧室。

汽油发动机通常使用组合油环,组合油环由上、下两个刮片和中间的衬环组成,如图 2-22 所示。衬环具有弹性和张力,其外围直径比汽缸直径略大一些,可将刮片紧紧压向汽缸壁。这种油环质量小,回油顺畅,刮油效果明显。

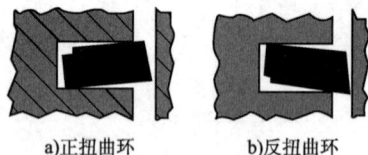

图 2-21　扭曲环

a)正扭曲环　　b)反扭曲环

图 2-22　组合油环

上刮片　衬环　下刮片

3.活塞销

活塞销是装在活塞裙部的空心圆柱体销子,它的中部穿过连杆小头孔,用来连接活塞和连杆,把活塞承受的气体作用力传给连杆,如图 2-23 所示。

活塞销的材料一般为低碳钢或低碳合金钢,外表面渗碳淬硬,再经精磨和抛光等精加工,既提高了表面硬度和耐磨性,又保证有较高的强度和冲击韧性。

活塞销与活塞销座孔及连杆小头衬套孔的连接配合有全浮式和半浮式两种方式,如图 2-24 所示。

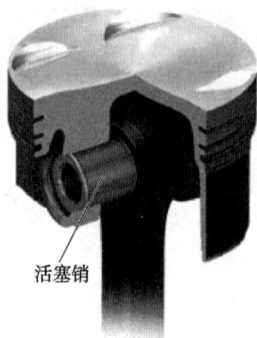

图 2-23　活塞销

活塞销

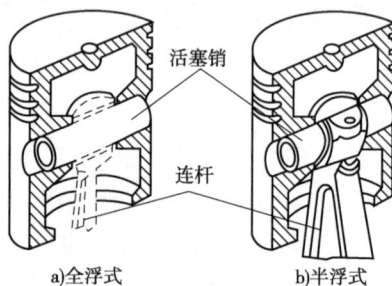

图 2-24　活塞销类型

活塞销　连杆　a)全浮式　b)半浮式

1)全浮式

全浮式活塞销,当发动机工作时,活塞销、连杆小头和活塞销座都有相对运动,活塞销能在连杆衬套和活塞销座中自由摆动,使磨损均匀。为了防止全浮式活塞销轴向窜动,在活塞销两端装有挡圈或卡环,进行轴向定位。由于活塞是铝合金材料,而活塞销采用钢材料,两者膨胀系数不同,铝合金比钢热膨胀量大。为了保证高温工作时活塞销与活塞销孔为过盈配合,装配时先把铝活塞加热到一定温度,然后再把活塞销装入。

2）半浮式

半浮式活塞销,安装的特点是活塞中部与连杆小头采用紧固螺栓连接,活塞销只能在两端销座内作自由摆动,而和连杆小头没有相对运动。

4.连杆组

连杆组连接着活塞组与曲轴飞轮组,其作用是将活塞承受的力传给曲轴,将活塞的往复运动转变为曲轴的旋转运动。连杆组由连杆大头、连杆杆身和连杆小头三部分组成,其结构如图2-25所示。连杆大头包括连杆轴承、轴承盖、螺栓及螺母等零件;连杆小头包括衬套及连杆销孔。

1）连杆小头

连杆小头孔用来安装活塞销,以连接活塞。在全浮式连接的连杆小头孔内有耐磨的青铜衬套或铁基粉末冶金衬套。为了润滑衬套,连杆小头和衬套上一般铣有储存飞溅润滑油的油槽或油孔,小头油孔正好通在两衬套之间的间隙中,润滑油可以从油孔进入衬套内表面,润滑衬套和活塞销。

2）连杆杆身

连杆杆身通常做成"工"字形断面,从而在质量尽可能小的情况下提高其抗弯强度。连杆杆身质量小,大圆弧过渡,且上小下大。如果连杆小头采用压力润滑,杆身中部加工有连通大、小头的油道。

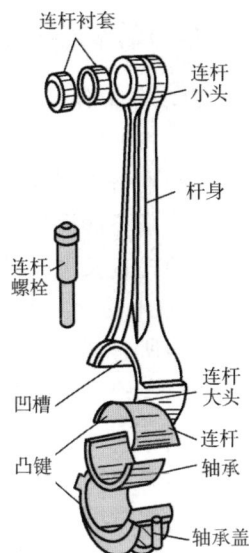

图 2-25　连杆组

3）连杆大头

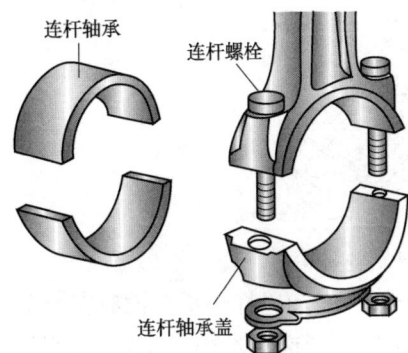

图 2-26　连杆大头

汽油机一般采用分开式连杆大头,连杆大头的连杆轴承是分开的,与杆身分离的一半称为连杆轴承盖,二者靠连杆螺栓连接为一体,如图2-26所示。

连杆大头是配对加工的,没有互换性,也不可翻转180°安装,故在其侧面标有配对和质量分组记号。连杆轴承盖一般用两个螺栓紧固,连杆螺栓或螺母必须可靠锁定,否则,会造成发动机严重损坏。为防止连杆轴承转动和轴向移动,一般在连杆大头分离面加工有定位凹槽,与轴承上的定位凸键相配合。

4）连杆轴承

连杆轴承也称连杆轴瓦,是连杆大头孔内安装的瓦片式滑动轴承,如图2-27所示,用来保护连杆轴颈及连杆大头孔,防止其过度磨损。连杆轴承上均有定位凸键,安装在连杆大头和连杆盖的定位凹槽中,以防止连杆轴承在工作中发生转动或轴向移动。连杆轴承内表面的耐磨层由厚度为 0.3 ~ 0.7mm 的薄层耐磨合金制成,耐磨合金具有保持油膜、减少摩擦阻力和易于磨合的作用。另外,其内表面还加工有润滑油孔和油槽,油孔用来润滑轴承,油槽用来储存润滑油,以保证可靠的润滑。

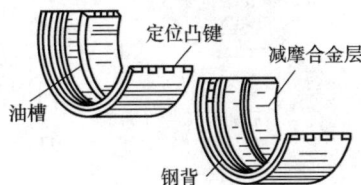

图 2-27　连杆轴承

二、任务实施

下面以大众 EA211 发动机为例,进行活塞连杆组拆装及活塞环间隙测量。

(一)活塞连杆组装配

1.准备工作

(1)将 EA211 发动机的活塞连杆组部件放置于拆装桌上。

(2)准备常用的拆装工具、橡胶锤、台虎钳、活塞环拆装钳等。

(3)准备润滑油、擦拭纸、清洁剂。

(4)检查实训室通风系统设备工作是否正常。

2.技术要求与注意事项

(1)所有部件严格按照标准工艺装配。

(2)螺栓严格按标准力矩拧紧。

3.操作步骤

(1)更换连杆螺栓。用机油润滑螺纹和接触表面,拧紧力矩为 30N·m + 90°。

(2)通过涨断法(断裂)加工连杆,连杆轴承盖只有一个安装位置且只能安装在所属的连杆上,在 B 处标出所属汽缸,安装位置 A 指向曲轴皮带轮侧,如图 2-28 所示。

(3)安装轴瓦。安装位置如图 2-29 所示,将轴瓦居中装入连杆和连杆轴承盖内,轴瓦距连杆轴承盖间距 a 相等,更换用过的轴瓦。

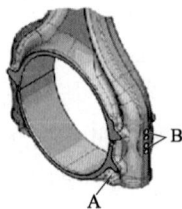

图 2-28 活塞连杆组装配图 　　图 2-29 轴瓦装配

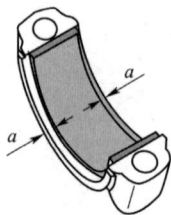

(4)分离新连杆。连杆只能成套更换,新连杆可能会出现杆身和连杆轴承盖没有完全分离的情况。如果无法用手拆下连杆轴承盖,用带铝制保护钳口的台虎钳稍稍夹紧连杆,旋松两个螺栓约 5 圈,小心地用一把橡胶锤沿箭头方向敲击连杆轴承盖,脱开轴承盖。

(5)更换两个新的卡环。

(6)安装活塞销。活塞销不易安装时,将活塞加热到 60℃ 左右。

(7)安装活塞。标记活塞所属汽缸,如图 2-30 所示;活塞顶部标记箭头指向曲轴皮带轮侧,如果之前的活塞需进行重新安装,在活塞顶部用彩色标记所属的汽缸。

(8)安装活塞环。检查压缩环开口间隙;检测活塞环与活塞凹槽间隙;用通用活塞环钳拆卸和安装活塞环,开口错开 120°。

图 2-30 活塞标记

30

（9）安装刮油环。小心地用活塞环钳拆卸和安装 3 道刮油环,刮油环开口间隙开口错开 120°。

（10）完成实训任务后,对工作过程进行自我评价,提交实训工作单,接受指导老师的技能考核。

（11）整理并清洁工作场所,清点和收拾借出的工具、设备和资料,交回实训室。

（二）活塞拆装

1. 准备工作

（1）准备 EA211 发动机台架。

（2）准备常用的拆装工具、橡胶锤、通用活塞环张紧带等。

（3）准备冲头 SVW222a 或 VW222A,用于推出活塞销。

（4）准备润滑油、擦拭纸、清洁剂。

（5）检查实训室通风系统设备工作是否正常。

2. 技术要求与注意事项

（1）严格按照标准工艺装配。

（2）工具使用过程中要注意安全。

（3）连杆大头螺栓严格按标准力矩拧紧。

3. 操作步骤

（1）拆卸汽缸盖。

（2）拆卸油底壳,取下防油挡板。

（3）标出活塞所属汽缸,对连杆和连杆轴承盖所属汽缸进行标记。

（4）拆卸连杆轴承盖,将连杆连同活塞一起从汽缸体中拆出。

（5）从活塞销孔中取出卡环,使用冲头 SVW222a 或 VW22A 推出活塞销。

（6）安装。安装以拆卸的相反顺序进行。

（7）完成实训任务后,对工作过程进行自我评价,提交实训工作单,接受指导老师的技能考核。

（8）整理并清洁工作场所,清点和收拾借出的工具、设备和资料,交回实训室。

（三）活塞检查

1. 准备工作

（1）准备已拆卸活塞的 EA211 发动机台架。

（2）准备塞尺、活塞环卡钳、外径千分尺(50~75mm)。

（3）准备润滑油、擦拭纸、清洁剂。

（4）记录所用纸和笔。

2. 技术要求与注意事项

（1）活塞环开口锋利,拆装过程要注意安全。

（2）工具使用过程中要注意安全。

（3）检测前认真清洗活塞、活塞环。

3. 操作步骤

(1)检测活塞。从距下边缘约 7mm,且与活塞销的轴线错开 90°处进行测量,如图 2-31 所示。

(2)检测活塞环开口间隙。活塞环垂直于汽缸壁从上推入下面的汽缸开口,离缸边缘约 15mm,推入时使用不带环的活塞,如图 2-32 所示。

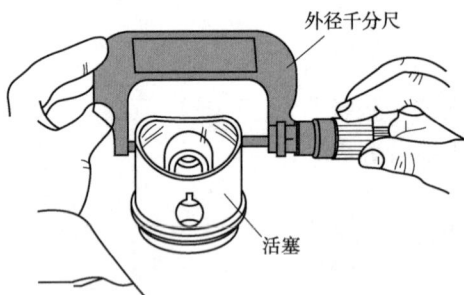

图 2-31　活塞测量

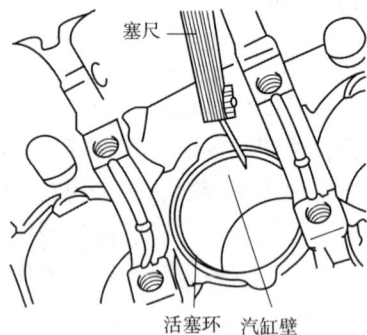

图 2-32　活塞环开口间隙检测

(3)检测活塞环高度间隙。清洁活塞环及环槽,将活塞环放入对应的环槽中,用塞尺测量活塞环与环槽的间隙,如图 2-33 所示。

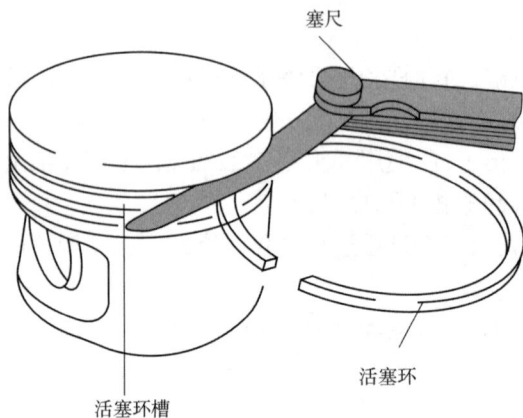

图 2-33　活塞环高度间隙检测

(4)完成实训任务后,对工作过程进行自我评价,提交实训工作单,接受指导老师的技能考核。

(5)整理并清洁工作场所,清点和收拾借出的工具、设备和资料,交回实训室。

三、评价与反馈

1. 自我评价

(1)通过本学习任务的学习你是否已经知道以下问题:

①活塞连杆组的作用有哪些?

②活塞连杆组的结构组成有哪些?

③活塞连杆组的工作原理是什么?

(2)实训过程完成情况如何?

(3)通过本学习任务的学习,你认为自己的知识和技能还有哪些欠缺?

签名:_____ ___年___月___日

2.小组评价(表2-4)

小组评价表   表2-4

序　号	评价项目	评价情况
1	着装是否符合规范要求	
2	是否能合理规范地使用工量具和设备	
3	是否按照安全和规范的流程操作	
4	是否遵守学习、实训场地的规章制度	
5	是否能保持实训场地与工具设备的整洁	
6	团结协作情况	

参与评价的同学签名:_____ ___年___月___日

3.教师评价

_____

_____

教师签名:_____ ___年___月___日

四、技能考核标准(表2-5)

技能考核标准表   表2-5

序号	项目	操作内容	规定分	评分标准	得分
1	活塞连杆组装配	工具、物品准备	3分	准备是否齐全	
		更换连杆螺栓	2分	是否达到操作要求标准	
		断开连杆轴承盖	2分	是否达到操作要求标准	
		安装轴瓦	2分	是否达到操作要求标准	
		安装连杆	2分	是否达到操作要求标准	
		安装卡环	3分	是否达到操作要求标准	
		安装活塞销	3分	是否达到操作要求标准	

续上表

序号	项目	操作内容	规定分	评分标准	得分
1	活塞连杆组装配	安装活塞	5分	是否达到操作要求标准	
		安装活塞环	6分	是否达到操作要求标准	
		安装刮油环	3分	是否达到操作要求标准	
		设备仪器回收、清点,清洁场地	3分	是否符合5S要求	
2	活塞拆装	工具、物品准备	3分	准备是否齐全	
		拆卸汽缸盖	3分	是否达到操作要求标准	
		拆卸油底壳取下防油挡板	3分	是否达到操作要求标准	
		标出活塞所属汽缸	3分	是否达到操作要求标准	
		对连杆和连杆轴承盖所属汽缸进行标记	3分	是否达到操作要求标准	
		拆卸连杆轴承盖	3分	是否达到操作要求标准	
		从活塞销孔中取出卡环	3分	是否达到操作要求标准	
		取出活塞销	3分	是否达到操作要求标准	
		活塞装配	12分	是否达到操作要求标准	
		设备仪器回收、清点,清洁场地	3分	是否符合5S要求	
3	活塞及活塞环检测	工量具、清洁剂、物品准备	3分	准备是否齐全	
		活塞清洁	3分	是否达到操作要求标准	
		活塞直径检测	4分	是否达到操作要求标准	
		活塞环开口间隙检测	3分	是否达到操作要求标准	
		活塞环侧隙检测	5分	是否达到操作要求标准	
		数据记录	3分	是否达到操作要求标准	
		数据分析判断	3分	是否达到操作要求标准	
		设备仪器回收、清点,清洁场地	3分	是否符合5S要求	
	总分		100分		

学习任务3　曲轴飞轮组构造与检修

学习目标

☞ 知识目标

1. 能正确叙述曲轴的结构特点与工作原理;
2. 能正确描述飞轮的结构与工作原理。

☞ 技能目标

1. 能规范对曲轴轴向间隙进行检测;

2.能规范对曲轴径向跳动量进行检测;

3.能规范对曲轴轴颈圆度、圆柱度进行检测。

☞ **素质目标**

1.通过对曲轴飞轮组的检修,培养正确的劳动态度,弘扬劳动精神、奋斗精神、奉献精神;

2.通过小组任务分工合作,形成良好的沟通协作、解决问题的能力。

建议课时

2～4课时。

一、理论知识准备

曲轴飞轮组主要由曲轴、飞轮、转速传感器齿盘、曲轴正时齿轮和带减振器的皮带轮等组成,如图2-34所示。

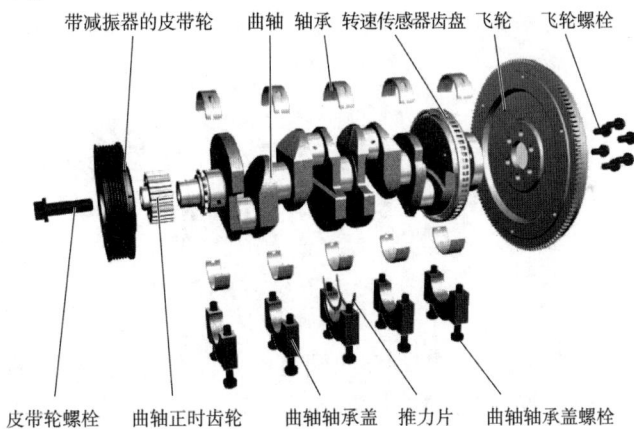

图2-34　曲轴飞轮组件

1.曲轴

1)作用

曲轴的作用是承受活塞连杆的作用力,把活塞连杆的往复运动转变为自身的旋转运动,并对外输出动力,用以驱动汽车的传动系统、发动机配气机构及其他附属装置。曲轴要求具有较强的刚度、冲击韧性和耐磨性,其材料一般采用中碳钢或中碳合金钢模锻。

2)结构

曲轴的形式有整体式和组合式两种。曲轴由主轴颈、连杆轴颈、曲柄、平衡重、前轴端和后轴端等部分组成。其中主轴颈和连杆轴颈上有润滑油道,平衡重上面有平衡孔。曲轴前轴端连接曲轴皮带轮,用来驱动发动机附属装置(如空调系统、转向助力系统等);曲轴后轴

端连接飞轮,对外输出动力,其结构如图 2-35 所示。

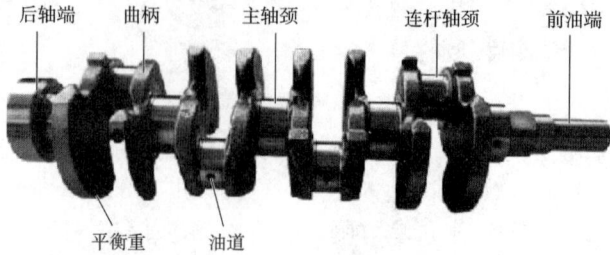

图 2-35　曲轴结构

（1）主轴颈。曲轴主轴颈用于支承曲轴,它通过滑动轴承安装在曲轴箱的主轴承座中,主轴承盖用螺栓与上曲轴箱的主轴承座紧固在一起。为了使各主轴颈磨损相对均匀,对于受力较大的中部和两端的主轴颈制造得较宽。

主轴颈的数目不仅与发动机汽缸数目有关,还取决于曲轴的支承方式,发动机缸体上通常会加工出若干个曲轴支承点。

（2）连杆轴颈。连杆轴颈用来安装连杆大头,是曲轴与连杆的连接部分,通过曲柄与主轴颈相连,在连接处用圆弧过渡,以减少应力集中。直列发动机的连杆轴颈数目和汽缸数相等。V 形发动机的连杆轴颈数等于汽缸数的一半。

（3）曲柄。曲柄是主轴颈和连杆轴颈的连接部分。为了平衡离心力矩,曲柄处配置平衡重,平衡重可以平衡一部分活塞往复惯性力,使曲轴旋转平稳,如图 2-36 所示。

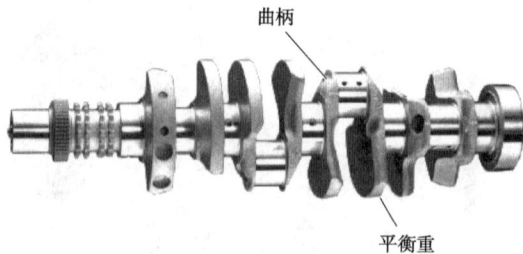

图 2-36　曲轴平衡

（4）曲拐。曲拐由主轴颈、连杆轴颈和曲柄组成。直列式发动机的曲拐数量等于汽缸数量;V 形发动机的曲拐数量等于汽缸数量的一半。

曲轴的形状和曲拐相对位置(即曲拐的布置)取决于汽缸数、汽缸排列和发动机的点火顺序。多缸发动机应使连续做功的两缸相距尽可能远,减轻主轴承的载荷;同时避免可能发生的进气重叠现象。

直列四缸发动机曲拐布置特点:曲拐在曲轴轴线方向对称布置于同一平面,相邻做功汽缸的曲拐夹角为 180°,发动机工作顺序有:1-3-4-2 或 1-2-4-3,如图 2-37 所示。

直列六缸四冲程发动机曲拐布置特点:曲拐在曲轴轴线方向对称布置于三个平面内,相邻做功汽缸的曲拐夹角为 120°,发动机工作顺序有:1-5-3-6-2-4 或 1-4-2-6-3-5,如图 2-38 所示。

四冲程 V6 发动机曲拐布置特点是:曲拐在曲轴轴线方向对称布置于三个平面内,相邻做功汽缸的曲拐夹角为 120°,发动机工作顺序通常是:1-2-3-4-5-6。

四冲程 V8 发动机曲拐布置特点是:曲拐在曲轴轴线方向对称布置于四个平面内(或一个平面)、相邻做功汽缸的曲拐夹角为 90°,发动机工作顺序通常是:1-8-4-3-6-5-7-2。

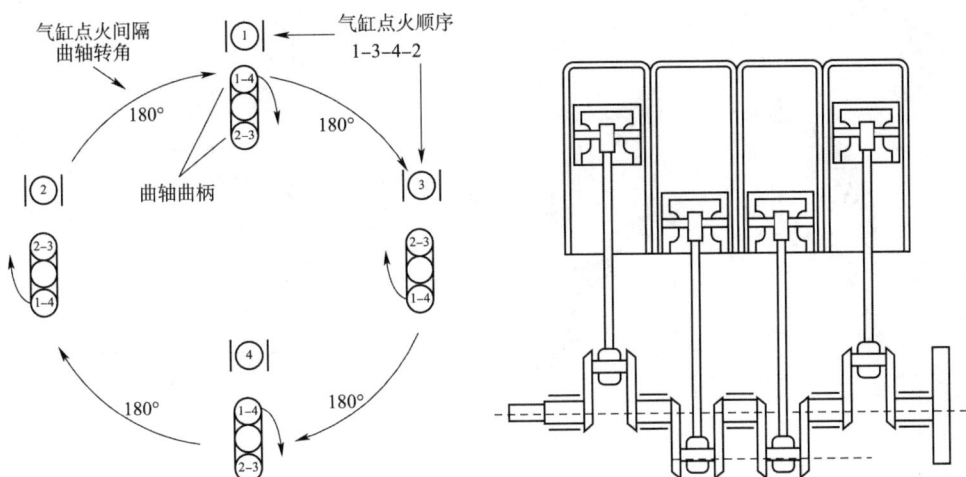

图 2-37 四缸发动机工作顺序

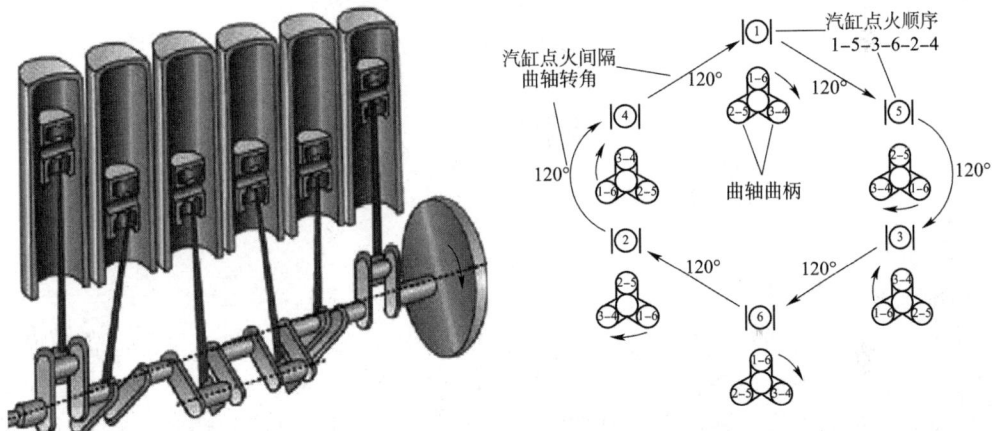

图 2-38 六缸发动机工作顺序

3)曲轴定位

发动机工作时,曲轴经常受到离合器(或自动变速器液力变矩器)施加于飞轮的轴向力作用而有轴向窜动的趋势。曲轴窜动将破坏曲柄连杆机构各零件的正确相对位置,因此必须对曲轴进行轴向定位。曲轴一般采用推力片定位,如图 2-39 所示,或翻边轴承定位,如图 2-40 所示,定位装置通常安装在中部某道轴承座处。

半圆环推力片一般为四片,上、下各两片,分别安装在机体和主轴承盖上的浅槽中,用定位舌或定位销定位,防止其转动。装配时,需将有油槽的止推面朝向曲轴的止推面,不能装反。

4)曲轴主轴承

曲轴主轴承又称主轴瓦或大瓦,与连杆轴承相似,是剖分为两半的滑动轴承,有上下两片。主轴上瓦装在机体的主轴承座孔内,下瓦则装在主轴承盖内,机体主轴承座和主轴承盖通过螺栓固定。连杆轴承上瓦有机油孔和油槽,为轴承输送和储存一定的润滑油,保证轴承的良好润滑质量,而主轴承下瓦由于受到较高的载荷,通常不开油孔和油槽,如图 2-41 所示。

图 2-39　推力片

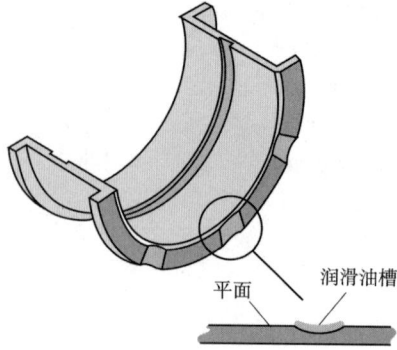

平面　　润滑油槽

图 2-40　翻边轴承

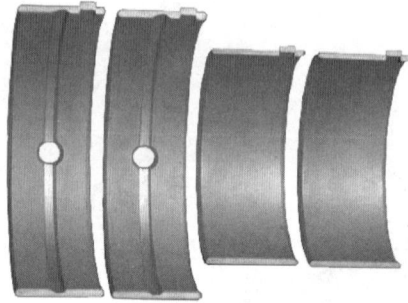

图 2-41　曲轴主轴承轴瓦

5）前轴端和后轴端

前轴端是第一道主轴径之前的部分,通常有键槽用来安装驱动机油泵的齿轮和附件皮带轮。为防止润滑油泄漏装有密封圈,为了减小扭转振动装有扭转减振器。

后轴端是最后一道主轴颈之后的部分,通常装有密封凸缘,凸缘上通常装有发动转速传感器。后端凸缘上加工有安装飞轮的螺栓孔。

6）曲轴类型

发动机曲轴根据支承方式的不同可以分为全支承曲轴和非全支承曲轴;按曲轴制造方式分为锻造式曲轴和铸造式曲轴。

(1) 全支承曲轴。全支承曲轴每一个连杆轴颈两边都有一个主轴颈,如图 2-42 所示,如直列六缸发动机有七个主轴颈,直列四缸发动机有五个主轴颈。这种曲轴的强度和刚度都较好,且减轻了主轴承载荷,减小了磨损。汽油发动机多采用这种形式。

(2) 非全支承曲轴。非全支承曲轴的主轴颈数比汽缸数目少或与汽缸数目相等,如图 2-43所示。这种曲轴的主轴颈承受载荷较大,但缩短了曲轴的总长度。有些承受载荷较小的汽油发动机采用这种曲轴。

(3) 锻造式曲轴。高性能发动机通常采用锻造式曲轴。锻造式曲轴的强度要高于铸造式曲轴,但制造成本较高。锻造式曲轴通常在曲柄上有明显较宽的分割线。

(4) 铸造式曲轴。相比于锻造式曲轴,铸造式曲轴的材料和加工成本较低,只需对轴颈及曲轴前后端进行磨削加工,且加工比较困难的曲拐位置和平衡重在铸造时即可完成。由于采用铸造工艺,曲轴内部晶相排列较均匀,能承受各个方向上的载荷;同时,铸造曲轴的平衡重密度小于锻造曲轴的平衡重,因此,铸造曲轴的质量要轻于锻造曲轴。

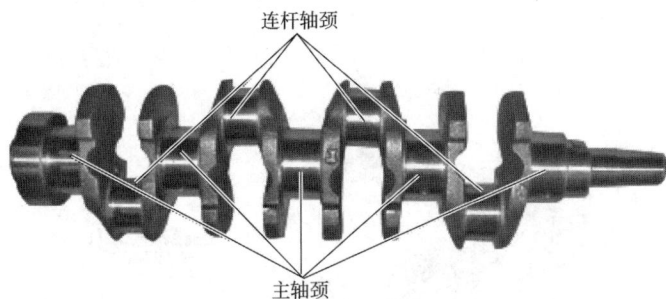

图 2-42　全支承曲轴

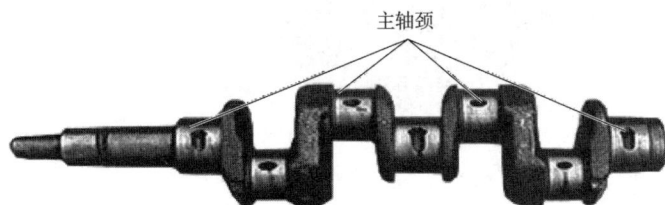

图 2-43　非全支承曲轴

7)曲轴振动

当发动机工作时,曲轴在周期性变化的转矩作用下,各曲拐之间发生周期性相对扭转的现象称为扭转振动,简称扭振。

为了消减曲轴的扭转振动,现代汽车发动机多在扭转振幅最大的曲轴前端装配扭转减振器,如图 2-44 所示。汽车发动机多采用橡胶扭转减振器、硅油扭转减振器和硅油—橡胶扭转减振器等。其作用就是吸收曲轴扭转振动的能量、消除扭转振动。

图 2-44　曲轴扭转减振器

8)曲轴平衡

发动机曲轴平衡分为内部平衡和外部平衡,内部平衡装置包括平衡重和平衡轴,外部平衡装置包括扭转减振器和飞轮。

(1)平衡重。平衡重一般铸造在曲柄的反方向上,用来平衡连杆大头、连杆轴颈和曲柄等产生的离心惯性力和离心力矩,以及活塞连杆组的往复惯性力及其力矩,以使发动机运转平稳。

平衡重有整体式和装配式两种类型。平衡重与曲轴制成一体的称为整体式平衡重,平衡重用螺栓固定在曲柄上的称为装配式平衡重。有些刚度较大的全支承曲轴则没有平衡重,直接在曲轴上减少一部分质量。

（2）平衡轴。平衡轴用来平衡发动机的振动和降低噪声，延长发动机使用寿命，提升乘客的舒适性。平衡轴一般分为单平衡轴和双平衡轴两种，图 2-45 所示为大众 EA888 发动机双平衡轴结构。

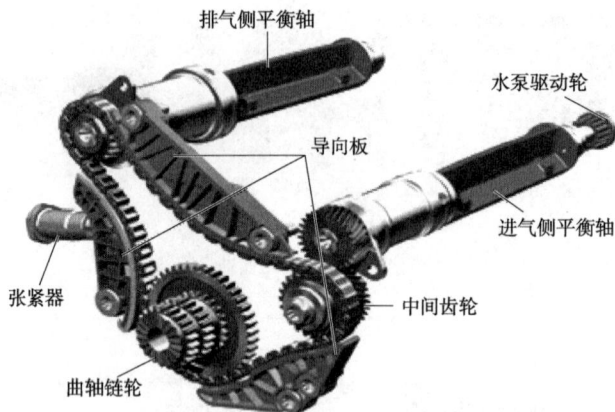

图 2-45　大众 EA888 发动机双平衡轴

9）曲轴的润滑

为了润滑的需要，曲轴上钻有若干油道，这些油道孔使润滑油从主轴颈流动到连杆轴颈，如图 2-46 所示。曲轴轴承上的润滑油以油膜形式存在，并不断流动，其中一部分润滑油从连杆上的油孔喷出，其余润滑油从连杆和轴承的缝隙流出，对轴承和轴颈进行润滑。曲拐的旋转将润滑油从油底壳带起并甩至汽缸壁上，对汽缸和活塞以及活塞环进行润滑，这种润滑方式称为飞溅润滑。

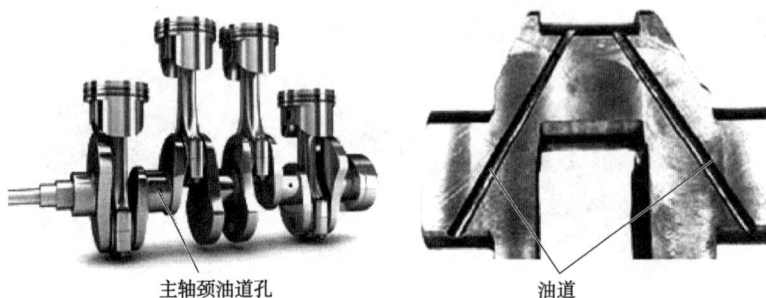

图 2-46　曲轴润滑油道

2. 飞轮

1）单质量飞轮

发动机飞轮的功用是储能、传力。它将做功行程中曲轴输出能量的一部分储存起来，用以在活塞其他行程中克服阻力，带动曲柄连杆机构越过上、下止点，保证曲轴的旋转角速度和输出转矩尽可能均匀，并使发动机有克服短时间的载荷的能力；此外，飞轮又用作离合器的驱动件，将发动机动力传至离合器，如图 2-47 所示。

2）双质量飞轮

双质量飞轮将原来的一个飞轮分成两个部分：一部分保留在原来发动机一侧的位置上，

起到原来飞轮的作用,用于起动和传递发动机的转动转矩,这一部分称为初级质量;另一部分则放置在传动系统变速器一侧,用于提高变速器的转动惯量,这一部分称为次级质量。两部分飞轮之间有一个环形的油腔,在腔内装有弹簧减振器,由弹簧减振器将两部分飞轮连接为一个整体,如图 2-48 所示。

图 2-47 单质量飞轮

图 2-48 双质量飞轮

二、任务实施

(一)曲轴轴向间隙检测

1. 准备工作

(1)准备发动机台架。

(2)准备常用的扭力扳手、磁性表座 SVW 387 或 VW 387、百分表、一字螺丝刀等。

2. 技术要求与注意事项

(1)百分表使用前需检查确保技术状况正常。

(2)工具使用过程中要注意安全。

(3)主轴承盖螺栓严格按标准力矩拧紧。

3. 操作步骤

(1)清洁发动机曲轴检测端与百分表。

(2)检查主轴承固定螺栓力矩,用螺丝刀轴向前后撬动,使止推片在同一平面。

(3)将百分表与百分表支座 SVW 387 或 VW 387 用螺栓固定在汽缸体上与曲轴臂相对的方向进行安装,如图 2-49 所示。

(4)用一字螺丝刀撬动曲轴至前后极限位置,分别观察并记录百分表的两个数值。

(5)计算曲轴轴向间隙,百分表所对应曲轴两个极限位置的数值之差即为曲轴轴向间隙。

(6)数据判断。轴向间隙应是 0.066 ~ 0.233mm。

(7)完成实训任务后,对工作过程进行自我评价,提交实训工作单,接受指导老师的技能考核。

(8)整理并清洁工作场所,清点和收拾借出的工具、设备和资料,交回实训室。

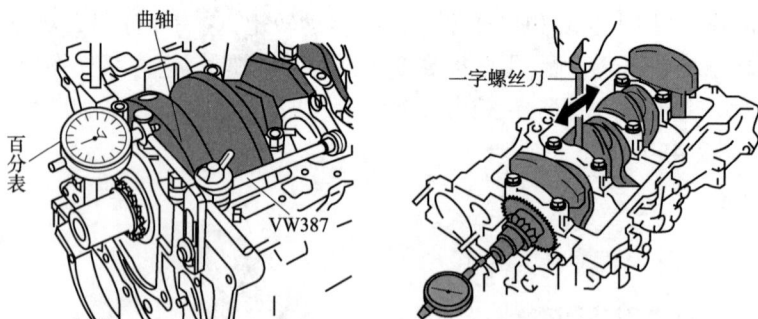

图 2-49　百分表安装

(二) 曲轴径向圆跳动量检测

1. 准备工作

(1) 准备已拆下的曲轴。

(2) 准备 V 形块支承、检测平板、磁性表座、百分表。

2. 技术要求与注意事项

(1) V 形块支承边角锋利,使用过程要注意安全。

(2) 曲轴支承要确保稳定,百分表使用前检查校对。

3. 操作步骤

(1) 清洁曲轴、平板、V 形块。

(2) 将 V 形块置于平板上,确保平稳。

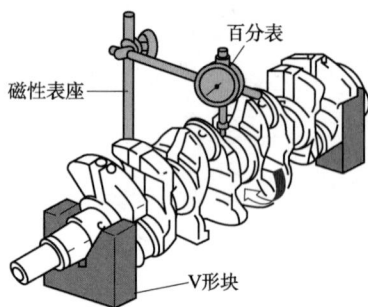

图 2-50　百分表安装

(3) 将曲轴两端主轴径置于 V 形块的 V 形槽中。

(4) 安装磁性表座和百分表,使表头垂直对于中间一道主轴颈中央,并与曲轴轴颈接触,如图 2-50 所示。

(5) 转动曲轴一周,百分表上指针的最大与最小读数之差,即为中间主轴颈对两端主轴颈的径向圆跳动误差 (通常也用指针的最大与最小读数差值之半作为直线度误差或弯曲度值)。

(6) 完成实训任务后,对工作过程进行自我评价,提交实训工作单,接受指导老师的技能考核。

(7) 整理并清洁工作场所,清点和收拾借出的工具、设备和资料,交回实训室。

(三) 曲轴轴颈圆度和圆柱度检测

1. 准备工作

(1) 准备已拆下的曲轴。

(2) 准备 V 形块支承、拆装桌、外径千分尺。

2. 技术要求与注意事项

(1) V 形块支承边角锋利,使用过程要注意安全。

(2) 曲轴支承要确保稳定。

3. 操作步骤

(1)清洁曲轴、V 形块。

(2)将 V 形块置于平面上,确保平稳。

(3)将曲轴两端主轴颈置于 V 形块的 V 形槽中。

(4)用外径千分尺先在油孔两侧测量,然后旋转 90°再测量,如图 2-51 所示。同一截面最大直径与最小直径之差的 1/2 为圆度误差;轴颈各部位测得的最大直径与最小直径之差的 1/2 为圆柱度误差。

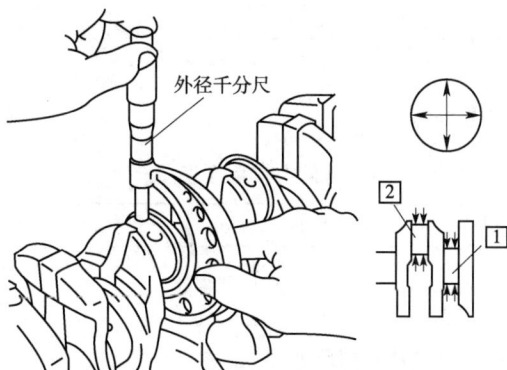

图 2-51　曲轴圆度和圆柱度测量

(5)数据判断,圆度、圆柱度误差大于 0.025mm 时,应按修理尺寸磨修。

(6)完成实训任务后,对工作过程进行自我评价,提交实训工作单,接受指导老师的技能考核。

(7)整理并清洁工作场所,清点和收拾借出的工具、设备和资料,交回实训室。

三、评价与反馈

1. 自我评价

(1)通过本学习任务的学习你是否已经知道以下问题:

①曲轴的结构特点与工作原理是什么?

②飞轮的结构与工作原理是什么?

(2)实训过程完成情况如何?

(3)通过本学习任务的学习,你认为自己的知识和技能还有哪些欠缺?

签名:_____　___年___月___日

2. 小组评价(表2-6)

小 组 评 价 表　　　　　表2-6

序　号	评价项目	评价情况
1	着装是否符合规范要求	
2	是否能合理规范地使用工量具和设备	
3	是否按照安全和规范的流程操作	
4	是否遵守学习、实训场地的规章制度	

续上表

序 号	评价项目	评价情况
5	是否能保持实训场地与工具设备的整洁	
6	团结协作情况	

参与评价的同学签名：_____ ___年___月___日

3. 教师评价

_____

_____

教师签名：_____ ___年___月___日

四、技能考核标准（表2-7）

技能考核标准表   表2-7

序号	项目	操作内容	规定分	评分标准	得分
1	曲轴轴向间隙检测	工量具、物品准备	4分	准备是否齐全	
		清洁设备与百分表	4分	是否达到操作要求标准	
		检查主轴承固定螺栓力矩，使推力片在同一平面	4分	是否达到操作要求标准	
		安装百分表与支座	4分	是否达到操作要求标准	
		间隙测量	5分	是否达到操作要求标准	
		计算曲轴轴向间隙	5分	是否达到操作要求标准	
		数据判断	4分	是否达到操作要求标准	
		设备仪器回收、清点、清洁场地	4分	是否符合5S要求	
2	曲轴弯曲度检测	工量具、物品准备	5分	准备是否齐全	
		清洁曲轴、平板、V形块	5分	是否达到操作要求标准	
		将V形块置于平板上确保平稳	4分	是否达到操作要求标准	
		将曲轴两端主轴颈置于V形块中	4分	是否达到操作要求标准	
		安装磁性表座和百分表	5分	是否达到操作要求标准	
		测量主轴颈的径向圆跳动量	5分	是否达到操作要求标准	
		设备仪器回收、清点、整理场地	5分	是否符合5S要求	
3	曲轴圆度和圆柱度检测	工量具、物品准备	5分	准备是否齐全	
		清洁曲轴、V形块	5分	是否达到操作要求标准	
		将V形块置于平板上	4分	是否达到操作要求标准	
		将曲轴置于V形块的槽中	4分	是否达到操作要求标准	
		圆度、圆柱度误差测量	5分	是否达到操作要求标准	
		数据判断	5分	是否达到操作要求标准	
		设备仪器回收、清点、清洁场地	5分	是否符合5S要求	
总分			100分		

思考与练习

(一) 单选题

1. 活塞在制造中,其头部有一定锥度,主要是由于(　　)。
  A. 节省材料
  B. 可减少往复运动惯性力
  C. 活塞在工作中受热不均
  D. 润滑可靠

2. 扭曲环所以会扭曲是因为(　　)。
  A. 加工成扭曲
  B. 环断面不对称
  C. 气体压力的作用
  D. 惯性力的作用

3. 发动机汽缸磨损的检验,主要测量其(　　)。
  A. 直线度和同轴度
  B. 平行度和平面度
  C. 垂直度和圆跳动
  D. 圆度和圆柱度

4. 测量汽缸直径时,当量缸表指示到(　　)时,即表示测杆垂直于汽缸轴线。
  A. 最大读数
  B. 最小读数
  C. 中间值读数
  D. 任一读数

5. 为了减轻磨损,通常对(　　)进行镀铬。
  A. 第一道环
  B. 所有气环
  C. 油环
  D. 气环和油环

6. 活塞的最大磨损部位一般是(　　)。
  A. 头部　　　　B. 裙部　　　　C. 顶部　　　　D. 环槽

7. 技师甲说:"安装活塞环时,所有气环开口要错开一定角度。"技师乙说:"安装组合油环时,上下环片开口要错开一定角度。"对于上述说法(　　)。
  A. 仅甲正确
  B. 仅乙正确
  C. 甲和乙均正确
  D. 甲和乙均不正确

8. 对于发动机平衡轴的描述,下列错误的是(　　)。
  A. 轴通过齿轮传动的方式驱动平衡轴
  B. 平衡轴的作用就是消除发动机的振动
  C. 双平衡轴旋转方向跟曲轴旋转方向一致
  D. 平衡轴配重可抵消活塞连杆引起的二阶振动

9. 检测曲轴时通常使用的工具是(　　)。
  A. 塞尺　　　　B. 直尺　　　　C. 百分表　　　　D. 千分尺

10. 锻造式曲轴的特性是(　　)。
  A. 较高的强度
  B. 成本低
  C. 曲柄上有分割线
  D. 平衡重密度小

(二) 多选题

1. 干式缸套的特点是(　　)。
  A. 强度高　　　　B. 刚度好　　　　C. 散热好　　　　D. 缸壁薄

2. 机体组主要由(　　)和油底壳等组成。

    A. 汽缸盖罩　　　　　　B. 汽缸盖　　　　　C. 汽缸垫　　　　　D. 汽缸体

3. 铝合金汽缸体的特点是(　　)。

    A. 质量轻　　　　　　　B. 耐磨损　　　　　C. 散热性好　　　　D. 强度及刚度好

4. 按照汽缸排列方式来分,汽缸体可分为(　　)。

    A. 直列式　　　　　　　B. V 形　　　　　　C. 水平对置式　　　D. 分体式

5. 活塞环三隙包括(　　)。

    A. 端隙　　　　　　　　B. 背隙　　　　　　C. 侧隙　　　　　　D. 两气环间隙

6. 关于活塞销的特点描述错误的是(　　)。

    A. 全浮式活塞销的销座与连杆小头能够相对运动

    B. 半浮式活塞销没有定位卡环

    C. 装配全浮式活塞销时必须加热活塞

    D. 半浮式活塞销一般是实心的

7. 活塞顶部的标记内容可能包括(　　)。

    A. 活塞装配方向　　B. 活塞尺寸　　　　C. 活塞质量　　　　D. 活塞环槽数量

(三)判断题

1. 活塞环的泵油作用,可以加强对汽缸上部的润滑,因此是有益的。　　　　　　(　　)

2. 偏置销座的活塞,其销座的偏移方向应朝向做功行程时活塞受侧压大的一侧。

    (　　)

3. 活塞裙部膨胀槽一般开在受侧压力较大的一面。　　　　　　　　　　　　　(　　)

4. 采用全浮式连接的活塞销,无论在装配时,还是在发动机工作时,活塞销均能在活塞销座孔中自由转动。　　　　　　　　　　　　　　　　　　　　　　　　　(　　)

5. 各种形式曲轴的曲拐数都与汽缸数相同。　　　　　　　　　　　　　　　　(　　)

6. 为了汽缸的密封,无论是干式缸套,还是湿式缸套,在压入汽缸体以后,都应使汽缸套顶面与汽缸体上平面平齐。　　　　　　　　　　　　　　　　　　　　　　(　　)

7. 校正连杆一般是先校正弯曲后校正扭曲。　　　　　　　　　　　　　　　　(　　)

8. 与汽缸壁间隙过大易出现"拉缸"。　　　　　　　　　　　　　　　　　　(　　)

9. 活塞连杆组装后,需要在连杆检验器上检验连杆大端孔中心线与活塞裙部中心线的平行。

    (　　)

(四)简答题

1. 曲柄连杆机构的组成及功用是什么?

2. 如何检验汽缸的磨损情况?

3. 如何确定汽缸的修理尺寸?

4. 活塞连杆组由哪些主要机件组成?

5. 飞轮的功用是什么?

单元三　发动机配气机构构造与检修

学习任务1　发动机配气机构概述

一、理论知识准备

1. 换气过程
1) 进气过程

进气过程是指新鲜空气从外界进入发动机汽缸内的过程。当进气门打开时,新鲜空气经空气滤清器滤去尘埃等杂质后,沿节气门通道进入动力腔,再经进气歧管分配到各个汽缸中。

2）排气过程

排气过程是指汽缸内混合气燃烧后生成的废气从汽缸内排放到外界的过程。发动机工作过程中，当排气门打开时，汽缸内的可燃混合气燃烧后的废气，自排气门排出汽缸后，随即进入排气歧管，各缸的排气歧管汇集后，经过排气总管将废气排出。

（1）自由排气阶段。排气门开始开启到汽缸内压力接近排气管内压力的时期，称为自由排气阶段。此时，废气流量与排气管内的压力无关，只决定于汽缸内的气体状态和气门开启面积的大小。自由排气阶段排出的废气可达60%以上。

（2）强制排气阶段。从自由排气阶段结束，活塞上行至上止点，称为强制排气阶段。由于排气通道特别是排气门开启处的阻力，使强制排气阶段内的汽缸平均压力比排气管内平均压力略高10kPa，且流速越高，阻力与压差越大，则排气耗功越多。

3）气门叠开与燃烧室扫气

燃烧室扫气是指由于气门叠开，使进气管、汽缸、排气管连通起来，使一定数量的新鲜充量直接扫过燃烧室，达到清除废气、填充新鲜空气、降低燃烧室温度的目的，称为燃烧室扫气。

2. 配气相位

配气相位就是用曲轴转角来表示的进排气门的实际开闭时刻和开启的持续时间，如用曲轴转角的环形图来表示配气相位，这种图形即称为配气相位图。从配气相位图上可直接看出进排气门实际开启的曲轴转角（时间）。

1）进气过程曲轴转角

在排气行程接近终了，活塞到达上止点之前，即曲轴转到活塞处于上止点位置还差一个角度 α 时，进气门便开始开启，直到活塞过了下止点后又上行，即曲轴转到活塞下止点位置以后一个角度 β 时，进气门才关闭。这里，α 称为进气提前角，一般为 $10° \sim 30°$；β 称为进气迟闭角，一般为 $40° \sim 80°$。这样，整个进气过程中，进气门开启持续时间的曲轴转角，即进气持续角为 $180° + \alpha + \beta$，如图 3-1 所示。

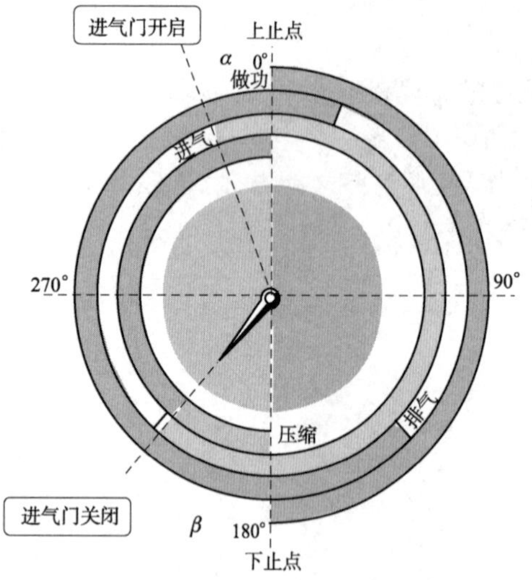

图 3-1 进气相位图

2）排气过程曲轴转角

在做功行程接近终了，活塞到达下止点前，排气门便开始开启，提前开启的角度 γ 称为排气提前角，一般为 $40° \sim 80°$。经过整个排气行程，在活塞越过上止点后，排气门才关闭，排气门关闭的延迟角 δ 称为排气迟闭角，一般为 $10° \sim 30°$。这样，整个排气过程中，排气门开启持续时间的曲轴转角，即排气持续角为 $180° + \gamma + \delta$，如图 3-2 所示。

3）气门重叠与气门叠开角

由于进气门早开和排气门晚关，在排气终了和进气刚开始、活塞处于上止点附近时，进、排气门同时开启，这种现象称为气门重叠。进、排气门同时开启过程对应的曲轴转角，称为气门重叠角。气门重叠角的大小为 $\alpha + \delta$，如图 3-2 所示。

由于新鲜气流和废气气流都有各自的流动惯性，在短时间内不会改变流向，只要角度选择合适,就不会出现废气倒流进气道和新鲜气体随废气一起排出的现象。气门重叠期间进气管、汽缸、排气管连通起来,可以利用气流压力差和惯性清除汽缸内残余废气,增加进气量。非增压发动机的进、排气门重叠角一般为20°～60°,若气门重叠角过大,很可能会引起废气倒流入进气管的现象。

3.充气效率

1)充气效率的概念

发动机换气过程中,新鲜混合气或空气充满汽缸的程度,用充量系数(ϕ_c)来表示。充量系数是衡量不同发动机性能和进气过程完善程度的重要指标,又称充气效率和容积效率。所谓充量系数就是指发动机每缸每循环实际吸入汽缸的新鲜空气质量(M)与进气状态下理论计算充满汽缸工作容积的空气质量(M_0)比值。

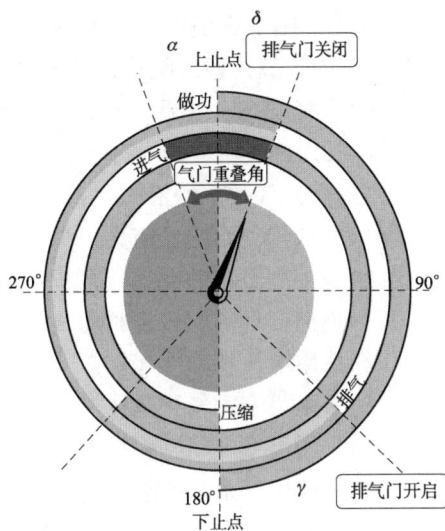

图3-2　排气相位图

$$\phi_c = \frac{M}{M_0} \tag{3-1}$$

充气效率越高,表明进入汽缸内的新鲜空气或可燃混合气质量越多,燃烧混合气可能发出的热量越大,发动机的功率越大。对一定容积的发动机而言,进气质量与进气终了的温度和压力有关,进气的温度越低和压力越高,则进气质量越大,充气效率越高。但由于进气系统对气体造成阻力使进气终了时的汽缸内压力下降,又因为上一轮循环中残余的高温废气,使进气终了气体温度升高,实际进入气体的质量总小于在一般状态下的充满汽缸气体的质量。也就是说,充气效率总小于1,一般为0.8～0.9。

2)充气效率的影响因素

(1)残余废气量。发动机每个工作循环残余废气量的多少,可用残余废气系数来衡量,残余废气系数是指每循环进气过程结束时,缸内残余废气量与每循环实际进入缸内的新鲜充量之比(质量或体积比)。

发动机缸内的残余废气系数与其压缩比、进气压力、配气正时等有关。汽油机的压缩比低,进气有节流,气门重叠角较小,所以残余废气系数较高,通常在7%～20%。柴油机由于压缩比高,气门重叠角大,没有进气节流,所以残余废气系数小,增压柴油机更低。

(2)进气门关闭时汽缸内的压力。进气门关闭时汽缸内压力越高,说明此时汽缸内的气体密度越大,一定体积条件下气体密度越高,气体的质量也就越大。因此,进气门关闭时汽缸内的压力越高充气效率就越高。

(3)进气门关闭时汽缸内气体温度。进气门关闭时汽缸内温度越高,说明此时汽缸内的气体密度越小,一定体积条件下气体密度越小,气体的质量也就越小。因此,进气门关闭时汽缸内的温度越高充气效率就越低。

(4)进排气相位角。进排气相位角会影响换气质量,其中气门重叠角直接影响燃烧室的扫气,最终影响残余废气量及充气效率。合理的进气相位角有利于减小残余废气系数,提高充气效率。

（5）压缩比。压缩比是影响发动性能的重要参数之一,压缩比越高残余废气量就越少,充气效率就越高。但压缩比过高容易引起爆燃。

（6）进气状态。外界大气的气体压力和温度将直接影响充气量的多少,进气温度越低和压力越高,则进气质量越大,充气效率越高。

3）提高充气效率的措施

（1）降低排气系统的阻力损失,以减小汽缸内的残余废气系数。

（2）减少高温零件在进气系统中对新鲜充量的加热,以降低进气终了时的充量温度。

（3）遵循合理的配气正时和气门升程规律。

（4）采用增压技术。

（5）采用可变配气相位技术。

（6）采用可变气门升程技术。

（7）降低进气系统的阻力损失,提高汽缸内进气终了时的压力,具体技术措施如下。

①采用较大的进气流通截面积。

②采用光滑的进气管道壁面。

③减小进气截面的突变和转弯角度。

④尽量采用圆形截面进气管道。

二、任务实施

下面以大众 EA211 发动机为例来进行发动机进排气系统部件的认知。

1. 准备工作

（1）准备上汽大众朗逸轿车 1 辆,大众 EA211 发动机 1 台。

（2）准备 1 套车辆室内外防护件套。

（3）常用工具 1 套。

2. 注意事项

（1）禁止私自起动车辆。

（2）按安全操作规程使用举升机。

（3）放置车轮挡块,防止车辆溜动。

3. 操作步骤

（1）将学生分成两个实训小组,每组确定一名组长。

（2）集体观看四冲程发动机换气过程视频。

（3）按照以下工作任务单的引导,完成发动机进排气系统的认知。

①本次实训所用的发动机型号是什么?

②您所看到的发动机系统部件有哪些?

③请对照发动机实物说出并指示发动机的进气流通路径?

④对照实物指出哪些部件会影响发动机的充气效率?

⑤您所看到的发动机系统部件有哪些?

⑥请对照发动机实物说出并指示发动机的废气排放流通路径?

⑦对照实物指出哪些部件会影响发动机的残余废气量?

(4)完成实训任务后,对工作过程进行自我评价,提交实训工作单,接受指导老师的技能考核。

(5)整理并清洁工作场所,清点和收拾所用工具、设备、资料,交回实训室。

三、评价与反馈

1.自我评价

(1)通过本学习任务的学习你是否已经知道以下问题:

①发动机的进气过程是怎样的?

②发动机的排气过程是怎样的?

③发动机的进气系统部件有哪些?

④发动机的排气系统部件有哪些?

(2)影响发动机换气质量的部件有哪些?

(3)通过本学习任务的学习,你认为自己的知识和技能还有哪些欠缺?

签名:_____　___年___月___日

2.小组评价(表3-1)

小 组 评 价 表　　　　　表3-1

序　　号	评 价 项 目	评 价 情 况
1	着装是否符合规范要求	
2	是否能合理规范地使用车辆和设备	
3	是否按照安全和规范的流程操作	
4	是否遵守学习、实训场地的规章制度	
5	是否能保持实训场地与工具设备的整洁	
6	团结协作情况	

参与评价的同学签名:_____　___年___月___日

3.教师评价

_____

_____

教师签名:_____　___年___月___日

四、技能考核标准(表3-2)

技能考核标准表　　　　　表3-2

序号	项目	操作内容	规定分	评分标准	得分
1	发动机配气机构部件认知	记录发动机型号	10分	记录信息是否全面	
		举升机使用规范	15分	是否达到操作要求标准	
		车辆使用规范	15分	是否达到操作要求标准	
		进气系统部件认知	15分	是否达到操作要求标准	
		排气系统部件认知	15分	是否达到操作要求标准	
		充气效率影响部件	10分	是否达到操作要求标准	
		残余废气量影响部件	10分	是否达到操作要求标准	
		设备仪器回收、清点、清洁场地	10分	是否符合5S要求	
	总分		100分		

学习任务2　配气机构构造与检修

学习目标

☞ 知识目标
1. 能正确叙述配气机构的功能和分类；
2. 能正确描述配气机构的主要部件结构与工作原理。

☞ 技能目标
1. 能规范对配气机构主要部件进行检修；
2. 能规范对配气机构正时链或皮带进行装配。

☞ 素质目标
1. 通过对发动机配气机构的检修,培养学生严谨的工作态度和精益求精的工匠精神,展示中国工匠可信的形象；
2. 通过技能训练、工位整理,培养学生良好的职业道德和敬业精神,弘扬中华传统美德。

建议课时

2~4课时。

一、理论知识准备

1. 配气机构的功用

配气机构的功用是按照发动机每一个汽缸内所进行的工作循环和点火顺序的要求,定时开启和关闭各汽缸的进、排气门,使新鲜充量(汽油机为可燃混合气或空气,柴油机为空气)得以及时进入汽缸,废气得以及时从汽缸排出。在压缩与做功行程中,关闭气门保证燃烧室的密封。

配气机构的结构参数和形式要有利于减少进气和排气阻力,而且进、排气门的开启时刻和延续的开启时间比较适当,使进气和排气都尽可能充分,以得到较大的功率转矩和较好的排放性能。

2. 配气机构的类型

1) 按气门的布置形式分类

(1) 气门顶置式配气机构。气门顶置是目前应用最广泛的一种配气机构形式,如图3-3所示。进气门和排气门都倒挂在汽缸盖的燃烧室顶上。当汽缸需要换气时,凸轮轴上的凸轮通过气门传动组件向下推开气门,同时使弹簧进一步压缩,气门开启。当凸轮轴上的凸轮转过挺柱以后,气门在弹簧张力的作用下逐渐关闭。压缩和做功行程中,气门在弹簧张力的作用下严密关闭。

(2) 气门侧置式配气机构。如图3-4所示,气门侧置式配气机构的气门头部向上,布置于缸体一侧,气门开启时向上运动。这种机构形式的配气机构具有结构简单、造价低、维修方便等优点。但由于其气门侧置造成燃烧室结构不紧凑,进气道拐弯多,进气阻力大,导致发动机动力性与高速性较差、经济性不高。目前,这种配气机构已趋于淘汰。

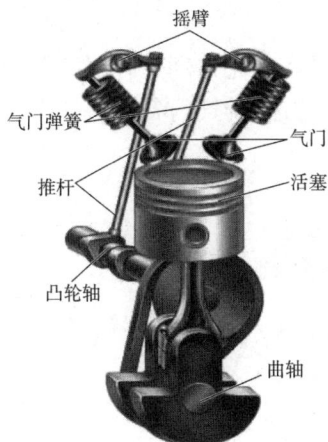

图 3-3 气门顶置式配气机构

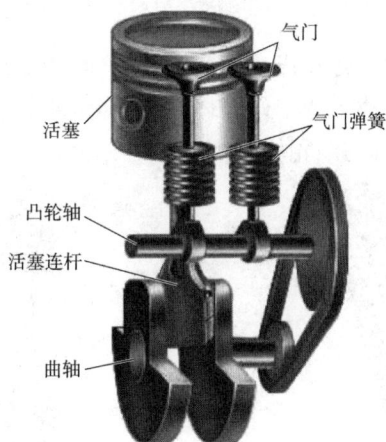

图 3-4 气门侧置式配气机构

2)按凸轮轴的布置形式分类

凸轮轴的布置形式根据凸轮轴在机体中安装位置的不同,分为下置式、中置式和顶置式三种,如图 3-5 所示。

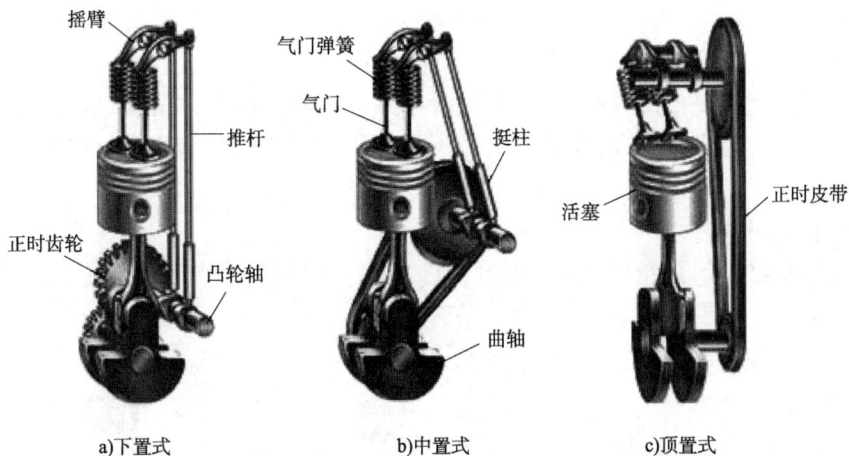

a)下置式   b)中置式   c)顶置式

图 3-5 凸轮轴布置形式

(1)下置式。凸轮轴装在曲轴箱内,直接由凸轮轴正时齿轮与曲轴正时齿轮相啮合,由曲轴带动。大多数载货汽车和大中型客车的发动机都采用这种结构形式。气门组由气门、气门导管、气门弹簧、气门弹簧座、气门锁片等组成。气门传动组由凸轮轴、凸轮轴正时齿轮、挺柱、推杆、摇臂、摇臂轴等组成。

(2)中置式。凸轮轴位于汽缸体的上部,为了减小气门传动机构的往复运动的质量,对于高转速的发动机,可将凸轮轴的位置移到汽缸体的上部,由凸轮轴经过挺柱直接驱动摇臂而省去推杆。该形式的配气机构因曲轴与凸轮轴的中心线距离较远,一般要在中间加入一个中间齿轮——惰轮。

（3）顶置式。凸轮轴布置在汽缸盖上。凸轮轴直接通过摇臂来驱动气门，没有挺柱和推杆，使往复运动的质量大为减小，对凸轮轴和气门弹簧的要求也最低，因此，它适用于高速强化发动机。

3）按凸轮轴传动方式分类

按照凸轮轴传动形式可分为链传动、齿形带传动和齿轮传动三种，如图3-6所示。四冲程发动机每完成一个工作循环，曲轴旋转两圈，各缸的进、排气门各开启一次，即凸轮轴只转一圈，所以曲轴与凸轮轴的传动比为2:1。

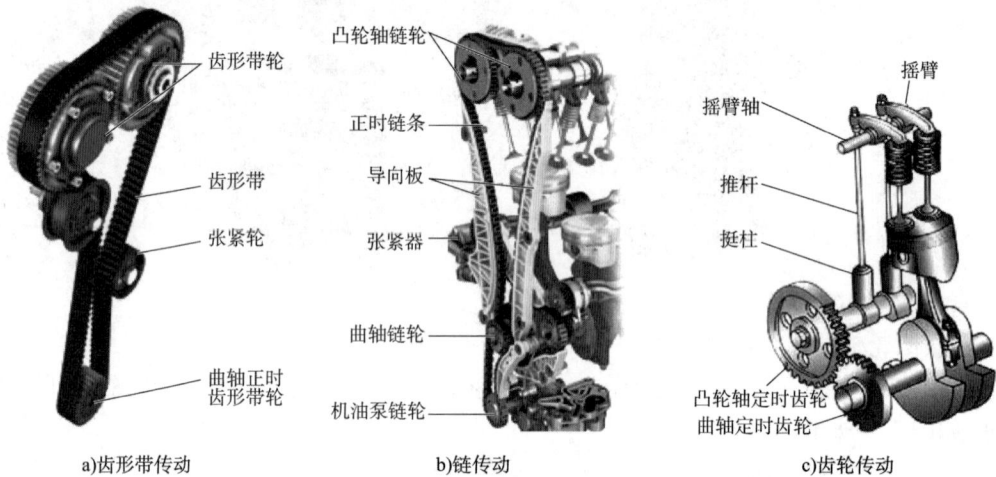

a)齿形带传动　　　　　　　　b)链传动　　　　　　　　c)齿轮传动

图3-6　凸轮轴传动方式

齿轮传动的优点是传动的准确性和可靠性好，但是噪声较大。链传动的优点是传动阻力小，可靠性高，但是噪声也大，需要润滑。齿形带传动的优点是噪声小，无须润滑，但是寿命略差。

4）按气门数分类

按发动机每缸气门数量的不同，可分为二气门、三气门、四气门、五气门配气机构，如图3-7所示。

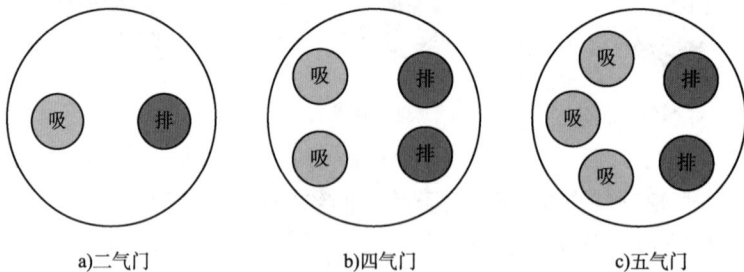

a)二气门　　　　　　　　b)四气门　　　　　　　　c)五气门

图3-7　发动机气门数

3. 气门间隙

发动机工作时，配气机构零部件由于受热温度升高产生热膨胀，如果运动件之间在冷态时没有间隙或间隙过小，热态时由于运动件受热膨胀，容易引起气门关闭不严，使发动机在压缩和做功行程漏气，导致功率下降，严重时还会造成起动困难。为消除这种现象，通常发动机冷态装配时,在气门与传动机构中留有适当的间隙,以补偿受热后的热膨胀量,这一间隙通常称气门间隙,如图3-8所示。

气门间隙的大小一般由发动机制造厂根据实验确定。进气门的间隙一般为0.25~0.30mm,排气门由于温度高,一般为0.30~0.35mm。如果间隙过小,发动机在热态可能关闭不严而漏气,使发动机功率下降。如果间隙过大,则使气门有效升程减少,使实际进气充量系数下降,此外还加大了传动件之间的冲击,使配气机构噪声增大。

使用液力挺柱的发动机,挺柱的长度能自动变化,补偿气门的热膨胀量,所以不需要预留气门间隙,同时也减小了配气机构的振动、噪声,也因此被广泛用在发动机中。

4.配气机构的工作过程

如图3-9所示,以凸轮轴上置式配气机构为例说明配气机构的工作过程。

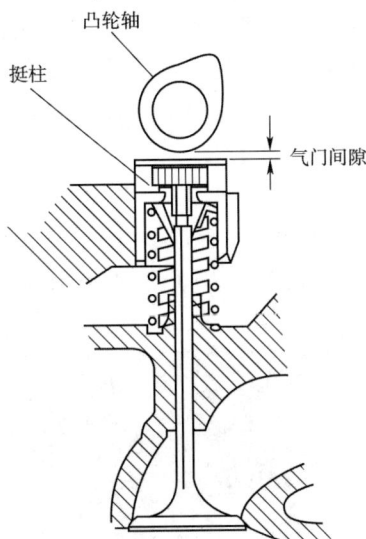

图3-8 气门间隙

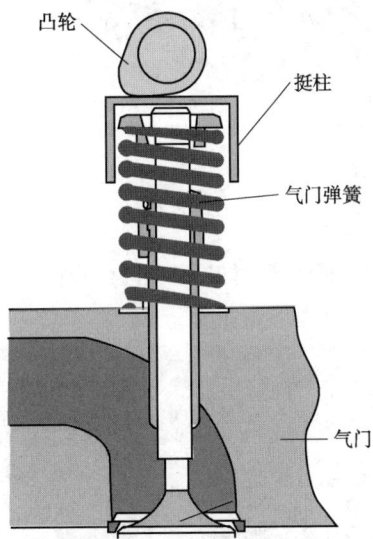

图3-9 配气机构工作过程

(1)凸轮轴凸轮基圆部分与挺柱接触时,挺柱不升高,气门处于关闭状态。

(2)当凸轮轴转动时,凸轮凸起部分与挺柱接触,将挺柱压下,挺杆推动气门克服气门弹簧力使气门打开。

(3)当凸轮轴继续转动,凸轮凸起部分转过挺柱后又恢复凸轮基圆与挺柱接触。凸轮不再驱动挺柱,气门在弹簧张力作用下,开度逐渐减小,直至关闭,恢复到关闭状态。

从上述工作过程可以看出,气门的开启是通过气门传动组的作用而完成的,而气门的关闭则是由气门弹簧来完成的,气门的开闭时刻与规律完全取决于凸轮的轮廓曲线形状。每次气门打开时,压缩弹簧为气门关闭积蓄能量。

二、任务实施

下面以大众EA211发动机配气机构为例来说明正时皮带拆装的方法。

1.准备工作

(1)准备发动机台架,准备润滑油、擦拭纸、清洁剂。

(2)准备常用工具,专用工具固定曲轴皮带轮扳手S3415、固定卡具CT80009、曲轴垫圈

T10368、定位扳手 T10172、凸轮轴固定工具 T10477、30mm 特殊扳手、T10499、13mm 环形扳手、T10500。

2.技术要求与注意事项

（1）正确使用专用工具。

（2）曲轴螺栓拆开或松动时，禁止转动曲轴，以免顶气门。

（3）拆卸正时皮带前，用记号笔标出其运行方向。

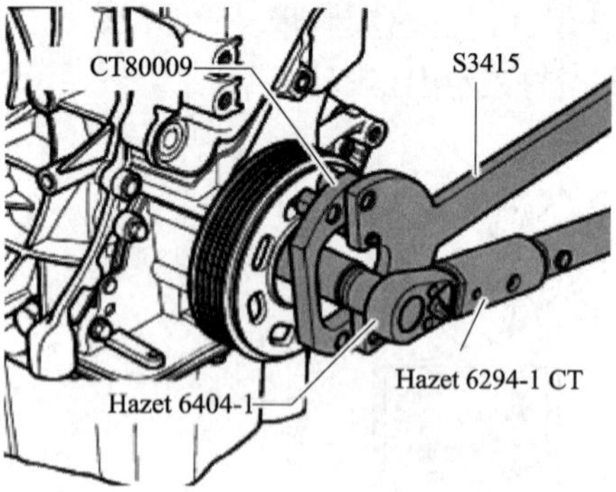

3.操作步骤

1）拆卸

（1）用 S3415 及 CT80009 固定曲轴皮带轮，用 Hazet6294-1 将其螺栓拆除，如图 3-10 所示。

（2）将 T10368 套入螺栓中并拧入曲轴皮带轮孔中，按顺序拆下凸轮轴罩盖、曲轴前罩盖、中间罩盖。

（3）如图 3-11 所示，用 T10172 固定进气凸轮轴皮带轮，拧松固定螺栓 1，并用同样的方法拧松排气凸轮轴。

图 3-10 拆卸曲轴皮带轮

（4）皮带轮的固定螺栓，此两个凸轮轴正时皮带的固定螺栓松开一圈，如图 3-11 所示；松开张紧轮固定螺栓 1，用 T10499 松开偏心张紧轮 2。

（5）将正时齿形带拆下。

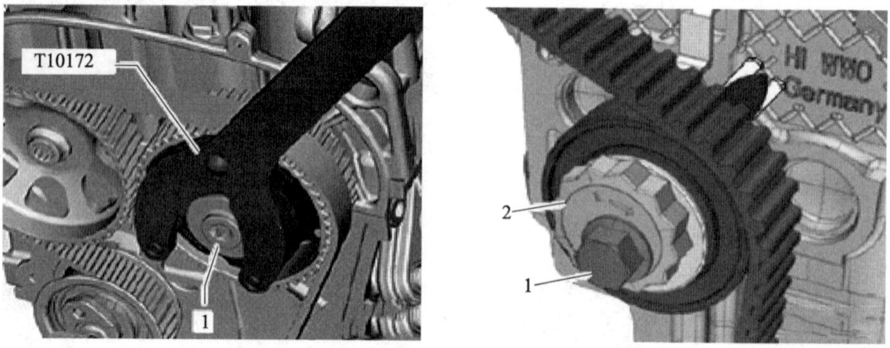

图 3-11 正时齿形带拆卸

2）装配

（1）拆下第一缸火花塞，放入长条形工具（如螺丝刀），旋转曲轴，找到曲轴的第一缸上止点大概位置。然后顺时针转动曲轴，使其转过第一缸上止点 270°左右。

（2）将缸体上用于密封"1 缸上止点"孔的锁定螺栓拧出，装入 T10340 并以 30 N·m 的力矩拧紧。然后将曲轴沿顺时针方向转动，至限位位置。

（3）用凸轮轴定位工具 T10477 将凸轮轴固定在上止点位置，如图 3-12 所示。

（4）更换凸轮轴皮带轮固定螺栓，并将其拧上，但不要拧紧，使凸轮轴皮带轮能在凸轮轴上转动，但不能晃动。

（5）安装张紧轮，使张紧轮的凸耳（如箭头所示）嵌入在汽缸盖的铸造孔内，如图 3-13 所示，张紧轮的固定螺栓用手拧紧。

图 3-12　正时带拆卸

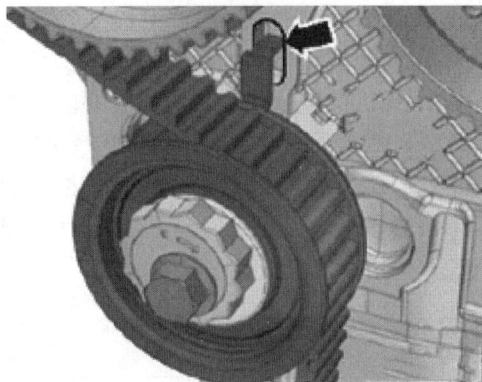

图 3-13　正时带张紧轮

（6）按下列顺序装上齿形带：曲轴齿形带轮、张紧轮、排气凸轮轴皮带轮、进气凸轮轴皮带轮、导向轮。

（7）用 T10499 将张紧轮的偏心轮 2 沿顺时针方向转动，直到指示针 3 位于缺口右侧 10mm 处（目的是使皮带绷紧），接着逆时针转动偏心轮 2，直到指示针 3 正好位于缺口中间。将偏心轮 2 保持在该位置上同时用 T10500 拧紧固定螺栓 1，如图 3-14 所示。

（8）用 T10172/2 和 T10172 将凸轮轴皮带轮的固定螺栓 1、2 拧紧至 50N·m，拧紧此 2 螺栓的反作用力，必须由 T10172/2 和 T10172 承受。

（9）拆卸 T10477 和 T10340，并安装缸体上密封上止点孔的锁定螺栓。

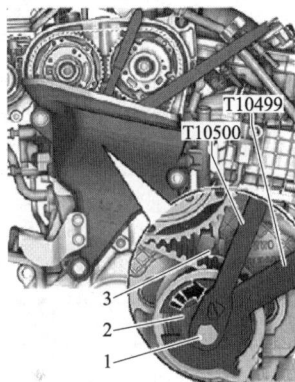

图 3-14　正时带张紧

3）检查

（1）拆下 1 缸火花塞，放入长条形工具（如螺丝刀），旋转曲轴，找到曲轴的 1 缸上止点大概位置。然后顺时针转动曲轴，使其转过 1 缸上止点 270°左右。

（2）将缸体上用于密封"1 缸上止点"孔的锁定螺栓拧出，装 T10340 并以 30 N·m 的力矩拧紧。然后将曲轴沿顺时针方向转动，至限位位置。

（3）T10494 可以很容易地安装到凸轮轴的上止点位置，并能用固定螺栓轻易地拧到底，则正时调整正确，否则，需重新调整正时。

（4）完成实训任务后，对工作过程进行自我评价，提交实训工作单，接受指导老师的技能考核。

（5）整理并清洁工作场所，清点和收拾所用工具、设备、资料，交回实训室。

三、评价与反馈

1. 自我评价

（1）通过本学习任务的学习你是否已经知道以下问题：

①配气机构的功用是什么？

②配气机构的类型及特点有哪些？

③配气相位的概念和作用是什么？

④配气机构常见故障与诊断有哪些？

(2)EA211 发动机正时带拆装的专用工具有哪些？

(3)EA211 发动机正时带拆装的注意事项有哪些？

(4)通过本学习任务的学习,你认为自己的知识和技能还有哪些欠缺？

签名:_____ ___年___月___日

2.小组评价(表3-3)

小 组 评 价 表　　　　　　　　　表3-3

序　　号	价 项 目	评价情况
1	着装是否符合要求	
2	是否能合理规范地使用仪器和设备	
3	是否按照安全和规范的流程操作	
4	是否遵守学习、实训场地的规章制度	
5	是否能保持学习、实训场地整洁	
6	团结协作情况	

参与评价的同学签名:_____ ___年___月___日

3.教师评价

_____

_____

教师签名:_____ ___年___月___日

四、技能考核标准(表3-4)

技能考核标准表　　　　　　　　　表3-4

序号	项目	操 作 内 容	规定分	评分标准	得分
1	正时齿形带拆装	工量具设备准备	3分	准备是否齐全	
		安全检查	5分	是否达到操作要求标准	
		拆曲轴皮带轮	5分	是否达到操作要求标准	
		拆正时带罩盖	5分	是否达到操作要求标准	
		拆凸轮轴螺栓	5分	是否达到操作要求标准	
		拆张紧轮	5分	是否达到操作要求标准	
		取下正时齿形带	5分	是否达到操作要求标准	
		拆1缸火花塞	5分	是否达到操作要求标准	
		旋转曲轴至1缸上止点前90°	5分	是否达到操作要求标准	
		装入T10340并以30 N·m的力矩拧紧	5分	是否达到操作要求标准	
		凸轮轴定位	8分	是否达到操作要求标准	

续上表

序号	项目	操作内容	规定分	评分标准	得分
1	正时齿形带拆装	更换凸轮轴皮带轮固定螺栓并拧紧,齿轮可旋转	6分	是否达到操作要求标准	
		安装张紧轮	6分	是否达到操作要求标准	
		安装齿形带	6分	是否达到操作要求标准	
		拧紧张紧轮螺栓	6分	是否达到操作要求标准	
		拧紧凸轮轴皮带轮螺栓	5分	是否达到操作要求标准	
		拆下定位工具T10477、T10340	5分	是否达到操作要求标准	
		正时验证	5分	是否达到操作要求标准	
		设备仪器回收、清点、清洁场地	5分	是否符合5S要求	
总分			100分		

学习任务3　气门组构造与检修

📖 学 习 目 标

☞ 知识目标

1. 能正确说出气门组的主要组成部件;
2. 能正确描述气门组主要部件的作用与工作原理;
3. 能描述气门组常见的检修内容。

☞ 技能目标

能规范对气门组进行拆装。

☞ 素质目标

1. 通过对气门组的检修,培养学生规范意识、质量意识、合作意识、沟通能力、自学能力、动手能力和逻辑思维能力;

2. 通过教学活动,培养学生的职业素养,树立职业道德观,树立工匠精神,展示中国工匠可信的形象。

📚 建 议 课 时

2～4课时。

一、理论知识准备

气门组主要由气门、气门弹簧、气门锁片、气门导管、气门座等组成,如图3-15所示。气门是用来封闭汽缸和进气道的。气门由头部和杆身两部分组成,头部用来封闭进排气道。杆身用来在气门开闭过程中起导向作用。气门是气门组中最为重要的部件,分为进气门和排气门。通常情况下,进气门的直径要大于排气门,主要是为了增加进气量,来提高燃烧效率,从而获得更好的动力输出。

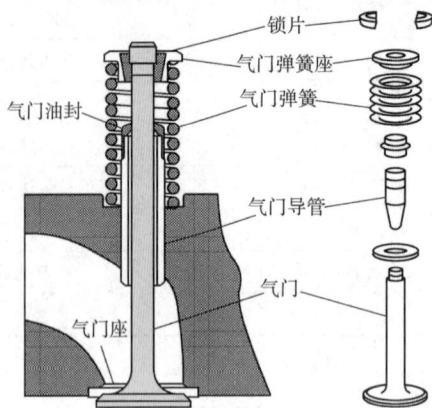

图 3-15　气门组的组成

1. 气门

1)气门的工作条件

气门的工作条件非常恶劣。首先,气门直接与高温燃气接触,受热严重,而散热困难,因此,气门温度很高。其次,气门受气体压力和气门弹簧力以及配气机构运动件的惯性力的作用,使气门落座时受到冲击。再次,气门在润滑条件很差的情况下以极高的速度开闭,并在气门导管内作高速往复运动。此外,气门由于与高温燃气中有腐蚀性的气体接触而受到腐蚀。

2)气门材料

进气门一般用中碳合金钢制造,如铬钢、铬钼钢和镍铬钢等。排气门则采用耐热合金钢制造,如硅铬钢、硅铬钼钢、硅铬锰钢等。

3)气门结构

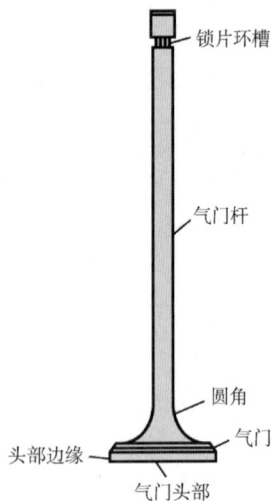

图 3-16　气门的结构

汽车发动机的进、排气门均为菌形气门,由气门顶部和气门杆两部分构成,如图 3-16 所示。气门头部由气门顶部和密封锥面组成,而气门杆身尾端的结构主要取决于气门弹簧座的固定方式。

气门顶部有平顶、凹顶和凸顶等形状,如图 3-17 所示。目前应用最多的是平顶气门,其结构简单,制造方便,受热面积小,进、排气门都可采用。

气门与气门座或气门座圈之间靠锥面密封。气门锥面与气门顶面之间的夹角称为气门锥角。进、排气门的气门锥角一般均为45°,只有少数发动机的进气门锥角为30°,如图 3-18 所示。气门锥角使气门在关闭时有自动定位作用,能够挤掉接触面的沉积物,同时还能获得较大的压合力,提高密封性和导热性。

气门杆是一个圆柱形的杆,一端与头部相连,另一端安装弹簧座。气门杆有较高的加工精度,其与气门导管保持合适的配合间隙,以减小磨损,并起到良好的导向和散热作用。

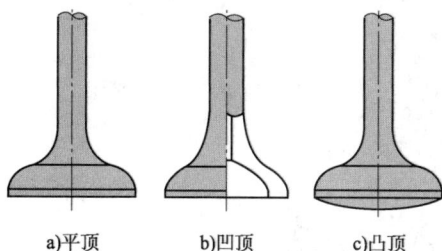

图 3-17　气门顶面

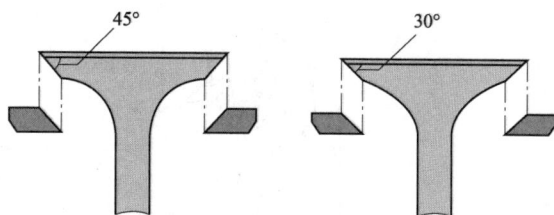

图 3-18　气门锥角

4)每缸气门数

现代高性能汽车发动机普遍采用每缸 3~5 个气门,其中尤以四气门发动机为数最多。四气门发动机每缸 2 个进气门,2 个排气门。其突出的优点是气门流通面积大,进气充分排气彻底,提高发动机的转矩和功率。其次是每缸 4 个气门,每个气门的头部直径较小,每个气门的质量减轻,运动惯性力减小,有利于提高发动机转速。

2. 气门导管

气门导管的作用是起导向作用,保证气门做直线运动,使气门与气门座能正确贴合。此外,气门导管还在气门杆与汽缸体之间起导热作用,如图 3-19 所示。

气门导管的工作温度较高,约 200℃,气门杆在其中运动,仅靠配气机构飞溅出来的机油进行润滑,易磨损,所以气门导管大多数是用灰铸铁、球墨铸铁等制造的。

气门导管外圆柱面经过机加工后压入汽缸盖,为了防止气门导管在使用中松脱,有的发动机气门导管用卡环定位。气门杆与气门导管之间有 0.05~0.12mm 间隙,使气门杆能在导管中自由运动。

气门导管

图 3-19　气门导管

3. 气门座

气门座的作用是防止气门直接撞击汽缸盖而引起汽缸盖过度磨损,并接受气门传来的热量,依靠其内锥面与气门锥面紧密贴合来密封汽缸。对于铸铁缸盖,气门座通常直接在缸盖上镗出,如图 3-20 所示。该种气门座散热效果好,耐高温,但不耐磨,不便修理。而对于铝质缸盖,通常在缸盖上镶嵌气门座,如图 3-21所示。气门座材料应采用在工作温度下塑性变形较小而硬度较高的合金材料,一般采用合金铸铁、球墨铸铁,也有采用合金钢的。

4. 气门弹簧

气门弹簧的作用是保证气门关闭时能紧密地与气门座贴合,防止气门在发动机振动时发生跳动,破坏其密封性,并克服在气门开启时配气机构产生的惯性力,使传动件始终受凸轮控制而不相互脱离。气门弹簧多为圆柱形螺旋弹簧,其材料为高碳锰钢冷拔钢丝,加工后热处理,钢丝表面要磨光、抛光或用喷丸处理。为了防止生锈,表面镀锌。

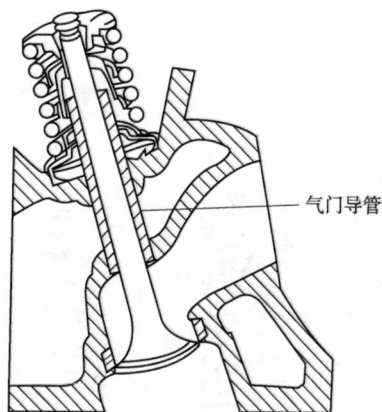

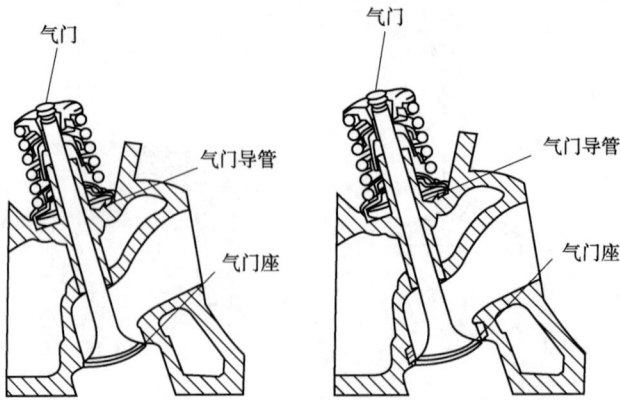

图 3-20　整体式气门座　　　　图 3-21　镶嵌式气门座

气门弹簧的一端支承在汽缸盖上,而另一端则压靠在气门杆端的弹簧座上,弹簧座用锁片固定在气门杆的末端。许多发动机的气门弹簧采用等螺距圆柱形螺旋弹簧,如图 3-22a)所示。但由于等螺距气门弹簧的工作频率与其固有的振动频率相等或为整数倍时,气门弹簧容易发生共振,造成气门反跳,严重时甚至会使弹簧折断。因此,为防止共振的发生,有些发动机采用变螺距气门弹簧、双气门弹簧或锥形气门弹簧等。

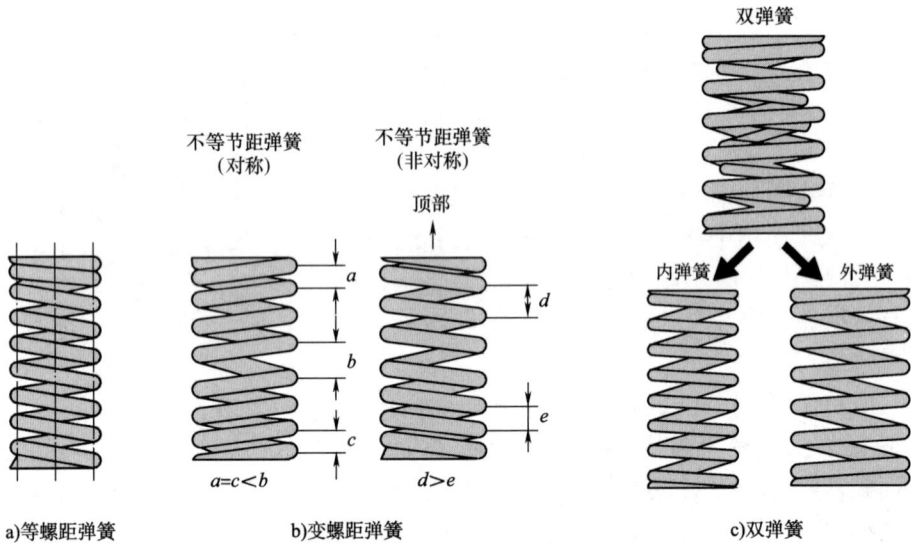

a)等螺距弹簧　　　　b)变螺距弹簧　　　　c)双弹簧

图 3-22　气门弹簧

(1)变螺距气门弹簧。一些高性能汽油机采用变螺距气门弹簧。变螺距气门弹簧的固有频率不是定值,从而可以避开共振,如图 3-22b)所示。

(2)双气门弹簧。高速发动机多数是一个气门有同心安装的内、外两个气门弹簧,如图 3-22c)所示。这样能提高气门弹簧工作可靠性,不但可以防止共振,而且当一个弹簧折断时,另一个还可维持工作。此外还能使气门弹簧的高度减小。当装用两个气门弹簧时,弹簧圈的螺旋方向应相反,这样可以防止折断的弹簧圈卡入另一个弹簧圈内。

(3)锥形气门弹簧。锥形气门弹簧的外形结构呈锥形,其刚度和固有振动频率是沿弹簧轴线方向变化的,因此,可以消除发生共振的可能性,如图 3-23 所示。

5. 气门锁片

气门锁片位于气门尾部,其作用是固定气门,防止气门脱落掉入汽缸。它通常和上气门弹簧座配合使用。气门锁片内表面有多种形状,相应地气门尾端也有各种不同形状的气门锁片槽,如图 3-24 所示。

图 3-23　锥形气门弹簧

图 3-24　气门锁片

6. 气门检查

发动机工作时,气门受冲击性交变载荷较大,当气门跳动或气门间隙过大时,载荷将显著增加,从而导致气门杆及气门头部变形、漏气或严重磨损。气门常见损坏形式有:气门及气门座工作面磨损和烧蚀、气门杆弯曲和磨损、气门杆端面磨损、气门杆与导管配合松旷及积炭等。

1)气门外观检查

检查气门是否有以下状况,如图 3-25 所示。

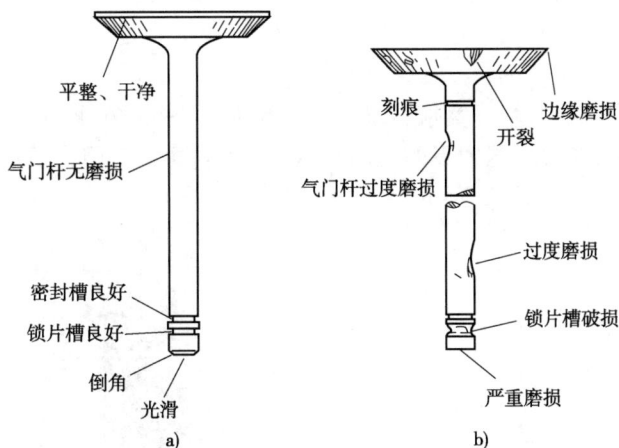

图 3-25　气门损坏形式

(1)气门锥角部位点蚀。

(2)气门边缘厚度不足。

(3)气门杆弯曲。

(4)气门杆点蚀或严重磨损。

(5)气门锁片槽磨损。

（6）气门杆端面磨损。

2）气门杆弯曲度和气门头部跳动检查

气门杆弯曲度和气门头部跳动量可用百分表来测定,如图 3-26 所示。清除气门积炭并将气门擦净,将气门杆支承在 V 形块上,然后分别用百分表测量气门杆中部和气门头部。安装百分表,转动气门一圈,两只百分表的最大读数与最小值之差分别为弯曲度和气门头部跳动量。若气门杆弯曲度或气门头部跳动量超过规定范围,则应更换气门。

3）气门杆磨损检查

气门杆磨损会使气门杆与导管孔的间隙增大,导致气门关闭不严而漏气,高温废气通过导管孔间隙,使气门及导管过热,加速它们的磨损,并可能使气门卡死。用外径千分尺在气门杆上、中、下三个部位分别测量气门杆圆周四个点的磨损程度,如图 3-27 所示,将测量的尺寸与标准值比较,若超过规定范围,则更换气门。

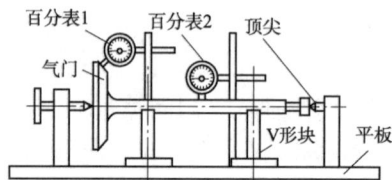

图 3-26　气门杆弯曲度和头部跳动量检测

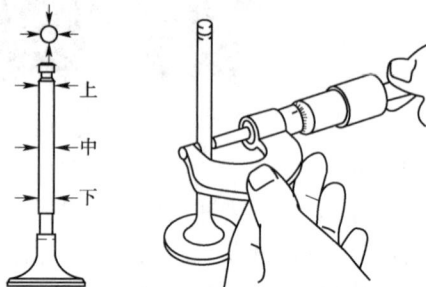

图 3-27　气门杆磨损检测

7. 气门弹簧检查

气门弹簧的检查包括自由长度检查、垂直度检查和弹簧弹力检查。气门弹簧的自由长度可用游标卡尺测量,若超过规定范围应更换气门弹簧。

气门弹簧垂直度可用直角尺进行测量,如图 3-28 所示。若气门弹簧轴线垂直度或弹簧外径的垂直偏差超过规定范围,应更换气门弹簧。

气门弹簧的弹力应在专用弹簧检验仪上进行检查,如图 3-29 所示。用专用弹簧检验仪对气门弹簧施加压力,在规定压力下的气门弹簧高度（或规定气门弹簧高度下的压力）应符合标准,否则,应更换气门弹簧。

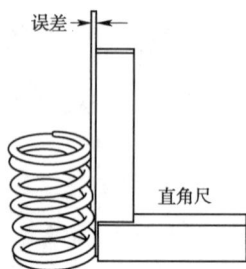

图 3-28　气门弹簧垂直度检测

图 3-29　气门弹簧弹力检查

二、任务实施

下面以大众 EA211 发动机为例说明气门组拆装方法。

1. 准备工作

（1）准备发动机汽缸盖、拆装桌、常用工具、气门拆装钳、小一字螺丝刀、专用工具 3047A 和 3121。

（2）准备润滑油脂、毛巾、手套、清洁剂。

2. 技术要求与注意事项

（1）操作过程中防止弹簧弹出。

（2）气门、油封、液力挺柱不能互换。

3. 操作步骤

1）拆卸

（1）将汽缸盖可靠放置在工作台上，并垫上毛巾。

（2）拆下凸轮轴。

（3）取出各缸的液力挺柱（注意：拆卸时在液力挺柱上做好标记，不能互换）。

（4）用气门弹簧钳压下气门座，取出气门锁片。

（5）慢慢松开气门弹簧钳，取出气门弹簧，按顺序摆放好。

（6）取出各缸的进、排气门（注意：拆卸时气门需要做好记号，按顺序摆放）。

（7）用专用工具 3047A 取出气门油封，如图 3-30 所示。

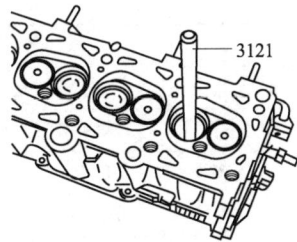

（8）用专用工具 3121 取出气门导管，如图 3-31 所示。

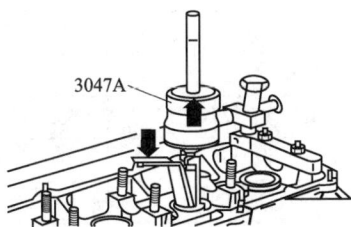

图 3-30　取出气门油封　　　　图 3-31　取出气门导管

2）装配

（1）安装气门导管。将气门导管涂上机油后用专用工具从凸轮轴一侧压入汽缸盖，并且要压到规定位置。注意：安装气门导管前应检查座孔和导管是否合格；导管安装为过盈配合，用专用工具 3121 压入。

（2）安装气门油封。此时要检查气门油封规格是否符合要求。

（3）安装气门。安装气门前要在气门杆上涂上机油，检查气门是否符合规格要求，在安装的时候注意不要把进、排气门的位置装错位，如果使用的是原车的旧气门，则要注意各缸的气门不可互换。

（4）装入气门弹簧，安装前检查气门弹簧的高度是否符合要求，是否有变形、裂纹和折断损坏的现象。

（5）装入气门弹簧垫片。

（6）用专用工具压下气门弹簧垫（注意：在安装前应检查弹簧垫、锁片是否有磨损、变形、裂纹等损坏情况，安装新的锁片时应检查规格是否符合要求）。

（7）装入弹簧锁片。

(8)装液力挺柱时,要注意液力挺柱不可互换。

(9)完成实训任务后对工作过程进行自我评价,提交实训工作单,接受指导老师的技能考核。

(10)整理并清洁工作场所,清点和收拾所用工具、设备、资料,交回实训室。

三、评价与反馈

1.自我评价

(1)通过本学习任务的学习你是否已经知道以下问题:

①气门组的主要组成部件有哪些?

②气门组主要组成部件的作用与原理是什么?

③气门的主要检修内容有哪些?

④如何进行气门座的研磨?

⑤如何进行气门密封性的检查?

(2)发动机气门组拆装的工具有哪些?

(3)发动机气门组拆装的注意事项有哪些?

(4)通过本学习任务的学习,你认为自己的知识和技能还有哪些欠缺?

签名:＿＿＿＿＿＿ ＿＿年＿＿月＿＿日

2.小组评价(表3-5)

小 组 评 价 表   表3-5

序　　号	评 价 项 目	评 价 情 况
1	着装是否符合规范要求	
2	是否能合理规范地使用工量具和设备	
3	是否按照安全和规范的流程操作	
4	是否遵守学习、实训场地的规章制度	
5	是否能保持实训场地与工具设备的整洁	
6	团结协作情况	

参与评价的同学签名:＿＿＿＿＿＿ ＿＿年＿＿月＿＿日

3.教师评价

＿＿＿＿＿＿＿＿＿＿＿＿＿＿＿＿＿＿＿＿＿＿＿＿＿＿＿＿＿＿＿＿＿＿＿＿＿

＿＿＿＿＿＿＿＿＿＿＿＿＿＿＿＿＿＿＿＿＿＿＿＿＿＿＿＿＿＿＿＿＿＿＿＿＿

教师签名:＿＿＿＿＿＿ ＿＿年＿＿月＿＿日

四、技能考核标准(表3-6)

技能考核标准表   表3-6

序号	项目	操 作 内 容	规定分	评 分 标 准	得分
1	气门组拆装	工量具设备准备	5分	准备是否齐全	
		安全检查	5分	是否消除安全隐患	
		拆下凸轮轴	5分	是否达到操作要求标准	
		取出各缸液力挺柱	5分	是否达到操作要求标准	

续上表

序号	项目	操作内容	规定分	评分标准	得分
1	气门组拆装	压下气门座,取出气门锁片	8分	是否达到操作要求标准	
		取出气门弹簧	5分	是否达到操作要求标准	
		取出各缸的进、排气门	5分	是否达到操作要求标准	
		取出气门油封	5分	是否达到操作要求标准	
		取出气门导管	5分	是否达到操作要求标准	
		安装气门导管	5分	是否达到操作要求标准	
		安装气门油封	5分	是否达到操作要求标准	
		安装气门	5分	是否达到操作要求标准	
		装入气门弹簧	5分	是否达到操作要求标准	
		装入气门弹簧垫片	5分	是否达到操作要求标准	
		压下气门弹簧垫	7分	是否达到操作要求标准	
		装入弹簧锁片	10分	是否达到操作要求标准	
		装液力挺柱	5分	是否达到操作要求标准	
		设备仪器回收、清点,清洁场地	5分	是否符合5S要求	
	总分		100分		

学习任务4　气门传动组构造与检修

学习目标

☞ 知识目标

1. 能正确叙述气门传动组的功用;
2. 能正确叙述气门传动组部件的结构与工作原理;
3. 能正确说出凸轮轴外观检查的内容。

☞ 技能目标

1. 能规范对凸轮轴弯曲度与磨损量进行检测;
2. 能规范对凸轮轴轴向间隙进行检测。

☞ 素质目标

1. 通过对气门传动组的检修,培养学生团结协作、安全生产、规范操作的职业素养,弘扬劳动精神、奋斗精神、奉献精神;
2. 通过教学活动,培养学生精益求精的工匠精神,展示中国工匠可信的形象。

建议课时

2~4课时。

一、理论知识准备

气门传动组件主要包括凸轮轴及其传动机构、挺柱、推杆和摇臂机构等零部件。它的作用是按照发动机工作循环和点火次序开启或关闭气门,并保证气门有足够的开度和适当的气门间隙,如图 3-32 所示。

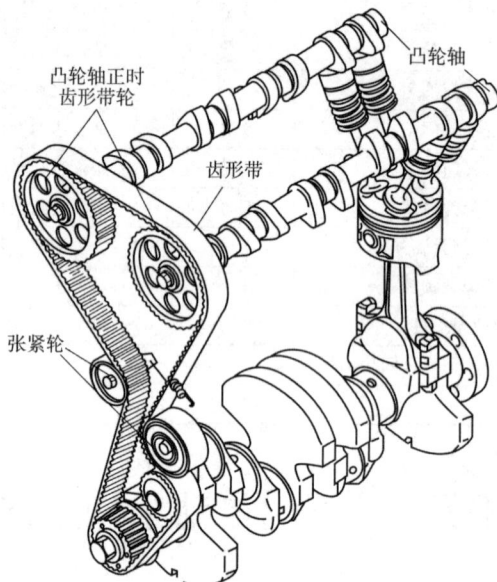

图 3-32　气门传动组

1. 凸轮轴

凸轮轴是气门传动组中的主要部件,其作用是驱动气门组件并控制气门的开闭及其升程的变化规律。凸轮轴通过轴承支承在汽缸盖上,凸轮轴由发动机前部的正时齿轮、正时链条或正时齿形带驱动。凸轮轴上有许多油孔,用来润滑凸轮和气门组件。在四冲程发动机上,由于凸轮轴驱动齿轮的齿数是曲轴正时齿轮齿数的 2 倍,所以凸轮轴的转速是曲轴转速的 1/2。

1)凸轮轴构造

凸轮轴的主体是一个与汽缸组长度相同的圆柱形棒体。上面有若干个凸轮,用于驱动气门,如图 3-33 所示。凸轮轴的一端是轴承支撑点,另一端与驱动轮相连接。凸轮的侧面呈鸡蛋形,其设计的目的在于保证汽缸充分地进气和排气,具体来说就是在尽可能短的时间内完成气门的开、闭动作。另外考虑到发动机的耐久性和运转的平顺性,气门也不能因开闭动作中的加减速过程产生过多过大的冲击,否则,就会造成气门的严重磨损、噪声增加或是其他严重后果。因此,凸轮和发动机的功率、转矩输出以及运转的平顺性有很直接的关系。

2)凸轮轴分类

按凸轮轴数目的多少,可分为单顶置凸轮轴和双顶置凸轮轴两种。

(1)单顶置凸轮轴。单顶置凸轮轴在汽缸盖上用一个凸轮轴,直接驱动进、排气门,它具有结构简单,适用于高速发动机,如图 3-34 所示。一般采用的中置凸轮轴,即凸轮轴在汽缸侧面,由正时齿轮直接驱动。为了把凸轮轴的转动变换为气门的往复运动,必须使用气门推杆来传递动力。这样,往复运动的零件较多,惯性质量大,不利于发动机高速运动。而且,细长的推杆具有一定的弹性,容易引起振动,加速零件磨损,甚至使气门失去控制。

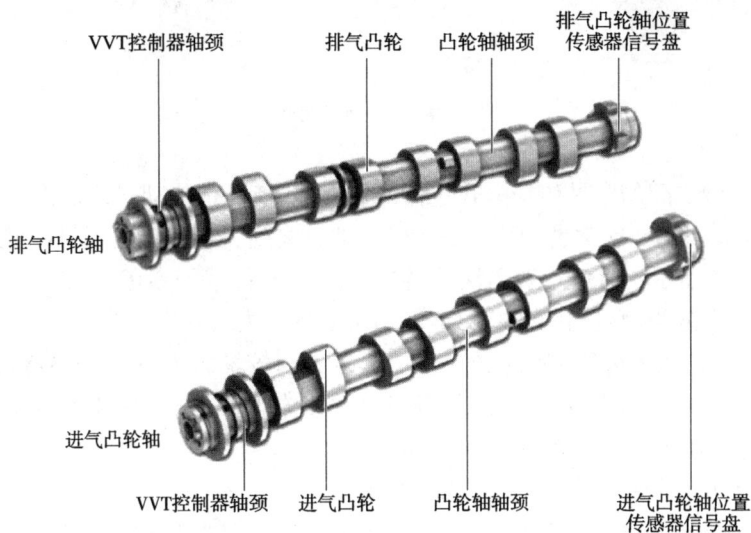

图 3-33 顶置式凸轮轴结构

(2)双顶置凸轮轴。双顶置凸轮轴是在缸盖上装有两个凸轮轴,一个用于驱动进气门,另一个用于驱动排气门,如图 3-35 所示。采用双顶置凸轮轴对凸轮轴和气门弹簧的设计要求不高,特别适用于气门 V 形配置的半球形燃烧室,也便于和四气门配气机构配合使用。

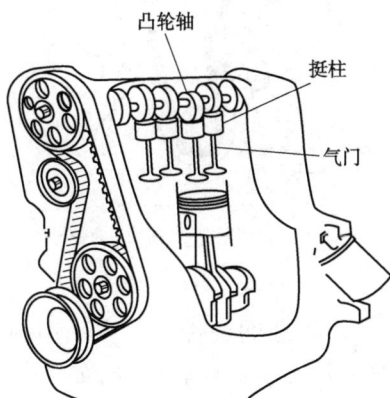

图 3-34 单顶置凸轮轴

图 3-35 双顶置凸轮轴

3)凸轮轴润滑

凸轮轴在发动机工作时高速旋转,凸轮轴轴颈与轴承以及凸轮与挺柱间的摩擦都需要良好的润滑。凸轮轴内部加工有润滑油道,轴颈加工有润滑油孔,润滑系统主油道的润滑油进入凸轮轴内部油道,从润滑油孔处流出,对凸轮轴轴颈和凸轮轴轴承进行润滑,如图 3-36 所示。对于凸轮轴轴承处的润滑,轴承间隙对润滑效果影响很大。如果间隙过大,润滑油就会从轴承间隙中泄漏出来,造成轴颈处润滑不良。

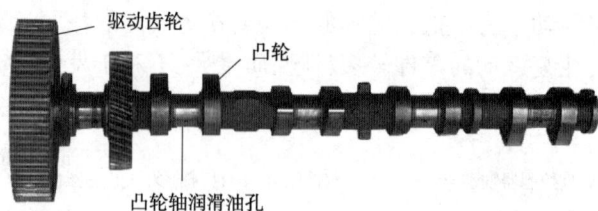

图 3-36　凸轮轴的润滑

4）凸轮轴传动

凸轮轴与曲轴之间的常见传动方式包括链传动式、齿形带传动式以及齿轮传动式。

（1）链传动式。链传动常见于顶置凸轮轴与曲轴之间，但其工作可靠性和耐久性不如齿轮传动，如图 3-37 所示。链条一般为滚子链，工作时，应保持一定的张紧度，不使其产生振动和噪声，为此，在链传动机构中装有导链板并在链条松边装有张紧器。

（2）齿形带传动式。齿形带传动式多用于上置式凸轮轴的传动，如图 3-38 所示，齿形带式传动与齿轮和链传动相比，具有噪声低、质量轻、成本低、工作可靠和不需要润滑等优点。另外，齿形带伸长量小，适合有精确正时要求的传动。为了确保传动可靠，齿形带保持一定张紧力，为此，在齿形带传动机构中也设置张紧器。

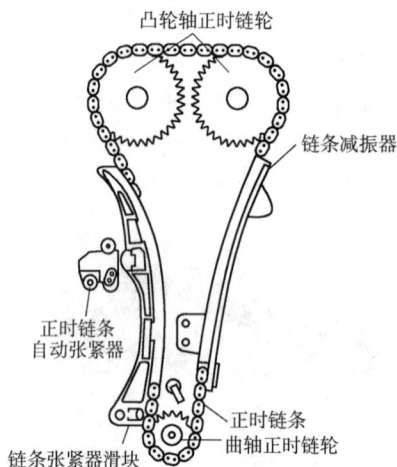

图 3-37　链传动式

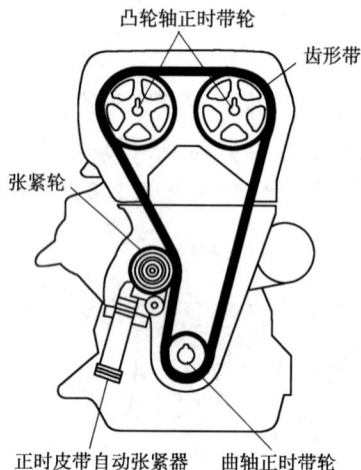

图 3-38　齿形带传动式

（3）齿轮传动式。下置凸轮轴和中置凸轮轴与曲轴之间的传动大多采用圆柱形正时齿轮传动，如图 3-39 所示。一般从曲轴到凸轮轴只需要一对齿轮传动，如果传动齿轮直径过大，可以再增加一个中间惰轮。为了啮合平稳并降低工作噪声，正时齿轮大多采用斜齿轮。

5）凸轮轴升程

凸轮升程通常指相对于凸轮轴轴线来讲，凸轮顶尖上升到最高点与下行到最低点之间的距离，如图 3-40 所示。凸轮升程越大，就意味着在进气行程中进入汽缸的混合气就越多，发动机的功率就越大；在排气行程中排出的废气也会更彻底。有些发动机的进排气凸轮轴升程、规格相同，进排气凸轮轴可以互换使用。但是如果发动机的进排气凸轮轴升程不同，则进排气凸轮轴规格也不会相同，因此，进排气凸轮轴不能互换。

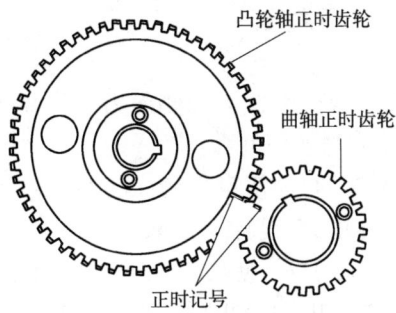

图 3-39　齿轮传动式

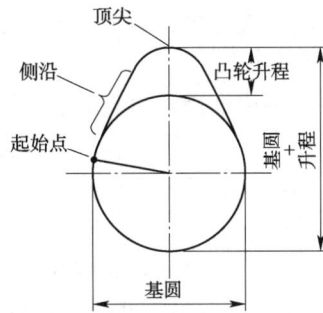

图 3-40　凸轮

6）整体式凸轮轴

整体式凸轮轴是将凸轮轴与罩壳集成为一体,其由铝合金压铸而成并且与两个凸轮轴一起形成一个不可分的模块。也就是说,不能单独更换凸轮轴或罩壳,如图 3-41 所示。为了降低摩擦,每个凸轮轴上承受齿形带传动装置最大负荷的第一个轴承是向心球轴承。另外,凸轮轴箱还用于固定凸轮轴调节阀 N205、霍尔传感器 G40 以及曲轴箱通风止回阀。

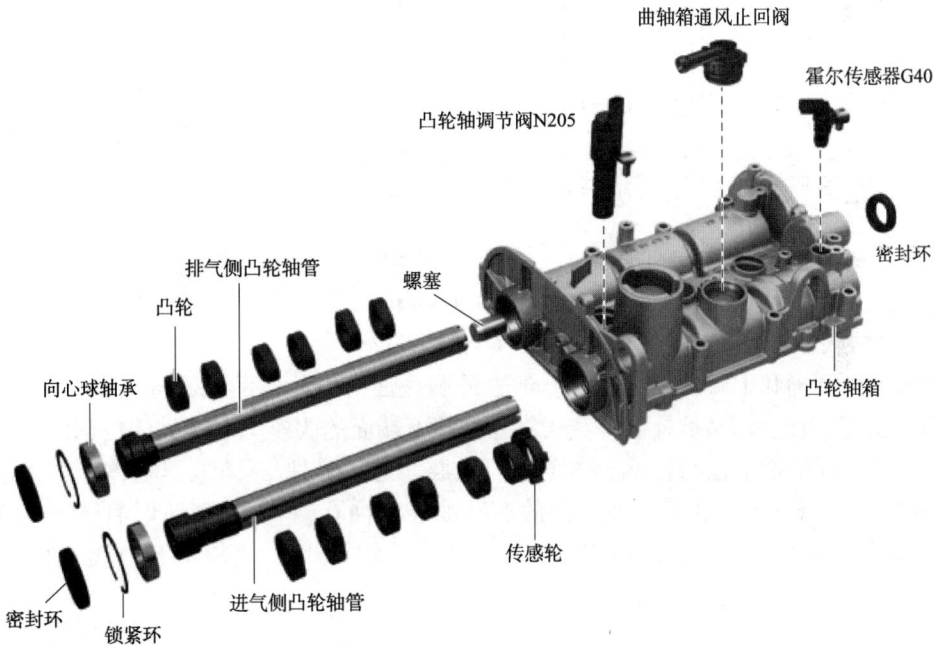

图 3-41　整体式凸轮轴

2. 气门挺柱

挺柱是凸轮的从动件,其功用是将来自凸轮的运动和作用力传给推杆或气门,同时还承受凸轮所施加的侧向力并将其传给机体或汽缸盖。有的发动机的挺柱直接装在汽缸体上相应处钻出的导向孔中,也有的发动机的挺柱装在可拆式的挺柱导向体中。挺柱工作时,其底面与凸轮接触。由于接触面积小,接触应力较大,因此,摩擦和磨损都相当严重。此外,在凸轮不变方向的侧向力作用下,还加重了起导向作用的挺柱侧表面与挺柱口的偏磨。因此,挺柱工作面应该耐摩擦并有良好的润滑。制造挺住的材料有碳钢、合金钢、镍铬合金铸铁和冷激合金铸铁等。挺柱可分为机械挺柱和液力挺柱两大类。

1）机械挺柱

机械挺柱多采用球面或滚轮式挺柱,可显著减少摩擦力和侧向力。某些凸轮轴顶置的轿车发动机,其挺柱体上部装有调整垫片,用于调整气门间隙。

凸轮在旋转中对挺柱推力的方向是固定不变的,为使挺柱底面与凸轮接触面的磨损均匀,避免挺柱外圆表面与导向孔之间形成单面磨损,在设计上采取了图 3-42 所示的结构措施。将挺柱底面做成一定的锥度形状,如图 3-42a)所示,使凸轮与挺柱的接触点偏离挺柱中心轴线;或挺柱中心轴线偏离凸轮对称轴线布置,如图 3-42b)所示,挺柱在凸轮的推力作用下,沿导向孔上升的同时,挺柱还绕其中心轴线旋转,使挺柱底面与凸轮表面、挺柱外圆表面与导向孔内表面磨损均匀;采用滚轮式挺柱,如图 3-42d)所示,则将凸轮与挺柱的滑动摩擦变为滚动摩擦,进一步降低了凸轮、挺柱的摩擦磨损。

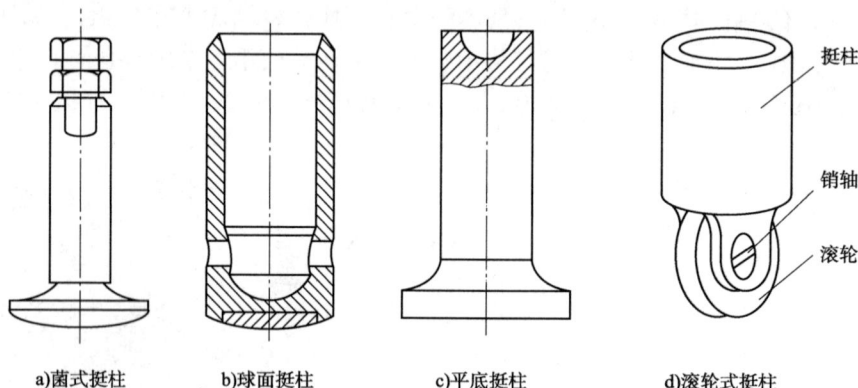

a)菌式挺柱　　　b)球面挺柱　　　c)平底挺柱　　　d)滚轮式挺柱

图 3-42　机械挺柱

2）液力挺柱

挺柱体由圆桶和上端盖焊接而成。油缸外圆柱面与挺柱体的油缸导向孔配合,油缸内圆柱面与柱塞配合。球阀被补偿弹簧压靠在柱塞下端面的阀座上。挺柱体内部的低压油腔通过挺柱顶背面的键形槽与柱塞上方的低压油腔相通。挺柱工作中,挺柱体上的环形槽与缸盖上的斜油孔对齐时,缸盖主油道内的润滑油经量油孔、斜油孔和环形油槽进入低压油腔。柱塞下端油缸内部的空腔,称为高压油腔。当球阀打开时,高压油腔与低压油腔相通,如图 3-43 所示。

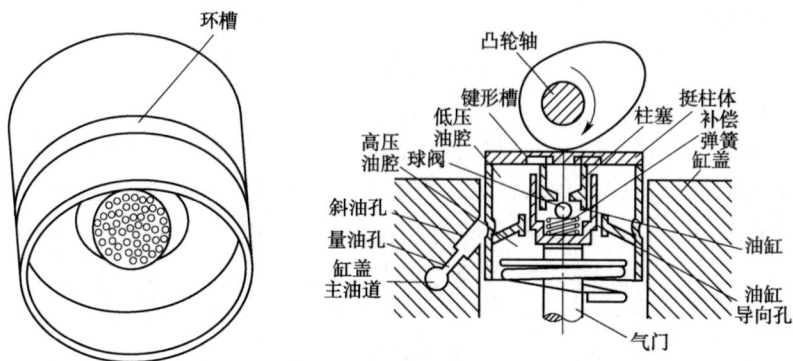

图 3-43　液力挺柱

　　无论是高压油腔还是低压油腔,都充满了油液。补偿弹簧还可以使油缸与柱塞做相对运动,保持挺柱体顶面与凸轮紧密接触。油缸下端面与气门杆端面紧密接触,整个配气机构无间隙。在气门打开的过程中,凸轮推动挺柱体和柱塞下移,油缸受到气门弹簧的阻力而不能马上下移,导致油压升高,球阀将阀门关闭。由于油液的不可压缩性,整个挺柱如同一个刚体一样下移,将气门打开。在此期间,挺柱和油缸之间的间隙会有部分油液泄漏,但不影响气门的正常打开。

　　在气门关闭的过程中,挺柱上移,由于仍受到凸轮和气门弹簧两方面的顶压,高压油腔仍保持高压,球阀仍处于关闭状态,液力挺柱仍是一个刚性体,直至气门完全关闭为止。气门关闭以后,补偿弹簧将柱塞和挺柱体继续向上推动一个微小的行程(补偿由于油液泄漏而造成的柱塞与挺柱体的下降),同时高压油腔油压下降,球阀打开,低压油腔的油液进入高压油腔内补充油液的泄漏。气门关闭时,挺柱体上的环形油槽与缸盖上的斜油孔对齐,润滑系统的油液进入挺柱低压油腔内。

　　气门受热膨胀伸长时,通过柱塞与油缸之间的间隙,高压油腔内的油向低压油腔泄漏,柱塞与油缸产生相对运动,挺柱自动"缩短",保证气门关闭紧密。气门冷却收缩时,补偿弹簧将柱塞与挺柱体向上推动,球阀打开,低压油腔油液进入高压油腔,挺柱自动"伸长",可保证"零气门间隙"。

　　3. 推杆

　　推杆只应用在凸轮轴下置式配气机构中,其作用是将从凸轮经过挺柱传来的推力传给摇臂,它是气门机构中最易弯曲的零件。它是一个细长杆件,处于挺柱和摇臂之间,要求有很高的刚度,在动载荷大的发动机中,推杆应尽量地做得短些,如图3-44所示。对于缸体与缸盖部是铝合金制造的发动机,其推杆最好用硬铝制造。推杆可以是实心或空心的钢制推杆,一般是同球形支座锻成一个整体,然后进行热处理。

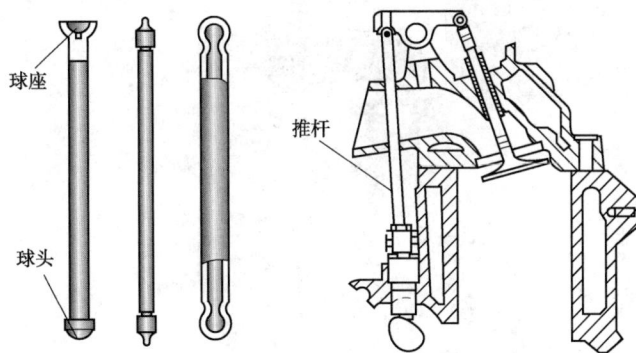

图3-44　推杆

　　4. 摇臂与摇臂轴

　　摇臂是一个双臂杠杆,它将推杆传来的力改变方向,作用到气门杆端以推开气门。摇臂两边臂长不相等,比值为1.2~1.8,其中长臂一端是推动气门的。摇臂在摆动过程中承受很大的力矩,因此,摇臂应有足够的强度和刚度。摇臂一端加工有螺纹孔,用来拧入气门间隙调整螺栓,另一端加工成圆弧面,与推杆末端球面相配合。摇臂的结构如图3-45所示。

摇臂轴为空心管状结构,机油从支座的油道经摇臂轴内腔和摇臂中的油道流向摇臂两端进行润滑。为了防止摇臂的窜动,在摇臂轴上每两摇臂之间都装有定位弹簧。

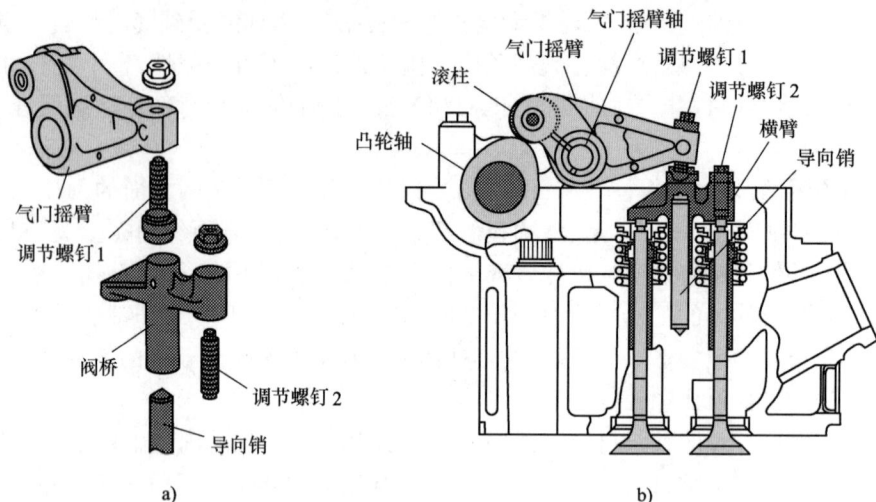

图 3-45　摇臂结构

5. 随动滚指气门驱动机构

随动滚指是目前比较先进的气门传动技术,其特点是噪声小、低摩擦。目前在上汽大众及其他品牌均有应用,如图 3-46 所示。

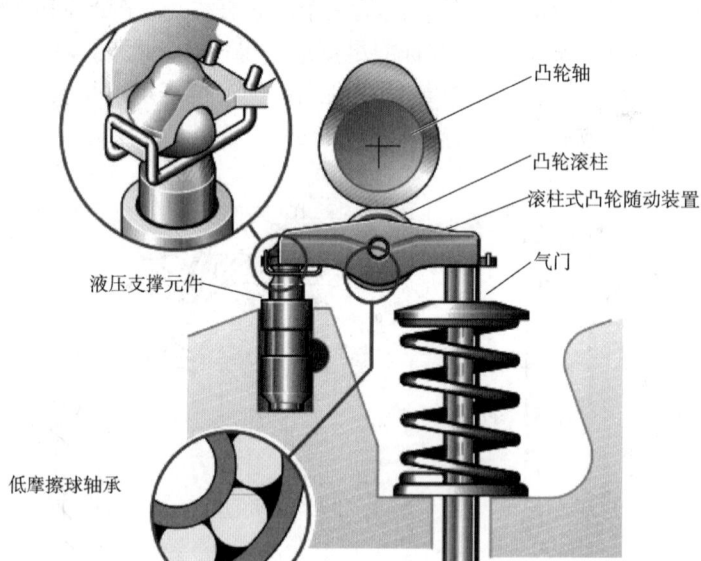

图 3-46　随动滚指气门驱动机构

凸轮轴凸轮与摇臂上的滚轮相接触,在凸轮驱动摇臂时,滚轮是滚动的。这种驱动方式可以减少凸轮与摇臂的磨损,同时减轻了气门传动组工作时的噪声。另外,随动滚指技术采用了液压调节装置,可以自动调整气门间隙。

1)液压支撑元件

液压支撑元件的作用是支撑滚柱式凸轮随动装置和液压气门举升装置。支撑元件与机油通道相连通,主要由活塞、汽缸、活塞弹簧元件组成。在机油室的下部,有一个组合了小球的压力弹簧,形成了一个止回阀,如图3-47所示。

2)机构润滑

润滑油通过支撑件中的机油通道,流经支撑元件和滚柱式凸轮随动装置,以及凸轮和凸轮滚柱之间,机油通过滚柱式凸轮随动装置上的油道注入凸轮滚柱,如图3-48所示。

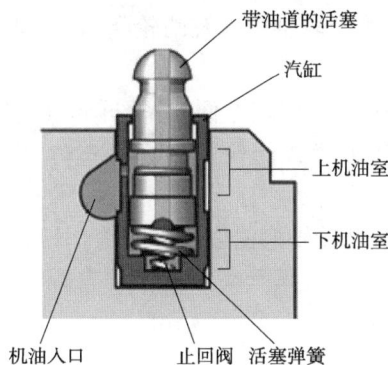

图3-47　液压支撑元件

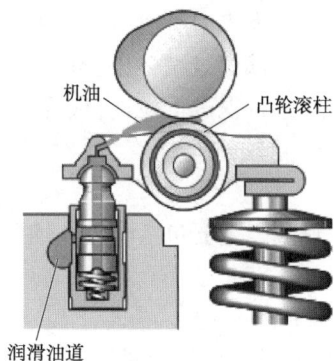

图3-48　润滑原理图

3)气门间隙调节

当气门存在间隙时,柱塞被柱塞弹簧从汽缸中弹出,直到使滚轮贴到凸轮之上,在柱塞被弹出时,下油室中的油压减小,止回阀打开,机油进入下油室。当下油室和上油室之间的压力达到平衡时,止回阀被关闭,以达到消除气门间隙的目的,如图3-49所示。

4)驱动气门

当凸轮紧贴滚轮时,下油室中的压力上升,由于封闭的机油不可压缩,柱塞无法被继续压入液压缸,如同一个刚性元件,支撑滚轮摇臂,使相应的气门打开。因为在凸轮滚柱和支撑元件之间的杠杆臂长小于气门与支撑元件之间的臂长,较小的凸轮可以实现较大的气门升程,如图3-50所示。

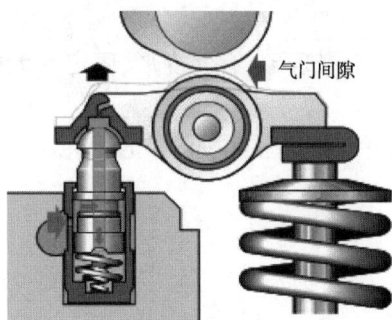

图3-49　气门间隙调整

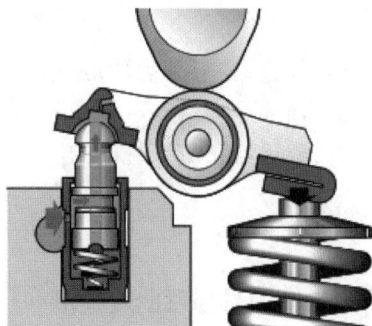

图3-50　气门驱动

6.气门传动组检查

1)凸轮轴目视检查

检查凸轮轴前要在溶剂中清洗凸轮轴并用压缩空气吹干,然后目视检查以下内容:

(1)凸轮轴供油孔是否有灰尘、碎屑或堵塞。

(2)螺纹孔是否损坏。

（3）凸轮轴定位切口是否损坏或磨损。

（4）凸轮轴密封槽是否损坏。

（5）凸轮轴推力面是否损坏。

（6）凸轮和轴颈是否存在严重划伤、点蚀、热变色或变形。

2）凸轮轴常见故障及原因

凸轮轴的故障大多由磨损造成。主要表现为凸轮轴轴承及凸轮磨损。如果凸轮磨损严重，气门室会发出"滴答、滴答"的异响。

凸轮轴可通过目视进行检查，顶置式凸轮轴相对比较方便，通常拆卸气门罩盖后，即可对气门机构及凸轮轴进行检查，而对下置式和中置式凸轮轴进行检查时，则需要分解发动机。

凸轮轴常见故障主要包括凸轮和轴颈磨损、凸轮轴弯曲以及异响等，引起这些故障的主要原因有：

（1）凸轮轴润滑不良。

（2）凸轮轴轴颈紧固螺栓紧固力矩不足。

（3）凸轮轴轴向定位螺栓或推力片松动。

（4）凸轮轴轴颈紧固螺栓松动。

（5）凸轮轴运动时发生轴向移动。

（6）凸轮轴轴承润滑不良或安装不当。

（7）凸轮或挺柱异常磨损严重。

3）正时带使用及检查

（1）当汽车每行驶3万km以后，要检查正时系统，查看其是否出现了过度磨损现象。

（2）检查整个正时皮带。看其有无裂纹、老化、变形、脏污、断齿、异常磨损，检查其张紧度是否合适。

（3）检查皮带轮、惰轮。检查其运转是否灵活、有无卡滞现象、有无变形、有无松动，端面跳动是否正常。

（4）检查张紧轮。检查其运转是否灵活、有无卡滞现象、有无变形、固定有无松动，轴承是否松旷，张紧标记是否正常。

（5）更换时，要更换正时系统中的所有部件，并使用相互匹配的整套部件。

二、任务实施

（一）凸轮轴磨损量与弯曲度检测

1.准备工作

（1）准备已拆下的凸轮轴。

（2）准备V形块支承、拆装桌、外径千分尺、百分表、磁性表座。

2.技术要求与注意事项

（1）凸轮轴支撑要确保稳定。

（2）外径千分尺使用前检查校对。

3. 操作步骤

(1)清洁凸轮轴、V 形块。

(2)将 V 形块置于平面上,确保平稳。

(3)将凸轮轴两端主轴颈置于 V 形块的 V 形槽中。

(4)安装磁性表座及百分表,使得百分表测量头与凸轮轴中间处轴径垂直并接触,预压 1mm。

(5)缓慢转动凸轮轴,观察百分表数值变化情况。大针所指最大值与最小值之差即为凸轮轴的径向圆跳动量,其值的 1/2 即为凸轮轴的同轴度,如图 3-51 所示。

(6)记录弯曲度数值。

(7)用外径千分尺测量凸轮基圆直径,并笔录。

(8)用外径千分尺测量基圆到凸轮顶部高度,并记录。

(9)基圆直径与凸轮高度之差即为凸轮升程,测量凸轮升程可以诊断凸轮的磨损程度。

(10)用外径千分尺测量各主轴径圆度误差,并记录数值。差值应符合相关发动机维修手册标准,如图 3-52 所示。

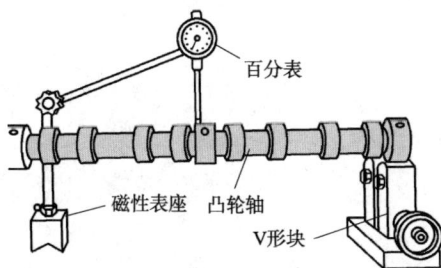

图 3-51　凸轮轴弯曲度检测　　　　　图 3-52　凸轮轴轴径检测

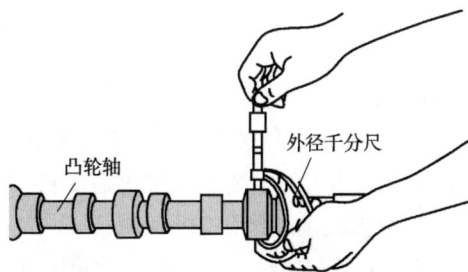

(11)完成实训任务后对工作过程进行自我评价,提交实训工作单,接受指导老师的技能考核。

(12)整理清洁工作场所,清点收拾所用工具、设备、资料,交回实训室。

(二)凸轮轴轴向间隙检测

1. 准备工作

(1)准备发动机台架。

(2)准备通用工具、百分表、磁性表座、一字螺丝刀。

2. 技术要求与注意事项

(1)撬动凸轮轴时不宜过度用力。

(2)磁性表座安装可靠,百分表使用前检查校对。

3. 操作步骤

(1)拆卸凸轮轴罩盖及附件。

(2)拆下凸轮轴,拆卸液力挺柱。

(3)安装凸轮轴。

(4)传动链轮端装上轴承盖,凸轮轴皮带轮端装上双轴承盖,固定螺栓按标准力矩拧紧。

（5）将磁性表座及百分表固定在缸盖上。

（6）用一字螺丝刀轴向拨动凸轮轴，观察百分表指针的变化情况，并记录，如图3-53所示。

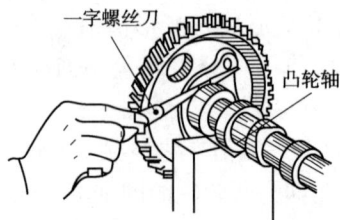

图3-53　用一字螺丝刀拨动凸轮轴

（7）进、排气凸轮轴轴向间隙磨损极限不得大于0.2mm。

（8）完成实训任务后对工作过程进行自我评价，提交实训工作单，接受指导老师的技能考核。

（9）整理清洁工作场所，清点收拾所用工具、设备、资料，交回实训室。

三、评价与反馈

1. 自我评价

（1）通过本学习任务的学习你是否已经知道以下问题：

①气门传动组的主要组成部件有哪些？

②气门传动组的功用有哪些？

③气门传动组主要组成部件的作用与原理是什么？

④凸轮轴外观检测的主要内容有哪些？

⑤正时皮带如何使用与检查？

（2）发动机凸轮轴检测的工量具有哪些？

（3）发动机凸轮轴检测的注意事项有哪些？

（4）通过本学习任务的学习，你认为自己的知识和技能还有哪些欠缺？

签名：_____　___年___月___日

2. 小组评价（表3-7）

小 组 评 价 表　　　　表3-7

序　　号	评 价 项 目	评 价 情 况
1	着装是否符合规范要求	
2	是否能合理规范地使用工量具和设备	
3	是否按照安全和规范的流程操作	
4	是否遵守学习、实训场地的规章制度	
5	是否能保持实训场地与工具设备的整洁	
6	团结协作情况	

参与评价的同学签名：_____　___年___月___日

3. 教师评价

_____

_____

教师签名：_____ ___年___月___日

四、技能考核标准（表3-8）

技能考核标准表　　　　　　　　　　　　　　　　　表3-8

序号	项目	操作内容	规定分	评分标准	得分
1	凸轮轴弯曲度、磨损量检测	工量具设备准备	3分	准备是否齐全	
		安全检查	3分	是否消除安全隐患	
		清洁凸轮轴、V形块	5分	是否达到操作要求标准	
		将V形块置于平面上	5分	是否达到操作要求标准	
		将凸轮轴置于V形块的V形槽中	5分	是否达到操作要求标准	
		安装磁性表座及百分表	5分	是否达到操作要求标准	
		弯曲度测量	6分	是否达到操作要求标准	
		测量凸轮基圆直径	6分	是否达到操作要求标准	
		测量基圆到凸轮顶部高度	6分	是否达到操作要求标准	
		测量各主轴径圆度误差	6分	是否达到操作要求标准	
		设备仪器回收、清点,清洁场地	3分	是否符合5S要求	
2	凸轮轴轴向间隙检测	拆卸凸轮轴罩盖及附件	5分	是否达到操作要求标准	
		拆下凸轮轴和液力挺柱	5分	是否达到操作要求标准	
		安装凸轮轴	5分	是否达到操作要求标准	
		固定凸轮轴	8分	是否达到操作要求标准	
		安装磁性表座及百分表	5分	是否达到操作要求标准	
		压下气门弹簧垫	5分	是否达到操作要求标准	
		轴向间隙测量	6分	是否达到操作要求标准	
		数据记录及判断	5分	是否达到操作要求标准	
		设备仪器回收、清点,清洁场地	5分	是否符合5S要求	
	总分		100分		

思考与练习

（一）填空题

1.排气系统指收集并且排放废气的系统,包括_____、_____、_____、消声管、尾管以及共振器。

2.充气效率越高表明进入汽缸内的_____或质量越多。

3. 曲轴与凸轮轴的传动比为＿＿＿＿＿＿。

4. 凸轮轴传动形式可分为三种：＿＿＿＿＿、＿＿＿＿＿、＿＿＿＿＿。

5. 配气机构的故障主要有＿＿＿＿＿和＿＿＿＿＿。

6. 配气机构包括＿＿＿＿＿和＿＿＿＿＿两部分。

7. 气门组主要由＿＿＿＿＿、＿＿＿＿＿、气门锁片、气门导管、气门座等组成。

8. 气门顶面有＿＿＿＿＿、＿＿＿＿＿和＿＿＿＿＿等形状。

9. 气门传动组件主要包括＿＿＿＿＿及其传动机构、＿＿＿＿＿、推杆和等零部件。

10. 凸轮轴常见故障主要包括＿＿＿＿＿、＿＿＿＿＿以及异响等。

(二)判断题

1. 排气迟闭角是为利用排气流动惯性来达到排气彻底目的。 （　　）

2. 自由排气是指排气门开始开启到汽缸内压力接近排气管内压力的时期。 （　　）

3. 燃烧室扫气是指由于气门叠开,使进气管、汽缸、排气管连通起来,使一定数量的废气充充量直接扫过燃烧室的过程。 （　　）

4. 推杆的作用是将从摇臂传来的推力传给气门。 （　　）

5. 自然进气发动机充气效率可大于1。 （　　）

6. 推杆的作用是将从摇臂传来的推力传给气门。 （　　）

7. 配气机构的要求是进气充分排气彻底。 （　　）

8. 侧置气门是目前应用最广泛的一种配气机构形式。 （　　）

9. 进排气门的间隙大小应该相同。 （　　）

10. 液力挺柱能自动消除气门间隙。 （　　）

11. 气门间隙过小会导致气门关闭不严。 （　　）

12. 气门重叠角过大容易出现排气倒流进入进气管的现象。 （　　）

13. 进、排气门的气门锥角一般均为30°。 （　　）

14. 气门与气门座圈要配对研磨,研磨之后不能互换。 （　　）

15. 汽车发动机通常采用钠冷却气门。 （　　）

16. 安装凸轮轴时一定要注意凸轮轴带轮或链轮上的正时标记。 （　　）

(三)选择题

1. 自然进气发动机充气效率一般为(　　)。

    A.0.7～0.8　　　　B.0.8～0.9　　　　C.0.9～1.0　　　　D.0.7～0.9

2. 自由排气的特点是(　　)。

    A.排气耗功多　　　B.气流速度快　　　C.排气量大　　　D.损失小

3. 顶置气门式配气机构的特点是(　　)。

    A.造价低　　　　　B.维修方便　　　　C.结构紧凑　　　　D.压缩比低

4. 按凸轮轴的布置形式分类中没有的是(　　)。

    A.顶置　　　　　　B.中置　　　　　　C.下置　　　　　　D.侧置

5. 配气机构按气门数分没有的是(　　)。

    A.每缸一气门　　　B.每缸三气门　　　C.每缸四气门　　　D.每缸五气门

6.气门工作条件中没有的是(　　)。

　A.高温　　　　　　B.散热差　　　　　C.无冲击　　　　　D.高速

7.不属于平顶气门的特点是(　　)。

　A.结构简单　　　　B.制造方便　　　　C.受热面积小　　　D.应用广泛

8.四气门发动机的特点中没有的是(　　)。

　A.进气充分　　　　B.直径较大　　　　C.直径较小　　　D.惯性力大

9.不属于气门导管作用的是(　　)。

　A.润滑　　　　　　B.导向　　　　　　C.导热　　　　　D.固定油封

10.以下弹簧中气门弹簧不采用的是(　　)。

　A.双气门弹簧　　　　　　　　　　　B.变螺距气门弹簧

　C.锥形弹簧　　　　　　　　　　　　D.钢板弹簧

(四)简答题

1.充气效率的影响因素有哪些?

2.降低进气系统阻力的措施有哪些?

3.发动机配气机构的作用是什么?

4.不同凸轮轴传动方式的特点有哪些?

单元四　汽油发动机燃料供给系统构造与检修

学习任务 1　汽油发动机燃料供给系统概述

学习目标

☞ **知识目标**

1. 能正确叙述汽油发动机燃料供给系统的组成及作用;
2. 能简单叙述汽油发动机燃烧过程及燃烧的影响因素;
3. 能简单叙述可燃混合气浓度对发动机性能关系。

☞ **技能目标**

能在车上正确找出汽油发动机燃料供给系统的部件。

☞ **素质目标**

1. 通过教学活动,形成较强的岗位安全责任意识、环保意识、质量意识和经济意识,弘扬中华传统美德;
2. 通过对发动机燃料供给系统结构认知,培养学生良好的语言表达与社会沟通能力。

建议课时

2~4 课时。

一、理论知识准备

1. 汽油发动机燃料供给系统作用及组成
1) 作用

汽油机燃料供给系统的主要作用是将汽油和空气按一定比例均匀混合成可燃混合气,再根据发动机各种不同工况的要求,向发动机汽缸内供给不同浓度和不同量的可燃混合气,以便在临近压缩终了时点火燃烧而放出热量燃气膨胀做功,最后将汽缸内废气排至大气中。

2）组成

汽油发动机燃料供给系统由空气供给系统、燃油喷射系统和电子控制系统组成。

（1）空气供给系统。空气供给系统的作用是向发动机提供与负荷相适应的清洁的空气，同时测量和控制进入发动机汽缸的空气量，使它们在系统中与喷油器喷出的汽油形成空燃比符合要求的可燃混合气。空气供给系统的组成和工作流程如图4-1所示。

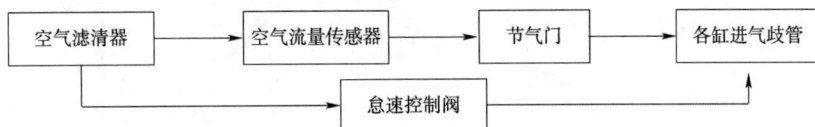

空气滤清器 → 空气流量传感器 → 节气门 → 各缸进气歧管

空气滤清器 → 急速控制阀 → （各缸进气歧管）

图4-1　空气供给系统的组成和工作流程

（2）燃油喷射系统。燃油喷射系统的作用是用电动燃油泵向喷油器提供足够压力的汽油，喷油器根据来自ECU的控制信号，向进气歧管内进气门上方喷射定量的汽油。燃油喷射系统的组成和工作流程如图4-2所示。

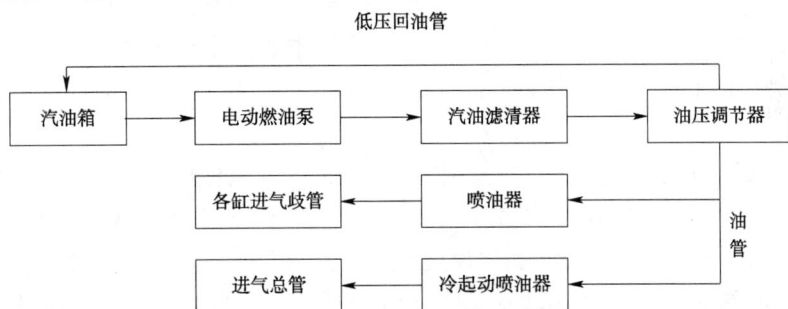

低压回油管

汽油箱 → 电动燃油泵 → 汽油滤清器 → 油压调节器

各缸进气歧管 ← 喷油器 ←（油管）

进气总管 ← 冷起动喷油器 ←（油管）

图4-2　燃油喷射系统的组成和工作流程

（3）电子控制系统。电子控制系统的作用是接收来自表示发动机工作状态的各个传感器输送来的信号，根据ECU预置的程序，对喷油时刻、喷油量等进行确定和修正，并输出控制信号给相应的执行器，以实现对发动机的最佳控制。电子控制系统的工作示意图如图4-3所示。

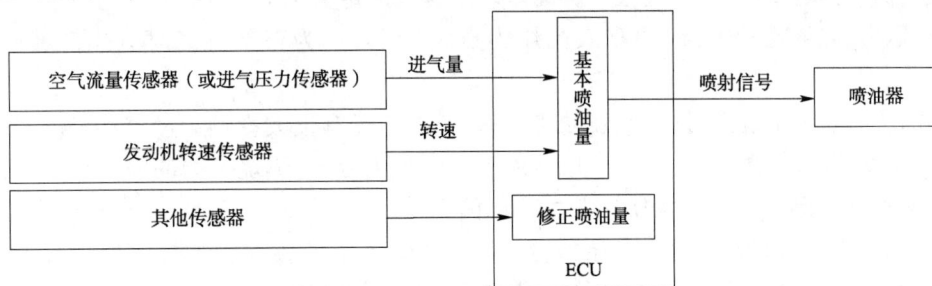

空气流量传感器（或进气压力传感器） —进气量→ 基本喷油量 —喷射信号→ 喷油器

发动机转速传感器 —转速→ 基本喷油量

其他传感器 → 修正喷油量

ECU

图4-3　电子控制系统工作示意图

2. 汽油发动机燃烧过程

1）汽油机正常燃烧

火花塞跳火点燃可燃混合气，形成火焰中心。火焰按一定速度连续地传播到整个燃烧室的空间。在此期间，火焰传播速度及火焰前锋的形状均没有急剧变化，这种状况称为正常燃烧。

图4-4所示为汽油机燃烧示功图，它以发动机曲轴转角为横坐标，汽缸内气体压力为纵坐标。图中虚线表示只压缩不点火的压缩线。燃烧过程的进行是连续的，为分析方便，按其压力变化的特征，可将汽油机的燃烧过程分为三个阶段。

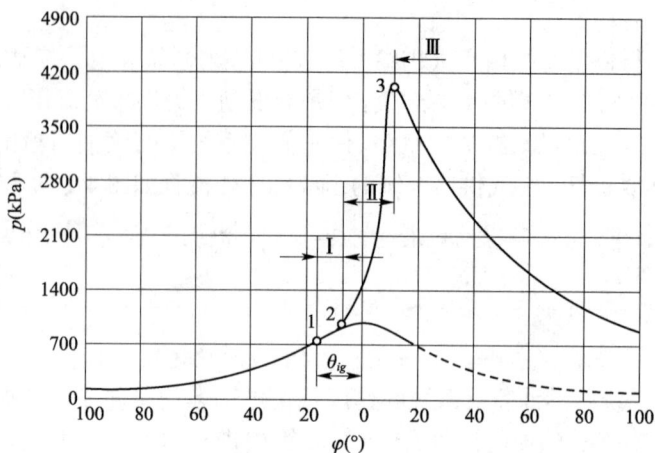

图 4-4　汽油机的燃烧示功图

(1)着火延迟期。从火花塞跳火开始到形成火焰中心为止这段时间,称为着火延迟期,如图4-4中阶段Ⅰ所示。从点火时刻起到活塞到达压缩上止点,这段时间内曲轴转过的角度称为点火提前角,用 θ_{ig} 表示。

火花塞跳火后,并不能立刻形成火焰中心,因为混合气氧化反应需要一定时间。当火花能量使局部混合气温度迅速升高,以及火花放电时,两极电压在15000V以上时,混合气局部温度可达2000℃,加快了混合气的氧化反应速度。这种反应达到一定的程度(所需要时间约占整个燃烧时间的15%时),出现发光区,形成火焰中心。此阶段压力无明显升高。

(2)明显燃烧期。从火焰中心形成到汽缸内出现最高压力为止这段时间,称为明显燃烧期,如图4-4中阶段Ⅱ所示。

当火焰中心形成后,火焰前锋以20~30m/s的速度,从火焰中心开始逐层向四周的未燃混合气传播,直到连续不断扫过整个燃烧室。混合气的绝大部分(80%以上)在此期间内燃烧完毕,压力、温度迅速升高,出现最高压力点3。图4-4为正常燃烧时火焰前锋的瞬时位置。

最高压力点3出现的时刻,对发动机功率、燃油消耗有很大影响。过早:因混合气点火提前,使压缩功增加,热效率下降。过迟:因混合气点火延迟,燃烧产物的膨胀比减小,燃烧在较大容积下进行,散热损失增加,热效率也下降。

(3)后燃期。从最高压力点开始到燃料基本燃烧完为止,称为后燃期。这一阶段主要是明显燃烧期内火焰前锋扫过的区域,部分未燃尽的燃料继续燃烧,吸附于汽缸壁上的混合气层继续燃烧,部分高温分解产物(CH_2、CO等)在膨胀过程中温度下降又重新燃烧、放热。

由于活塞下行,压力降低,使后燃期内燃烧放出的热量不能有效地转变为功。同时,排气温度增加,热效率下降,影响发动机动力性和经济性。因此,应尽量减少。

2)汽油机不正常燃烧

(1)爆燃。在某种条件下(例如压缩比过高等),汽油机的燃烧会出现不正常。在测量的 p-φ 示功图上,压力曲线出现了高频大振幅波动,上止点附近的 $dp/d\varphi$ 值急剧变动,此时火焰传播速度和火焰前锋形状均发生急剧的变化,称为爆震燃烧,简称爆燃(图4-5)。

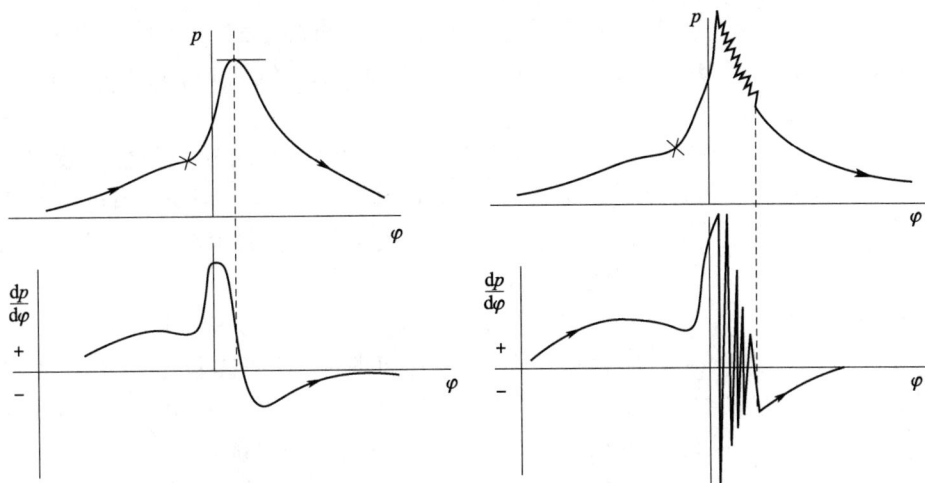

图 4-5　正常燃烧与爆震燃烧 p-φ 和 $dp/d\varphi$ 图比较

发生爆燃时,汽油机将出现敲缸声。轻微爆燃时,功率略有增加,但强烈的爆燃,使汽油机功率下降,工作变得不稳定,发动机振动较大。由于爆燃的冲击波破坏了燃烧室壁面的油膜和气膜,使传热增加,发动机过热。

以下措施可以有效减少爆燃:

①使用抗爆性高的燃料。当辛烷值增加时着火延迟期也增加,抗爆性好。添加抗爆剂可提高汽油的抗爆性。

②降低末端混合气温度和压力。降低冷却液温度、进气温度,使用浓混合气,推迟点火,降低压缩比,及时清除燃烧室积炭,合理设计燃烧室,缩短火焰传播距离等。

③降低负荷、提高转速减小爆燃倾向。降低负荷,上一循环的残余废气量相应增多,废气对混合气的自燃有阻碍作用。提高转速,混合气的扰流强度提高,火焰传播速度加快,不易产生爆燃。

总之,汽油机在降低压缩比、关小节气门或提高转速时,都不易产生爆燃。推迟点火时刻,提高汽油的辛烷值,也是减少爆燃倾向的有效措施。

(2)表面点火。表面点火是指不依靠电火花点火,由炽热表面(如过热的火花塞电极、排气门和燃烧室表面的沉积物等)点燃混合气而引起的不正常燃烧现象。

在电火花正常点火之前产生的表面点火称为早燃;电火花点燃混合气之后产生的表面点火称为后燃。

表面点火的时刻是不可控制的。早燃时,由于点火表面较大,使火焰传播速度较高,压力升高率较大,汽油机工作粗暴,压缩负功增加,并增加向汽缸壁的传热,致使功率下降,气门、火花塞和活塞等零件过热,同时进一步加热炽热表面,使着火更提前。后燃虽有可能加快燃烧速度,但因其发生在正常火焰传播的过程中,所以对汽油机影响不大。

一般地说,凡是能够降低燃烧室压力、温度和防止积炭等炽热点形成的因素和条件,都可以抑制和消除表面点火。采用低馏分的燃油和不易结焦的润滑油是避免炽热点火的有效措施。

3)影响燃烧过程的主要因素

(1)燃油。燃油的使用性能对燃烧过程有直接的影响。例如:汽油的蒸发性强,就容易汽化,与空气混合,使燃烧速度快,且易于完全燃烧。但蒸发性过强,也会使汽油在炎热的夏季、高原山区使用时,出现供油系统气阻,甚至发生断油现象。汽油的辛烷值高,就不容易发生爆燃燃烧。

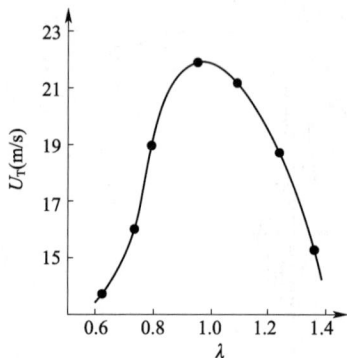

图 4-6　混合气成分对火焰传播速度的影响

(2)混合气成分。混合气成分对燃料能否及时燃烧和火焰传播速度都有影响。如图 4-6 所示,当过量空气系数 $\lambda = 0.85 \sim 0.95$ 时,发动机发出最大功率,称这种混合气为最大功率混合气。

当过量空气系数 $\lambda < 0.85 \sim 0.95$ 时,称为过浓混合气。此时由于火焰传播速度降低,功率减少,且由于缺氧,燃烧不完全,使热效率降低,耗油率增加。发动机怠速或低负荷运转时,节气门开度小,进入汽缸的新鲜混合气量少,残余废气相对较多,可能引起断火现象。为维持发动机稳定运转,通常供给比最大功率混合气更浓的混合气,一般 $\lambda = 0.6$ 左右。

当过量空气系数 $\lambda = 0.4 \sim 0.5$ 时,由于严重缺氧,火焰不能传播,混合气不能燃烧。因此,$\lambda = 0.4 \sim 0.5$ 的混合气成分称为火焰传播上限。

当过量空气系数 $\lambda = 1.05 \sim 1.15$ 时,火焰传播速度仍较高,且此时空气相对充足,燃油能完全燃烧,所以热效率最高,有效耗油率最低。此浓度混合气称为最经济混合气。

当过量空气系数 $\lambda > 1.05 \sim 1.15$ 时,称为过稀混合气。此时火焰传播速度降低很多,燃烧缓慢,使燃烧过程进行到排气行程终了,补燃增多,使发动机功率下降,油耗增多。

当 $\lambda = 1.3 \sim 1.4$ 时,由于燃料热值过低,混合气不能传播,造成缺火或停车现象。此时混合气浓度为火焰传播的下限。

(3)点火提前角。点火提前角大小对汽油机性能有很大影响。如图 4-7 所示,为气门全开、额定转速下混合气成分不变时,改变点火提前角,燃烧示功图的变化。

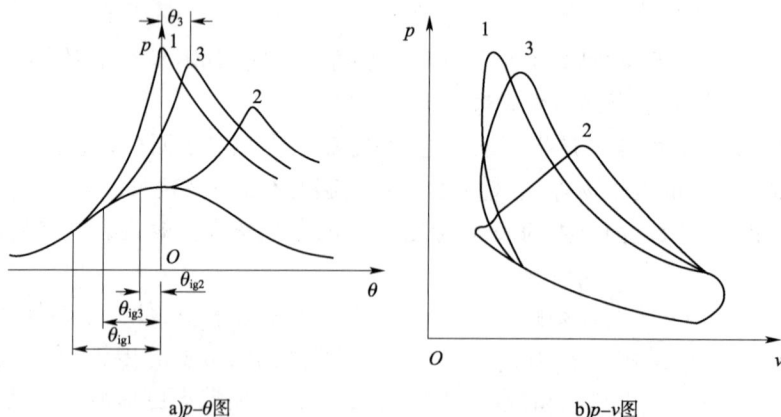

a)$p–\theta$图　　　b)$p–v$图

图 4-7　不同点火提前角的示功图
1-点火过早;2-点火过迟;3-点火适当

由图 4-7a)可见,曲线 1 的示功图点火提前角为 θ_{ig1}。相比之下,θ_{ig1} 过大(点火过早),使经过着火落后期后,最高燃烧压力出现在压缩行程的上止点以前。最高压力及压力升高率过大,活塞上行消耗的压缩功增加,发动机容易过热,有效功率下降,工作粗暴程度增加。同时由于混合气的压力、温度过高,爆燃倾向增加。在这种情况下,只要适当减小点火提前角,就可以消除爆燃。

曲线 2 的示功图对应的点火提前角 θ_{ig2} 过小(点火过迟)。经过着火落后期后,燃烧开始时,活塞已向下止点移动相当距离,使混合燃烧在较大容积下进行,炽热的燃气与缸壁接触面积大,散热损失增多。最高压力降低,且膨胀不充分,使排气温度过高,发动机过热,功率下降,耗油量增多。

曲线 3 的示功图对应的点火提前角 θ_{ig3} 比较适当。因而压力升高率不是过高,最高压力出现在上止点后合适的角度内。从图 4-7b)的比较也可以看出,示功图中 1 比示功图中 3 多做了一部分压缩功,又减少了部分膨胀功。示功图中 2 的膨胀线虽然比示功图中 3 的高些,但最高压力点低,只有示功图 3 的面积最大,完成的循环功最多,发动机的动力性、经济性最好。

综上所述,过大过小的点火提前角都不好。只有选择合适的点火提前角,才能得到合适的最高压力及压力升高率,使最高压力出现在上止点后 12° ~ 15°曲轴转角内,保证发动机运转平稳、功率大、油耗低。这种点火提前角称为最佳点火提前角。使用中,随发动机工况的变化,最佳点火提前角也相应改变。因此,必须随发动机工况变化及时调整点火提前角。

(4)发动机转速。在汽油机一定的节气门开度下,随负荷的变化,转速相应变化,转速增加时,火焰传播速度加快。随转速增加,压缩过程所用时间缩短,散热及漏气损失减少,压缩终了汽缸的温度和压力较高,使以秒计的燃烧过程缩短。但缩短程度不如转速增加的比例大,使燃烧过程相当的曲轴转角增大,以曲轴转角计的着火延迟期增长。因此,当发动机转速增加时,应增大点火提前角,减小爆燃倾向。

(5)发动机负荷。转速一定时,随发动机负荷减小,进入汽缸的新鲜混合气量减少,而残余废气量基本不变,使残余废气所占比例相对增加。残余废气对燃烧反应起阻碍作用,使燃烧速度减慢。为保证燃烧过程在上止点附近完成,需增大点火提前角。

(6)冷却液温度。冷却液温度过高时,会使燃烧室壁及汽缸壁过热,爆燃及表面点火倾向增加。同时,进入汽缸的混合气因温度升高、密度下降、充量减少,使发动机动力性、经济性下降。

冷却液温度过低时,传给冷却液热量增多,发动机热效率降低,功率下降,耗油率增加;润滑油黏度增大,流动性差,润滑效果变差,摩擦损失及机件磨损加剧;容易使燃烧中的酸根和水蒸气结合成酸类物质,使汽缸腐蚀磨损增加;燃烧不良易形成积炭;不完全燃烧现象严重,使排放污染增多。因此,使用中应注意控制好冷却液温度,冷却液温度不能太低。

(7)压缩比。提高压缩比,可提高压缩行程终了混合气的温度、压力,加快火焰传播速度。选择合适的点火提前角,可使燃烧在更小的容积下进行,使燃烧终了的温度、压力高。且燃气膨胀充分,热转变为功的量多,热效率提高,发动机功率、转矩大,有效耗油率降低。

压缩比提高后,会增加未燃混合气自燃的倾向,容易产生爆燃。为此,要求改善燃烧室的设计,并提高汽油的辛烷值。如果压缩比超过 10,热效率提高程度减慢,机件的机械负荷过大,排放污染严重。因此,应选择合适的压缩比。

3.可燃混合气浓度与发动机性能关系

1)混合气成分的表示方法

(1)空燃比。将实际吸入发动机中空气的质量与燃料质量的比值称为空燃比,用 A/F

表示。1kg 汽油完全燃烧需要空气 14.7kg,故对于汽油机而言,理论空燃比为 14.7。若空燃比小于 14.7,则为浓混合气,同理,空燃比大于 14.7 则为稀混合气。

（2）过量空气系数。将燃烧 1kg 燃料实际供给的空气质量与理论上 1kg 燃料完全燃烧所需的空气质量之比称为过量空气系数,用符号 λ 表示。无论使用何种燃料,凡是过量空气系数 $\lambda = 1$ 的可燃混合气即为理论混合气,$\lambda < 1$ 的为浓混合气,$\lambda > 1$ 的则为稀混合气。

2）可燃混合气成分对发动机性能的影响

发动机功率 P_e 和燃料消耗率 g_e 都是随着过量空气系数 λ 变化而变化的,如图 4-8 所示。

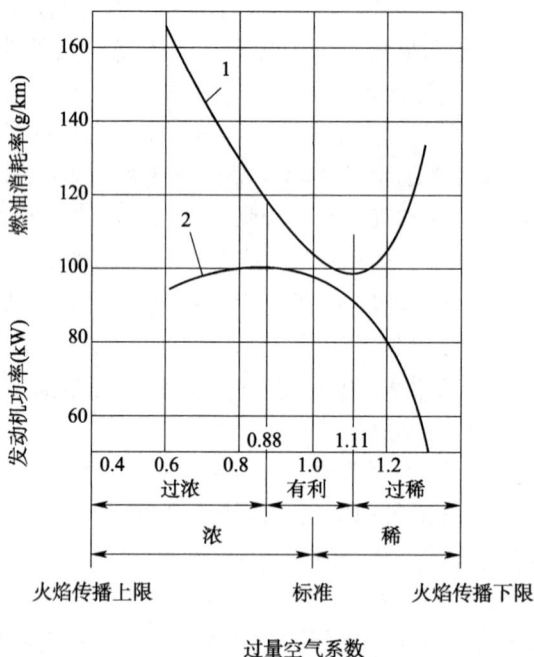

图 4-8　混合气成分对发动机性能的影响
（发动机转速不变,节气门全开）
1-燃油消耗率;2-功率

（1）理论混合气（$\lambda = 1$）。当 $\lambda = 1$ 时,理论上汽缸中所含空气中的氧正好能使其中的燃料完全燃烧。但实际上,由于汽缸中可燃混合气的成分不可能绝对均匀地分布,以及残余废气的存在而影响火焰中心的形成和火焰的传播,而使 $\lambda = 1$ 的可燃混合气不可能得到完全燃烧。

（2）稀混合气（$\lambda > 1$）。若混合气过稀（图 4-8 中 $\lambda > 1.11$）,会因燃烧速度的进一步减小而造成加速性能变坏,发动机输出功率下降,甚至会出现进气管回火现象。因此,不能对发动机供给这种过稀的可燃混合气。

（3）浓混合气（$\lambda < 1$）。若可燃混合气过浓（图 4-8 中的 $\lambda < 0.88$）,因燃烧不完全,产生大量的一氧化碳,在高温高压的作用下析出游离的炭粒,导致燃烧室积炭,发生排气管放炮现象及冒黑烟。

（4）燃烧极限。当可燃混合气太稀（$\lambda \geq 1.4$）以及太浓（$\lambda \leq 0.4$）时,虽能点燃,但火焰无法传播,导致发动机运转不稳定,直至熄火。故将此时的 λ 值分别称之为火焰传播下限和火焰传播上限。

以上对相应于图 4-8 所示的试验结果、所作的分析,可简要地总结于表 4-1 中。

可燃混合气浓度对发动机性能的影响　　　　　　　　　　　　表 4-1

混合气种类	过量空气系数	发动机功率	耗油率	备 注
火焰传播上限	0.4	—	—	混合气不燃烧,发动机不工作
过浓混合气	0.43 ~ 0.87	减少	显著增大	燃烧室积炭,排气管冒黑烟,消声器有拍击声(放炮)
功率混合气	0.88	最大	增大 18% 左右	—
标准混合气	1.0	减小 2%	增大 4% 左右	—
经济混合气	1.11	减小 8%	最小	—
过稀混合气	1.13 ~ 1.33	显著减小	显著增大	发动机变热,加速性变坏
火焰传播下限	1.4	—	—	混合气不燃烧,发动机不工作

3)发动机各工况对可燃混合气浓度的要求

汽油机在不同工况下对可燃混合气的浓度有不同的要求,分述如下。

(1)冷起动。发动机冷起动时,因这时汽缸温度低,汽油不易蒸发汽化,且发动机转速低,空气在进气道中流速低,致使汽油雾化不良,导致汽缸内可燃混合气中汽油蒸气过少,可燃混合气过稀,发动机不能着火燃烧。因此,为了使发动机顺利起动,要求供给 λ = 0.2 ~ 0.6 极浓的可燃混合气。

(2)怠速及小负荷。发动机怠速为对外无功率输出情况下的最低发动机转速。此时,节气门处于接近关闭位置,吸入的空气量极少,且汽油雾化蒸发不良,并有废气的稀释,使发动机燃烧速度减慢甚至熄火。为保证这种品质不良的可燃混合气能正常燃烧,应提供较浓的可燃混合气(λ = 0.6 ~ 0.8),节气门略开大。进入小负荷(节气门开度在 30% 以内)时,由于进入的空气量略有增加,可燃混合气的品质逐渐改善,因而可燃混合气浓度可以减小至 λ = 0.7 ~ 0.9。虽然可燃混合气浓度略有减小,但仍属浓混合气,目的是保证汽油机在小负荷工况的稳定性。

(3)加速。节气门开度突然加大,吸入汽缸的空气量立刻增加,而汽油因其惯性大而在原处基本不动,再加上雾化汽油的颗粒大跟不上气流流动,使之一部分附着在进气管内壁上。因此,汽缸内的可燃混合气在加速的瞬间变稀,不易点燃。为改善车用汽油机的加速性能,应在节气门突然加大时,及时地自动增加供油量,补偿可燃混合气瞬间变稀的现象。

(4)大负荷及全负荷。当节气门接近全开或达到全开时,为发动机大负荷及全负荷工况。此时要求发动机发出最大功率来克服较大的外界阻力或加速行驶,为此应供给 λ = 0.85 ~ 0.95 的功率混合气。

(5)中等负荷。此时节气门的开度为 30% ~ 85% ,是车用汽油机最常用的工况。为满足发动机经济性的要求,应供给 λ = 0.9 ~ 1.1 的可燃混合气(其中,主要是 λ > 1 的稀混合气)。

二、任务实施——汽油发动机燃料供给系统结构认知

1.准备工作

(1)将车辆停放在实训区域,确保人员和设备的安全。

(2)检查实训室通风系统设备工作是否正常。

(3)准备汽油发动机车辆2辆。

2.操作步骤

(1)将学生分成2个实训小组,每组确定一名组长。

(2)观察实训车辆,燃料供给系统包括空气供给系统,燃油喷射系统和电子控制系统。

(3)观察实训车辆的空气供给系统,认识系统的部件,说出其名称并记录。

(4)观察实训车辆的燃油喷射系统,认识系统的部件,说出其名称并记录。

(5)观察实训车辆的电子控制系统,认识系统的部件,说出其名称并记录。

(6)完成实训任务后,对工作过程进行自我评价,提交实训工作单,接受指导老师的技能考核。

(7)整理清洁工作场所,把发动机台架放回原处。

三、评价与反馈

1.自我评价

(1)通过本学习任务的学习你是否已经知道以下问题:

①汽油发动机燃料供给系统的组成及作用有哪些?

②汽油发动机燃烧过程及燃烧的影响因素有哪些?

③可燃混合气浓度与发动机性能有什么关系?

(2)汽油发动机燃料供给系统结构认知过程认识到了哪些部件?

(3)实训过程完成情况如何?

(4)通过本学习任务的学习,你认为自己的知识和技能还有哪些欠缺?

签名:_____ ____年___月___日

2.小组评价(表4-2)

小 组 评 价 表 表4-2

序　　号	评 价 项 目	评 价 情 况
1	着装是否符合要求	
2	是否能合理规范地使用仪器和设备	
3	是否按照安全和规范的流程操作	
4	是否遵守学习、实训场地的规章制度	
5	是否能保持学习、实训场地整洁	
6	团结协作情况	

参与评价的同学签名:_____ ____年___月___日

3.教师评价

_____

_____

教师签名：_____　　___年___月___日

四、技能考核标准（表4-3）

技能考核标准表　　　　　　　　　　　　　　表4-3

序号	项　目	操 作 内 容	规定分	评 分 标 准	得分
1	发动机总体结构的认知	记录车辆铭牌信息	5分	记录信息是否全面	
		找到空气供给系统部件	15分	是否达到操作要求标准	
		记录空气供给系统部件名称	15分	是否达到操作要求标准	
		找到燃油喷射系统部件	15分	是否达到操作要求标准	
		记录燃油喷射系统部件名称	15分	是否达到操作要求标准	
		找到电子控制系统部件	15分	是否达到操作要求标准	
		记录电子控制系统部件名称	15分	是否达到操作要求标准	
总分			100分		

学习任务2　燃油喷射系统构造与检修

学习目标

☞ 知识目标

1.能正确叙述燃油喷射系统的功能和分类；

2.能正确描述燃油喷射系统的主要部件结构与工作原理；

3.能正确描述缸内直喷系统主要部件结构与工作原理。

☞ 技能目标

1.能规范释放燃油喷射系统中高压区域的燃油压力；

2.能规范拆卸和安装燃油泵；

3.能规范用燃油压力表检测燃油压力。

☞ 素质目标

1.通过对燃油喷射系统的检修,培养在学习中敢担当、能吃苦的好品质；

2.通过技能训练,培养学生创新精神、认真负责的工作态度及一丝不苟的工作作风,不断提出真正解决问题的新理念新思路新办法。

6~10 课时。

一、理论知识准备

1.燃油喷射系统的功能和分类

1)燃油喷射系统的功能

燃油喷射系统,又称电控燃油喷射系统,其功能是向汽缸内供给燃烧所需的燃油。燃油泵泵出油箱内的汽油,经燃油滤清器过滤后,由燃油压力调节器调压,然后经输油管配送给各个喷油器,喷油器根据发动机控制单元发出的指令,将适量的汽油喷入各进气歧管或各缸内。

2)燃油喷射系统的分类

(1)回流型燃油喷射系统和无回流型燃油喷射系统。

①回流型燃油喷射系统。未使用燃油通过回流管从发动机流回燃油箱的称为回流型燃油喷射系统。在回流型燃油喷射系统中,燃油通过进油管和主燃油滤清器,然后通过进油口到达喷油器和燃油压力调节器。当燃油压力足够高时,燃油压力调节器开启,流出燃油压力调节器的燃油进入回油管,返回油箱,如图4-9所示。

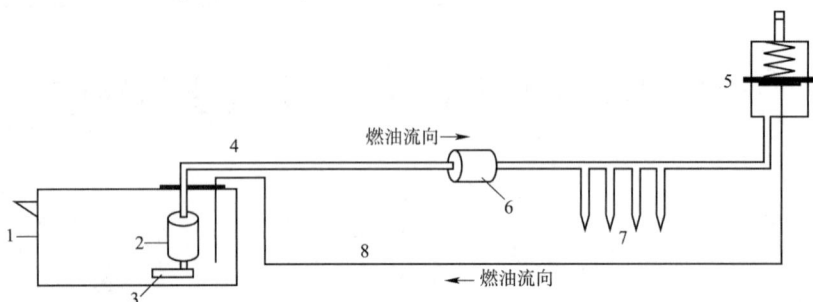

图4-9 回流型燃油喷射系统

1-燃油箱;2-油泵;3-网;4-供油管;5-燃油压力调节器;6-燃油滤清器;7-喷油器;8-回油管

②无回流型燃油喷射系统。为了减少回流型燃油喷射系统带回油箱的热量(这些热量增加了蒸发性碳氢化合物的排放)。在20世纪90年代中后期,许多制造商开始使用无回流型燃油喷射系统,如图4-10所示。燃油压力调节器安装在油箱内或安装在靠近油箱的地方,去掉了来自发动机舱的回油管,避免了将发动机舱内的热量带回油箱。

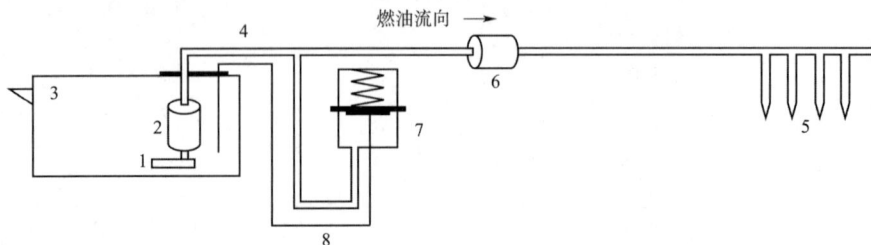

图4-10 无回流型燃油喷射系统

1-滤网;2-燃油泵;3-燃油箱;4-供油管;5-喷油器;6-燃油滤清器;7-燃油压力调节器;8-回油管

（2）单点燃油喷射系统和多点燃油喷射系统。根据喷油器安装的位置不同,可以将燃油喷射系统分为单点燃油喷射系统和多点燃油喷射系统。

①单点燃油喷射系统。如图4-11所示,单点燃油喷射系统是指在节气阀体上安装一只或两只喷油器,向进气主管中喷油形成燃油混合气。这种喷射系统因喷油器位于节流阀上集中喷射,故又称节流阀喷射系统或集中喷射系统。

②多点燃油喷射系统。如图4-12所示,多点燃油喷射系统是指在每一个汽缸的进气门前均安装一只喷油器,空气和燃油在进气门附近形成混合气,能较好地保证各缸混合气的均匀。

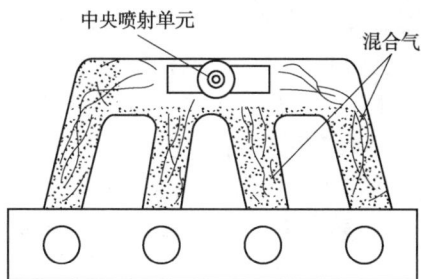

图4-11　单点燃油喷射系统

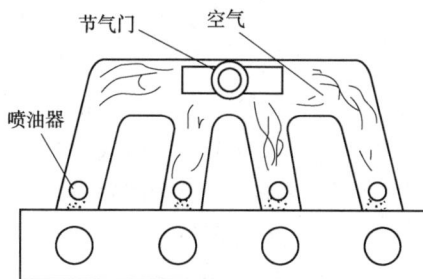

图4-12　多点燃油喷射系统

（3）进气管喷射和缸内喷射。

①进气管喷射系统。上述单点喷射和多点喷射两种喷射方式都是将燃油喷射到进气管内,所以这种系统又称进气管喷射系统。

②缸内喷射。该喷射方式是将燃油直接喷射到汽缸内。这种混合方式使混合气体温度降低,爆燃燃烧的倾向大为改观,发动机的压缩比可比进气管喷射时大大提高。目前这种技术已广泛地应用在汽油发动机上,如大众TSI发动机,如图4-13所示。

2. 燃油喷射系统的部件结构与工作原理

燃油喷射系统由燃油箱、燃油泵、燃油滤清器、燃油分配管、燃油管、燃油压力调节器、喷油器等组成,如图4-14所示。

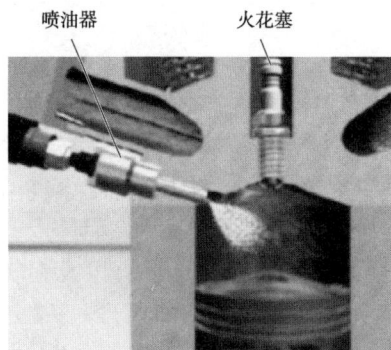

图4-13　大众TSI发动机缸内喷射系统

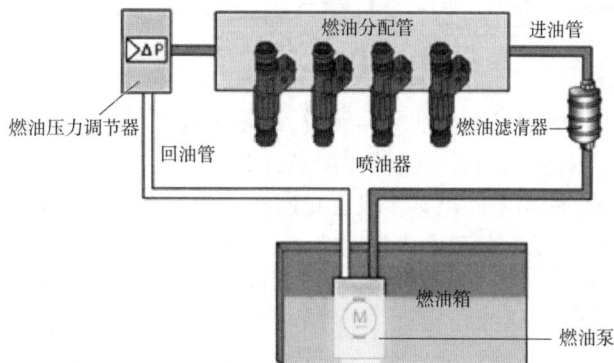

图4-14　燃油喷射系统

发动机工作时,燃油泵把汽油从燃油箱中泵送出去,经燃油滤清器除去杂质和水分后,流入燃油分配管,然后分送到各个喷油器,燃油分配管上装有燃油压力调节器,对燃油压力进行调整,多余的燃油经燃油压力调节器流回燃油箱,有些发动机在燃油输送通道中还装有燃油压力脉动阻尼器,用以削减燃油的脉动现象。

1）燃油箱

燃油箱是由镀铅锡合金钢板或高密度型聚乙烯制成,通常内部有隔板,防止燃油液面晃动。燃油箱一般使用两条钢带固定在底盘上,如图4-15所示。

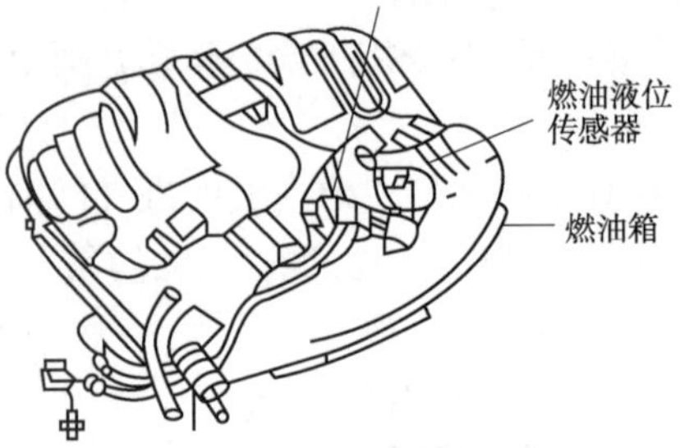

图4-15　燃油箱

2）燃油泵

燃油泵的作用是将燃油从燃油箱内吸出,加压后经喷油器供入发动机汽缸。

燃油泵按其安装位置分为外装泵和内装泵两种。外装泵是将泵装在油箱之外的输油管路中,内装泵则是将泵安装在燃油箱内。与外装泵比较,内装泵不易产生气阻和燃油泄漏,且噪声小。目前大多数电控汽油喷射系统采用内装泵。按出口压力分为低压燃油泵和高压燃油泵;按结构分为翼片式燃油泵、滚柱式燃油泵和涡轮式燃油泵。

（1）翼片式燃油泵。内装式燃油泵常采用翼片式燃油泵,这种电动燃油泵由电动机、涡轮泵、止回阀、限压阀及滤网等组成,如图4-16所示。

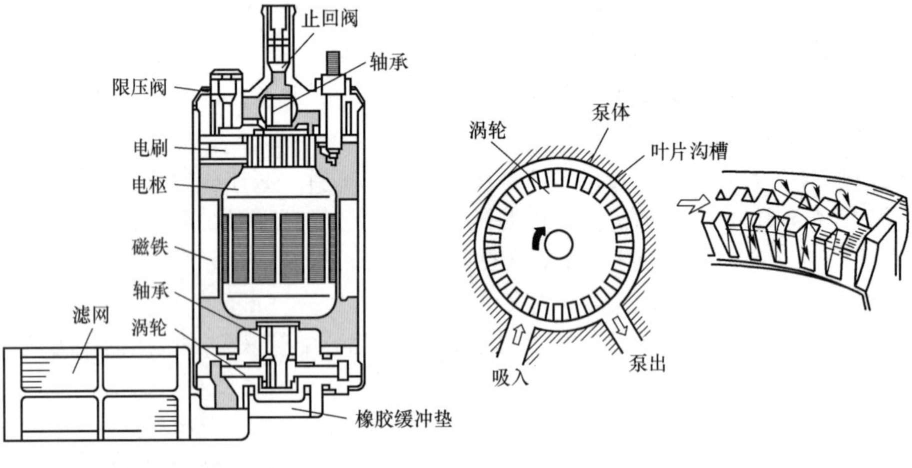

图4-16　翼片式电动燃油泵

电动机驱动油泵运转时,涡轮泵转子圆周槽内的燃油随转子一起高速旋转,在离心力作用下,使燃油出口处油压增高,同时在进口处产生一定的真空,从而使燃油从进口被吸入并经止回阀泵向出口。设置止回阀可使发动机熄火后油路内燃油仍保持一定压力,减少气阻现象,便于发动机热起动。

（2）滚柱式燃油泵。滚柱式燃油泵主要由转子、与转子偏心的定子（即泵体）以及在转子和定子之间起密封作用的滚柱等组成,如图4-17所示。泵体的一端是进油口,另一端是出油孔。进油口一侧的滚柱式油泵由泵壳中间的直流电动机驱动。当油泵旋转工作时,由于离心力的作用,转子槽内的滚柱紧靠在偏心设计的泵体内壁上。滚柱随转子一同旋转时泵腔容积发生变化,燃油进口处容积越来越大,出口处容积越来越小,使燃油经过入口的滤网被吸入油泵,加压后经过电动机周围的空间从出口泵出。油泵出口处有一个止回阀,在油泵不工作时阻止燃油倒流回油箱。若因汽油滤清器堵塞等原因使油泵出口一侧油压上升,与油泵一体的限压阀即被顶开,使部分燃油回到进油口一侧,以防止电动燃油泵输出油压过高。

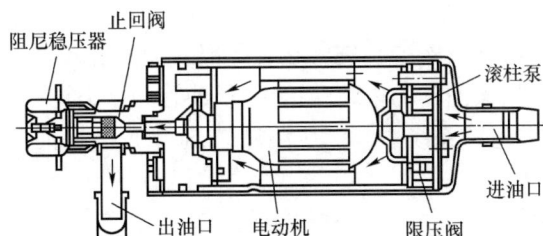

图 4-17　滚柱式燃油泵

（3）涡轮式燃油泵。涡轮式燃油泵主要由电动机、涡轮泵、出油阀、卸压阀组成。当燃油泵电动机通电时,电动机驱动涡轮泵叶片旋转,由于离心力的作用,使叶轮周围小槽内的叶片贴紧泵壳,将燃油从进油室带往出油室,由于进油室的燃油不断增多,形成一定的真空度,将燃油从进油口吸入;而出油室燃油不断增多,燃油压力升高,当达到一定值时,顶开出油阀出油口输出。出油阀在油泵不工作时阻止燃油流回油箱,保持油路中有一定的压力,便于下次起动,如图 4-18 所示。

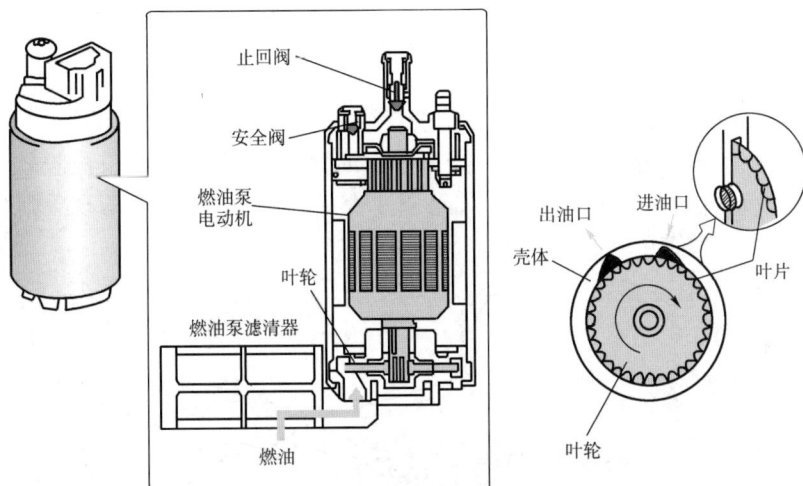

图 4-18　涡轮式燃油泵

3）燃油滤清器

燃油滤清器的作用是除去燃油中的杂质,防止燃油喷射系统堵塞,减小油泵、喷油器等部件的机械磨损。

燃油滤清器通常安装在燃油箱外部,采用打褶的纸质滤芯,滤芯装在金属外壳内,通常燃油滤清器是整体更换。在很多燃油滤清器的进油管接头和出油管接头上都有标志,滤清器外壳上的箭头表示燃油通过滤清器的流动方向,如图 4-19 所示。

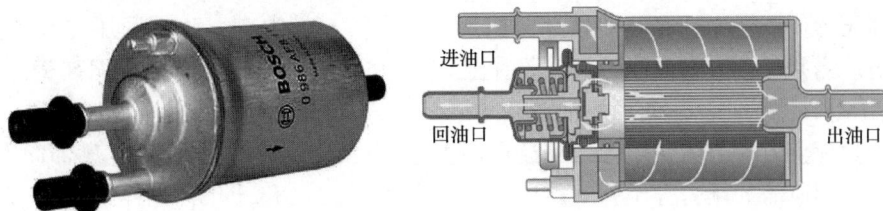

图 4-19　燃油滤清器

4）燃油分配管

燃油分配管总成又称油轨,安装在进气歧管下部的4个固定座上,如图4-20所示。燃油分配管常由铸铝制成,包括喷油器的内装管接头、供油管和压力调节器,与喷油器相连接,并向喷油器分配燃油。有些电控系统中有油压测试口,通常位于燃油分配管的一侧,用于维修时的检查和释放系统压力。

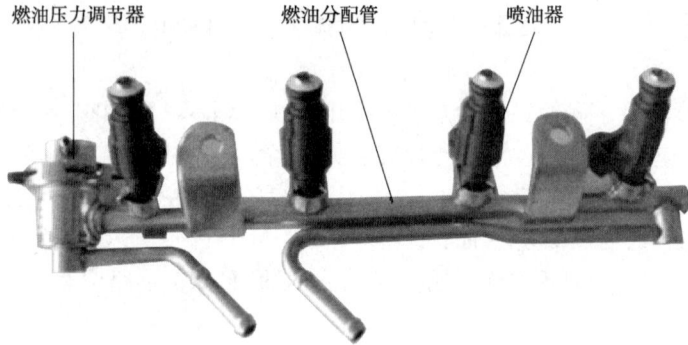

图4-20　燃油分配管

5）燃油管

燃油管通常使用钢、尼龙或加强橡胶制造,按一定的间隔距离把燃油管紧固在车架上,防止燃油管移动、磨损,如图4-21所示。当采用钢油管时,一般用一小段橡胶软管与钢油管连接以避免把发动机的振动传到油管。如果燃油管有开裂、磨损、扭曲等现象则必须更换。

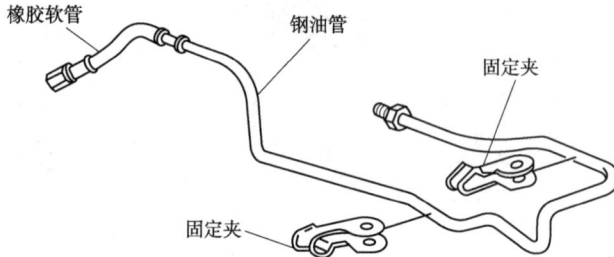

图4-21　燃油管

6）燃油压力调节器

燃油压力调节器的作用是调节喷油器的燃油喷射压力。此外,燃油压力调节器能像燃油泵的止回阀一样,维持燃油管里的残余压力。燃油压力调节有两种方法。

（1）根据进气歧管压力调节燃油压力。

压力调节器一般安装在燃油分配管的一端,它的一个进油口A和燃油分配管相通,下方的出油口B接回油管,上方的接口C通过一根软管和进气歧管相通,结构如图4-22所示。

燃油压力调节器壳体内腔被膜片分成两个小室。上方内有一弹簧紧压在膜片上,使回油阀关闭。当膜片下方燃油压力超过膜片上方压力时,就推动膜片向上压缩弹簧,打开回油阀,使超压的燃油经回油管流回燃油箱。

由于膜片上方除了弹簧压力之外还作用着进气歧管压力（负压）,因此燃油向上推动膜片打开回油阀所需的压力等于弹簧压力和进气歧管压力之和,即喷油器的喷油压力等于数值为定值的油压调节器弹簧预紧力。也就是说:不论进气歧管真空度如何变化,燃油压力调节器都能使喷油器的喷油压力保持恒定。

（2）恒定的燃油压力。

这种类型的燃油压力调节器将燃油压力控制在一个恒定的压力值。当燃油压力超过压力调节器的弹簧的压力时,阀门开启,使燃油回流到燃油箱并调节压力,如图4-23所示。进气歧管内的压力状态随着发动机工况的变化而不断变化,在这种燃油调节方式下,发动机ECU根据进气歧管真空的变化,计算每次燃油喷油量,确保喷油器喷射适当数量的燃油。恒定压力型一般集成在燃油滤清器内。

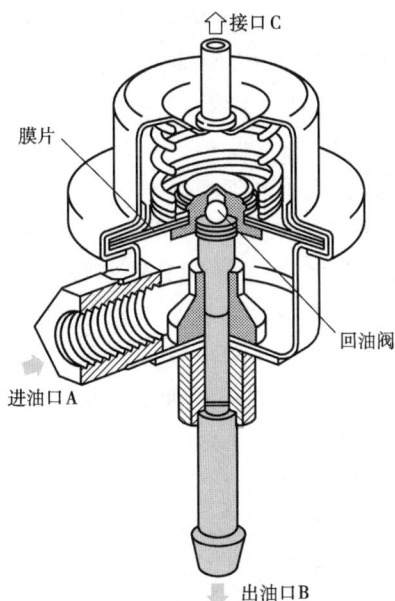

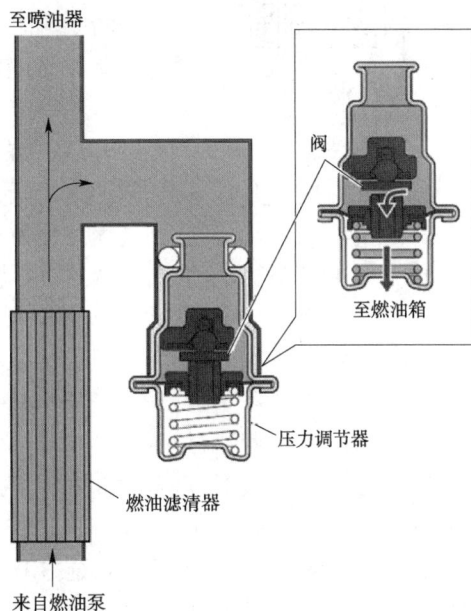

图4-22　燃油压力调节器(歧管压力调节型)　　　图4-23　燃油压力调节器(恒定压力型)

7）喷油器

喷油器是电控燃油喷射系统的执行元件,喷油器的功用是根据发动机ECU的指令控制燃油喷射。电控燃油喷射系统采用电磁式喷油器。大多数电控燃油喷射发动机的喷油器安装在进气歧管或进气道附近的缸盖上,并由燃油总管将其固定,如图4-24所示。

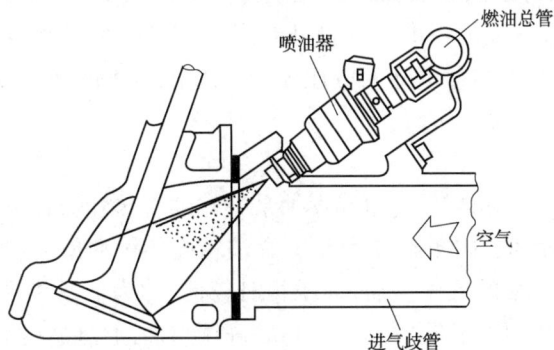

图4-24　喷油器安装位置

（1）喷油器的结构。

喷油器主要由滤网、插头、电磁线圈、复位弹簧、衔铁、阀轴、针阀和壳体等组成,如图4-25

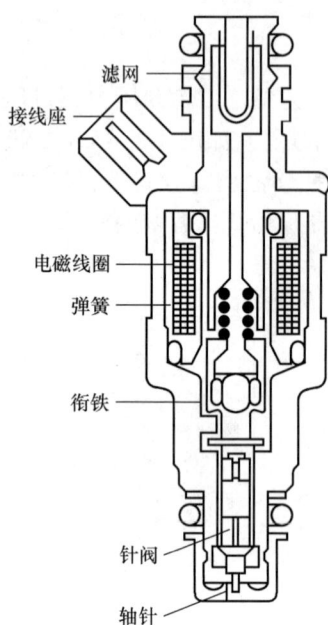

图 4-25　喷油器

所示。衔铁、阀轴和针阀制成一体分配油管的压力,汽油经过滤网后进入喷油器,电磁线圈不通电时,针阀在复位弹簧作用下将喷油孔封住。当发动机 ECU 的喷油控制信号将喷油器和电源回路接通,电流流过电磁线圈时,在电磁力作用下衔铁克服弹簧压力、摩擦力和自身重力,带动针阀上移,打开喷口,使汽油喷出,一般喷油器针阀升程约为 0.1mm。每次 ECU 控制喷油器电磁线磁通电的时间被称为喷油脉宽,为 $2 \sim 10 \text{ms}$。当电磁线圈断电时,电磁吸力消失,在复位弹簧的作用下,针阀立即将阀口关闭,喷油器停止喷油。在喷油器结构和油路油压与歧管气压差一定时,喷油量取决于针阀开启时间。

（2）喷油器的工作特性。

图 4-26 所示为喷油器从通电到断电电磁阀的动作过程,这一过程被称为喷油器的工作特性。图 4-26 中 1 是 ECU 喷油控制脉冲,也就是脉冲宽度,2 是针阀升程曲线。在实际工作过程中,由于喷油器针阀本身的惯性和电磁线圈通电后的磁滞性,从 ECU 发出接通喷油器的搭铁回路信号到喷油器阀体达到最大升程喷油器完全打开需要一段时间,这个时间称为喷油器的完全打开时间 T_0。同样,从 ECU 切断喷油器回路到阀体落座回到喷油器完全关闭状态也需要一段时间,这个时间称为喷油器的完全关闭时间 T_C。所以,喷油器实际喷油过程是滞后于 ECU 喷油控制脉冲的。一般情况下,喷油器的完全打开时间 T_0 比完全关闭时间 T_C 长,其 T_0、T_C 的值是喷油器没有喷油的时间,被称作无效喷油时间。无效喷油时间越长,喷油器的工作特性就越差。

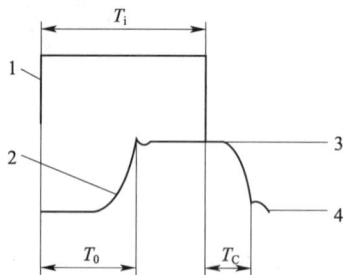

图 4-26　喷油器的工作特性
1-ECU 喷油控制脉冲;2-针阀升程曲线;3-针阀全开位置;4-针阀全关位置;T_i-脉冲宽度;T_0-完全打开时间;T_C-完全关闭时间

影响喷油器的完全打开时间 T_0 长短的因素有喷油器衔铁的质量、电磁线圈匝数的多少与电阻的大小、蓄电池电压的高低。其中,蓄电池电压的高低对喷油器的完全打开时间影响较大,即蓄电池电压越高,喷油器的完全打开时间 T_0 越短,而喷油器的完全关闭时间 T_C 与蓄电池的电压无关。因此,一辆汽车的蓄电池电压过低,会影响供油系统中零部件的正常工作。

3. 缸内直喷系统

缸内直喷系统主要由供油单元(电动燃油泵)、输油管、燃油滤清器、高压燃油泵、燃油分配管(油轨)、喷油器等组成,如图 4-27 所示。燃油箱内的供油单元(电控燃油泵)为高压燃油泵提供一个 $40 \sim 700 \text{kPa}$ 的低压燃油,油压相对较低,称为低压供油系统。高压燃油泵为系统提供一个 $5 \sim 11 \text{MPa}$ (取决于负荷和转速)的高压燃油,通过高压油道将燃油送入燃油分配管,分配管再将燃油分配给高压喷油器,油压较高,称为高压喷油系统。

1) 低压供油系统

燃油泵控制单元安装在燃油泵上面。通过脉宽调频信号来控制电控燃油泵的工作,低压供油系统的油压达到 40～700kPa。控制信号由发动机控制单元传给油泵控制单元,对于燃油泵的供油量是由发动机控制单元来控制的。

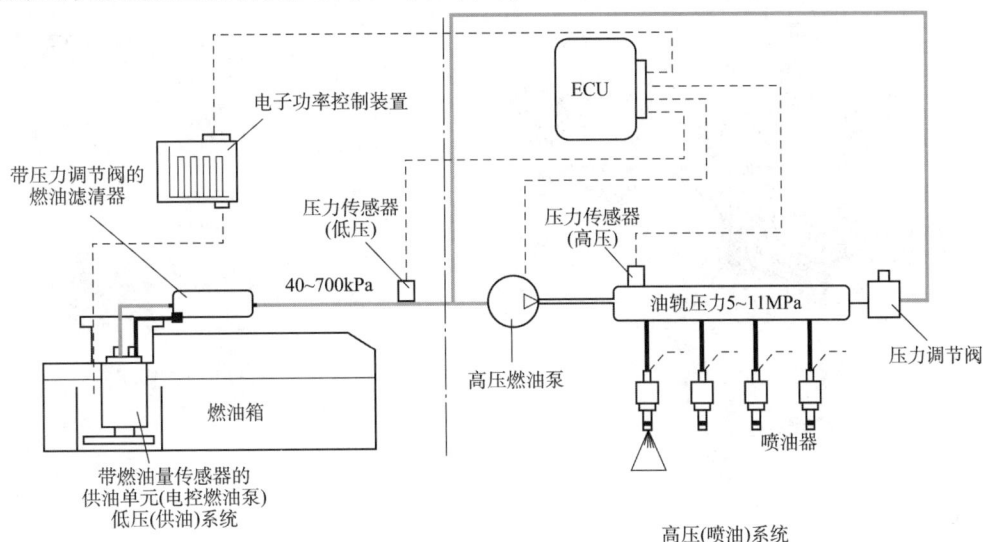

图 4-27　缸内直喷系统的组成

2)高压喷油系统

高压喷油系统的压力是根据发动机负荷和转速在 5～11MPa 调整。系统由带汽油低压传感器的高压泵、燃油压力调节阀、压力限制阀、高压油管、燃油分配管、汽油高压传感器、高压喷油器等组成,如图 4-28 所示。

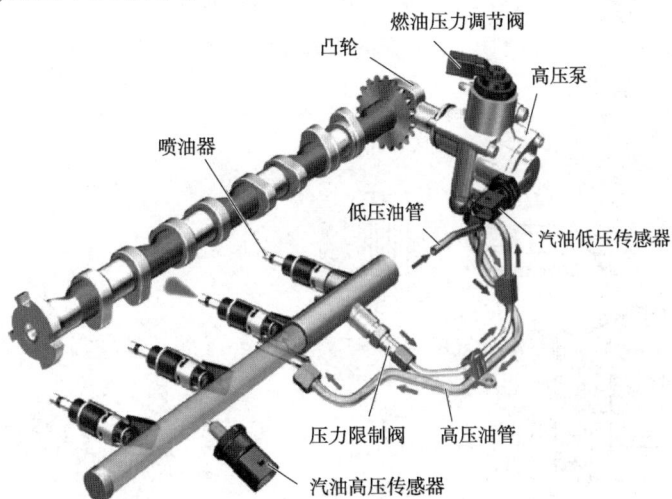

图 4-28　高压喷油系统的组成

(1)高压燃油泵。

高压燃油泵由凸轮轴上的凸轮驱动,根据凸轮上的凸起数目,有两凸轮、三凸轮和四凸轮等几种类型。高压燃油泵的结构如图 4-29 所示。供油单元(电控燃油泵)给高压泵预供油,高压燃油泵产生燃油分配管内所需要的压力。圆柱挺柱驱动柱塞;高压管连接高压系统,为油泵出油口;回油管连接油泵的低压系统,在吸油行程进油,在回油行程回油;压力缓冲器会吸收高压系统内的压力波动;随着负荷的变化,需要的燃油量不同,发动机控制单元通过控制燃油压力调节阀,调节高压燃油泵的输出油压,调整供油量。

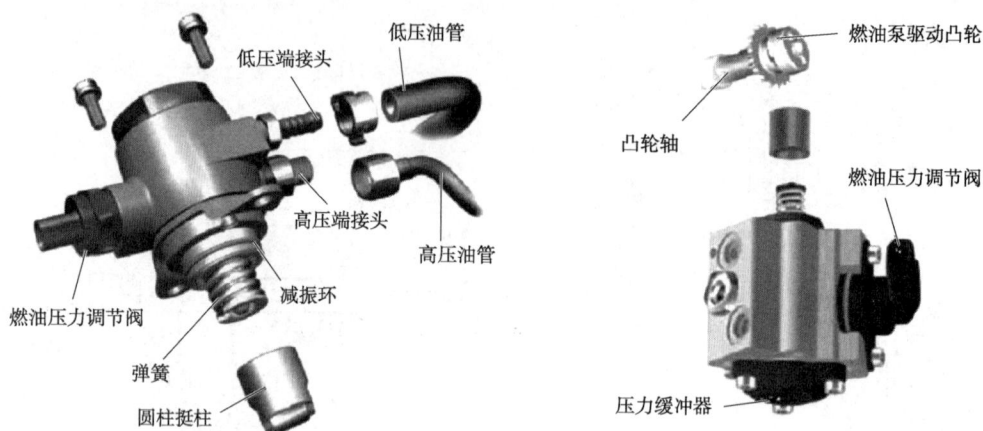

图 4-29　高压燃油泵

高压燃油泵内安装有限压阀,如图 4-30 所示,在发生燃油热膨胀和故障的时候,用于保护工作在高压的部件。它是一个机械阀,在压力高于 14MPa 时打开。限压阀打开时高压端的燃油会进入高压泵的供油管内。

根据发动机负载的需要,油泵的压力可在 3 ~ 14MPa 任意调节。下面以大众 EA111 发动机高压油泵为例,说明油泵的工作过程。

①进油行程。燃油压力调节阀 N276 在整个进油行程中由发动机控制单元控制,由此产生的电磁力克服弹簧力将阀门打开。泵塞向下运动,导致在泵腔里的压力下降,燃油从低压端流入泵腔,如图 4-31 所示。

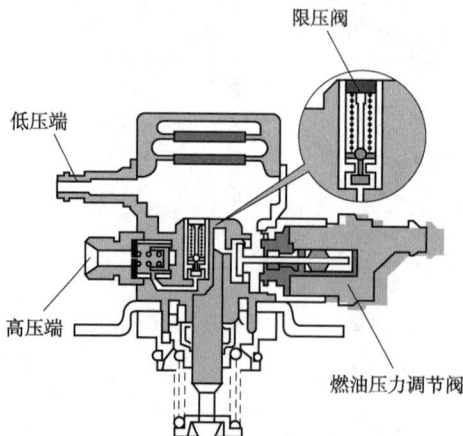

图 4-30　限压阀

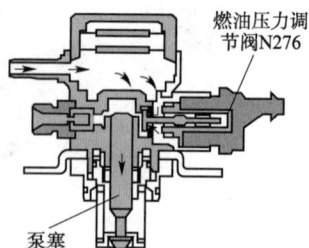

图 4-31　进油行程

②回油行程。为匹配实际消耗的燃油供给量,当泵塞开始向上行程时进油阀仍保持打开状态。泵塞迫使多余的燃油回流到低压端,通过集成在泵上的压力阻尼器和燃油供给管路上的限流器来平衡多余脉冲,如图 4-32 所示。

③输油行程。从已计算的输油行程开始,燃油压力调节阀就不再回油了,泵内升高的压力和阀门滚针弹簧的力会关闭进油阀,泵塞的向上运动在泵腔里产生高压,如果泵腔内侧压力高于燃油分配器的压力,排油阀打开,燃油被泵入燃油分配器,如图4-33所示。

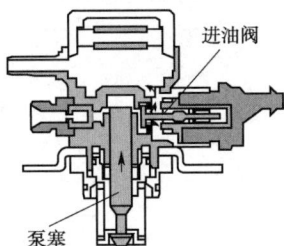

图4-32　回油行程　　　　图4-33　输油行程

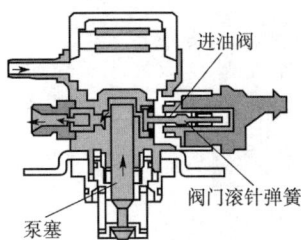

（2）高压燃油分配管。

高压燃油分配管用来储存高压燃油,并将已经调整好的燃油压力分配给各个喷油器,如图4-34所示。燃油分配管内腔的大小应能补偿轻微的压力波动。燃油分配管是喷油器、燃油压力传感器、压力限制阀的安装支架。

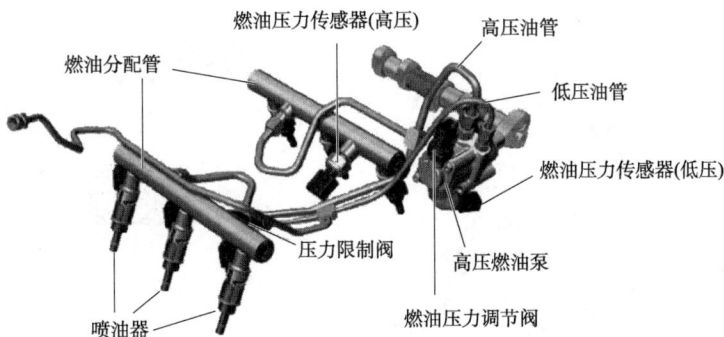

图4-34　高压燃油分配管

（3）燃油压力的监测。

燃油分配管内的压力保持恒定对减少排放、降低噪声和提高功率有重要影响。发动机控制单元通过燃油压力传感器监测燃油分配管内燃油压力。燃油压力传感器安装在燃油分配管上,结构如图4-35所示。该传感器的核心就是一个钢膜,在钢膜上镀有应变电阻。高压燃油经压力接口作用到钢膜的一侧时,使钢膜弯曲,就引起应变电阻的阻值发生变化,从而使信号电压发生变化,信号电压与燃油压力的关系如图4-36所示,发动机控制单元通过信号电压即可监测出燃油分配管内的燃油压力。

（4）高压喷油器。

高压喷油器的作用是计量一定量燃油,按照发动机做功顺序和喷油正时,定时定量地把燃油喷入燃烧室内,并使燃油精细雾化。喷油器的构造如图4-37所示,由带衔铁的阀针、阀座、电磁线圈、压力弹簧、供电接头、四氟乙烯密封圈等组成。发动机控制单元给电磁线圈通电建立磁场,使带衔铁的阀针上移打开出油孔,由于燃油分配管和燃烧室之间有压力差,在高压喷油器打开时燃油被直接喷入燃烧室。喷油阀是个单孔喷嘴,燃油喷束角为70°,喷束倾角为20°,如图4-38所示。

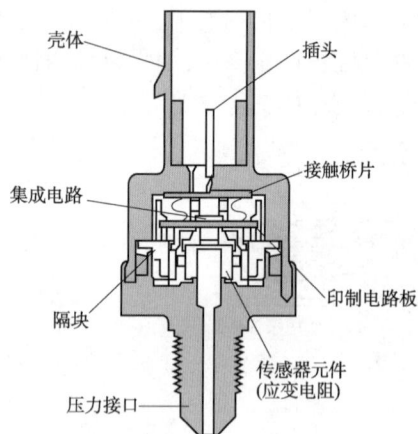

图 4-35　燃油压力传感器

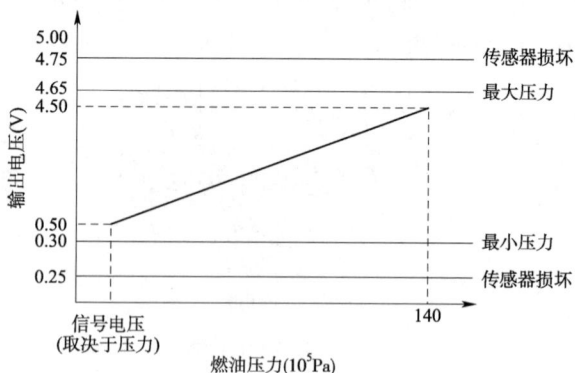

图 4-36　燃油压力与传感器信号电压的关系

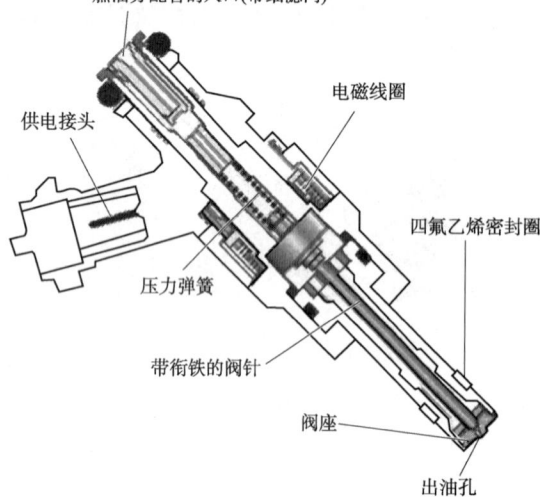

图 4-37　高压喷油器

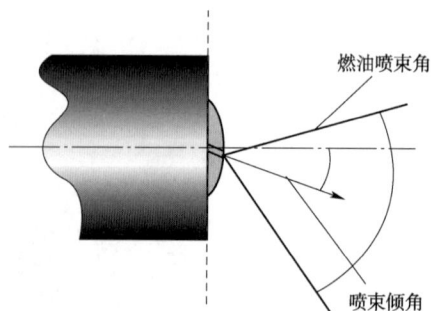

图 4-38　喷油器喷油束角与喷油倾角

二、任务实施

下面以上汽大众朗逸轿车燃油喷射系统为例说明燃油喷射系统的检查和拆装方法。

(一)释放高压区域的燃油压力

1. 准备工作

(1)将实训车辆停放在举升工位上,确保人员和设备的安全。

(2)检查实训室通风系统设备工作是否正常。

(3)准备故障诊断仪 VAS6150 系列等专用工具。

2. 技术要求与注意事项

(1)燃油喷射系统分为高压部分(最大约 200bar❶)和低压部分(约 6bar)。

---

❶　$1bar = 10^5 Pa$。

（2）在打开高压部分之前,例如拆卸高压泵、燃油分配管道、喷油器、油管或燃油压力传感器之前,高压区域的燃油压力必须降低到系统的残余压力约6bar。

3. 操作步骤

（1）打开点火开关。

（2）连接故障诊断仪 VAS 6150 系列 。

（3）选择启动诊断发动机→接受→ 无任务→控制单元列表,右击控制系统→降低燃油高压→执行。

（4）在接头周围包一圈抹布,然后松开弹簧卡箍,如图4-39所示箭头,脱开供油软管,释放大约6bar的残余压力。收集流出的燃油。

（5）完成工作后,读取发动机控制单元的故障存储器,清除因为拔下插头所产生的所有故障。

（6）完成实训任务后,对工作过程进行自我评价,提交实训工作单,接受指导老师的技能考核。

（7）整理并清洁工作场所,清点和收拾借出的工具、设备和资料,交回实训室。

图4-39　松开弹簧卡箍

（二）拆卸和安装燃油泵

1. 准备工作

（1）将实训车辆停放在拆装区域,确保人员和设备的安全。

（2）检查实训室通风系统设备工作是否正常。

（3）准备环形螺母扳手、扭力扳手、棘轮头等专用工具。

2. 技术要求与注意事项

燃油管最高压力可达20MPa,在高压区域工作时请遵守以下要求:

（1）首先做好泄压工作。

（2）燃油供油管内是有压力的,必须戴好防护眼镜和手套并穿好防护服,以避免皮肤接触或造成人身伤害。

（3）在松开软管连接前,在软管连接处放置抹布,然后小心地拔出软管,以释放压力。

（4）基于安全考虑,在拆开燃油系统之前首先切断对燃油泵的供电,否则当驾驶人侧车门被打开时将会触发燃油泵工作。

（5）拆卸燃油泵时,燃油箱最多允许加注3/4。必要时排空燃油箱。

3. 操作步骤

（1）关闭点火开关后断开蓄电池搭铁线。

（2）向前翻开后排座椅。拆下带燃油泵控制单元2的燃油泵盖板1,如图4-40所示。

（3）拔下密封法兰上5针燃油泵连接插头1,按压开锁按钮,拔下燃油油管3和回油管2,如图4-41所示。

（4）使用环形螺母扳手3217旋出油泵压板,如图4-42所示。

（5）将燃油泵和密封圈从燃油箱的开口中拉出。

（6）将燃油泵安装在燃油箱内,注意燃油泵上的标记 1 应指向车辆行驶的反方向(箭头为车辆行驶方向),如图 4-43 所示。

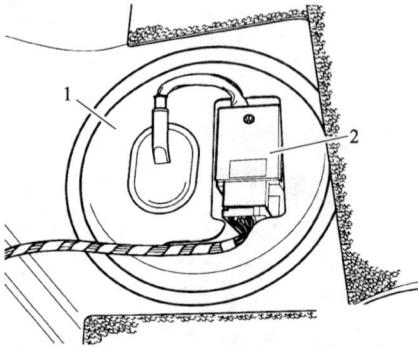

图 4-40　燃油泵控制单元的拆装

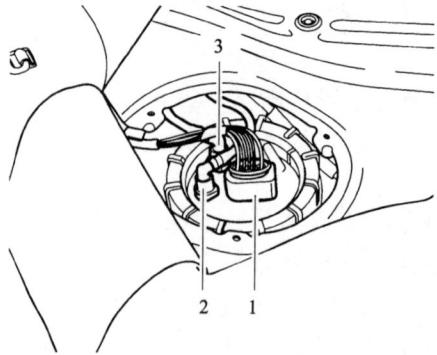

图 4-41　拔下燃油泵连接插头和油管

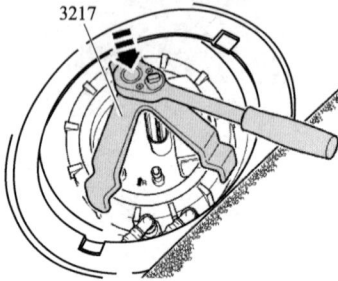

图 4-42　旋出油泵压板

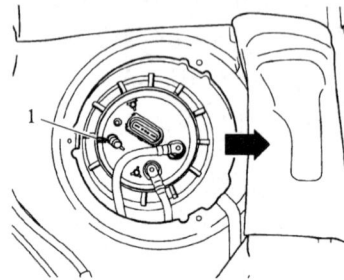

图 4-43　燃油泵安装方向

（7）拧紧燃油泵压板。

（8）连接蓄电池,打开点火开关。

（9）查询故障存储器,排除故障,并删除故障存储。

（10）完成实训任务后,对工作过程进行自我评价,提交实训工作单,接受指导老师的技能考核。

（11）整理并清洁工作场所,清点和收拾借出的工具、设备和资料,交回实训室。

(三)用燃油压力表检测燃油压力

1.准备工作

（1）将实训车辆停放在拆装区域,确保人员和设备的安全。

（2）检查实训室通风系统设备工作是否正常。

（3）准备燃油压力测试仪 VAG1318、适配接头 VAG1318/9、接头 VAG1318/17 等专用工具。

2.技术要求与注意事项

（1）蓄电池电压至少为 11.5V,如有必要先进行充电。

（2）防止燃油泄漏引发火灾。

（3）油管拆装前应该对燃油系统泄压。

3. 操作步骤

(1)关闭点火开关,拔下油泵继电器,起动发动机泄压。

(2)将专用设备 VAG1318 串接在供油管和燃油压力调节器之间,打开压力测试仪上的开关,如图 4-44 和图 4-45 所示。

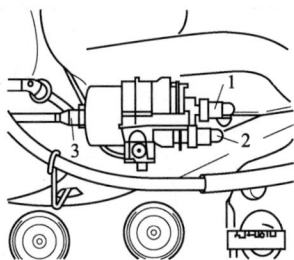

图 4-44　燃油压力调节器管路连接关系

1-连回油管路;2-连油泵;3-连发动机燃油

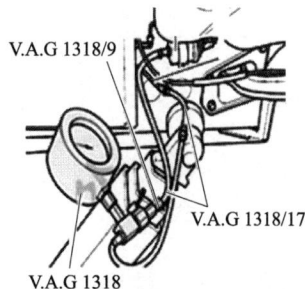

分配管

图 4-45　连接专用工具 VAG1318

(3)插上油泵继电器,检查管路接头,确认无泄漏方可起动发动机怠速运转。

(4)读取测试仪的压力值,标准值为 400kPa。

(5)关闭点火开关,1min 后至少保持有 3kPa 的压力,说明燃油系统正常。

(6)完成实训任务后,对工作过程进行自我评价,提交实训工作单,接受指导老师的技能考核。

(7)整理并清洁工作场所,清点和收拾借出的工具、设备和资料,交回实训室。

三、评价与反馈

1. 自我评价

(1)通过本学习任务的学习你是否已经知道以下问题:

①汽油发动机燃油喷射系统的功能和分类有哪些?

②燃油喷射系统的主要部件结构有哪些工作原理?

③缸内喷射燃油喷射系统主要部件结构有哪些工作原理?

(2)释放高压区域的燃油压力、拆卸和安装燃油泵以及用燃油压力表检测燃油压力操作过程中用到了哪些设备?

(3)实训过程完成情况如何?

(4)通过本学习任务的学习,你认为自己的知识和技能还有哪些欠缺?

签名:_____　　___年___月___日

2. 小组评价(表 4-4)

小 组 评 价 表　　　　　　　　　　　表 4-4

序　号	评价项目	评价情况
1	着装是否符合要求	
2	是否能合理规范地使用仪器和设备	
3	是否按照安全和规范的流程操作	

续上表

序　号	评价项目	评价情况
4	是否遵守学习、实训场地的规章制度	
5	是否能保持学习、实训场地整洁	
6	团结协作情况	

参与评价的同学签名：＿＿＿＿＿　　＿＿年＿＿月＿＿日

3. 教师评价

_____

_____

教师签名：＿＿＿＿＿　　＿＿年＿＿月＿＿日

四、技能考核标准（表4-5）

技能考核标准表　　　　　　　　　　　　　　　　表4-5

序号	项　目	操作内容	规定分	评分标准	得分
1	释放高压区域的燃油压力	记录车辆铭牌信息	3分	记录信息是否全面	
		打开点火开关	3分	是否达到操作要求标准	
		连接笔记本故障诊断仪	3分	是否达到操作要求标准	
		执行发动机诊断程序	8分	是否达到操作要求标准	
		松开弹簧卡箍	3分	是否达到操作要求标准	
		脱开供油软管	3分	是否达到操作要求标准	
		释放燃油压力至600kPa	5分	是否达到操作要求标准	
		读取故障码	6分	是否达到操作要求标准	
		清除故障码	3分	是否达到操作要求标准	
		设备仪器回收、清点、清洁场地	3分	是否符合5S要求	
2	拆卸和安装燃油泵	记录车辆铭牌信息	3分	记录信息是否全面	
		关闭点火开关	3分	是否达到操作要求标准	
		断开蓄电池搭铁线	3分	是否达到操作要求标准	
		向前翻开后排座椅，拆下燃油泵盖板	3分	是否达到操作要求标准	
		拔下燃油泵连接插头，拔下燃油油管和回油管	3分	是否达到操作要求标准	
		使用环形螺母扳手3217旋出油泵压板	3分	是否达到操作要求标准	
		将燃油泵安装在燃油箱内，注意安装方向	3分	是否达到操作要求标准	
		拧紧燃油泵压板，连接蓄电池	3分	是否达到操作要求标准	
		查询故障存储器，排除故障，并删除故障存储	3分	是否达到操作要求标准	
		设备仪器回收、清点、清洁场地	3分	是否符合5S要求	

续上表

序号	项　目	操　作　内　容	规定分	评　分　标　准	得分
3	用燃油压力表检测燃油压力	记录车辆铭牌信息	3分	记录信息是否全面	
		关闭点火开关	3分	是否达到操作要求标准	
		拔下油泵继电器	4分	是否达到操作要求标准	
		起动发动机泄压	3分	是否达到操作要求标准	
		连接燃油压力测试仪,并打开	5分	是否达到操作要求标准	
		起动发动机怠速运转	3分	是否达到操作要求标准	
		读取测试仪的压力值	3分	是否达到操作要求标准,判断是否正常	
		关闭点火开关,10min 后观察燃油压力值	3分	是否达到操作要求标准,判断是否正常	
		设备仪器回收、清点,清洁场地	3分	是否符合 5S 要求	
总分			100 分		

学习任务 3　空气供给系统构造与检修

学习目标

☞ 知识目标

1. 能正确叙述空气供给系统的功能和组成;
2. 能正确描述空气供给系统的主要部件结构与工作原理;
3. 能正确描述不同类型怠速控制系统的结构与工作原理。

☞ 技能目标

1. 能规范对电子节气门进行拆装、清洗与匹配;
2. 能规范对空气计量装置进行检测;
3. 能规范对节气门位置传感器进行检测。

☞ 素质目标

1. 通过对空气供给系统的检修,培养学生严谨的工作态度和精益求精的工匠精神,展示中国工匠可信的形象;
2. 通过小组合作完成技能训练任务,培养团队合作、敬业奉献、服务人民的精神。

建议课时

6~10 课时。

一、理论知识准备

空气供给系统的作用是向汽油机提供与发动机负荷相适应的、清洁的空气,同时对流入发动机汽缸的空气质量进行直接或间接计量,使它们在系统中与喷油器喷出的汽油形成空燃比符合要求的可燃混合气。

空气供给系统除了空气滤清器、进气总管和进气歧管外,还有电控汽油喷射系统特有的空气计量装置、节气门、节气门位置传感器和怠速控制装置等。空气供给系统结构如图4-46所示。

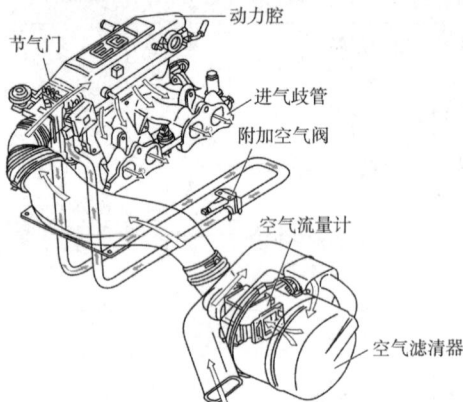

图4-46　空气供给系统

1. 空气滤清器

空气滤清器的主要作用是滤除空气中的杂质或灰尘,让洁净的空气进入汽缸,另外,它还能降低进气噪声。空气滤清器应具有稳定的滤清能力、对气流的流动阻力小、能连续长期工作、维护方便等特点。

发动机大多使用干式纸滤芯空气滤清器,它由纸滤芯和滤清器外壳组成,滤清器外壳包括滤清器盖和滤清器外壳底座,如图4-47所示。滤芯安装在滤清器外壳中,滤芯的上、下表面是密封面,滤清器外壳安装好后,滤芯上密封面和下密封面分别与滤清器盖及滤清器外壳底座的配合面紧密贴合。

如图4-48所示,空气滤清器滤芯是用树脂处理的微孔滤纸经折叠、模压、黏结而成,滤纸打褶是为了增加滤芯的过滤面积和减小滤芯阻力。滤芯外面是多孔金属网,用来保护滤芯在运输和保管过程中不至于造成滤纸破损。滤芯的边缘浇有耐热塑料溶胶,以保持滤纸、金属网和密封面相互间的位置固定。

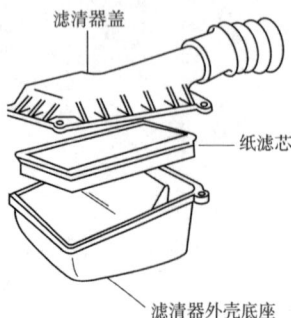

图4-47　空气滤清器的组成

图4-48　空气滤清器滤芯

干式纸滤芯具有质量轻、成本低、滤清效果好,可重复使用等优点,但是,它一旦被油浸润,气流阻力将急剧加大。根据车辆使用环境,车辆行驶一定里程需要进行一次清洁与维护,即将滤芯取出并用压缩空气由内向外将表面尘土吹掉。如果滤芯因使用超过一定的里程或破损,应及时更换新滤芯。

2. 进气歧管

进气歧管是指节气门与汽缸盖进气道之间的管路。进气歧管的作用是形成可燃混合气,并将可燃混合气分配到各汽缸。各缸进歧管长度应尽可能相等,以保证气体尽可能均匀地分配到各个汽缸,且内壁尽可能光滑,减少流动阻力,提高进气效率。现代发动机的进气歧管通常使用塑料复合材料或铝合金材料制造。塑料复合材料进气歧管可塑性好、质量轻、成本低,内表面光滑,可以加工出各种不同形状,提高充气效率,如图 4-49 所示。铝合金进气歧管强度高,多用于增压发动机,如图 4-50 所示。

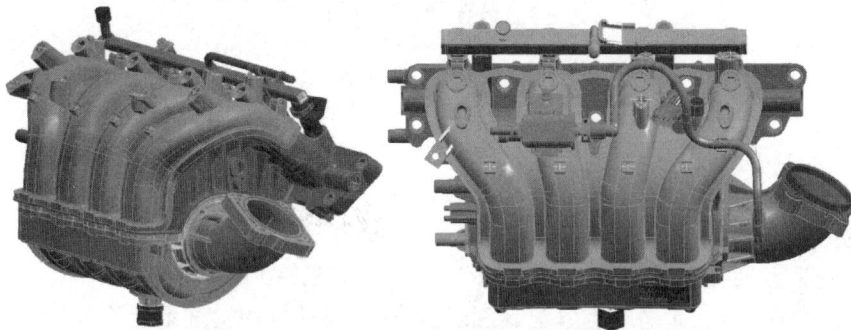

图 4-49　塑料复合材料进气歧管

图 4-50　铝合金材料进气歧管

3. 空气计量装置

空气计量装置的作用是对进入汽缸的空气质量进行直接或间接的计量,并把空气流量的信息输送到 ECU。在电控汽油喷射系统中有空气流量计和进气歧管绝对压力传感器两种方式测量进入汽缸的空气量。

1）空气流量计

常见的空气流量计有翼片式空气流量计、卡门旋涡式空气流量计、热线式空气流量计和热膜式空气流量计。

(1)翼片式空气流量计。翼片式空气流量计由测量翼片、缓冲翼片、复位弹簧、电位计、旁通空气道及怠速混合气调节螺钉等组成,如图4-51所示。

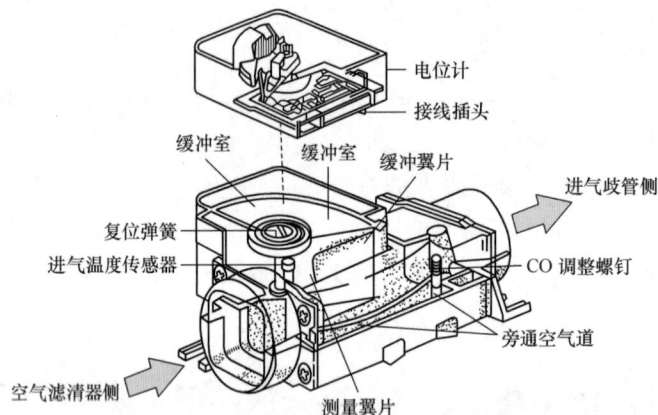

图4-51 翼片式空气流量计

发动机工作时,空气通过空气流量计并推动测量翼片偏转,使其开启。翼片开启角度大小取决于空气气流对翼片的推力与翼片轴上卷簧弹力的平衡状况。在翼片轴上连着一个电位计,电位计由平衡配重、滑臂、螺旋形复位弹簧、调整齿圈和印制电路板等组成。它把翼片开启角度的变化(即进气量的变化)转换成电压信号输送给 ECU。

进气通道旁还有一个旁通空气道,经此气道进入发动机的空气不经流量计计量,在旁通空气道上设有怠速混合气调节螺钉。

翼片式空气流量计内通常还设有一个电动燃油泵开关。当发动机运转时,翼片偏转,使开关触点闭合,电动燃油泵电路才接通。

空气流量计内的进气温度传感器用于测量进气温度,因不同温度下的空气密度不同,所以 ECU 根据测得的进气温度,对进气量信号进行修正。

翼片式空气流量计工作原理如图4-52所示。来自空气滤清器的空气通过主通道时,空气推力使测量翼片打开一个角度 α,当吸入空气推开测量翼片的力与复位弹簧的复位力相平衡时,叶片停止转动。与测量翼片同轴转动的电位计滑动触片检测出叶片转动的角度,将进气量转换成电信号(U_S/U_B)送给电控单元。

(2)卡门旋涡式空气流量计。所谓卡门旋涡,是指在流体中放置一个圆柱状或三角状物体时,在这个物体的下游就会生成两列旋转方向相反,并交替出现的旋涡,如图4-53所示。通过测量卡门旋涡发生的频率,可以测量出空气的流速和体积流量。

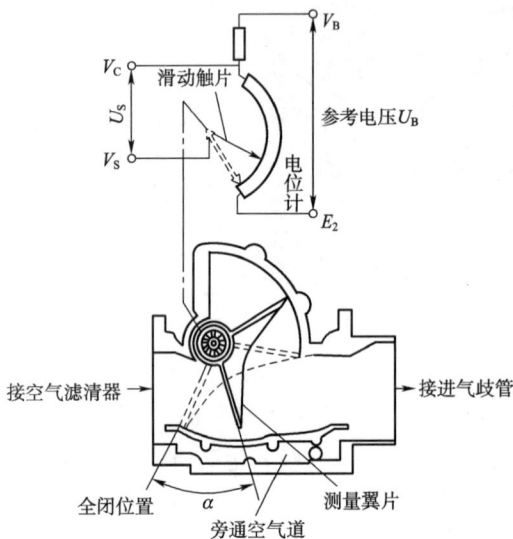

图4-52 翼片式空气流量计工作原理

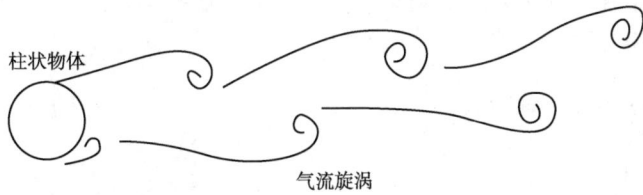

柱状物体

气流旋涡

图 4-53　卡门旋涡

利用卡门旋涡原理测量空气流量的流量计称为卡门旋涡式空气流量计。常见的卡门旋涡式空气流量计有光学式和超声波式两种。

①光学式卡门旋涡空气流量计。光学式卡门旋涡空气流量计利用反光镜检测的方式,通过气流压力的交替变化检测旋涡的发生频率。其主要由管路、旋涡发生器、弹簧钢片、发光二极管、光敏晶体管等组成,结构如图 4-54 所示。

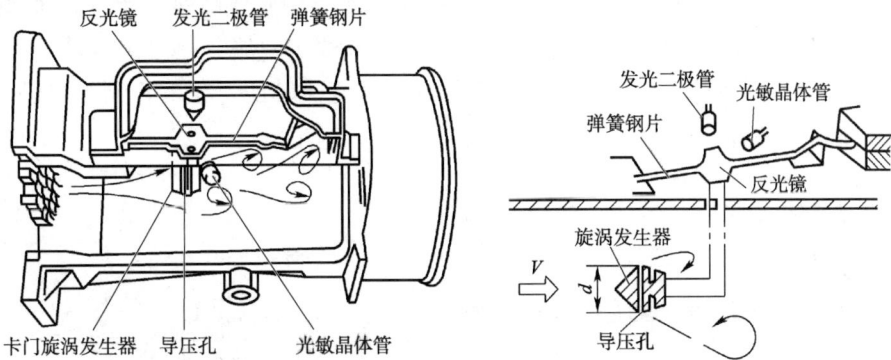

反光镜　发光二极管　弹簧钢片

发光二极管　光敏晶体管

弹簧钢片

反光镜

旋涡发生器

V

d

导压孔

卡门旋涡发生器　导压孔　光敏晶体管

图 4-54　光学式卡门旋涡空气流量计

光学式又称反光镜检测式,把卡门旋涡发生器两侧的压力变化通过导压孔引向薄金属制成的反光镜表面,使其振动。反光镜振动时将发光二极管投射的光线反射给光敏元件,根据光电感应原理,光敏元件对反光信号进行检测,即可获知卡门旋涡的频率。

②超声波式卡的旋涡空气流量计。超声波式卡的旋涡空气流量计是利用卡门旋涡引起空气密度变化进行测量的,如图 4-55 所示。在卡门旋涡发生器的下游,空气流动的垂直方向安装超声波信号发生器,在其对面安装超声波信号接收器。从超声波信号发生器发出的超声波因受卡门旋涡造成的空气密度变化的影响,到达接收器时有的变早,有的变晚。测出其相位差,利用放大器使之形成矩形波,则矩形波的脉冲频率即为卡门旋涡的频率。

(3)热线式空气流量计。热线式空气流量计主要由感知空气流量的铂热线、根据进气温度进行修正的温度补偿电阻、控制热线电流并产生输出信号电压的控制线路板和壳体等组成,如图 4-56 所示。

热线式空气流量计工作原理如图 4-57 所示。热线电阻 R_H、温度补偿电阻 R_K、精密电阻 R_A 以及调节电阻 R_B 分别是惠斯登电桥的一个臂。发动机运转时,空气流经取样管,使热线电阻和温度补偿电阻温度降低,从而其电阻值(R_H、R_K)相应降低。因此电桥失去平衡,控制电路将对电桥进行自动调节,增大流经热线电阻的电流,直到电桥重新平衡。在调节过程中流过电桥四条臂的电流发生变化,从而作为电桥一臂的精密电阻 R_A 两端将输出一个与空气流量成比例的信号电压 U_O。

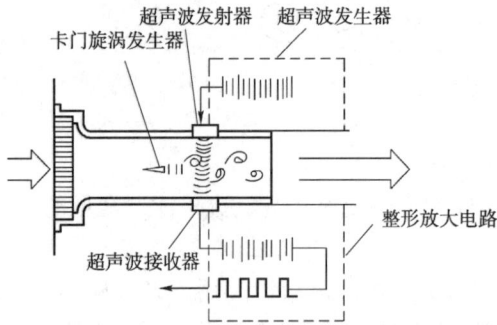

图 4-55 超声波式空气流量计

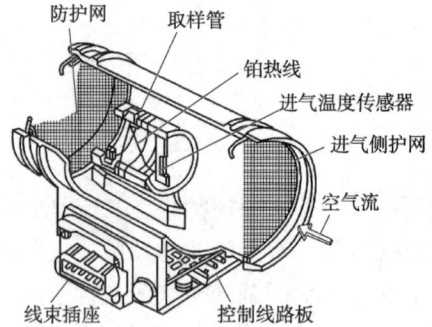

图 4-56 热线式空气流量计

(4)热膜式空气流量计。热膜式空气流量计结构和工作原理与热线式空气流量传感器基本相同,如图 4-58 所示,不同的只是将发热体由热线改为热膜。热膜由发热金属铂固定在薄树脂膜上构成。该结构由于发热体不直接承受空气流动所产生的作用力,从而提高了空气流量传感器的可靠性。

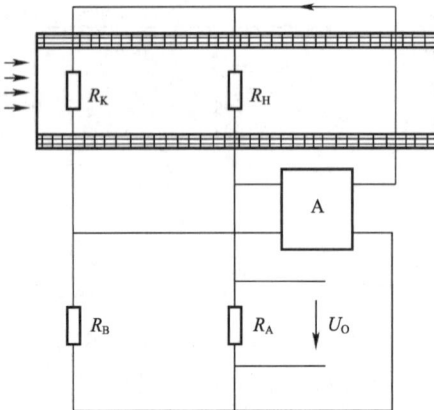

图 4-57 热线式空气流量计工作原理

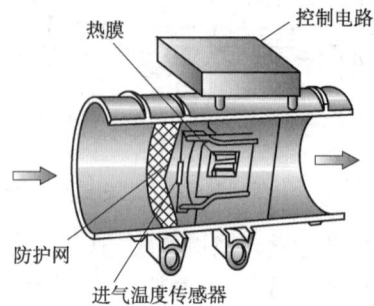

图 4-58 热膜式空气流量计

2)进气压力传感器

进气压力传感器是一种间接测量进气量的传感器。其作用是在发动机工作时,测量进气歧管内的绝对压力和环境大气压之间的差值,并将其转变成电信号输送至电控单元,以确定进气量。其种类很多,根据信号产生的原理不同有压敏电阻式、电容式、膜盒传动可变电感式等。

压敏电阻式应用最为广泛,主要由压力转换元件和混合集成电路组成,其结构如图 4-59 所示。压力转换元件依靠硅膜片的压敏效应工作,硅膜片一侧受进气压力作用,另一侧是真空。在进气歧管压力变化时,硅膜片产生变形,使扩散在硅膜片上的电阻阻值改变,导致输出电压发生变化。集成电路将这一电压进行放大处理,作为进气歧管压力信号输送给电控单元,歧管绝对压力与输出电压的关系如图 4-60 所示。

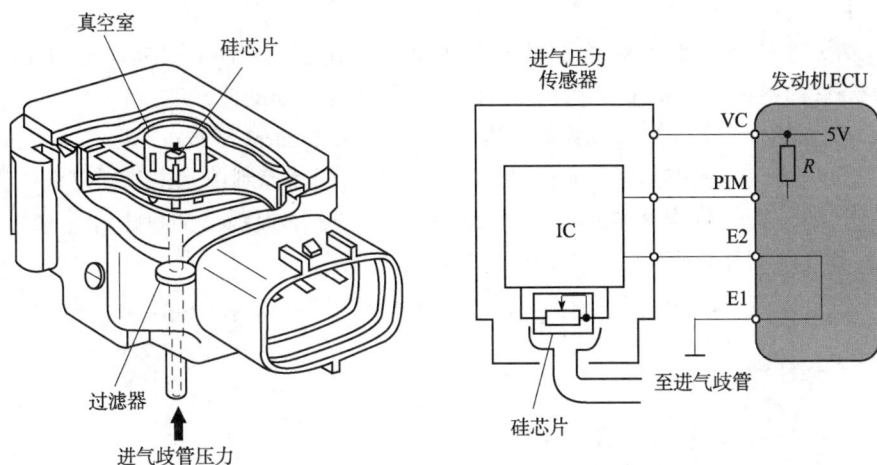

图 4-59　进气压力传感器结构与电路图

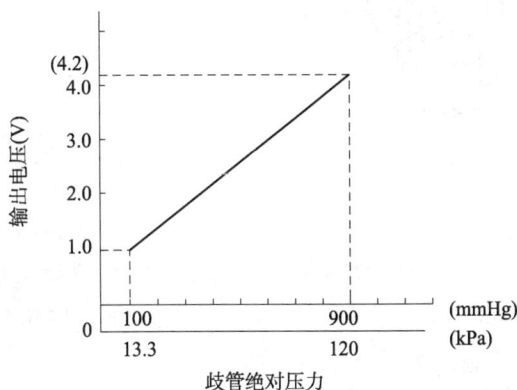

图 4-60　歧管绝对压力与输出电压的关系

4. 节气门

节气门按照控制方式不同主要分为机械式节气门和电子节气门两种。

1) 机械式节气门

机械式节气门的控制是驾驶人通过拉索或传动杆操纵节气门开度,节气门位置传感器向发动机 ECU 发送节气门开度信号,ECU 以此信号感知发动机负荷情况和驾驶人意图。现代机械式节气门体的怠速控制,是发动机 ECU 通过直流电动机、步进电动机或占空比电磁阀等控制节气门微小开度或旁通道开度实现的,同时还具备起动怠速、暖机怠速、空调怠速等工况的调节功能。

机械式节气门由壳体、节气门、节气门位置传感器、节气门操纵轮、怠速控制阀等组成,如图 4-61 所示。节气门位置传感器向发动机 ECU 提供节气门的开度和状态信息。在非怠速工况,节气门的开度由驾驶人通过加速踏板和拉索进行控制;在怠速范围内,发动机 ECU 根据发动机转速、温度、负荷等信息,通过怠速控制阀控制进气量大小,从而实现怠速目标转速的控制。

此外,节气门体上还有与发动机冷却系统相连接的水道,防止节气门冬天挂霜。

2）电子节气门

电子节气门,是使用计算机控制节气门开度的系统,根据加速踏板踩下的量,发动机ECU使用节气门控制电动机来控制节气门的开启角度以达到最佳开度。

以大众车型为例,电子节气门系统(Electronic Power Control System,EPC)包括加速器踏板位置传感器、节气门体控制单元和发动机ECU。节气门体控制单元由节气门、节气门控制电动机、节气门位置传感器等构成,如图4-62所示。加速踏板踩下的量由加速踏板位置传感器检测,节气门的开启角度由节气门位置传感器检测。

图4-61　机械式节气门体

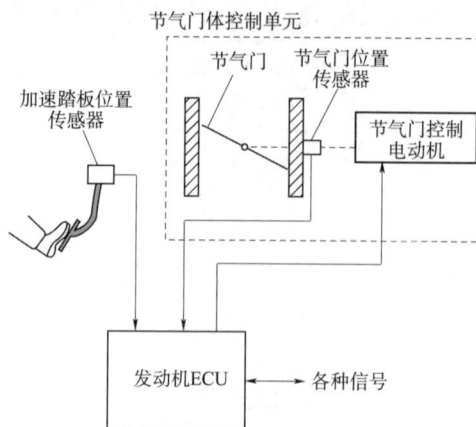

图4-62　电子节气门系统组成

(1)加速踏板位置传感器。加速踏板位置传感器确定当前加速踏板的位置并将相应的信号传递到发动机控制单元。为确保可靠性,使用了两个加速踏板位置传感器。两个传感器是滑动触点电位计,它们被安装在一个公共轴上。

两个滑动触点电位计上的电压均为5V。出于安全性的考虑,每一个传感器都有其单独的电源、单独的搭铁线(棕色)和单独的信号线(绿色),如图4-63所示。传感器G185中安装了一个串联电阻。其结果是两个传感器的输出信号不同,如图4-64所示。

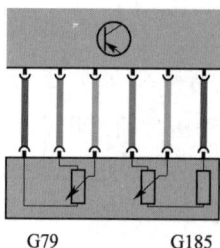

图4-63　加速踏板位置传感器电路图

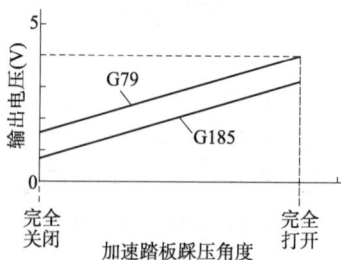

图4-64　加速踏板位置传感器输出信号

(2)节气门体控制单元。节气门体控制单元结构如图4-65所示,包括节气门、节气门位置传感器、节气门控制电动机和减速齿轮等。

节气门控制电动机在驱动电流作用下旋转一定角度,通过齿轮传动机构,将直流电动机轴的运动传递给节气门轴,节气门轴带动节气门旋转到所需角度,改变进气通道的截面积,从而控制发动机的进气流量。同时,由于节气门轴的转动,改变电位计的工作位置,电位计输出的信号发生变化,发动机控制单元根据信号值可确定节气门的具体开度位置反馈,从而精确微调其位置。

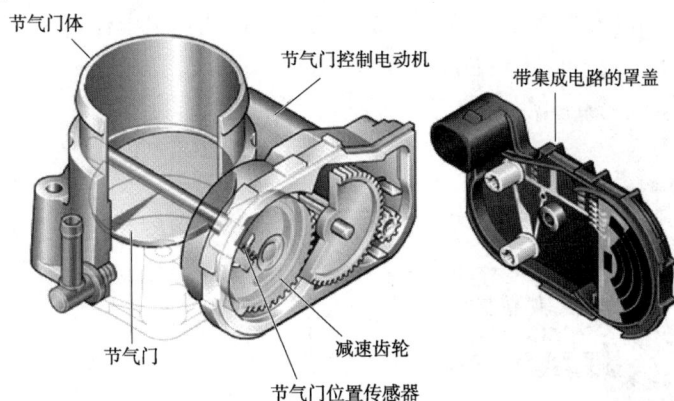

图 4-65　节气门体控制单元

节气门位置传感器电路图如图4-66所示。节气门位置传感器由两个反向信号计组成,一个反映节气门的正向开度位置,另一个反映节气门的反向开度位置,比较两个信号计的信号值可相互检查其工作状态,作为判断是否有失效的一个依据,如图4-67所示。

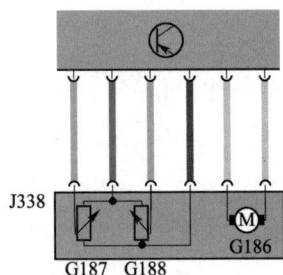

图 4-66　电子节气门电路图
J388-节气门控制单元;G186-节气门驱动电动机

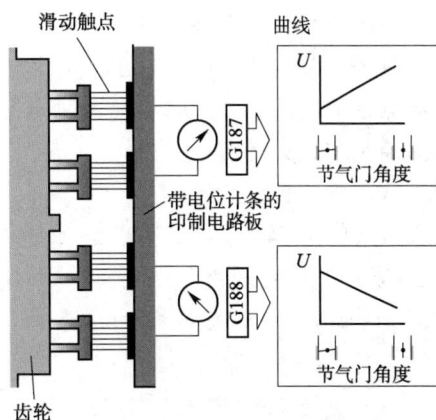

图 4-67　电子节气门输出特性
G187、G188-节气门位置传感器

(3)工作原理。驾驶人操纵加速踏板,加速踏板位置传感器产生相应的电压信号输入ECU,ECU首先对输入的信号进行滤波,以消除环境噪声的影响,然后根据当前的工作模式、踏板移动量和变化率解析驾驶人意图计算出对发动机转矩的基本需求,得到相应的节气门开度的基本期望值。经过 CAN 总线和 ECU 进行通信,获取其他工况信息和各种传感器信号,如转速、挡位、节气门位置和空调能耗等,由此计算出整车所需求的全部转矩,通过对节气门转角期望值进行补偿,得到节气门的最佳开度,并把相应的电压信号发送至驱动电路模块,驱动控制电动机使节气门达到最佳的开度位置。电子节气门控制系统的工作原理如图4-62所示。

5.节气门位置传感器

节气门位置传感器安装在节气门体上,其作用是将节气门打开的角度转换成电信号输送到控制单元,以便在节气门不同开度状态时控制喷油量。主要有线性式节气门位置传感器和开关式节气门位置传感器两种类型。

1）线性式节气门位置传感器

线性式节气门位置传感器的主要特点是节气门开度的输出电压与节气门开度呈线性关系。传感器的结构、电路和输出特性如图 4-68 所示。

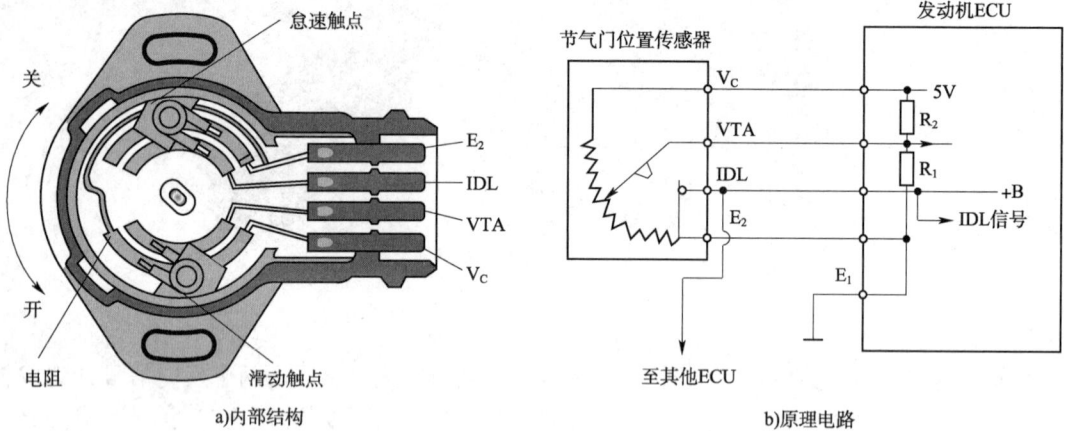

图 4-68 线性式节气门位置传感器结构与电路图

传感器有两个与节气门联动的可动电刷触点。一个电刷触点在电阻体上滑动,利用变化的电阻值测得与节气门开度对应的线性输出电压,根据输出电压值可知节气门开度。另一个电刷触点在节气门全关闭时与急速触点接触,给电控单元提供急速信号,用于发动机急减速时断油控制和点火提前角的修正。

2）开关式节气门位置传感器

开关式节气门位置传感器的特点是,传感器仅以开和关两种输出信号向 ECU 传递节气门位置状态信息。该传感器有一个活动触点和两个固定触点(全开触点和功率触点)及急速触点构成,其结构与工作情况如图 4-69 所示。

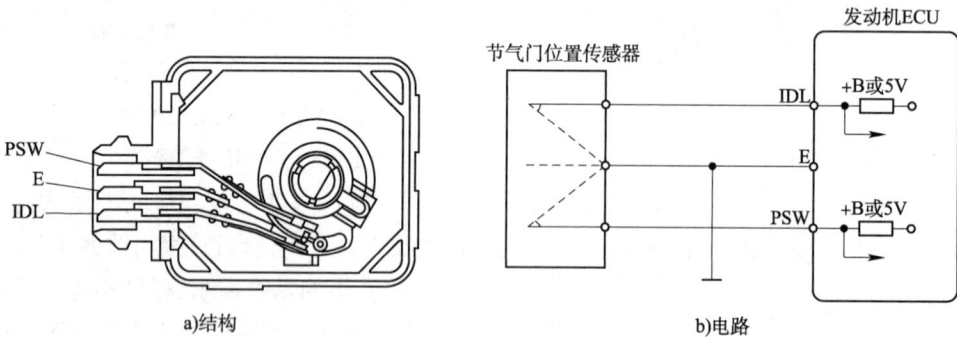

图 4-69 开关式节气门位置传感器

点火开关处于"ON"状态,电控单元向可动触点提供一参考电压。节气门全闭时,可动触点与急速触点接触,急速端子向电控单元反馈一电压信号,可检测到节气门的全闭状态。当节气门开度达50°以上(大负荷)时,可动触点与功率触点接触,功率端子向电控单元反馈一电压信号,可检测到节气门的大负荷状态。在中间开度时,可动触点与两个固定触点都不接触,电控单元判断发动机处于中等负荷状态。

二、任务实施

(一)电子节气门的拆装、清洗与匹配

下面以上汽大众朗逸轿车为例说明电子节气门拆卸和清洁方法。

1. 准备工作

(1)将实训车辆停放在拆装区域,确保人员和设备的安全。

(2)检查实训室通风系统设备工作是否正常。

(3)准备扭力扳手、棘轮头、TORX 工具、节气门清洗剂、刷子、诊断仪 6150 系列。

2. 技术要求与注意事项

(1)节气门清洗剂是易燃液体,在对可燃性液体进行工作时,遵循相应的安全注意事项和说明。

(2)不要使用压缩空气清洗节气门。

3. 操作步骤

(1)脱开固定在进气导管上的真空管。拔下插头。沿箭头方向松开锁止件,取下进气导管。

(2)松开弹簧卡箍,松开卡子,取下进气软管。

(3)拔下节气门控制单元插头。旋出螺钉,取出节气门控制单元。

(4)用手打开节气门并用一个合适的工具(例如木制或塑料楔块)将它锁定在打开位置。

(5)用节气门清洗剂和一把干净的刷子仔细清洁节气门壳体,特别是节气门关闭时的外圈周围。

(6)用无纤维的布擦干节气门壳体。等待清洗剂完全蒸发后,再装入干净的节气门控制单元。

(7)用发动机诊断仪 6150 系列匹配发动机控制单元与节气门控制单元。

(8)完成实训任务后,对工作过程进行自我评价,提交实训工作单,接受指导老师的技能考核。

(9)整理并清洁工作场所,清点和收拾借出的工具、设备和资料,交回实训室。

(二)热式空气流量计的检测

下面以丰田卡罗拉轿车发动机空气流量计为例说明热式空气流量计的检测方法和标准。

1. 准备工作

(1)将实训车辆停放在拆装区域,确保人员和设备的安全。

(2)检查实训室通风系统设备工作是否正常。

(3)准备万用表、维修手册、常用工具一套。

2. 技术要求与注意事项

(1)未关闭点火开关时,严禁拔下空气流量计传感器,以免损坏 ECU。

（2）测试电压信号时，注意操作流程和相对应的测试端口。

3. 操作步骤

（1）通过维修手册，查找空气流量计的电路，如图4-70所示。

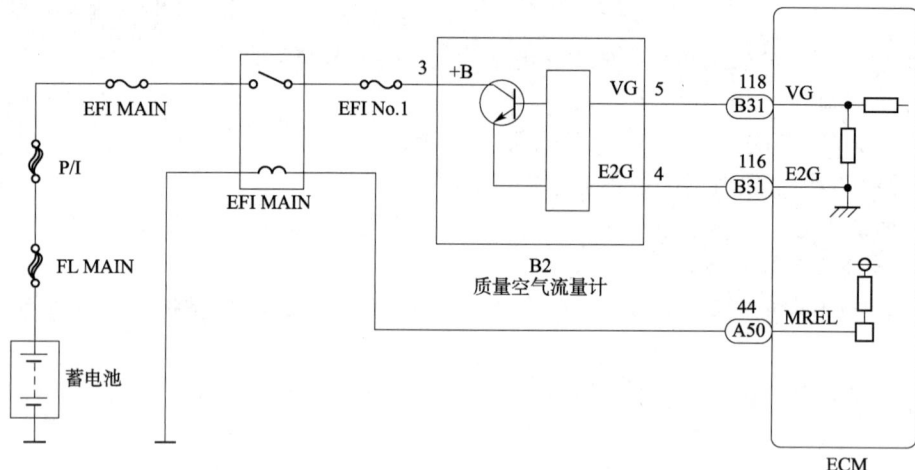

图4-70 卡罗拉发动机空气流量计电路

（2）检测电源电压。将点火开关打到"ON"位，测量 +B 与 E2G 之间的电压，电压值应为12V。

（3）检测信号电压。将点火开关打到"ON"位，测量 VG 与 E2G 之间的电压，电压值应为0.6V 左右。

（4）检测怠速时信号电压。怠速运转发动机，测量 VG 与 E2G 之间的电压，电压值应为1.6~1.9V。

（5）完成实训任务后，对工作过程进行自我评价，提交实训工作单，接受指导老师的技能考核。

（6）整理并清洁工作场所，清点和收拾借出的工具、设备和资料，交回实训室。

（三）进气压力传感器的检测

下面以丰田 3SZ-FE 发动机电控系统为例说明进气压力传感器（歧管绝对压力传感器）的检测方法和标准。

1. 准备工作

（1）将实训车辆停放在拆装区域，确保人员和设备的安全。

（2）检查实训室通风系统设备工作是否正常。

（3）准备万用表、手动真空泵、增压压力表、维修手册、常用工具一套。

2. 技术要求与注意事项

（1）未关闭点火开关时，严禁拔下进气压力传感器，以免损坏 ECU。

（2）进气压力传感器是精密电子元件，要轻拿轻放，避免进气压力传感器掉在地上摔坏内部电路和元件。

（3）测试电压信号时，注意操作流程和相对应的测试端口。

3.操作步骤

(1)通过维修手册,查找歧管绝对压力传感器的电路,如图4-71所示。

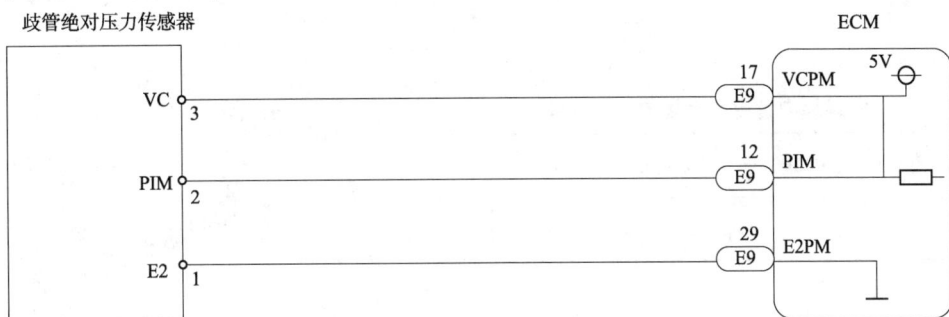

图4-71　歧管压力传感器电路图

(2)断开歧管绝对压力传感器连接器,将点火开关转至"ON"。

(3)用万用表测量歧管绝对压力传感器的电源电压,如图4-72所示。测量电压值应在4.75～5.25V,见表4-6。

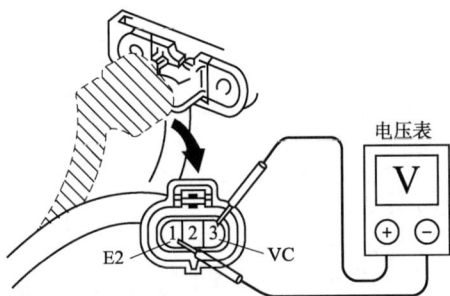

图4-72　检查歧管压力传感器电源电压

检查歧管绝对压力
传感器电源电压　　表4-6

检测仪连接	规定状态
3(VC)－1(E2)	4.75～5.25V

(4)将点火开关转至"OFF",连接歧管绝对压力传感器连接器。

(5)从歧管绝对压力传感器上断开真空软管,将点火开关转至"ON"。

(6)连接电压表至ECM侧的端子PIM和E2PM,然后测量大气压力下的输出电压,如图4-73所示。

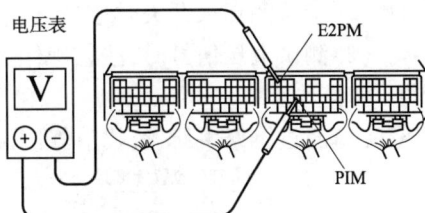

图4-73　检查歧管压力传感器信号电压

(7)用真空泵获得真空度见表4-7,测量输出电压,记录电压降低值。测量方法如图4-74所示。

测量真空度及电压降低值　　表4-7

获得真空度(kPa)	电压降低(V)
13.3	0.25～0.55
26.7	0.65～0.95
40.0	1.05～1.35

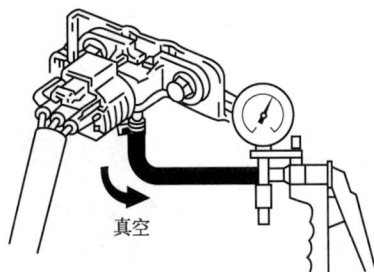

图4-74　抽取真空并测量电压降低值

（8）用 SST（增压压力表）获得压力值见表4-8，测量输出电压，记录电压升高值。测量方法如图4-75所示。

测量压力及电压升高值　表4-8

获得压力度（kPa）	电压降高（V）
19.6	0.45～0.75

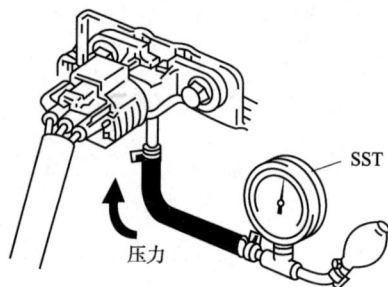

图4-75　增加压力并测量电压升高值

（9）将点火开关转至"OFF"，连接真空软管至歧管绝对压力传感器。

（10）完成实训任务后，对工作过程进行自我评价，提交实训工作单，接受指导老师的技能考核。

（11）整理并清洁工作场所，清点和收拾借出的工具、设备和资料，交回实训室。

（四）节气门位置传感器的检测

下面以丰田3SZ-FE发动机电控系统为例说明节气门位置传感器的检测方法和标准。

1. 准备工作

（1）将实训车辆停放在拆装区域，确保人员和设备的安全。

（2）检查实训室通风系统设备工作是否正常。

（3）准备诊断仪、维修手册、常用工具一套。

2. 技术要求与注意事项

（1）未关闭点火开关时，严禁拔下节气门位置传感器，以免损坏ECU。

（2）测试电压信号时，注意操作流程和相对应的测试端口。

3. 操作步骤

（1）通过维修手册，查找节气门位置传感器的电路，如图4-76所示。

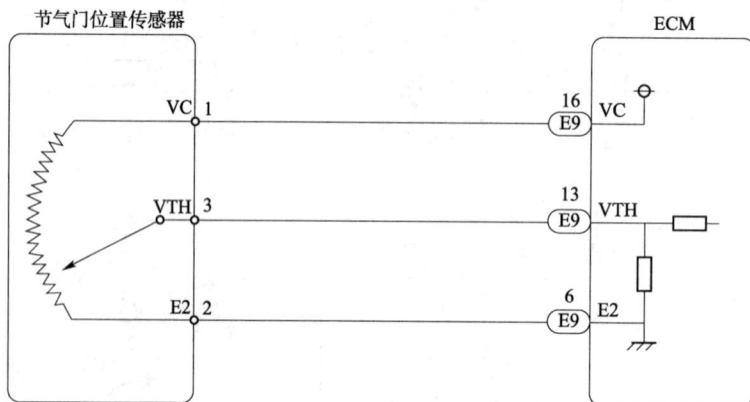

图4-76　节气门位置传感器电路图

（2）使用诊断仪读取节气门开度值。将检测仪连接故障诊断插座DLC3，将点火开关转至"ON"并打开检测仪,选取动态数据表 Throttle POS(节气门位置值)项,松开和踩下加速踏板时,读取检测仪上显示的值,节气门开度为 0% ~100% 。

(3)测量传感器电阻。断开节气门位置传感器连接器,测量节气门位置传感器端子间的电阻,节气门位置传感器端子如图 4-77 所示。标准电阻见表 4-9。

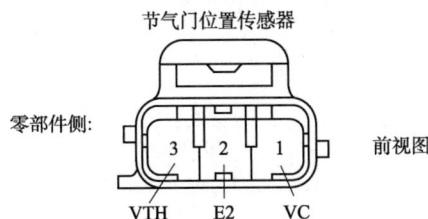

节气门位置传感器

零部件侧：

前视图

VTH　E2　VC

图 4-77　节气门位置传感器端子

检测电阻　　　　　　　　　表 4-9

检测仪连接	节气门位置	标准电阻值(kΩ)
VC(1)-E2(2)	—	2.5 ~5.0
VTH(3)-E2(2)	全关	0.3 ~5.8
VTH(3)-E2(2)	全开	1.98 ~9.16

(4)测量传感器电压。打开点火开关到"ON"的位置,测量传感器电源电压,电压应为 5V。起动发动机,节气门全关时,测量传感器信号电压,电压应为 0.4 ~0.8V,随着节气门开度增大,电压逐渐升高,节气门全开时电压达到 3.2 ~4.8V。

(5)完成实训任务后,对工作过程进行自我评价,提交实训工作单,接受指导老师的技能考核。

(6)整理并清洁工作场所,清点和收拾借出的工具、设备和资料,交回实训室。

三、评价与反馈

1. 自我评价

(1)通过本学习任务的学习你是否已经知道以下问题：

①汽油发动机空气供给系统的功能和组成有哪些？

②空气供给系统的主要部件工作原理是什么？

③不同类型怠速控制系统主要部件工作原理是什么？

(2)电子节气门的拆装、清洗与匹配操作过程中用到了哪些设备？

(3)热式空气流量计、歧管压力传感器、节气门位置传感器检测的步骤有哪些？

(4)实训过程完成情况如何？

(5)通过本学习任务的学习,你认为自己的知识和技能还有哪些欠缺？

签名：_____　___年___月___日

2. 小组评价(表 4-10)

小组评价表　　　　　　　　　表 4-10

序　号	评价项目	评价情况
1	着装是否符合要求	
2	是否能合理规范地使用仪器和设备	
3	是否按照安全和规范的流程操作	
4	是否遵守学习、实训场地的规章制度	
5	是否能保持学习、实训场地整洁	
6	团结协作情况	

参与评价的同学签名：_____　___年___月___日

3.教师评价

_____

_____

教师签名：_____　　___年___月___日

四、技能考核标准（表4-11）

技能考核标准表　　　　　　　　　　　表4-11

序号	项　目	操 作 内 容	规定分	评 分 标 准	得分
1	电子节气门拆装、清洗与匹配	记录车辆铭牌信息	2分	记录信息是否全面	
		拆下进气导管	2分	是否达到操作要求标准	
		松开弹簧卡箍	2分	是否达到操作要求标准	
		拆下节气门控制单元	4分	是否达到操作要求标准	
		将节气门锁定在打开位置	2分	是否达到操作要求标准	
		清洁节气门	3分	是否达到操作要求标准	
		擦干节气门壳体	2分	是否达到操作要求标准	
		安装节气门	3分	是否达到操作要求标准	
		匹配发动机控制单元和节气门控制单元	5分	是否达到操作要求标准	
		设备仪器回收、清点，清洁场地	2分	是否符合5S要求	
2	热式空气流量计检测	记录车辆铭牌信息	2分	记录信息是否全面	
		打开点火开关	3分	是否达到操作要求标准	
		查找空气流量计电路图	5分	是否达到操作要求标准	
		检测空气流量计电源电压	4分	是否达到操作要求标准	
		检测空气流量计信号电压	4分	是否达到操作要求标准	
		检测怠速时信号电压	4分	是否达到操作要求标准	
		设备仪器回收、清点，清洁场地	3分	是否符合5S要求	
3	进气压力传感器检测	记录车辆铭牌信息	1分	记录信息是否全面	
		打开点火开关	1分	是否达到操作要求标准	
		查找传感器电路图	3分	是否达到操作要求标准	
		断开传感器连接器	2分	是否达到操作要求标准	
		测量传感器的电源电压	3分	是否达到操作要求标准	
		连接歧管绝对压力传感器连接器	2分	是否达到操作要求标准	
		断开真空软管,测量大气压力下的输出电压	3分	是否达到操作要求标准	
		用真空泵获得真空度,测量输出电压	3分	是否达到操作要求标准	
		用SST获得压力值,测量输出电压	3分	是否达到操作要求标准	
		连接真空软管至传感器	2分	是否达到操作要求标准	
		设备仪器回收、清点，清洁场地	2分	是否符合5S要求	

序号	项　目	操 作 内 容	规定分	评 分 标 准	得分
4	节气门位置传感器的检测	记录车辆铭牌信息	2分	记录信息是否全面	
		打开点火开关	3分	是否达到操作要求标准	
		查找传感器电路图	5分	是否达到操作要求标准	
		使用诊断仪读取节气门开度值	4分	是否达到操作要求标准	
		测量传感器电阻	4分	是否达到操作要求标准	
		测量传感器电压	4分	是否达到操作要求标准	
		设备仪器回收、清点、清洁场地	3分	是否符合5S要求	
	总分		100分		

学习任务4　电子控制系统构造与检修

学习目标

☞ 知识目标

1. 能正确叙述电控燃油喷射系统主要部件的结构和作用；
2. 能正确描述电控燃油喷射系统传感器的工作原理；
3. 能正确描述电控燃油喷射系统主要控制功能。

☞ 技能目标

1. 能规范对发动机控制单元进行拆装和匹配；
2. 能规范对电控燃油喷射系统传感器进行检测。

☞ 素质目标

1. 通过对电子控制系统的检修，培养为客户提供精细化服务的意识；
2. 通过对传感器信号波形的分析，养成独立学习、获取新知识、分析和处理信息的能力，不断提出真正解决问题的新理念新思路新办法。

建议课时

10～16课时。

一、理论知识准备

发动机电控燃油喷射是发动机电控系统的主要控制内容，电控燃油喷射系统由传感器、ECU和喷油器组成，如图4-78所示。

发动机工作时,ECU 根据有关传感器输入的信号数据,经运算判断后输出控制信号,控制大功率三极管导通与截止。当大功率三极管导通时,即接通喷油器电磁线圈电路,产生电磁吸力。当电磁力超过针阀弹簧力和燃油压力的合力时,喷油器线圈内铁芯被吸动,针阀随之离开阀座,即阀门打开,喷油器开始喷油。当达到计算的喷油量(喷油时间)时,ECU 控制大功率三极管截止,则喷油器电磁线圈电路被切断,电磁力消失,当针阀弹簧力超过衰减的电磁力时,弹簧力又使针阀返回阀座上,使阀门关闭,喷油器停止喷油。

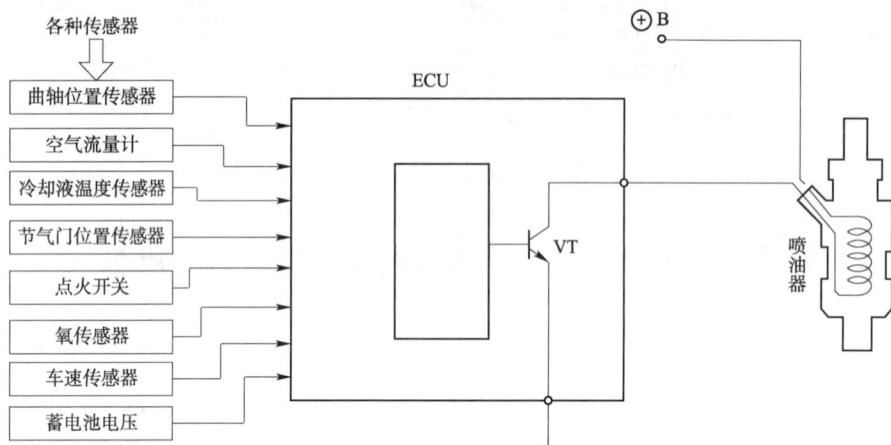

图 4-78　电控燃油喷射系统的组成

1. 主要传感器

传感器是用来检测发动机的实际工况,将发动机各种工况下的性能参数转变成为电信号传输给控制单元。检测发动机工况的传感器主要有:曲轴位置传感器、凸轮轴位置传感器、空气流量计或进气压力传感器、节气门位置传感器、温度传感器、爆震传感器等。

1) 曲轴/凸轮位置传感器

曲轴位置传感器也称为转速传感器,用来检测曲轴转角位移,给 ECU 提供发动机转速信号和曲轴转角信号,以确定基本喷油量和基本点火提前角。

凸轮轴位置传感器的功用是采集配气凸轮轴的位置信号,并输入 ECU,以便 ECU 识别汽缸压缩上止点,从而进行顺序喷油控制、点火时刻控制和爆燃控制。此外,凸轮轴位置信号还用于发动机起动时识别出第一次点火时刻。因为凸轮轴位置传感器能识别哪一个汽缸活塞即将到达上止点,所以将其称为汽缸识别传感器或判缸传感器。

曲轴位置传感器和凸轮轴位置传感器的结构和工作原理基本相同,只是各车型安装位置不同。曲轴位置传感器一般安装在曲轴前端,凸轮轴位置传感器一般安装在凸轮轴前端或后端,也有一些安装在凸轮轴中间位置,早期两传感器通常一起安装在分电器处,对于多凸轮轴发动机,通常每个凸轮轴上都装有凸轮轴位置传感器。

曲轴/凸轮轴位置传感器可分为电磁感应式、霍尔式和光电式 3 种类型。

(1)电磁感应式传感器。

①工作原理。电磁感应式传感器的工作原理如图 4-79 所示。磁力线穿过的路径:永久磁铁 N 极→定子与转子间的气隙→转子凸齿→转子凸齿与定子磁头间的气隙→磁头→导磁板→永久磁铁 S 极。当信号转子旋转时,磁路中的气隙就会周期性地发生变化,磁路的磁阻

和穿过信号线圈磁头的磁通量随之发生周期性变化。根据电磁感应原理,传感线圈中就会感应产生交变电动势。

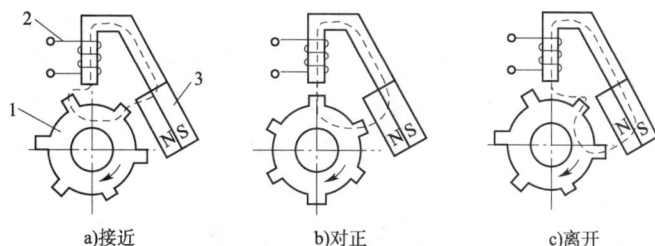

a)接近　　　　　　　b)对正　　　　　　　c)离开

图4-79　电磁感应式传感器工作原理

1-信号转子;2-传感线圈;3-永久磁铁

当信号转子按顺时针方向旋转时,转子凸齿与磁头间的间隙变小,磁通量 Φ 增多,磁通变化率增大($\mathrm{d}\Phi/\mathrm{d}t >0$),感应电动势 E 为正($E>0$),如图4-80中曲线 abc 所示,当转子凸齿接近磁头边缘时,磁通量急剧增多,磁通变化率最大,感应电动势 E 最高,如图4-80中曲线 b 点所示。转子转过 b 点位置后,虽然磁通量仍在增多,但磁通变化率减小,因此感应电动势 E 降低。

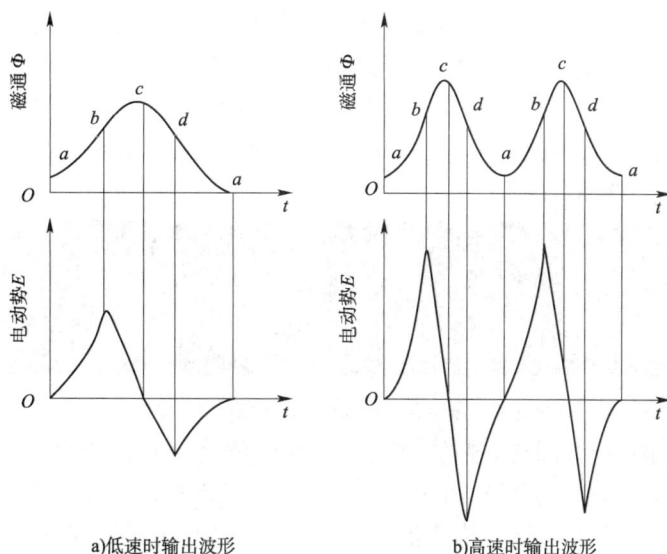

a)低速时输出波形　　　　　　　b)高速时输出波形

图4-80　传感器线圈中的磁通 Φ 和电动势 E 的变化波形

如图4-79b)所示,当转子旋转到凸齿的中心线与磁头的中心线对齐时,虽然转子凸齿与磁头间的气隙最小,磁路的磁阻最小,磁通量最大,但是由于磁通量不可能继续增加,磁通变化率为0,因此感应电动势 E 为0,如图4-80中曲线 c 点所示。

如图4-79c)所示,当转子沿顺时针方向继续旋转,凸齿离开磁头时,凸齿与磁头间的气隙增大,磁路磁阻增大,磁通量减少($\mathrm{d}\Phi/\mathrm{d}t <0$),所以感应电动势 E 为负($E<0$),如图4-80中曲线 cda 所示,当凸齿转到将要离开磁头边缘时,磁通量急剧减少,磁通变化率达到负向最大值,感应电动势 E 也达到负向最大值,如图4-80中曲线上 d 点所示。

由此可见,信号转子每转过一个凸齿,就会产生一个周期性交变电动势,即电动势出现一次最大值和一次最小值,传感线圈也就相应地输出一个交变电压信号。

②曲轴位置传感器。电磁感应式曲制位置传感器一般安装在曲轴箱内靠近离合器一

侧,主要由信号发生器和信号转子组成,如图 4-81 所示。

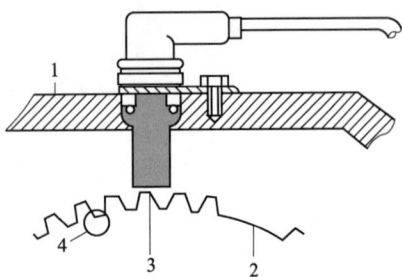

图 4-81　电磁感应式曲轴位置传感器结构
1-缸体;2-大齿缺;3-传感器磁头;4-信号转子

信号发生器用螺钉固定在发动机缸体上,由永久磁铁、传感线圈和线束头组成。传感线圈又称为信号线圈,永久磁铁上带有一个磁头,磁头正对装在曲轴上的齿式信号转子,磁头与磁轭(导磁板)连接构成导磁回路。

信号转子为齿盘式,在其圆周上间隔均匀地装有 58 个凸齿、57 个小齿缺和 1 个大齿缺。大齿缺输出基准信号,对应发动机第 1 缸或第 4 缸压缩上止点前一定角度。大齿缺所占的弧度相当于 2 个凸齿和 3 个小齿缺所占的弧度。

当曲轴位置传感器随曲轴旋转时,由电磁感应式传感器工作原理可知,信号转子每转过一个凸齿,传感线圈中就会产生一个周期性交变电动势(电动势出现一次最大值和一次最小值),线圈相应地输出一个交变电压信号,图 4-82 所示为大众汽车曲轴位置传感器信号波形图。因为信号转子上设有一个产生基准信号的大齿缺,所以当大齿缺转过磁头时,信号电压所占的时间较长,即输出信号为一宽脉冲信号,该信号对应于第 1 缸或第 4 缸压缩上止点前一定角度。ECU 接收到宽脉冲信号时,便可知道第 1 缸还是第 4 缸上止点位置即将到来,至于即将到来的是第 1 缸还是第 4 缸,则须结合凸轮轴位置传感器输入的信号来确定。由于信号转子上有 58 个凸齿,因此,信号转子每转一圈(发动机曲轴转一圈),传感线圈就会产生 58 个交变电压信输入 ECU。

图 4-82　大众汽车曲轴位置传感器信号波形图

每当信号转子随发动机曲轴转动一圈,传感线圈就会向 ECU 输入 58 个脉冲信号。因此,ECU 每接收曲轴位置传感器 58 个信号,就可知道发动机曲轴旋转了一圈。依此类推,ECU 根据每分钟接收的曲轴位置传感器脉冲信号的数量,便能计算出发动机曲轴旋转的转速。

电磁电感应式曲轴位置传感器信号转子上大齿缺产生的信号为基准信号,ECU 控制喷油时间和点火时间是以大齿缺产生的信号为基准进行控制的。当 ECU 接收到大齿缺产生的信号后,再根据小齿缺信号来控制点火时间、喷油时间和点火线圈一次电流接通时间(点火导通角)。

(2)霍尔式传感器。霍尔式传感器根据霍尔效应制成的。霍尔式传感器使用与日俱增,主要原因在于输出电压高低与被测物体的转速无关,霍尔式传感器与电磁感应式传感器不同的是需要外加电源。

①霍尔式传感器工作原理。按触发信号装置的结构不同,霍尔式传感器可分为触发叶片式和触发轮齿式两种。

触发叶片式霍尔式传感器基本结构如图 4-83 所示,主要由触发叶轮、霍尔集成电路、导磁钢片(磁轭)与永久磁铁等组成。触发叶轮安装在转子轴上,叶轮上制有叶片(在霍尔式点火系统中,叶片数与发动机汽缸数相等)。当触发叶轮随转子轴一同转动时,叶片便在霍尔集成电路和永久磁铁之间转动。霍尔集成电路由霍尔元件、放大电路、稳压电路、温度补偿电路、信号变换电路和输出电路等组成。

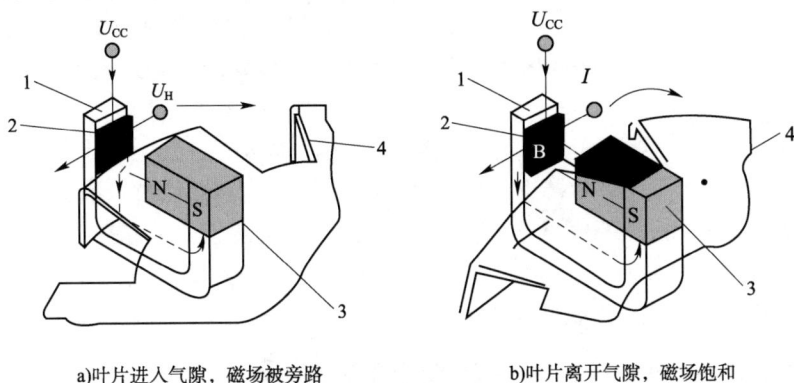

a)叶片进入气隙,磁场被旁路　　　　　b)叶片离开气隙,磁场饱和

图 4-83　霍尔传感器工作原理图

1-磁轭;2-霍尔集成电路;3-永久磁铁;4-触发叶轮

当传感器轴转动时,触发叶轮的叶片便从霍尔集成电路与磁铁之间的气隙中转过。当叶片离开气隙时,永久磁铁的磁通便经霍尔集成电路和导磁钢片构成回路,此时霍尔元件产生电压($U_H = 1.9 \sim 2.0V$)。霍尔集成电路输出级的晶体管导通,传感器输出的信号电压 U_O 为低电平(实测表明:当电源电压 $U_{CC} = 14.4V$ 或 5V 时,信号电压 $U_O = 0.1 \sim 0.3V$)。

当叶片进入气隙时,霍尔集成电路中的磁场被叶片旁路,霍尔电压 U_H 为 0V,集成电路输出级的晶体管截止,传感器输出的信号电压 U_O 为高电平(实测表明:当电源电压 $U_{CC} = 14.4V$ 时,信号电压 $U_O = 9.8V$;当电源电压 $U_{CC} = 5V$ 时,信号电压 $U_O = 4.8V$)。

②采用触发叶片的霍尔式曲轴位置传感器。霍尔式曲轴位置传感器就采用了触发叶片的结构形式,如图 4-84 所示。在发动机的曲轴传动带轮前端装着内外两个带触片的信号轮,它们与曲轴一起旋转。外信号轮外缘上均匀分布着 18 个触发叶片和 18 个窗口,每个触发叶片和窗口的宽度均对应 10°弧长;内信号轮外缘上设有 3 个触发叶片和 3 个窗口,3 个触发叶片的宽度不同,分别对应 100°、90°和 110°弧长,3 个窗口的宽度也不相同,分别对应 20°、30°和 10°弧长。由于内信号轮的安装位置关系,宽度对应 100°弧长的触发叶片前沿位于第 1 缸和第 4 缸上止点前 75°,90°弧长的触发叶片前沿在第 6 缸和第 3 缸上止点前 75°,110°弧长的触发叶片前沿在第 5 缸和第 2 缸上止点前 75°。

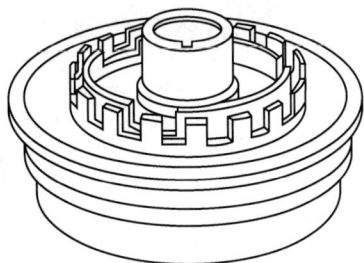

图 4-84　触发叶片的霍尔式曲轴位置传感器

发动机工作时,信号轮转动,当叶片进入永磁铁与霍尔元件之间的空气隙时,不产生霍尔电压;当触发叶片离开空气隙时,永磁铁的磁通便通过导磁板穿过霍尔元件,产生霍尔电压。将霍尔电压信号经霍尔集成电路放大整形后,送往 ECU,输出的电压脉冲信号如图 4-85 所示。外信号轮每旋转 1 周产生 18 个脉冲信号,常被称为 18X 信号,1 个脉冲周期相当于曲轴旋转 20°转角的时间,ECU 再将 1 个脉冲周期均分

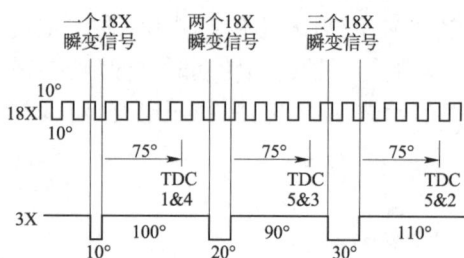

图 4-85 霍尔式曲轴位置传感器输出信号

为 20 等份，即可求得曲轴每旋转 1°所对应的时间，并根据这一信号，控制点火开始时刻。内信号轮每旋转 1 周产生 3 个不同宽度的电压脉冲信号，常被称为 3X 信号，脉冲周期均为 120°曲轴转角的时间，脉冲上升沿分别产生于第 1、4 缸，第 3、6 缸和第 2、5 缸的上止点前 75°，此信号是作为 ECU 判别汽缸和计算点火时刻的基准信号。

由此可知，这种叶片所产生的信号不仅可以给出活塞压缩行程上止点的参考信号，而且根据高电平到来之前，低电平所持续的曲轴转角还可以区分出即将进行点火的汽缸。

③采用触发轮齿式的霍尔式凸轮轴位置传感器。触发轮齿式的霍尔式凸轮轴位置传感器，其霍尔集成电路安装在传感器磁头中，触发轮齿在凸轮轴末端加工而成，由 3 个不同宽度的凸齿和齿缺组成，实物图如图 4-86 所示。

卡罗拉凸轮轴位置传感器
触发轮齿，位于凸轮轴末端

图 4-86 凸轮轴位置传感器实物

（3）光电式传感器。日产公司光电式曲轴位置传感器与凸轮轴位置传感器设置在分电器内，它由信号发生器和带缝隙与光孔的信号盘组成，如图 4-87 所示。信号盘安装在分电器轴上，与轴一同旋转。信号盘外围均匀分布有 360 条缝隙，产生曲轴转角 1°的信号；对于六缸发动机，外围稍靠内侧的圆周上每隔 60°分布着 1 个光孔，工作时会产生 120°信号，其中有 1 个较宽的光孔是产生对应第 1 缸上止点的 120°信号的，如图 4-88 所示。

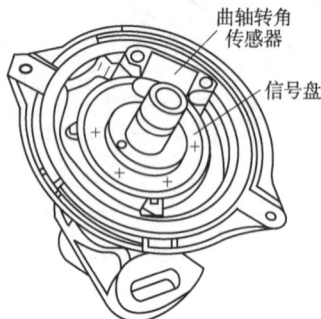

图 4-87 光电式曲轴位置与凸轮轴
位置传感器结构

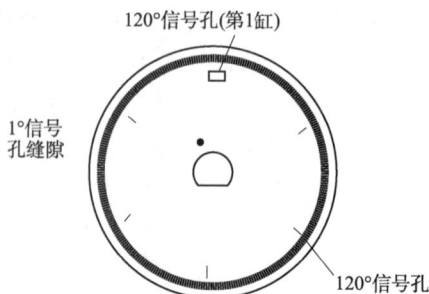

图 4-88 光电式曲轴位置与凸轮轴
位置传感器信号盘

信号发生器固装在分电器壳体上，其主要组成有两只发光二极管、两只光敏二极管和电子电路,如图4-89所示。信号盘位于发光二极管和光敏二极管之间,当信号盘随发动机曲轴运转而旋转时,因信号盘上有光孔,产生透光和遮光的交替变化,使信号发生器输出曲轴位置和转角的相应脉冲信号。图4-90所示为光电式信号发生器的工作原理。

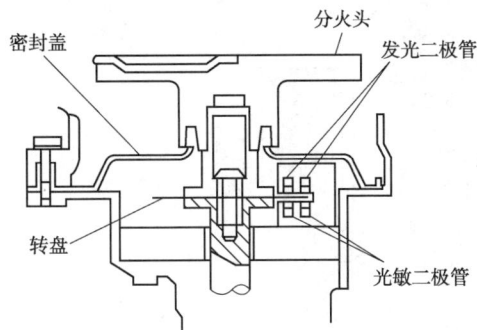

图4-89 光电式曲轴位置与凸轮轴位置
传感器信号盘布置

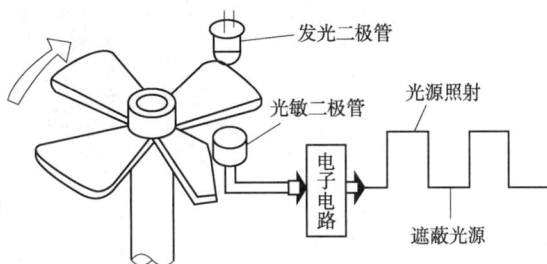

图4-90 光电式信号发生器的工作原理

当发光二极管的光束照射到光敏二极管上时,光敏二极管感光而导通;当发光二极管的光束被遮时,光敏二极管截止。信号发生器输出的脉冲电压信号送至电子电路放大整形后,即向电控单元输送曲轴转角1°信号和120°信号。因信号发生器安装位置的关系,120°信号在相应缸活塞上止点前70°输出。发动机曲轴每转2圈,分电器轴转1圈,则1°信号发生器输出360个脉冲,每个脉冲周期高电位对应1°,低电位也对应1°,共代表曲轴转角720°。与此同时120°信号发生器产生6个脉冲信号。

2)温度传感器

温度是反映汽车发动机热负荷状态的重要参数。为了保证控制系统能精确控制发动机的工作参数,必须随时监测发动机冷却液温度、进气温度,以便修正控制参数。

(1)温度传感器的功用。温度传感器的功用是将被测对象的温度信号转变为电信号输入电控单元(ECU),以便ECU修正控制参数或判断检测对象的热负荷状态。

①冷却液温度传感器。冷却液温度传感器安装在发动机冷却液出水管管道上。功用是将发动机冷却液温度信号变换为电信号输入发动机电控单元(ECU),以便ECU修正喷油时间和点火时间、使发动机处于最佳工作状态。

②进气温度传感器。进气温度传感器安装在发动机的空气滤清器壳体内或者空气滤清器后部的进气管上,也经常与空气流量传感器或进气压力传感器合成制作在一起。功用是将进气温度信号变换为电信号输入发动机电控单元(ECU)。ECU根据进气温度信号对喷油量进行修正,使其在相同的压力下随着温度的改变而改变,从而获得最佳控制的空燃比,提高发动机的经济性并改善其排放的性能。

(2)热敏电阻式温度传感器。温度传感器有多种,现代汽车广泛应用的是热敏电阻式温度传感器。

①热敏电阻的特性。热敏电阻是利用陶瓷半导体材料的电阻值随温度变化而变化的特性制成的。根据热敏电阻的特性不同,可分为负温度系数热敏电阻(NTC)、正温度系数热敏电阻(PTC)和临界温度热敏电阻(CTR)。电阻值随温度升高而减小的称为负温度系数热敏电阻;电阻值随温度升高而增大的称为正温度系数热敏电阻;有一类热敏电阻的阻值以某一

温度(称为临界温度)为界,高于此温度时阻值为某一水平,低于此温度时阻值为另一水平,这类热敏电阻称为临界温度热敏电阻。

②热敏电阻式温度传感器的结构。热敏电阻式温度传感器的结构形式如图 4-91 所示,主要由热敏电阻、金属引线、接线插座、壳体等组成。

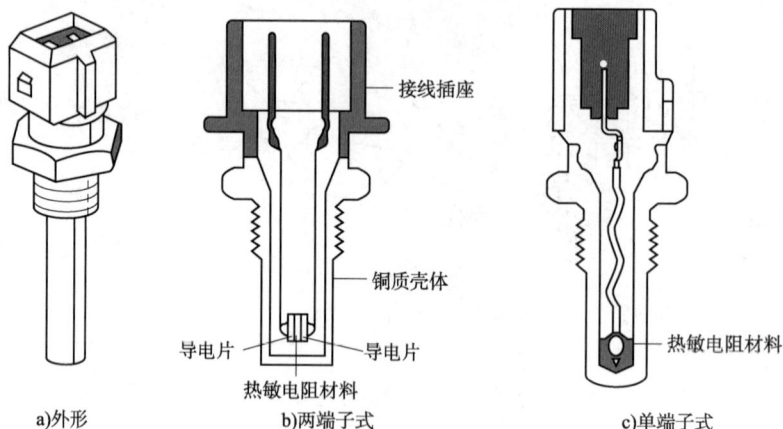

图 4-91　热敏电阻式温度传感器的结构

热敏电阻是温度传感器的主要部件,汽车用热敏电阻是在陶瓷半导体材料中掺入适量金属氧化物,并在 1000℃ 以上的高温条件下烧结而成。控制掺入氧化物的比例和烧结温度,即可得到不同特性的热敏电阻,从而满足使用要求。例如,如果测量发动机冷却液温度,则热敏电阻的工作温度为 −30 ~ 130℃;如果测量发动机的排气温度,热敏电阻的工作温度则为 600 ~ 1000℃。

(3)车用温度传感器的特性与电路。冷却液温度传感器的阻值与温度的关系曲线如图 4-92 所示。可见,其电阻值具有温度升高阻值减小、温度降低阻值增大的特性,而且呈明显的非线性关系。

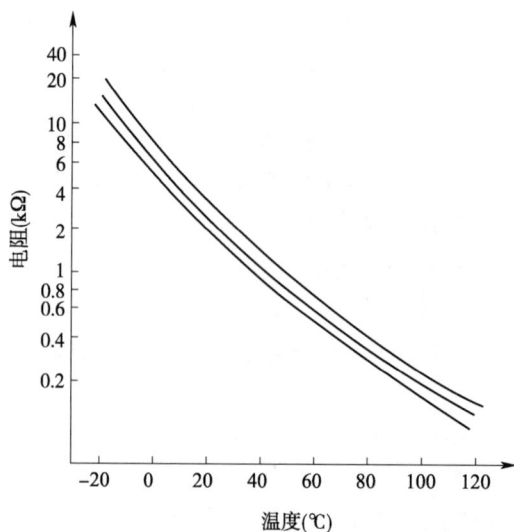

图 4-92　冷却液温度传感器特性曲线

进气温度传感器的工作电路如图 4-93 所示,冷却液温度传感器的工作电路如图 4-94 所示。

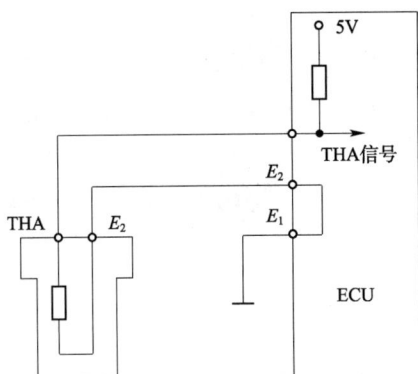

图 4-93　进气温度传感器工作电路

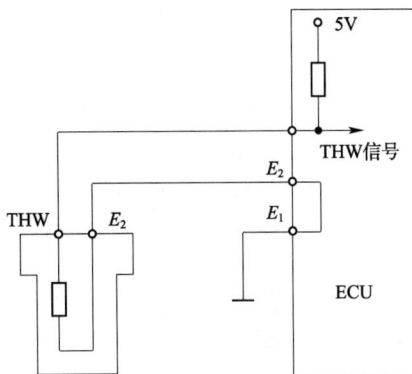

图 4-94　冷却液温度传感器工作电路

传感器的两个电极用导线与 ECU 插座连接。ECU 内部串联一只分压电阻,ECU 向热敏电阻和分压电阻组成的分压电路提供一个稳定的电压(一般为 5V),传感器输入 ECU 的信号电压等于热敏电阻上的分压值。

当被测对象的温度升高时,传感器阻值减小,热敏电阻上的分压值降低;反之,当被测对象的温度降低时,传感器阻值增大,热敏电阻上的分压值升高。ECU 根据接收到的分压值,从而进行实时控制。

3)爆震传感器

爆震传感器安装在发动机缸体上。其作用是检测发动机是否产生爆燃,把爆燃信息输入发动机控制单元,控制单元根据该信号对点火正时进行修正,推迟点火以减小发动机的爆燃。常见的爆震传感器有两种:一种是压电式爆震传感器,另一种是磁致伸缩式爆震传感器。

(1)压电式爆震传感器。压电式爆震传感器是利用晶体或陶瓷多晶体的压电效应而工作的,也有一些传感器使用硅材料作为压电材料。

目前,国内外大多数汽车都采用了非共振型压电式爆震传感器。压电式爆震传感器的结构如图 4-95 所示,主要由套筒底座、压电元件、惯性配重、塑料壳体和接线插座等组成。

压电元件是爆震传感器的主要部件,由压电材料制作成垫圈形状,在其两个侧面安放有金属垫圈作为电极,并用导线将其引到接线插座上。惯性配重与压电元件以及压电

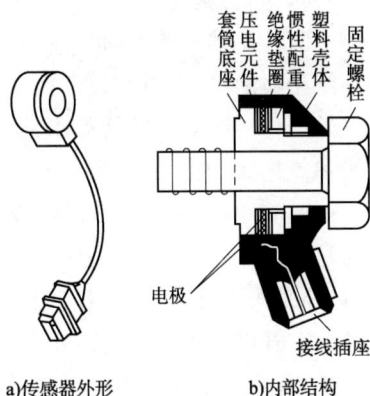

a)传感器外形　　b)内部结构

图 4-95　压电式爆震传感器结构

元件与传感器套筒之间安放有绝缘垫圈,套筒中心制作有螺孔,传感器用螺栓安装并固定在发动机缸体上,调整螺栓的拧紧力矩便可调整传感器输出的信号电压。惯性配重与塑料壳体之间安装有盘形弹簧,借弹簧张力将惯性配重、压电元件和垫圈等部件压紧在一起。

惯性配重用来传递发动机振动产生的惯性力,当发动机缸体产生振动时,传感器套筒底座及惯性配重随之产生振动,套筒底座和配重的振动作用在压电元件上,由压电效应可知,

压电元件的信号输出端就会输出与振动频率和振动强度有关的交变电压信号,如图 4-96 所示。实验表明:发动机爆燃产生的压力冲击波频率为 6 ~ 9kHz 时振动强度较大,所以信号电压较高。发动机转速越高,信号电压幅值越大。

(2)磁致伸缩式爆震传感器。磁致伸缩式爆震传感器,属于共振型传感器,外形结构如图 4-97 所示,其内部有永磁铁、靠永磁铁励磁的强磁性铁芯以及铁芯周围的线圈。其工作原理是:当发动机的汽缸体发生振动时,该传感器在 7kHz 左右处与发动机产生共振,强磁性材料铁芯随之振动,致使永磁铁穿过铁芯的磁通密度也发生变化,从而在铁芯周围的绕组中产生感应电动势,并将这一电信号输入 ECU。

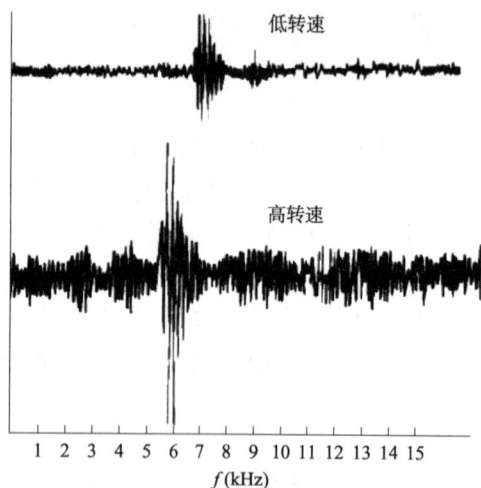

图 4-96 转速不同时压电式非共振型爆燃传感器的输出波形

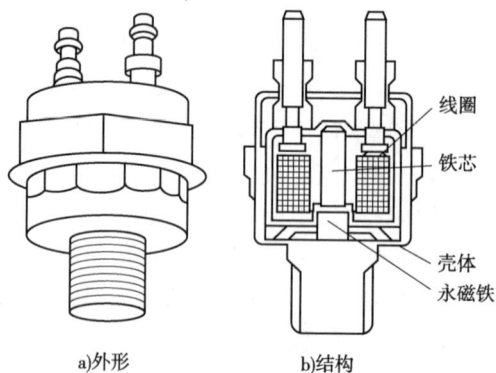

图 4-97 磁致伸缩式爆震传感器结构

4)氧传感器

氧传感器安装在排气管上,将检测到的废气中的氧浓度信号输送给 ECU,ECU 根据此信号修正喷油量,可以将发动机实际的空燃比精确地控制在标准的理论空燃比附近,从而提高三元催化转换器的转换效率,满足降低排放污染物的要求。氧传感器主要有氧化锆(ZrO_2)式和氧化钛(TiO_2)式两种形式。

(1)氧化锆式氧传感器。氧化锆式氧传感器的构造及工作原理如 4-98 所示,该传感器的基本元件是氧化锆(ZrO_2)管,氧化锆管固定在带有安装螺纹的固定套内,在氧化锆管的内、外表面均覆盖着一薄层铂作为电极,传感器内侧通大气,外侧直接与排气管中的废气接触。在氧化锆管外表面的铂层上,还覆盖着一层多孔的陶瓷涂层,并加有带槽口的防护套管,用来防止废气对铂电极产生腐蚀。在传感器的线束插接器端有金属护套,其上设有小孔,使氧化锆管内侧通大气。

氧化锆式氧传感器实质上是一个化学电池,又称氧浓度差电池。在 400℃ 以上的高温时,若氧化锆管内、外表面接触的气体中氧的浓度有很大差别,则在氧化锆管内、外表面的两个铂电极之间将会产生电动势。发动机工作时,由于氧化锆管内表面接触的大气中的氧浓度是固定的,而与外表面接触的废气中的氧浓度是随空燃比变化的,所以将氧化锆管内、外表面两个电极间产生的电动势输送给 ECU,即可作为判断实际空燃比的依据。

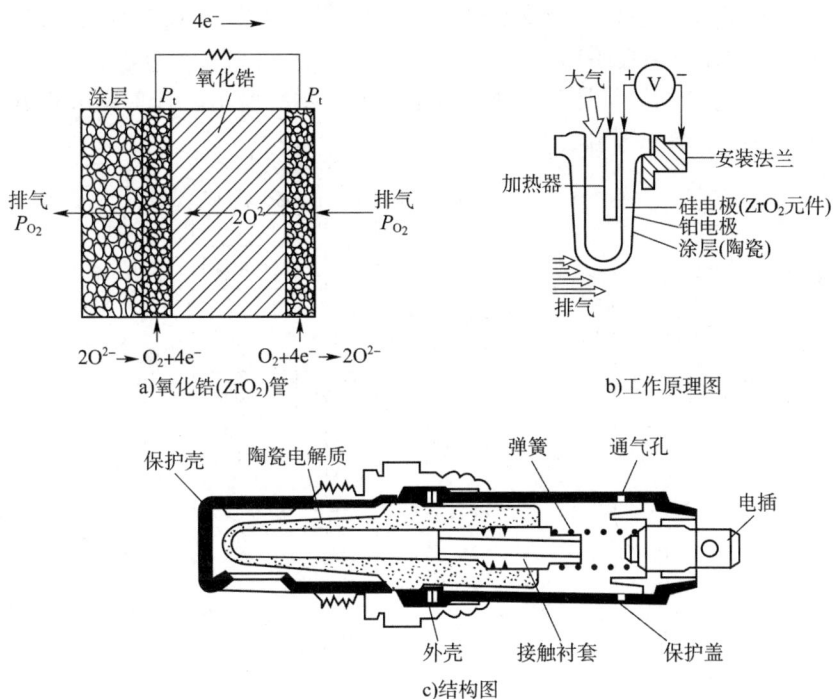

图 4-98　氧化锆式氧传感器的结构及工作原理

混合气较浓时,排气气流中的 O_2 含量较低,CO 的浓度较高,这时在锆管负极铂膜的催化作用下排气气流中的 O_2 几乎全部参加反应,使得管外表面附近的氧离子浓度几乎为零,此时锆管内外之间的 O_2 浓度差很大,正、负电极之间的电势差较高,可达 $0.8 \sim 1.0V$。

当混合气较稀时,排气气流中 O_2 的浓度则较低,这时即使 CO 全部与 O_2 发生反应,锆管外部还是存在多余的 O_2,可见锆管内外两侧 O_2 的浓度差较小,此时正、负电极之间的电势差较低,约为 $0.1V$。

图 4-99 所示为氧化锆式氧传感器的输出特征曲线图。从图中可以看出,氧化锆式氧传感器输出电压在理论空燃比 14.7 附近发生突变,当混合气的空燃比稍高于理论空燃 14.7 时,输出电压接近 0V;当混合气的空燃比稍低于理论空燃比 14.71 时,输出电压接近 1V。发动机 ECU 就根据氧传感器的输出电压不断地修正喷油量,使混合气的空燃比尽可能地保持在理论空燃比 14.7 附近。

由于氧化锆式传感器只有在 400℃ 以上的高温下才能正常工作,为保证发动机在进气量少、排气温度低时也能正常工作,有的氧化锆式氧传感器内还装有加热器,加热器也由发动机 ECU 控制。不带加热器的氧传感器称为普通型氧传感器,带加热器的氧传感器称为热型氧传感器。

（2）氧化钛式氧传感器。氧化钛式氧传感器是利用化学反应强、对氧气敏感、易于还原的半导体材料氧化钛

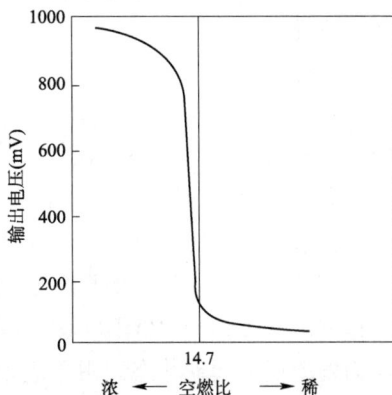

图 4-99　氧化锆式氧传感器的输出特性图

（TiO_2）与氧气接触时发生氧化还原反应,使晶格结构发生变化,从而导致电阻值变化的原理工作的,它是一种电阻型氧传感器。

氧化钛式氧传感器的结构原理与输出特性如图 4-100 所示。它主要由二氧化钛元件、导线、金属外壳和接线端子等组成。

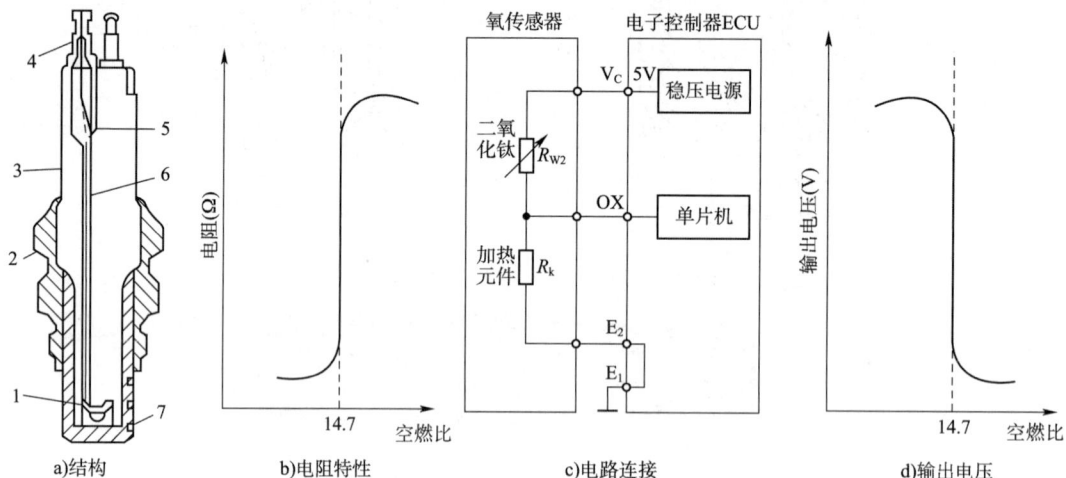

图 4-100　氧化钛式氧传感器的结构原理与输出特性图

1-二氧化钛元件;2-金属外壳;3-陶瓷绝缘体;4-接线端子;5-陶瓷元件;6-导线;7-金属保护套

图 4-100c）所示为氧化钛式氧传感器与发动机 ECU 的连接示意图,通过 ECU 给传感器提供 5V 的工作电压。当混合气较浓时,排气流中的氧含量较低,二氧化钛的阻值降低,氧传感器给 ECU 输入一个较高的电压信号;反之当混合气较稀时,排气气流中的氧含量较高,二氧化钛的阻值升高,氧传感器给 ECU 输入的电压信号就会降低,实验证明氧传感器的输入信号会在理论空燃比 14.7 附近发生突变,如图 4-100d）所示。

氧化钛的电阻值除了与其表面的氧浓度有关外,还与温度有关。排气气流的温度会影响氧化钛式氧传感器输出电压的大小。为了消除排气温度的影响,氧化钛式氧传感器在其内部增设用钨丝或陶瓷材料制成的电加热元件,使其在恒定温度下工作。

与氧化锆式氧传感器相比,氧化钛式氧传感器的结构简单、造价低廉,并且抗腐蚀能力和可靠性都更高。

2. 控制开关信号

在发动机控制系统中,ECU 还必须根据一些开关信号确定发动机或其他系统的工作状态,常用的信号开关有起动信号、空挡起动开关信号、空调开关信号、电负荷信号、制动灯开关信号、离合器开关信号、机油压力开关信号等。

1）起动（STA）信号

起动（STA）信号用来判断发动机是否处于起动状态。它和起动机的电源连在一起,由空挡起动开关控制,如图 4-101 所示。当空挡起动开关接通时,ECU 检测到起动开关信号,认为发动机在起动状态。由于起动时气体流动速度低,进气温度低,汽油雾化不良,因此,须增加喷油量,以提高混合气浓度。

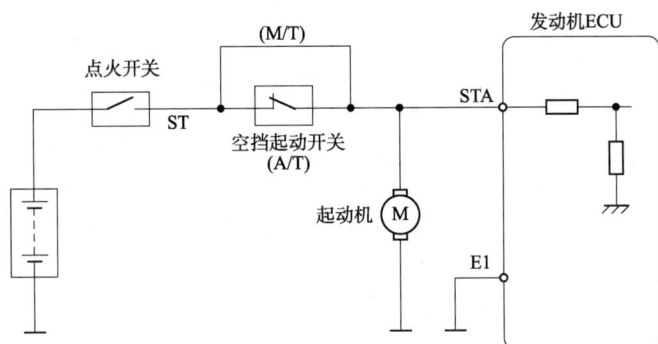

图 4-101　起动(ST)信号电路

2)空挡起动开关(NSW)信号

在装有自动变速器的汽车中,ECU 用于识别变速器是否处于"P"或"N"(驻车或空挡)位置还是处于行驶状态。此信号电路如图 4-102 所示。其作用有两点:一是 ECU 通过空挡起动开关信号的识别,对怠速系统进行控制,当从怠速到起步或从某挡位换至怠速时,进行喷油量修正;二是只有自动变速器处于"P"或"N"挡位时,空挡起动开关闭合,起动机才能接通电源,起动发动机。

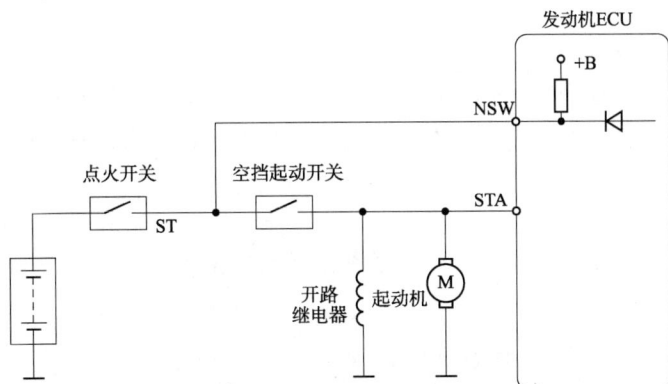

图 4-102　空挡起动开关(NSW)信号电路

3)空调开关(A/C)信号

空调开关信号用于检测空调的电磁离合器或空调器开关是否已接通,电路如图 4-103 所示。当空调压缩机工作时,向 ECU 输送高电平信号,根据此信号 ECU 控制怠速时的点火提前角、怠速转速、断油转速和修正怠速时的喷油量等。

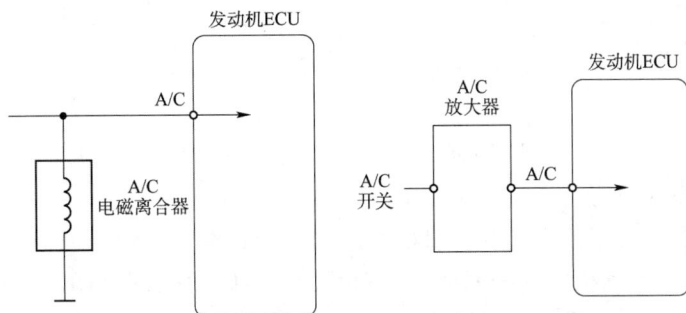

图 4-103　空调开关(A/C)信号电路

4）电负荷信号

电负荷信号用于检测前照灯、后窗除雾器或其他用电装置是否已通电，电路如图4-104所示。电路中通常有多个电负荷信号，根据不同的车型型号，这些信号汇集在一起作为单个信号送至发动机ECU，或每个信号单独地送至发动机ECU。电负荷常用于怠速控制。

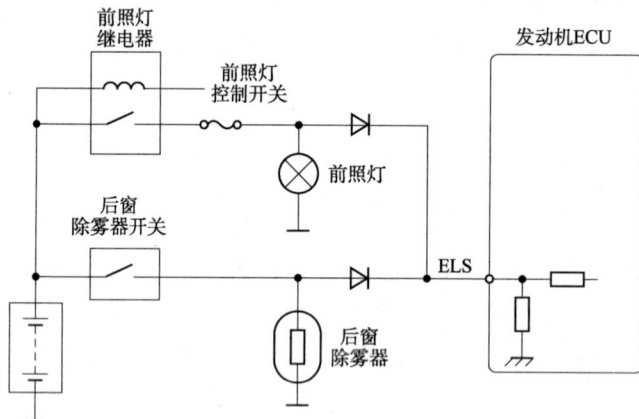

图 4-104　电负荷信号电路

5）制动灯开关信号

制动灯开关检测制动操作，制动踏板踩下时，开关闭合。制动灯开关信号电路如图4-105所示。在制动时，由制动灯开关向 ECU 提供制动信号，作为燃油喷射控制和点火控制的修正。

6）离合器开关信号

离合器开关位于离合器踏板下面，检测离合器踏板是否被踩下。离合器开关信号电路如图 4-106 所示。

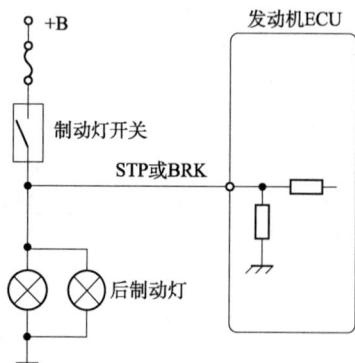

图 4-105　制动灯开关信号电路　　　图 4-106　离合器开关信号电路

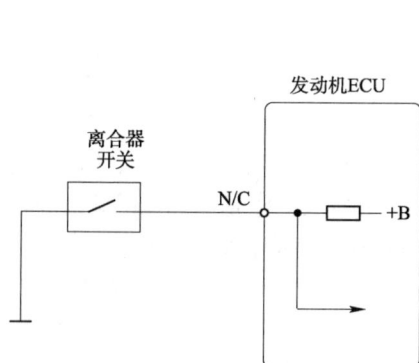

7）机油压力开关信号

机油压力开关信号用于确定发动机机油压力是否过低。机油压力信号用于怠速控制。当机油压力过低时，发动机器件的润滑和冷却都受到妨碍，发动机 ECU 将增加怠速转速等，将油压恢复至正常水平。机油压力开关信号电路如图 4-107 所示。

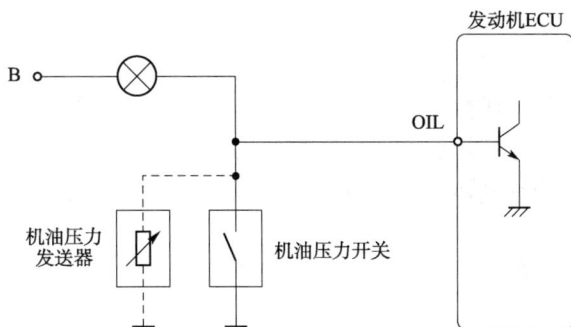

图 4-107 机油压力开关信号电路

3.发动机电子控制单元

发动机电子控制单元是电控发动机的控制核心,是一种电子综合控制装置。其作用是按照预置程序对发动机传感器输入的各种信息进行运算、处理、判断,然后输出指令,控制有关执行器动作,达到快速、准确、自动控制发动机工作的目的。

电子控制单元主要由输入回路、A/D(模/数)转换器、微型计算机(微机)和输出回路四部分组成,如图 4-108 所示。

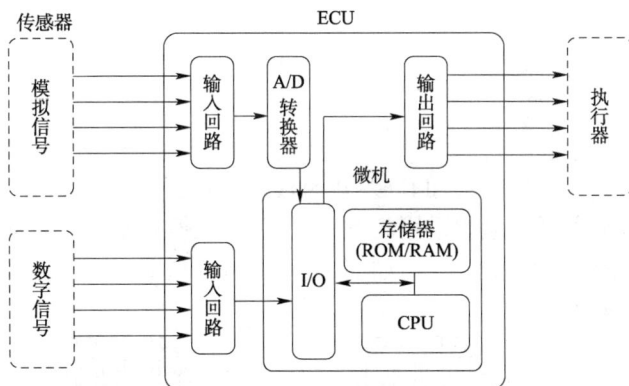

图 4-108 电子控制单元的组成

1)输入回路

输入回路的作用是将传感器输入的信号,除去杂波和把正弦波转变为矩形波后,再转换成输入电平。

在控制过程中,需要检测与输入的传感器信号有两种:一种是模拟信号,如空气流量、空气温度、冷却液温度、发动机负荷、氧传感器反馈的电压信号等;另一种是数字信号,如曲轴位置等。

2)A/D(模/数)转换器

传感器给电控单元输入的模拟信号微机不能直接处理,要用 A/D(模/数)转换器转换成数字信号后再输入微机。

3)微型计算机

微型计算机根据发动机工作的需要,把各种传感器(经输入回路及 A/D 转换器)送来的信号用内存中的程序进行运算处理,并把处理结果(如燃油喷射控制信号、点火控制信号等)送往输出回路。微型计算机由中央处理器(CPU)、存储器(ROM、RAM)、输入/输出接口和总线等构成。

4）输出回路

微型计算机输出的是低压数字信号，不能直接驱动执行元件。输出回路的作用就是将微型计算机输出的数字信号转换成可以驱动执行元件的输出信号。

输出回路多采用大功率晶体管，由微型计算机输出的信号控制其导通和截止，从而控制执行元件的搭铁回路。

4. 电控系统的控制功能

1）喷油器的控制

燃油喷射系统的喷油器由控制单元进行控制，喷油器驱动电路如图 4-109 所示。发动机工作时，控制单元根据有关传感器输入的信号，经运算判断后输出控制信号，控制接通喷油器电磁线圈电路，喷油器开始喷油。如果控制信号断开喷油器电磁线圈电路，则喷油器停止喷油。

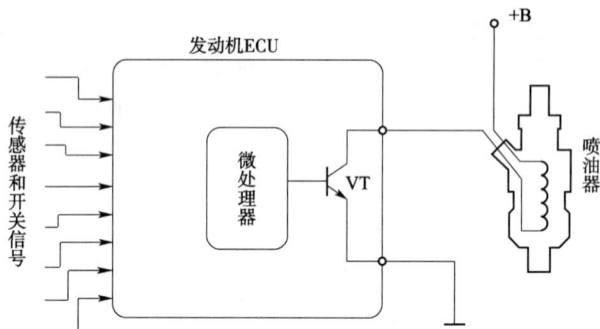

图 4-109　喷油器驱动电路

多点式电控燃油喷射系统通常采用间歇方式喷油，根据控制方式不同，又可分为同步喷射、分组喷射和顺序喷射三种基本类型，如图 4-110 所示。

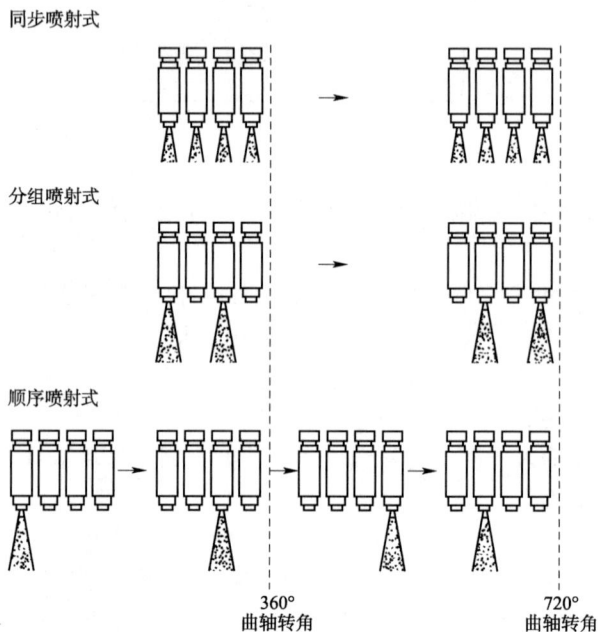

图 4-110　燃油喷射的三种类型

（1）同步喷射。通常曲轴每转一圈,各缸喷油器同步喷射一次,在发动机的一个工作循环中喷射两次燃油,燃油在进气门打开时一起进入汽缸,这种燃油喷射方式称为同步喷射。

同步喷射控制电路如图 4-111 所示。所有喷油器均为并联连接,当点火开关置于"ON"时,电源" + "极便同时加到四个喷油器电磁线圈的一端。电控单元根据发动机转速传感器输送的喷油基准信号,向喷油器发出喷油控制指令,控制功率晶体管的导通和截止,从而控制各喷油器电磁线圈的电路同时接通和切断,使各缸喷油器同步喷油。

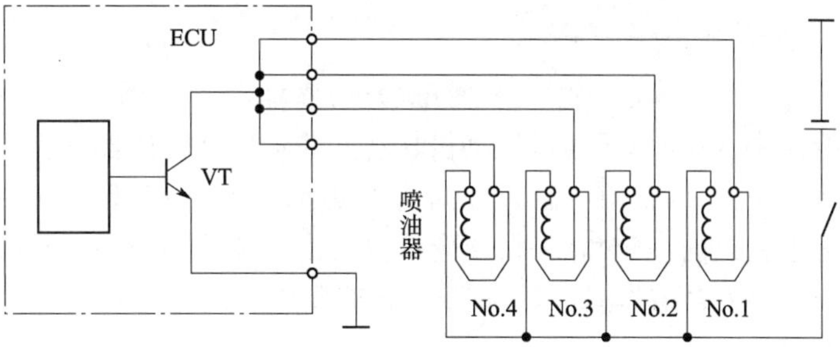

图 4-111　同步喷射控制电路图

通常曲轴每转 360°,各缸喷油器同时喷油一次。由于在发动机的一个工作循环中各缸同时喷油两次,因此,这种喷射方式也称之为同时双次喷射。

（2）分组喷射。分组喷射一般是把所有汽缸的喷油器分成 2 ~ 4 组,由 ECU 分组控制喷油器轮流交替喷射。一般是四缸发动机分成两组(1、3 缸,2、4 缸),六缸发动机分成三组(1、5 缸,3、6 缸,2、4 缸)。

分组喷射控制电路如图 4-112 所示。每组中的喷油器为并联连接,两组喷油器的搭铁回路分别由不同的功率晶体管控制。当电控单元从发动机转速传感器接收到某组喷油器的喷射控制信号时,便发出喷油控制指令,控制该组中的功率晶体管导通,从而接通喷油器电磁线圈的电路,喷油器开始喷油。

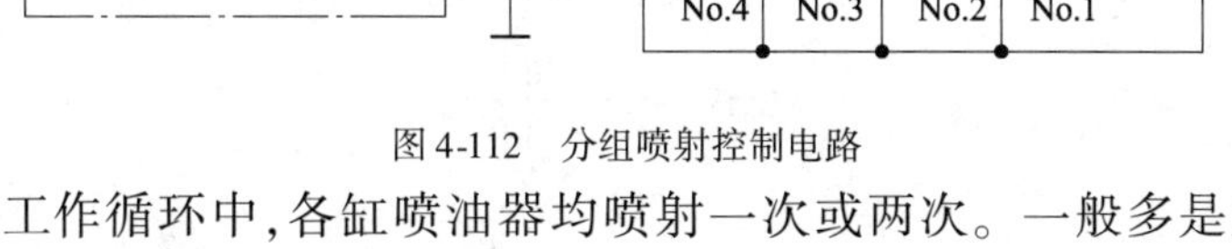

图 4-112　分组喷射控制电路

发动机每一工作循环中,各缸喷油器均喷射一次或两次。一般多是发动机曲轴每转360°,只有一组喷油器喷油。

（3）顺序喷射。顺序喷射又称独立喷射,发动机一个工作循环中,各缸喷油器根据工作顺序依此轮流喷油一次。由于其控制精度高,目前在汽车上得到广泛的应用。顺序喷射控制电路如图 4-113 所示。顺序喷射控制各缸喷油器分别由电控单元独立进行控制,控制电路数与发动机汽缸数相等。

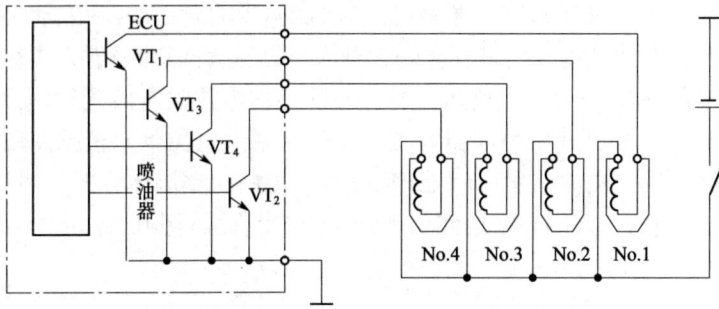

图 4-113　顺序喷射控制电路

在顺序喷射控制中,电控单元通过发动机转速和曲轴位置传感器的信号,可以确定瞬间活塞在汽缸内的具体位置,即是哪一缸正在向上止点运动,是压缩行程还是排气行程。当确知某缸在排气行程上止点前一定角度时,便向该缸发出喷油控制指令,与其对应的功率晶体管导通,接通喷油器电磁线圈的电路,喷油器开始喷油。

2)燃油泵的控制

电控燃油喷射系统燃油泵控制的基本要求是:当点火开关打开后,控制单元控制燃油泵工作 2~5s,以建立必需的油压。此时若不起动发动机,控制单元将切断燃油泵的控制电路,燃油泵停止工作,在发动机起动过程和运转过程中,控制单元控制燃油泵保持正常运转,供应压力燃油。

(1)基本工作原理。燃油泵在发动机运转时应该工作。若发动机没有运转,即使点火开关开启,燃油泵也不工作。燃油泵基本控制电路如图 4-114 所示。

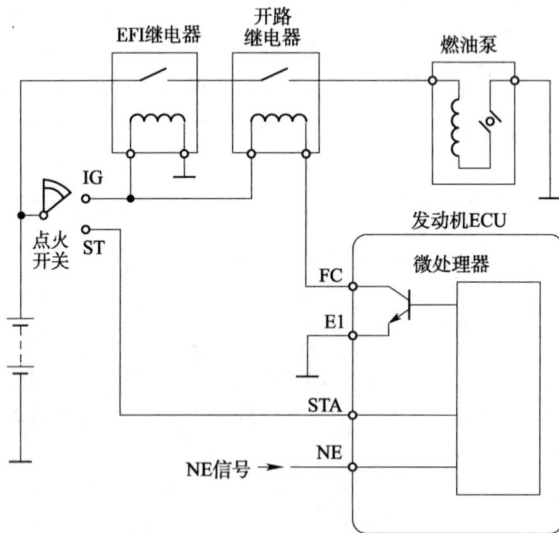

图 4-114　燃油泵基本控制电路

当点火开关位于"ON"位置时,EFI 继电器接通。发动机起动时,从点火开关的 ST 端子会传递一个 STA 信号到发动机 ECU。当 STA 信号被输入发动机 ECU 时,发动机 ECU 内部的晶体管接通,开路继电器闭合,燃油泵开始工作。发动机运转的同时,发动机 ECU 收到曲轴位置传感器传来的 NE 信号,晶体管继续保持接通,使燃油泵继续运作。若发动机停止,发动机 ECU 接收不到 NE 信号,晶体管关闭,开路继电器被断开,燃油泵停止工作。

(2)燃油泵转速的控制。通常燃油泵在一定的转速下运转,因而输出油量不变。但在发动机高速、大负荷工况下,因用油量大,需要提高燃油泵转速以增加泵油量;当发动机工作在低速、中小负荷工况时,应使燃油泵低速运转以减少泵的磨损及不必要的电能消耗。

因此某些发动机在燃油泵控制电路中增加了燃油泵的转速控制机构,通过控制燃油泵的电压改变转速,达到控制输出。

①电阻控制式。当电流经燃油泵控制继电器的 B 触点和电阻流入燃油泵时,燃油泵低速运转。在发动机起动或高速运转时,发动机 ECU 使燃油泵控制继电器的触点切换到 A 触点,电流不经过电阻直接流入燃油泵,使燃油泵高速运转。电阻控制式转速控制电路如图 4-115 所示。

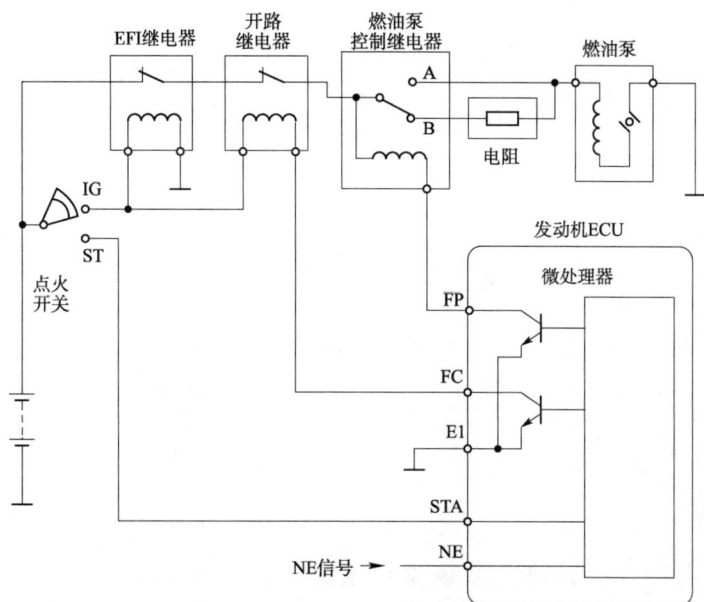

图 4-115 电阻控制式转速控制电路

②燃油泵 ECU 控制式。某些控制系统中,燃油泵的是通过燃油泵 ECU 控制的。这种控制方式通常具有燃油泵系统诊断功能,当检测到故障时,会从燃油泵 ECU 向发动机 ECU 的 D1 端子传递故障信号。燃油泵 ECU 控制式转速控制电路如图 4-116 所示。

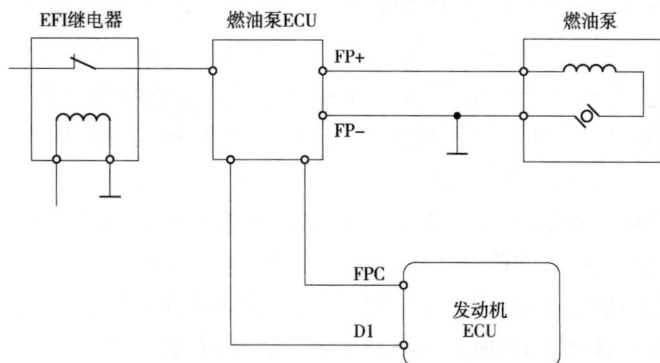

图 4-116 燃油泵 ECU 控制式转速控制电路

（3）燃油泵关闭控制。当安全气囊充气胀开或者车辆发生碰撞、翻车时，一些汽车的燃油泵控制系统使燃油泵停止运转，以保证安全。

①当安全气囊充气胀开时。当驾驶人安全气囊、前排乘客安全气囊或座椅侧安全气囊充气胀开时，发动机 ECU 从安全气囊中央传感器总成检测到充气信号，便会断开开路继电器，使燃油泵停止运转。当关闭点火开关时，取消燃油泵关闭状态。安全气囊中央传感器总成和燃油泵电路如图 4-117 所示。

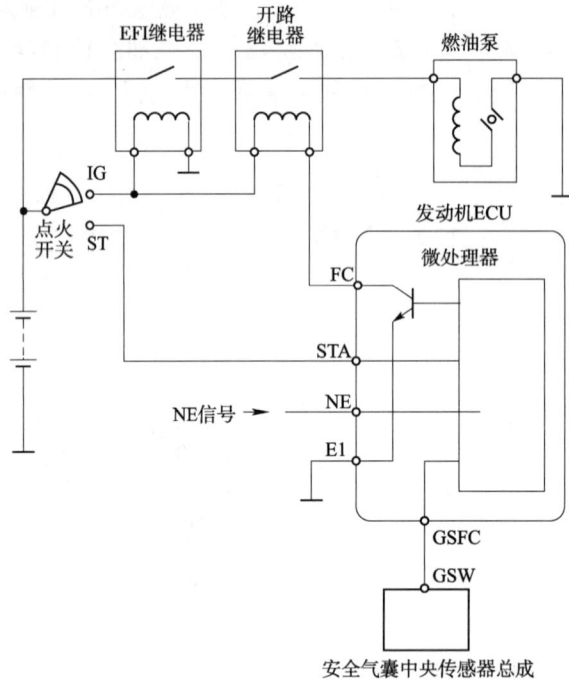

图 4-117　安全气囊中央传感器总成及燃油泵电路

②当车辆发生碰撞或翻车时。当车辆发生碰撞或翻车时，燃油泵惯性开关会关闭燃油泵，减少燃油泄漏。

3）喷油量的控制

喷油量控制是电控燃油喷射系统最主要的控制功能之一，其目的是使发动机在各种运行工况下都能获得最佳的混合气浓度，以提高发动机的经济性，降低排放污染。

当喷油器的结构和喷油压差一定时，喷油多少就取决于喷油时间。在汽油机电控燃油喷射系统中，喷油控制是通过对喷油器喷油时间的控制来实现喷油量控制，可分为同步喷油量控制和异步喷油量控制。同步喷油量控制又分为发动机起动时的喷油量控制和发动机起动后的喷油量控制，两者的控制模式有所不同。

（1）发动机起动时的同步喷油量控制。由于在发动机起动时转速波动大，气流不稳定，电控燃油喷射系统不能精确地确定进气量，也就无法确定合适的基本喷油时间，所以，发动机起动时的同步喷油量控制与起动后的控制不同。发动机起动时，ECU 根据冷却液温度，由内存的冷却液温度 – 喷油时间曲线来确定基本喷油时间，如图 4-118 所示。然后再根据进气温度和蓄电池电压进行修正，得到起动时的喷油时间。

在发动机转速低于规定值或点火开关接通位于起动挡时,喷油时间的确定如图4-119所示。ECU根据冷却液温度传感器信号和内存的冷却液温度喷油时间曲线确定基本喷油时间,再根据进气温度传感器信号对喷油时间做修正(延长或缩短),然后根据蓄电池电压适当延长喷油时间,以实现喷油量的进一步修正。

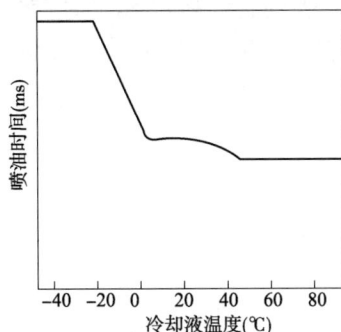

图4-118　起动时的基本喷油时间　　　　图4-119　起动时喷油时间的确定

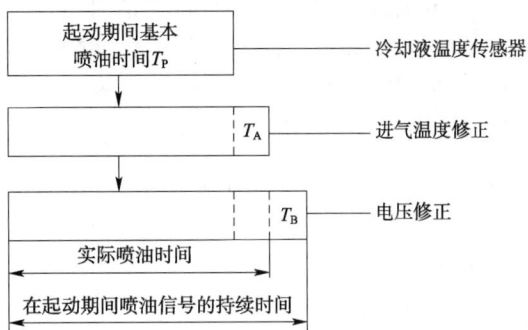

(2)发动机起动后的同步喷油量控制。电磁喷油器的喷油量取决于电磁阀打开的时间,即控制单元提供的喷油脉冲信号宽度(简称喷油脉宽)。

发动机起动后转速超过预定值时,ECU确定的燃油喷射时间为:

燃油喷射时间 = 基本燃油喷射时间 + 修正喷射时间

基本燃油喷射时间通过进入的空气量和发动机转速确定。图4-120给出了一个发动机的负荷P、转速n和空燃比λ的关系图,也称作"图谱",这张图谱以数字方式存储在控制单元的只读存储器中,用于确定脉冲宽度。箭头指向负荷、转速和空燃比增加的方向,曲线的交点即代表期望的空燃比相对值。

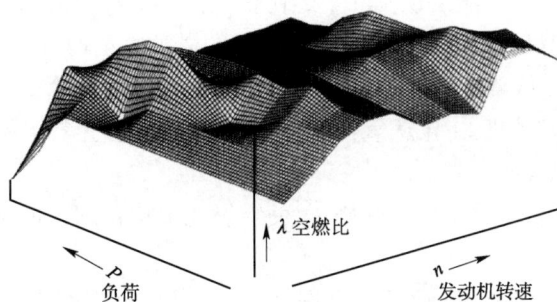

图4-120　脉冲宽度控制图谱

修正喷射时间取决于各传感器的信号,包括起动后加浓、暖机加浓、进气温度修正、空燃比反馈修正、加速加浓、功率加浓、电压修正等。

①起动后加浓。发动机完成起动后,点火开关由起动(STA)位置转到接通点火(ON)置,或发动机转速已达到或超过预定值,ECU额外增加喷油量,使发动机保持稳定运行。喷油量的初始修正值根据冷却液温度确定,然后以一定速度下降,逐步达到正常值。

②暖机加浓。发动机在冷机时,因为此时燃油不容易雾化,所以需要增加燃油的喷油量,即增加燃油喷射时间,来获得较浓的混合气,从而达到较好的行车效果。在冷却液温度

低时,ECU 根据冷却液温度传感器信号相应增加喷射量。冷却液温度在 −40℃ 时加浓量约为正常喷射量的 2 倍,如图 4-121 所示。

③进气温度修正。发动机进气密度随发动机的进气温度而变化,ECU 根据进气温度信号修正喷油持续时间,使空燃比满足要求。通常以 20℃ 为进气温度信号的标准温度,低于 20℃ 时空气密度大,ECU 增加喷油量,使混合气不致过稀;进气温度高于 20℃ 时,空气密度减小,ECU 使喷油量减少,以防混合气偏浓,增加或减少的最大修正量约为 10%。由进气温度修正曲线可见,修正在进气温度为 −20 ~ 60℃ 时进行,如图 4-122 所示。

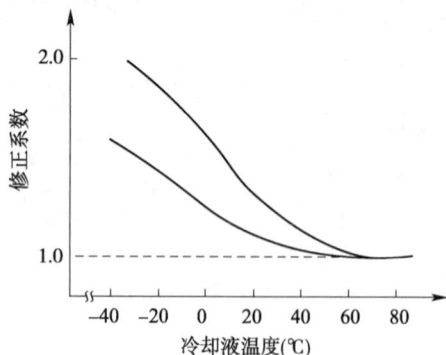

图 4-121　暖机加浓修正曲线　　　图 4-122　进气温度修正曲线

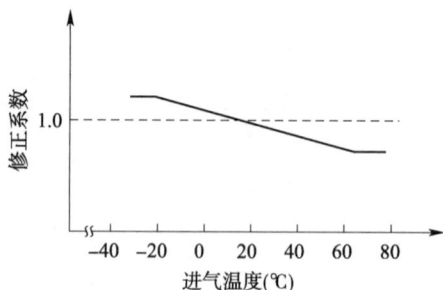

④空燃比反馈修正。当发动机负荷或发动机转速没有较大的波动,如发动机预热后的怠速或以恒定速度行驶时,此时根据汽缸内进入空气量的多少而供给燃油量(接近理论的空燃比值),使用氧传感器进行反馈控制。

发动机 ECU 决定了基本的喷射时间以达到理论上的空燃比值。但是要与发动机的实际工作条件保持一致,便有可能出现实际空燃比稍微偏离理论值的情况。因此,根据氧传感器检测的混合气体中的氧气浓度值,来确定在此时的燃油喷射时间是否达到了空燃比的理论值。如果发动机 ECU 从氧传感器的信号中断定空燃比高于理论值,它会减少喷射时间产生较稀的混合气;如果发动机 ECU 从氧传感器的信号中断定空燃比低于理论值,它会增加喷射时间产生较浓的混合气。

反馈控制操作通过重复进行较小的修正,使空燃比保持在理论值附近,又被称为闭环控制,如图 4-123 所示。

为防止催化剂过热和保证发动机的良好运作,空燃比反馈在发动机起动时、起动后加浓、功率加浓、当冷却液温度低于预定值、燃油切断、检测到电控系统故障情况下不会产生反馈控制,又为开环控制。

⑤加速加浓。突然加速时,空燃比变小,特别是在加速的开始阶段。因为当踩下加速器踏板开始加速时,根据进入的空气量而增加喷油量,会出现燃油供应滞后于进入汽缸内的空气快速变化量。因此需延长燃油喷射时间,以防止空气和燃油混合气偏稀。加速加浓的大小取决于节气门开后角度的变化速度。加速加浓修正在加速开始阶段会大量增加,增加到上限值后又会逐渐减小。此外,加速越快,燃油喷油量的增加越大。加速加浓如图 4-124 所示。

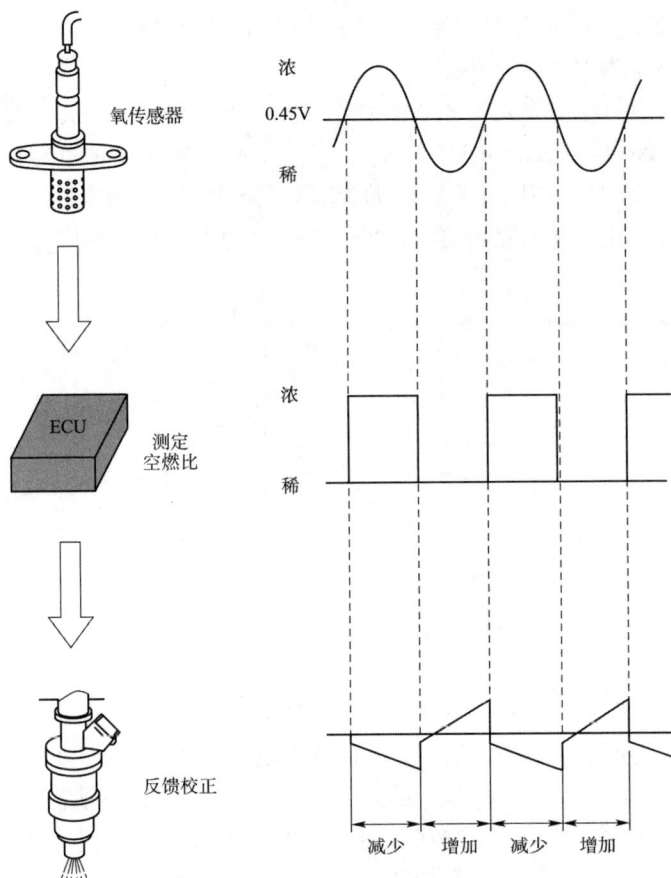

图 4-123 空燃比反馈修正

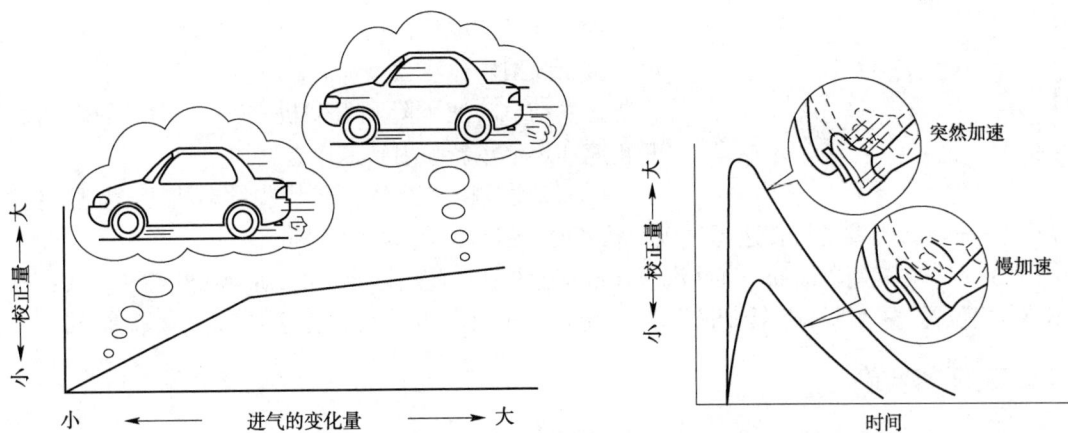

图 4-124 加速加浓

⑥功率加浓。发动机在高负荷情况下,比如当爬陡峭的山路时,很难使吸进的空气和喷射的燃油充分混合。燃烧时,进气空气并非全部使用,一些进气空气被残留。因此,燃烧过程中就需要喷射比理论空燃比多的燃油以使空气充分燃烧而增加功率。

高负荷是由节气门位置传感器的开启、发动机转速和进气质量来确定的。进气质量越大或发动机转速越高,比率的增加量越大;当节气门的开启角度等于或大于定值时也会增加比率。增加量的修正为 10% ~ 30%。

⑦电压修正。进行电压修正是因为喷油器的实际喷油时刻比 ECU 发出喷油指令的时刻晚,即存在一段滞后时间,如图 4-125 所示,使喷油器喷油的实际时间比 ECU 确定的喷油时间短,导致喷油量不足,使空燃比高于发动机要求的空燃比,蓄电池电压越低,滞后时间越长。因此 ECU 需根据蓄电电压适当延长喷油时间,以提高喷油量控制的精度,如图 4-126 所示。

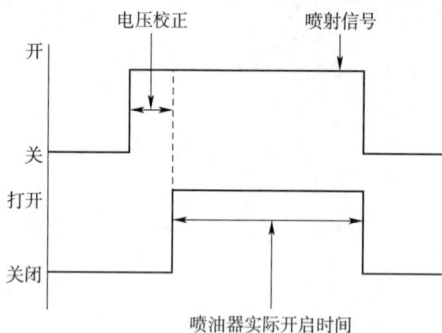

图 4-125　喷油滞后时间

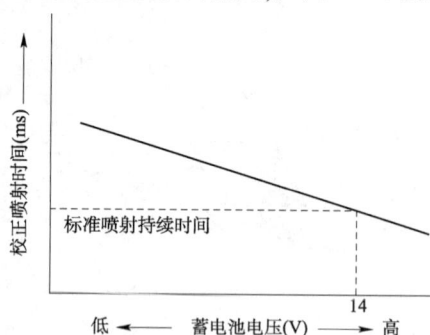

图 4-126　电压修正时间

4)断油控制

(1)减速断油。在减速过程中,为了减少有害气体的排放和增强发动机的制动效果,根据减速的具体条件可停止喷油,即燃油切断。减速状态取决于节气门的开度和发动机转速,当节气门关闭和发动机转速高时,发动机 ECU 就断定车辆在减速。当发动机转速超过预定值并且节气门关闭时,燃油切断控制工作。当发动机转速低于预定值或节气门开启时,燃油喷射将重新开始。燃油切断如图 4-127 所示。

当冷却液温度低的时候,发动机的燃油切断转速和燃油重新喷射转速将会增加。此外,当打开空调开关时,为防止发动机转速下降和发动机失速,发动机的燃油切断转速和燃油重新喷射转速也会增加。

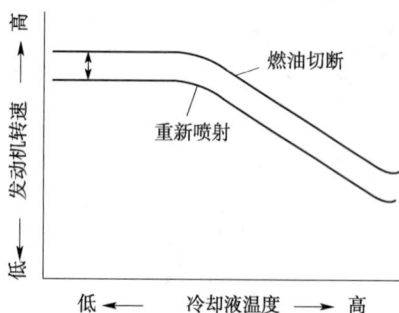

图 4-127　燃油切断控制

(2)发动机超速断油。在某些发动机上,为避免发动机超速运行,当发动机转速超过额定转速时,控制单元使燃油切断。

(3)汽车超速行驶断油。某些汽车在汽车行驶速度超过限定值时,也会切断燃油。ECU 根据节气门位置、发动机转速、冷却液温度、空调开关、停车灯开关及车速信号完成上述断油控制。

二、任务实施

(一)发动机控制单元的拆装与匹配

下面以上汽大众凌度轿车为例说明发动机控制单元的拆装与匹配方法。

1.准备工作

(1)将实训车辆停放在拆装区域,确保人员和设备的安全。

(2)检查实训室通风系统设备工作是否正常。

（3）准备诊断仪 6150 系列、维修手册、常用工具 1 套。

2．技术要求与注意事项

（1）如果发动机控制单元触碰到蓄电池正极,发动机控制单元将损坏。因此在拆卸发动机控制单元之前,须将蓄电池断开。

（2）如果更换了发动机控制单元,删除学习值并匹配发动机控制单元。

3．操作步骤

（1）关闭点火开关,并拔出钥匙。

（2）沿箭头 A 的方向松开支架上的卡子,沿箭头 B 的方向取下发动机控制单元 J623,如图 4-128 所示。

（3）拔下发动机控制单元的连接插头 1 和 2,如图 4-129 所示。

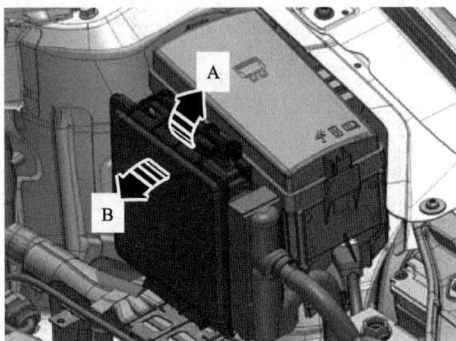

图 4-128　拆下发动机控制单元　　图 4-129　拔下发动机控制单元连接插头

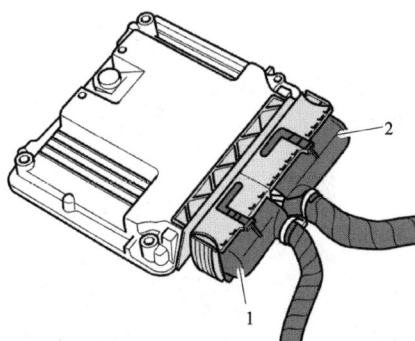

（4）将发动机控制单元 J623 安装到支架 2 中。在此过程中,确保发动机控制单元上的凸耳正确地啮合进支架顶部和底部的凹槽中箭头 B,如图 4-130 所示。

（5）连接发动机控制单元的插头并锁紧。

（6）连接笔记本故障诊断仪 6150 系列。选择启动诊断→制造商→车型→接受→无任务→控制单元列表。右击发动机电控系统→引导型功能→匹配→执行。

（7）完成实训任务后,对工作过程进行自我评价,提交实训工作单,接受指导老师的技能考核。

（8）整理并清洁工作场所,清点和收拾借出的工具、设备和资料,交回实训室。

（二）曲轴位置传感器的检测

下面以丰田 3SZ-FE 发动机为例说明曲轴位置传感器的检测方法和标准。

1．准备工作

（1）将实训车辆停放在拆装区域,确保人员和设备的安全。

（2）检查实训室通风系统设备工作是否正常。

（3）准备诊断仪、示波器、万用表、维修手册、常

图 4-130　发动机控制单元的安装

用工具 1 套。

2. 技术要求与注意事项

（1）如果曲轴位置传感器受到敲击或掉落,则将其更换。

（2）信号盘安装在曲轴上,有 34 个齿。信号盘旋转时,随着各齿经过传感器,便产生一个脉冲信号,发动机每转一周产生 34 个信号。

（3）如果测量值不符合标准,更换曲轴位置传感器。

3. 操作步骤

（1）通过维修手册,查找曲轴位置传感器的电路,如图 4-131 所示。

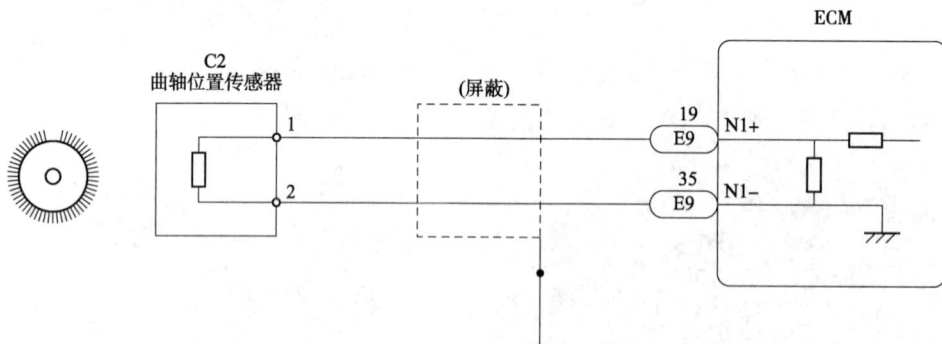

图 4-131　曲轴位置传感器电路图

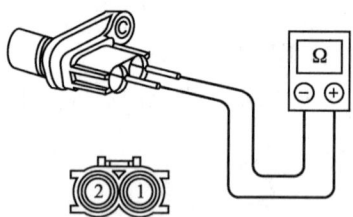

图 4-132　测量曲轴位置传感器电阻

（2）使用检测仪读取发动机转速值。将检测仪连接到诊断连接器,将点火开关转至"ON"并打开检测仪,选取动态数据表,起动发动机,在发动机运转时读取 Engine SPD(发动机转速值),标准值应与发动机转速相同。

（3）检查曲轴位置传感器电阻。断开曲轴位置传感器连接器 C2,测量端子 1 和端子 2 间的电阻,如图 4-132 所示。标准电阻值见表 4-12。

检测电阻　　　　　　　　　　　　　　　　表 4-12

检测仪连接	温度（指传感器线圈温度）	标准电阻值（Ω）
端子 1 和端子 2	冷态（ -10 ~ 50℃ ）	1630 ~ 2740
	热态（50 ~ 100℃）	2063 ~ 3225

（4）用示波器检查信号波形。波形类似正弦波,且无缺陷,如图 4-133 所示。

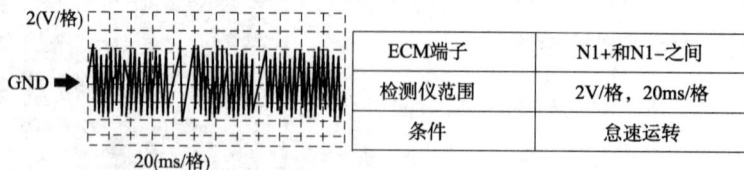

ECM端子	N1+和N1-之间
检测仪范围	2V/格, 20ms/格
条件	急速运转

图 4-133　曲轴位置传感器信号电压波形

（5）完成实训任务后,对工作过程进行自我评价,提交实训工作单,接受指导老师的技能考核。

（6）整理并清洁工作场所,清点和收拾借出的工具、设备和资料,交回实训室。

(三)凸轮轴位置传感器的检测

下面以丰田3SZ-FE发动机为例说明凸轮轴位置传感器的检测方法和标准。

1. 准备工作

(1)将实训车辆停放在拆装区域,确保人员和设备的安全。

(2)检查实训室通风系统设备工作是否正常。

(3)准备诊断仪、示波器、万用表、维修手册、常用工具1套。

2. 技术要求与注意事项

(1)如果凸轮轴位置传感器受到敲击或掉落,则将其更换。

(2)凸轮轴位置传感器安装在汽缸盖上,凸轮轴转动一圈,凸轮轴上的3个齿经过凸轮轴位置传感器,在传感器内产生3次电压。

(3)如果测量值不符合标准,更换凸轮轴位置传感器。

3. 操作步骤

(1)通过维修手册,查找凸轮轴位置传感器的电路,如图4-134所示。

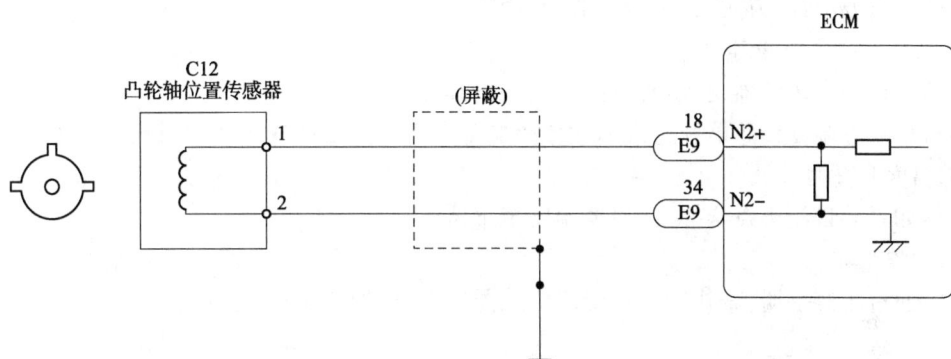

图4-134　凸轮轴位置传感器电路图

(2)检查凸轮轴位置传感器电阻。断开凸轮轴位置传感器连接器C12,测量端子1和端子2间的电阻,如图4-135所示。标准电阻值见表4-13。

(3)用示波器检查信号波形。正确的波形如图4-136所示。

(4)完成实训任务后,对工作过程进行自我评价,提交实训工作单,接受指导老师的技能考核。

(5)整理并清洁工作场所,清点和收拾借出的工具、设备和资料,交回实训室。

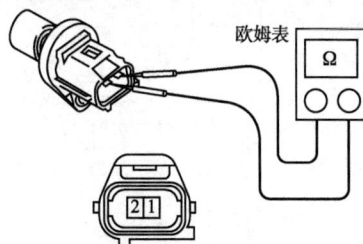

图4-135　测量凸轮轴位置传感器电阻

检测电阻　　　　表4-13

检测仪连接	温度(指传感器线圈温度)(℃)	标准电阻值(Ω)
端子1和端子2	冷态(-10~50)	835~1400
	热态(50~100)	1060~1645

149

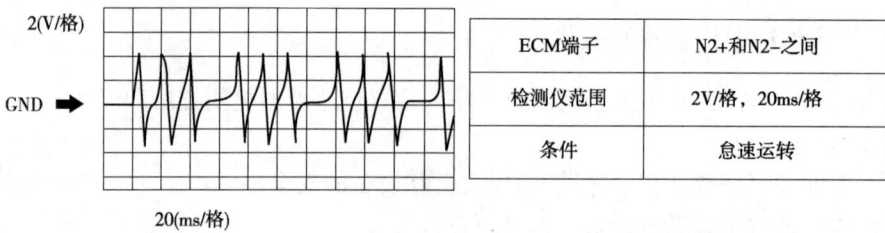

ECM端子	N2+和N2-之间
检测仪范围	2V/格，20ms/格
条件	怠速运转

图 4-136　凸轮轴位置传感器信号电压波形图

(四)温度传感器检测

下面以丰田 3SZ-FE 发动机为例说明温度传感器的检测方法和标准。冷却液温度传感器和进气温度传感器检测方法相同,下面以冷却液温度传感器检测为例。

1.准备工作

(1)将实训车辆停放在拆装区域,确保人员和设备的安全。

(2)检查实训室通风系统设备工作是否正常。

(3)准备温度计、万用表、维修手册、常用工具 1 套。

2.技术要求与注意事项

(1)如果温度传感器受到敲击或掉落,则将其更换。

(2)冷却液温度传感器和进气温度传感器都属于负温度系数热敏电阻式温度传感器,即电阻随温度升高而降低。

(3)如果测量值不符合标准,更换温度传感器。

3.操作步骤

(1)通过维修手册,查找冷却液温度传感器的电路,如图 4-137 所示。

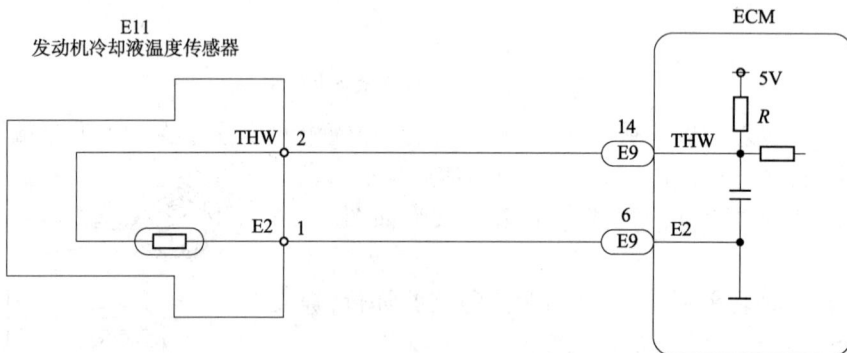

图 4-137　冷却液温度传感器电路图

(2)用欧姆表测量端子 1 与端子 2 间的电阻,检测方法如图 4-138 所示,标准电阻值见表 4-14。如果电阻不符合规定,则更换发动机冷却液温度传感器。

(3)完成实训任务后,对工作过程进行自我评价,提交实训工作单,接受指导老师的技能考核。

(4)整理清洁工作场所,清点收拾借出的工具、设备和资料,交回实训室。

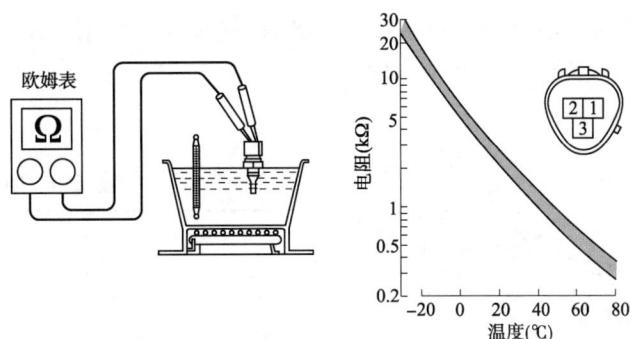

图 4-138　测量发动机冷却液温度传感器电阻

检 测 电 阻　　　　　　　　　　　　　　　　　　　表 4-14

检测仪连接	标准电阻值（kΩ）	检测仪连接	标准电阻值（kΩ）
端子 1—端子 2	20℃时,2.29～2.20	端子 1—端子 2	80℃时,0.302～0.327

（五）爆震传感器检测

下面以丰田 3SZ-FE 发动机为例说明爆震传感器的检测方法和标准。

1. 准备工作

（1）将实训车辆停放在拆装区域,确保人员和设备的安全。

（2）检查实训室通风系统设备工作是否正常。

（3）准备示波器、万用表、维修手册、常用工具 1 套。

2. 技术要求与注意事项

（1）如果爆震传感器受到敲击或掉落,则将其更换。

（2）3SZ-FE 发动机使用平面型爆震传感器（非谐振型）,可以检测较宽频内（6～15kHz）的振动。

（3）如果测量值不符合标准,更换爆震传感器。

3. 操作步骤

（1）通过维修手册,查找爆震传感器的电路,如图 4-139 所示。

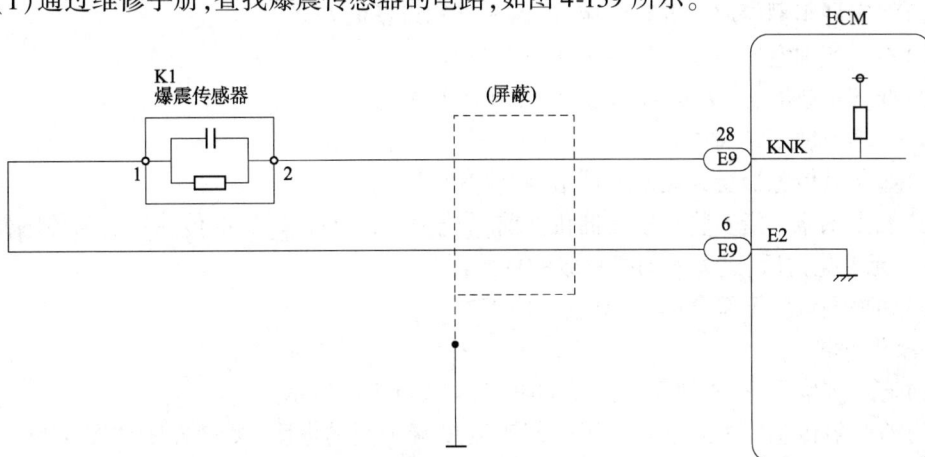

图 4-139　爆震传感器电路图

（2）检测爆震传感器的电阻。拆下爆震传感器,测量端子 1 与端子 2 间的电阻。测量方法如图 4-140 所示。标准电阻值见表 4-15。

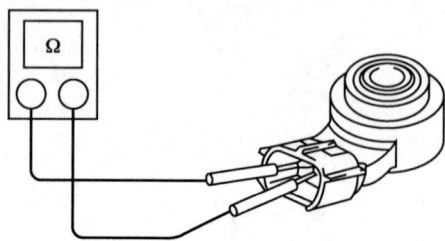

图 4-140　测量爆震传感器的电阻

检 测 电 阻　　表 4-15

检测仪连接	标准电阻值(kΩ)
端子 1—端子 2	20℃时,120 ~ 280

（3）用示波器检查信号电压。用示波器检查,正确的波形如图 4-141 所示。

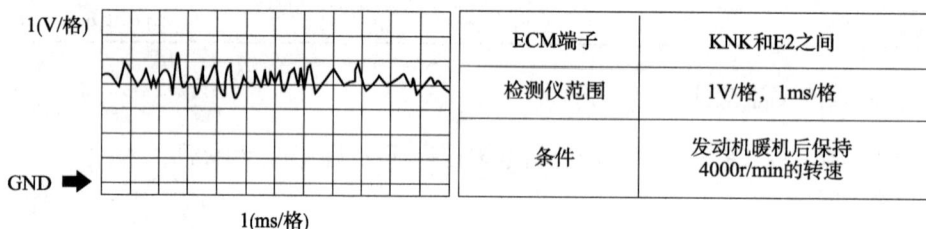

ECM端子	KNK和E2之间
检测仪范围	1V/格, 1ms/格
条件	发动机暖机后保持4000r/min的转速

图 4-141　爆震传感器电压波形

（4）完成实训任务后,对工作过程进行自我评价,提交实训工作单,接受指导老师的技能考核。

（5）整理并清洁工作场所,清点和收拾借出的工具、设备和资料,交回实训室。

（六）氧传感器检测

下面以丰田 3SZ-FE 发动机为例说明氧传感器的检测方法和标准。

1. 准备工作

（1）将实训车辆停放在拆装区域,确保人员和设备的安全。

（2）检查实训室通风系统设备工作是否正常。

（3）准备示波器、万用表、维修手册、常用工具 1 套。

2. 技术要求与注意事项

（1）如果氧传感器受到敲击或掉落,则将其更换。

（2）氧传感器 1 指安装在三元催化器前,位于发动机总成附近的传感器。氧传感器 2 指安装在三元催化器后,远离发动机总成的传感器。

（3）如果测量值不符合标准,更换氧传感器。

3. 操作步骤

（1）通过维修手册,查找氧传感器的电路,如图 4-142 所示。

（2）检测氧传感器 1 的电阻。用欧姆表测量端子间的电阻,测量方法如图 4-143 所示。标准电阻值见表 4-16。

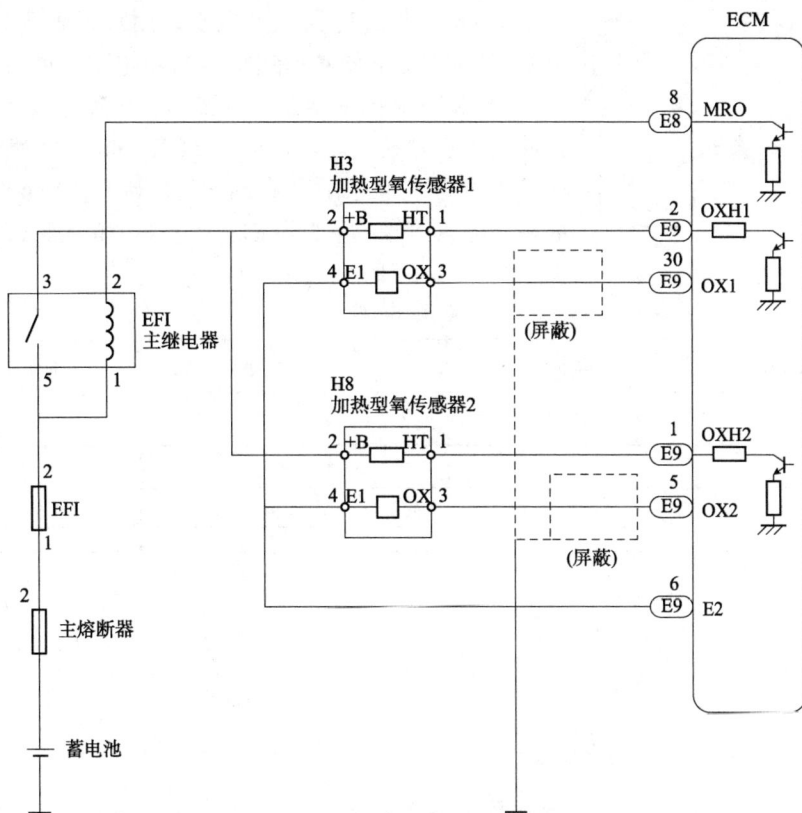

图 4-142　氧传感器电路图

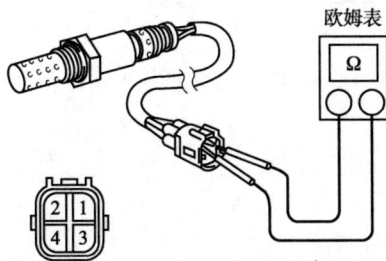

图 4-143　测量氧传感器 1 的电阻

检测电阻　　表 4-16

检测仪连接	标准电阻值
1(HT) - 2(+ B)	20℃时,11 ~ 16Ω
1(HT) - 4(E1)	>10kΩ

（3）检测氧传感器 1 信号波形。正确连接示波器,起动并使发动机暖机,使发动机以 2500r/min 的转速运转 90s。在发动机怠速时读取输出电压信号波形,应在低于 0.35V 和高于 0.45V 之间波动,且波动周期"t"小于 2s,如图 4-144 所示。

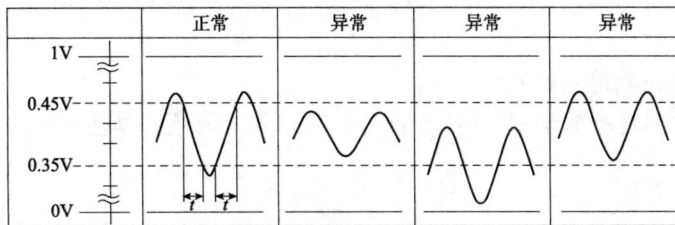

图 4-144　氧传感器 1 的电压信号

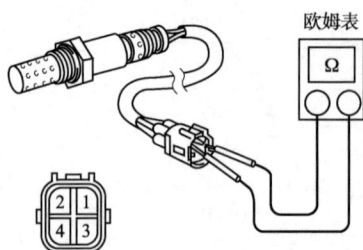

图 4-145　测量氧传感器 1 的电阻

（4）检测氧传感器 2 的电阻。用欧姆表测量端子间的电阻，测量方法如图 4-145 所示，标准电阻值见表 4-17。

（5）检测氧传感器 2 信号波形。正确连接示波器，起动并使发动机暖机，使发动机以 2500r/min 的转速运转 3min，然后快速踩下加速踏板，直到发动机转速达到 4000r/min，读取输出电压信号波形，应在低于 0.4V 和高于 0.5V 之间波动，如图 4-146 所示。

检测电阻　　　　　　　　　　　　　　　　　　　　　　表 4-17

检测仪连接	标准电阻值	检测仪连接	标准电阻值
1(HT)－2(＋B)	20℃时,4.7～7.2Ω	1(HT)－4(E1)	>10kΩ

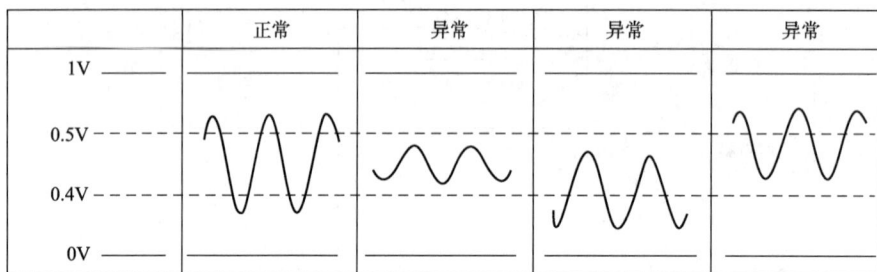

图 4-146　氧传感器 2 的电压信号

（6）完成实训任务后，对工作过程进行自我评价，提交实训工作单，接受指导老师的技能考核。

（7）整理并清洁工作场所，清点和收拾借出的工具、设备和资料，交回实训室。

三、评价与反馈

1. 自我评价

（1）通过本学习任务的学习你是否已经知道以下问题：

①电控燃油喷射系统主要部件有哪些和作用是什么？

②电控燃油喷射系统传感器的工作原理是什么？

③电控燃油喷射系统主要控制功能有哪些？

（2）发动机控制单元的拆装与匹配过程中用到了哪些设备？

（3）曲轴位置传感器、凸轮轴位置传感器、温度传感器、爆震传感器、氧传感器检测的步骤有哪些？

（4）实训过程完成情况如何？

（5）通过本学习任务的学习，你认为自己的知识和技能还有哪些欠缺？

签名：_____　　___年___月___日

2. 小组评价(表4-18)

小 组 评 价 表　　　　　　　表4-18

序　号	评价项目	评价情况
1	着装是否符合要求	
2	是否能合理规范地使用仪器和设备	
3	是否按照安全和规范的流程操作	
4	是否遵守学习、实训场地的规章制度	
5	是否能保持学习、实训场地整洁	
6	团结协作情况	

参与评价的同学签名：_____　___年___月___日

3. 教师评价

_____

_____

教师签名：_____　___年___月___日

四、技能考核标准(表4-19)

技能考核标准表　　　　　　　表4-19

序号	项　目	操 作 内 容	规定分	评 分 标 准	得分
1	发动机控制单元拆装与匹配	记录车辆铭牌信息	3分	记录信息是否全面	
		拆下发动机控制单元	3分	是否达到操作要求标准	
		拔下控制单元连接插头	3分	是否达到操作要求标准	
		安装发动机控制单元	3分	是否达到操作要求标准	
		连接发动机控制单元的插头并锁紧	3分	是否达到操作要求标准	
		匹配发动机控制单元	4分	是否达到操作要求标准	
		设备仪器回收、清点,清洁场地	3分	是否符合5S要求	
2	曲轴位置传感器检测	记录车辆铭牌信息	2分	记录信息是否全面	
		查找节气门位置传感器的电路图	3分	是否达到操作要求标准	
		使用检测仪读取发动机转速值	4分	是否达到操作要求标准	
		检查曲轴位置传感器电阻	4分	是否达到操作要求标准	
		用示波器检查信号波形	4分	是否达到操作要求标准	
		设备仪器回收、清点,清洁场地	3分	是否符合5S要求	
3	凸轮轴位置传感器检测	记录车辆铭牌信息	2分	记录信息是否全面	
		查找凸轮轴位置传感器的电路	4分	是否达到操作要求标准	
		检查凸轮轴位置传感器电阻	3分	是否达到操作要求标准	
		用示波器检查信号波形	4分	是否达到操作要求标准	
		设备仪器回收、清点,清洁场地	2分	是否达到操作要求标准	

续上表

序号	项 目	操 作 内 容	规定分	评 分 标 准	得分
4	温度传感器检测	记录车辆铭牌信息	3分	记录信息是否全面	
		查找冷却液温度传感器的电路	5分	是否达到操作要求标准	
		用欧姆表测量端子1与端子2间的电阻	5分	是否达到操作要求标准	
		设备仪器回收、清点,清洁场地	3分	是否符合5S要求	
5	爆震传感器检测	记录车辆铭牌信息	2分	记录信息是否全面	
		查找爆震传感器的电路	3分	是否达到操作要求标准	
		检测爆震传感器的电阻	4分	是否达到操作要求标准	
		用示波器检查信号电压	4分	是否达到操作要求标准	
		设备仪器回收、清点,清洁场地	2分	是否达到操作要求标准	
6	氧传感器检测	记录车辆铭牌信息	1分	记录信息是否全面	
		查找氧传感器的电路	3分	是否达到操作要求标准	
		检测加热型氧传感器1的电阻	2分	是否达到操作要求标准	
		检测氧传感器1信号波形	3分	是否达到操作要求标准	
		检测加热型氧传感器2的电阻	2分	是否达到操作要求标准	
		检测氧传感器2信号波形	3分	是否达到操作要求标准	
		设备仪器回收、清点,清洁场地	1分	是否符合5S要求	
总分			100分		

学习任务5　提高进气性能的控制系统

学习目标

☞ 知识目标

1. 能正确叙述进气谐波增压控制系统原理和工作过程;
2. 能简单叙述不同车系可变配气相位及气门升程控制系统的工作原理;
3. 能正确叙述废气涡轮增压控制系统组成和工作过程。

☞ 技能目标

1. 能规范对可变气门正时系统进行检测;
2. 能规范拆卸和安装废气涡轮增压器;
3. 能规范对废气涡轮增压器的执行器进行检测。

☞ 素质目标

1. 通过对进气控制系统的学习,培养学生从个案中找到共性、总结规律、积累经验的能力;
2. 通过技能实训、质量检查,培养学生正确的质量强国意识。

建议课时

6～10课时。

一、理论知识准备

1.进气谐波增压控制系统

1)谐波增压的基本原理

发动机工作时,进气管内的气体经进气门高速流入汽缸,当进气门关闭时,由于气体流动惯性使进气门附近的气体受到压缩而压力增高;当气体惯性过后,进气门附近被压缩的气体膨胀而流向进气相反的方向,压力下降;膨胀的气体流动到进气管口时又被反射回来,这样在进气管即产生了压力波。在部分电控燃油喷射发动机上,即利用了进气管内的压力波与进气门的开启配合,当进气门开启时,使反射回来的压力波正好传到该气门附近,从而形成进气增压的效果,提高发动机的充气效率和功率。

发动机工作时,从进气门关闭到下一次开启的间隔时间取决于发动机的转速,而进气管内的压力波反射回到进气门处所需的时间,取决于压力波传播路线的长度。进气管较长时,压力波传播距离长,发动机低速性能较好。进气管较短时,压力波传播距离短,发动机高速性能较好。

进气谐波增压系统的功能就是根据发动机转速的变化,改变进气管内压力波的传播距离,以提高充气效率,改善发动机性能。

2)谐波增压控制系统

下面以丰田3UZ-FE发动机的进气谐波增压系统为例进行说明。

丰田3UZ-FE发动机的进气谐波增压系统可改变进气歧管的有效长度,从而提高了从低速到高速的所有转速范围内的动力性。根据发动机的转速和节气门的开度,使用进气控制阀改变进气歧管的有效长度,如图4-147所示。

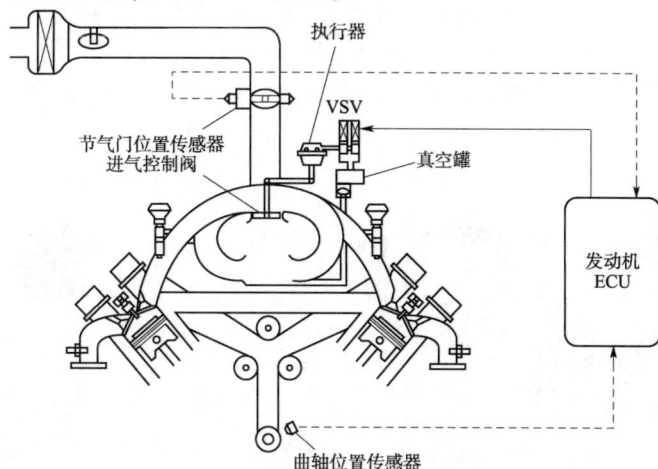

图4-147　进气谐波增压系统

　　谐波增压控制系统主要由进气控制阀、真空开关阀和真空罐组成。进气控制阀在进气室中,关闭时可使进气歧管分成两段,达到改变有效长度的目的,如图 4-148 所示。真空开关阀依照发动机 ECU 的信号,控制真空的通断,从而操作进气控制阀打开或关闭,如图 4-149 所示。ECU 根据发动机转速信号控制真空开关阀的开闭,进而控制进气控制阀的开闭。

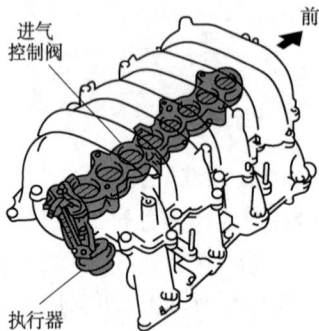

图 4-148　进气控制阀　　　　　　图 4-149　真空开关阀

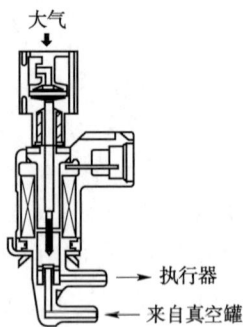

　　在发动机的低、中速范围内,发动机 ECU 打开真空开关阀,真空力被作用于执行器的膜片室,进气控制阀关闭,从而延伸了进气歧管的有效长度,如图 4-150 所示。此时进气管长度变长,压力波长,以适应低速区域形成气体动力增压效果。

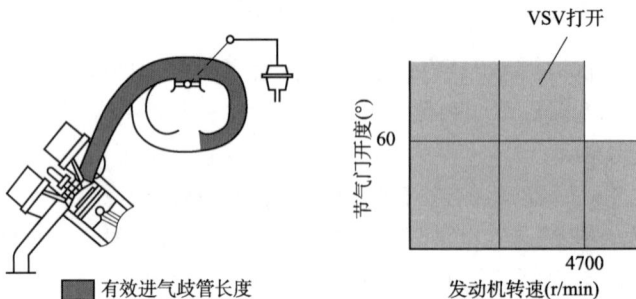

图 4-150　进气控制阀关闭(真空开关阀打开)时的工作示意图

　　在发动机高速运转时,发动机 ECU 关闭真空开关阀,大气压力作用于执行器的膜片室,进气控制阀打开,使得进气歧管的有效长度缩短,达到最大进气填充效率,以增加高速范围内的动力性,如图 4-151 所示。

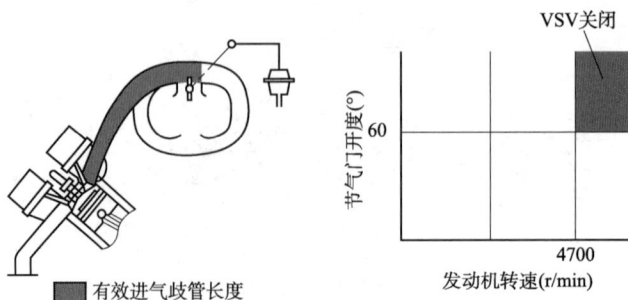

图 4-151　进气控制阀打开(真空开关阀关闭)时的工作示意图

2. 可变配气相位及气门升程控制系统

实际发动机的工作中,为使进气充分、排气干净,进气门和排气门均存在早开晚闭的情况,进气门和排气门的开启持续时间也大于180°曲轴转角。配气相位和气门升程对发动机性能有很大影响,即使是同一台发动机,随转速和负荷的不同对配气相位和气门升程的要求也不同,随发动机转速和负荷的提高,气门提前角、气门迟闭角、气门持续角和气门升程均应增大,反之则应减小。但在传统发动机的配气机构中,气门驱动凸轮的形状、凸轮轴与曲轴的相对位置是固定的,在发动机使用过程中,配气相位和气门升程不能改变,发动机性能就不能在各种工况下均能得到优化。为解决上述问题,气门可变驱动技术应运而生。

气门驱动控制系统的功能:根据发动机转速和负荷的变化,适时调整配气相位和气门升程。目前,由于进气门配气相位和气门升程对发动机性能的影响比排气门大,为简化发动机结构并降低成本,气门驱动控制系统一般只控制进气门气相位和升程。对柴油机和汽油机气门驱动控制系统均可使用。

典型的可变配气相位及气门升程控制系统有丰田公司的 Variable Valve Timing & Lift Intelligent(VVTL-i)、大众公司的可变配气相位及气门升程控制系统、本田公司的 Variable Valve Timing and Valve Lift Electronic Control System(VTEC)等。

1)丰田 VVTL-i 控制系统

丰田公司 VVTL-i(智慧型可变气门正时及升程)控制系统是根据发动机运行工况的变化,通过使进气凸轮轴相对曲轴转动实现对进气相位的控制,通过变换驱动进气门的凸轮来改变气门升程。

丰田公司 VVTL-i 控制机构的组成如图 4-152 所示。该机构可分为两部分:一部分由 VVT-i 液压控制器和液压控制阀组成,用来改变进气凸轮轴与其带轮的相对位置,以控制进气门的配气相位;另一部分主要由 VVTL-i 液压控制阀、进气凸轮轴和摇臂总成等组成,用来变换驱动进气门的凸轮,以改变进气门升程。两个液压控制阀为电液比例阀,用于执行 ECU 的指令控制液压油路,系统所用液压油为发动机润滑油。

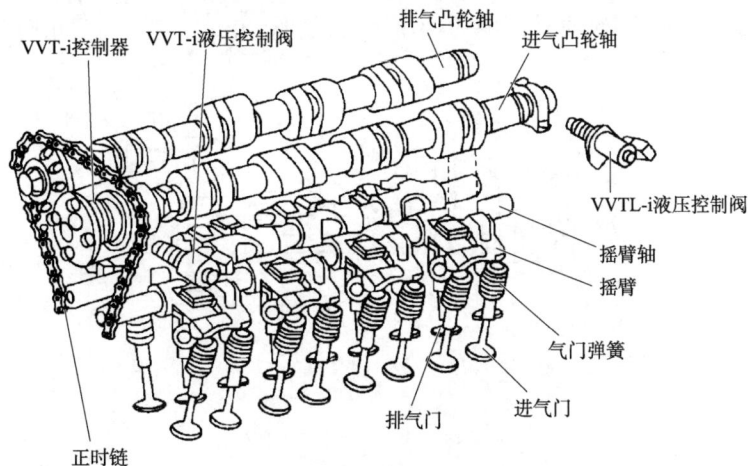

图 4-152　丰田公司 VVTL-i 控制机构组成

（1）可变气门正时系统（VVT-i）。丰田可变进气门正时系统利用油压来调整进气凸轮轴转角气门正时进行优化，从而提高功率输出、改善燃料消耗率和减少废气排放。

①系统组成。ECU 根据转速和负荷的要求控制进气凸轮轴正时控制阀，控制器根据指令使进气凸轮轴相对于齿形带旋转一个角度，达到进气门延迟开闭的目的，用以增大高速时的进气迟后角，从而提高充气效率。VVT-i 系统的主要部件为 VVT-i 控制器和 VVT-i 液压控制阀。

VVT-i 控制器如图 4-153 所示。VVT-i 控制器由一个由正时链条驱动的齿轮和固定在进气凸轮轴上叶片组成，如图 4-174 所示。来自进气凸轮轴提前或者延迟侧的通道传送的油压使 VVT-i 控制器的叶片沿圆周方向旋转，从面连续不断地改变进气门正时。当发动机停止时，进气凸轮轴被移动到最大延迟状态以维持起动性能。在发动机起动后，油压并未立即传到 VVT-i 控制器时，锁销锁定 VVT-i 控制器的动作，以防机械部分撞击产生噪声。

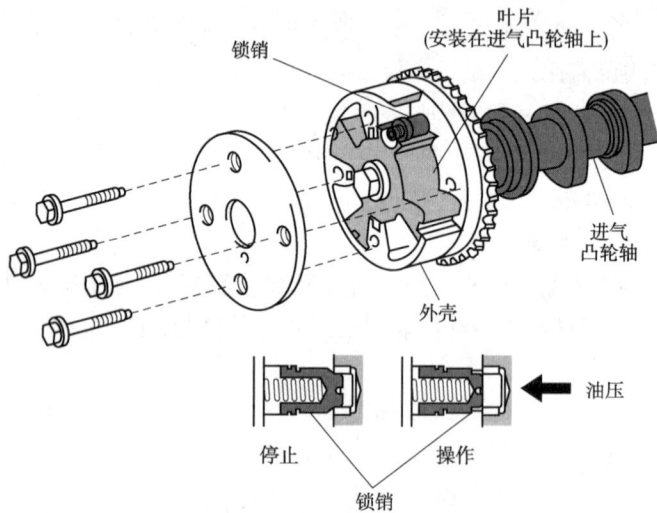

图 4-153　VVT-i 控制器

VVT-i 液压控制阀如图 4-154 所示，根据发动机 ECU 的占空比控制，改变滑阀位置，控制流到 VVT-i 控制器提前侧或延迟侧的油压。发动机停止时，进气气门正时是在最大延迟角度上。

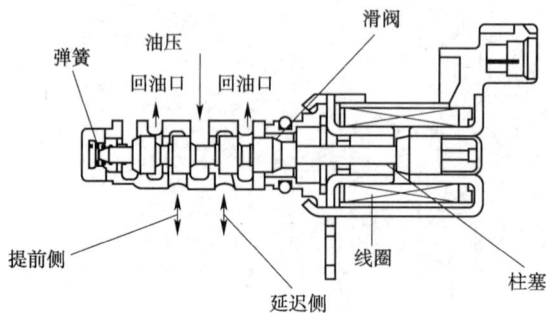

图 4-154　VVT-i 液压控制阀

②工作原理。VVT-i 液压控制阀是根据发动机 ECU 输出的电流量，来选择流向 VVT-i 液压控制器的通道。VVT-i 控制器应用油压使进气凸轮轴旋转到提前、延迟或保持气门止

时所在位置。发动机 ECU 根据发动机转速、进气量、节气门位置、冷却液温度来计算出各种运行条件下的最佳气门正时,以便控制 VVT-i 液压控制阀。此外,发动机 ECU 使用凸轮轴位置传感器和曲轴位置传感器传出的信号来计算实际气门正时,并进行反馈控制以达到目标气门正时。系统工作原理如图 4-155 所示。

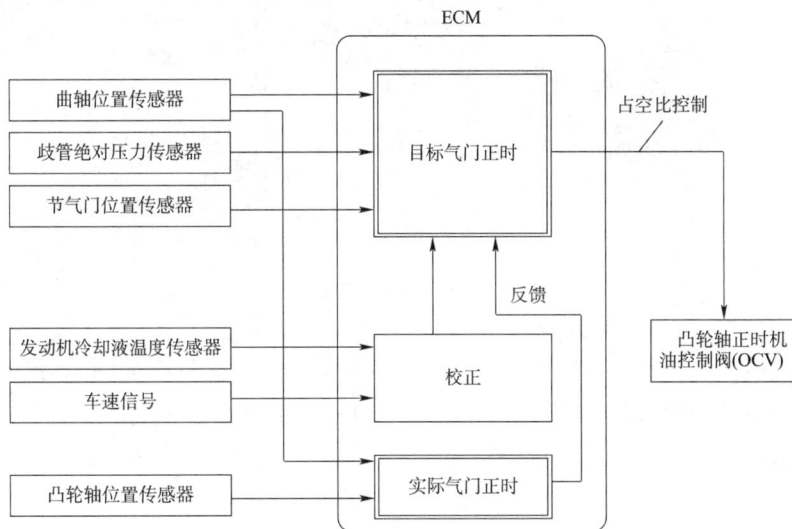

图 4-155　VVT-i 系统工作原理图

③工作工程。进气正时提前:发动机 ECU 控制 VVT-i 液压控制阀的位置,使油压作用于气门正时提前侧的叶片室,进气凸轮轴向气门正时的提前方向旋转,如图 4-156 所示。

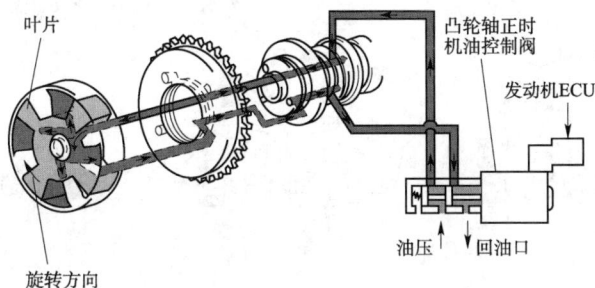

图 4-156　进气凸轮轴向气门正时的提前方向旋转

进气正时延迟:发动机 ECU 控制 VVT-i 液压控制阀的位置,使油压作用于气门正时延迟侧的叶片室,进气凸轮轴向气门正时的延迟方向旋转,如图 4-157 所示。

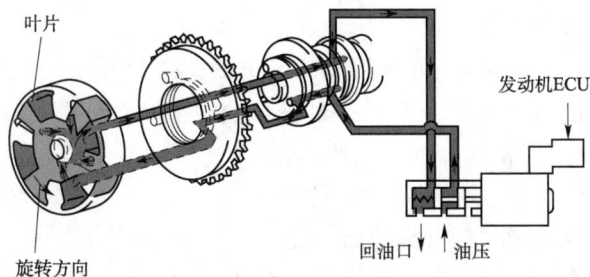

图 4-157　进气凸轮轴向气门正时的延迟方向旋转

气门正时保持:发动机 ECU 根据具体的运作参数进行处理,并计算出目标气门正时角度,当达到目标气门正时以后,VVT-i 液压控制阀关闭油道来保持油压,保持现在的气门正时的状态,如图 4-158 所示。

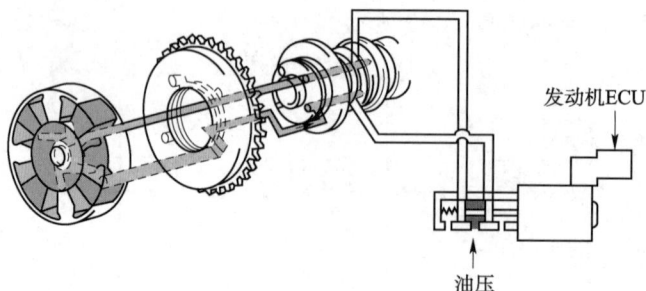

图 4-158　保持气门正时

(2)可变进气门升程控制系统。

①系统组成。进气升程控制系统如图 4-159 所示。驱动进气门的凸轮分为高速凸轮和低速凸轮,高速凸轮的升程大于低速凸轮升程。对应每个汽缸两进气门有 1 个摇臂和高、低速 2 个凸轮,在摇臂高速凸轮的位置装有滑块,摇臂内空腔装有液压滑销。

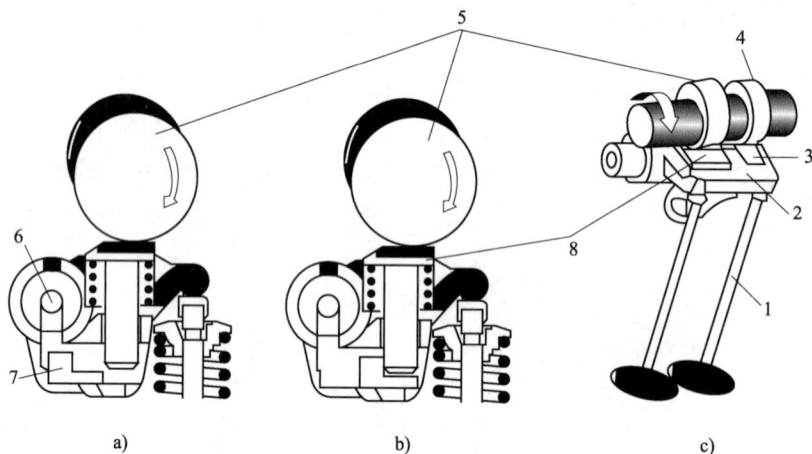

图 4-159　丰田公司进气门升程控制机构

1-进气门;2-摇臂;3-滚轮;4-低速凸轮;5-高速凸轮;6-油道;7-滑销;8-滑块

②工作工程。小负荷时:如图 4-159a)所示,发动机低速小负荷运转时,摇臂内的滑销位于初始位置,高速凸轮顶动滑块时,滑块空动无法将力传递给摇臂,此时由低速凸轮通过滚轮和摇臂驱动两个进气门工作。

大负荷时:如图 4-159b)所示,发动机高速大负荷运转时,由 ECU 控制的液压控制阀开启通向摇臂内腔的液压通道,进入摇臂内腔的液压油将滑销推至滑块底部,以消除滑块底部与摇臂的间隙,由于高速凸轮的升程比低速凸轮大,所以此时高速凸轮通过滑块、滑销和摇臂驱动两个进气门工作,而低速凸轮无法起作用。

2)大众可变配气相位及气门升程控制系统

(1)可变气门正时系统。大众车系的部分车型的可变气门正时系统采用了正时链条控制。

①系统组成。可变气门正时系统主要由凸轮轴调整电磁阀、可移动活塞、正时链条、凸轮轴调整器、进排气凸轮轴构成，如图4-160所示。

②工作工程。发动机控制单元根据发动机的转速判定可变气门正时系统是否工作。当控制单元判定系统工作时，凸轮轴调整电磁阀通电，从而改变正时调整器内的机油的流向，使可移动活塞上下移动时的机油压力发生变化，改变活塞的位置，活塞的上下移动导致链条调整器上下移动，从而推动链条上下的长度发生变化。

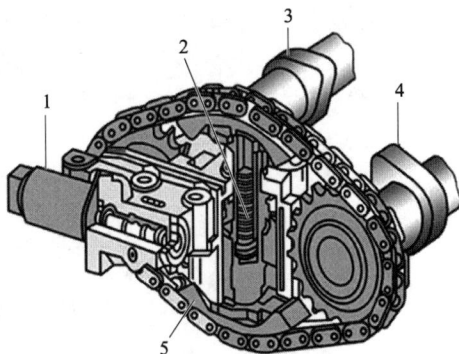

图4-160　可变气门正时系统的组成

1-凸轮轴调整电磁阀；2-可移动活塞；3-排气凸轮轴；4-进气凸轮轴；5-凸轮轴调整器

当发动机在高转速时，如图4-161a)所示，凸轮轴调整器向上推动活塞，链条下部短，上部长。因为排气凸轮轴被齿形带固定不能转动，链条带动进气轮轴顺时针旋转一定角度，从而使进气门打开时间提前，使发动机提前进气，提高进气效率和发动机功率。

当发动机在中低转速时，如图4-161b)所示，凸轮轴调整电磁阀向下推动活塞，于是链条上部变短，下部变长。进气凸轮轴被逆时针旋转一定角度，进气门打开和关闭时间推迟，此时可获得大转矩输出。

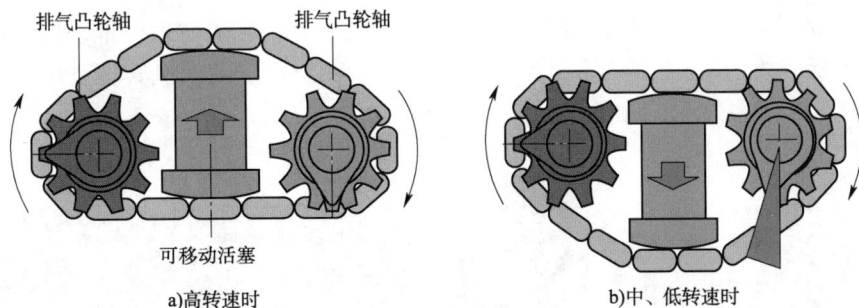

图4-161　可变气门正时系统工作位置

（2）电子气门升程切换系统。大众汽车EA888第三代发动机使用了电子气门升程切换系统，如图4-162所示。通过排气凸轮轴上的电子气门升程切换以及进气和排气凸轮轴上的可变气门正时，实现了对每个汽缸气体交换的优化控制。

①系统组成。为了在排气凸轮轴上两个不同的气门升程之间相互切换，此凸轮轴有4个可移动的凸轮件（带有内花键）。每个凸轮件上都装有两对凸轮，其凸轮升程是不同的，如图4-163所示，通过执行器对两种升程进行切换，接合每个凸轮件上的滑动槽，并移动凸轮轴上的凸轮件。此系统共有8个执行器，每个执行器都包含一个电磁线圈。

②工作原理。在两个执行器的辅助下，每个凸轮件在排气凸轮轴上在两个切换位置之间被来回推动。每个汽缸的一个执行器切换到更大的气门升程，另一个执行器切换到更小的气门升程，如图4-164所示。每个执行器由发动机控制单元J623的搭铁信号启动。通过主继电器J271供电，执行器的电流消耗约为3A。

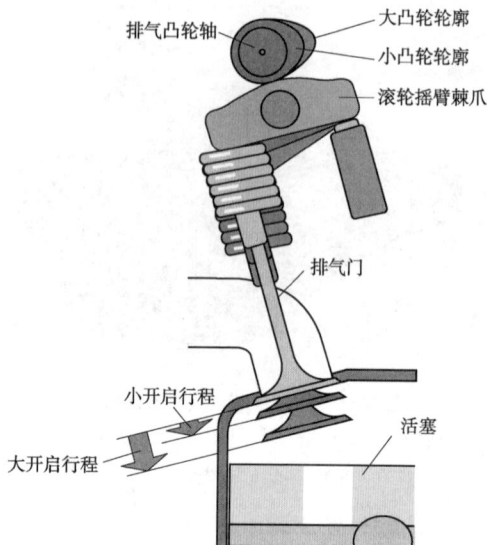

图 4-162　电子气门升程切换系统示意图

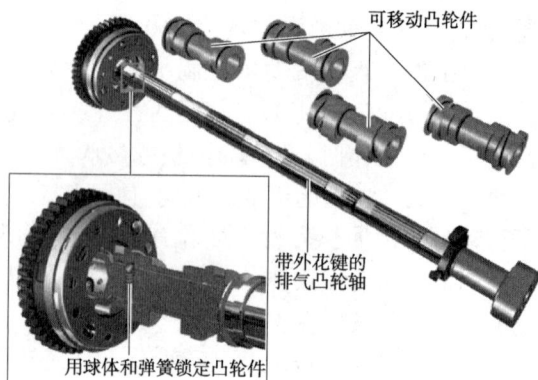

图 4-163　可移动凸轮件结构图

当电流通过执行器电磁线圈时,金属销在 18 ~ 22ms 中被移动。伸展的金属销接合到排气凸轮轴上凸轮件的相关滑动槽中,并通过凸轮轴旋转推动滑动槽到相应的切换位置。销通过机械方式在滑动槽(相当于一个复位斜面)的作用下缩进去。

发动机控制单元根据复位信号得知金属销的当前位置。当复位斜面推动执行器的金属销回到元件的导管中时,生成一个复位信号,如图 4-165 所示。发动机管理系统可根据哪个执行器发出复位信号来确定相关滑动装置的当前位置。

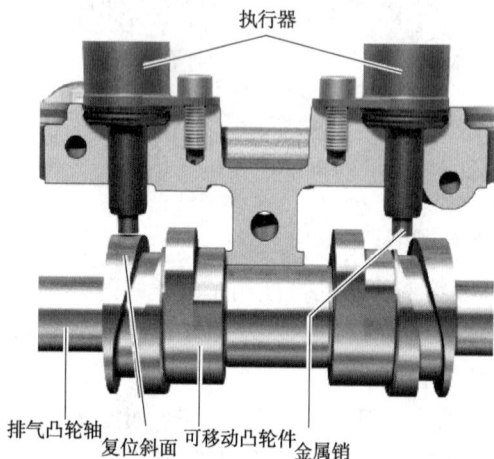

图 4-164　气门升程切换

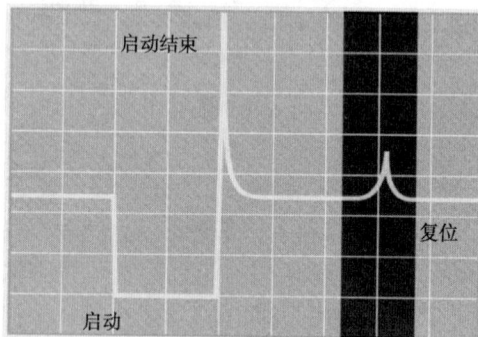

图 4-165　复位信号

③工作工程。

a. 在较低发动机转速范围下的凸轮轴位置:为了使这个负载范围内的气体交换性能更佳,发动机管理系统通过凸轮轴调节器将进气凸轮轴提前、将排气凸轮轴延迟。气门升程切换至更小的排气凸轮轮廓,而且右侧执行器移动金属销。它接合滑动槽,并将凸轮件移至小凸轮轮廓,如图 4-166 所示。

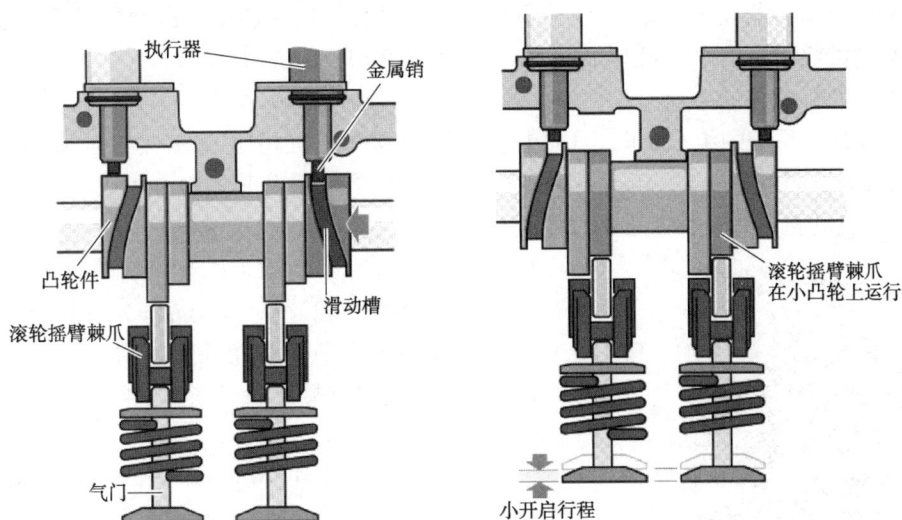

图 4-166　在较低发动机转速范围下的凸轮切换

气门现在沿着较小的气门轮廓上下移动。两个小凸轮的位置在某种程度上是交错的，确保汽缸两个排气门的开启时间是错开的。这两项措施会导致在废气被从活塞中排到涡轮增压器中时，废气气流的脉动减小，从而可在低转速范围达到较高的增压压力。

b. 部分负载和全负载下的凸轮轴位置：驾驶人加速并从部分负载改变为全负载。汽缸内的气体交换必须适应更高的性能需求。发动机管理系统通过凸轮轴调节器将进气凸轮轴提前、将排气凸轮轴延迟。为达到最佳的汽缸填充性能，排气门需要最大的气门升程。为了实现此目的，左执行器被启动，由左执行器移动其金属销。金属销通过滑动槽将凸轮件移向大凸轮。排气门现在以最大的升程打开和关闭。凸轮件也通过凸轮轴中的弹簧加载式球体被固定在此位置，如图 4-167 所示。

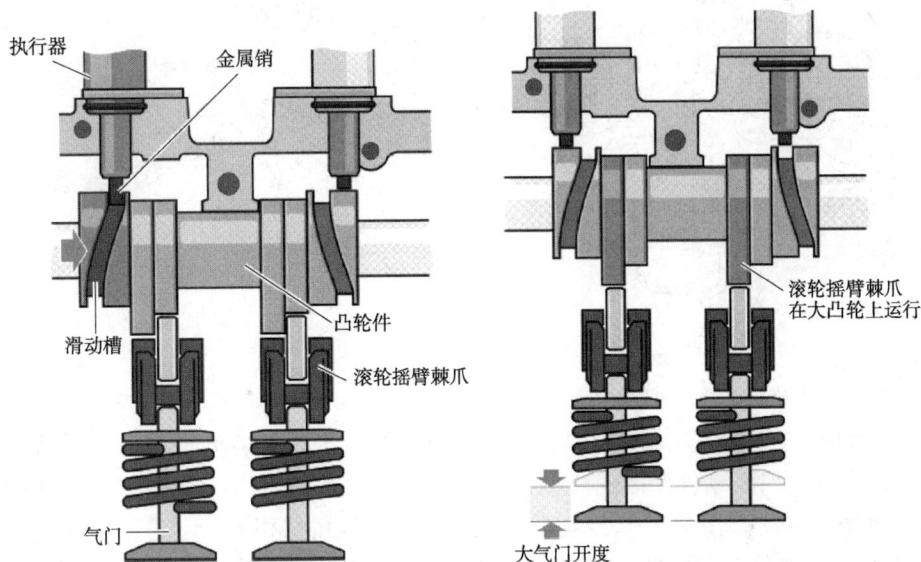

图 4-167　部分负载和全负载下的凸轮轴切换

如果一个执行器发生故障,则无法再执行气门升程切换功能。在这种情况下,发动机管理系统会尝试将所有汽缸切换为最近成功的一次气门升程切换。

3)本田 VTEC 控制系统

本田 VTEC 系统的组成如图4-168所示。与普通发动机相比,VTEC 发动机同样是每缸4气门,由凸轮轴通过摇臂驱动,不同的是凸轮和摇臂的数目及其控制方法。

VTEC 发动机的每个汽缸上的2个进气门分为主进气门和次进气门。两个进气门上使用了3个凸轮及3个摇臂,除了原有控制两个进气门的一对凸轮(主凸轮和次凸轮)和一对摇臂(主摇臂和次摇臂)外,还增加较高的中间凸轮和相应的摇臂(中间摇臂),中间摇臂不与任何气门直接接触,3个摇臂并列在一起构成进气摇臂总成。

(1)凸轮。凸轮轴上3个升程不同的凸轮分别驱动主进气摇臂、中间进气摇臂和次进气部臂,相应地,这3个凸轮被称为主凸轮、中间凸轮和次凸轮,如图4-169所示。3个凸轮的形线设计满足以下要求:

①中间凸轮的升程最大,次凸轮的升程最小。

②主凸轮的形线适合发动机低速时主进气门单独工作时的配气相位要求。

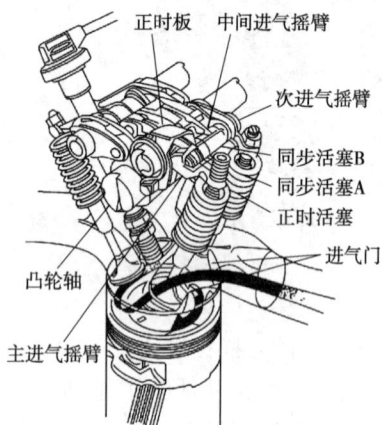

图 4-168　本田 VTEC 系统的组成

③中间凸轮的形线适合发动机高速时次进气门工作时的配气相位要求。

(2)进气摇臂总成。进气摇臂总成如图4-170所示,在3个摇臂靠近气门的一端设有液压缸孔,内部装有由液压控制的可以移动的小活塞,由正时活塞、同步活塞A、同步活塞B、阻挡活塞以及正时弹簧等组成。

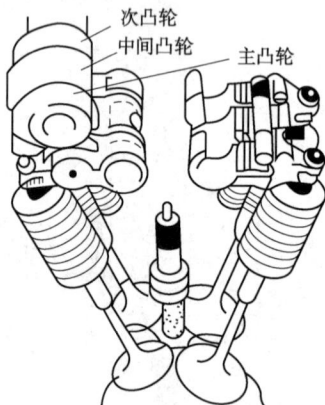

图 4-169　VTEC 系统中的 3 个凸轮

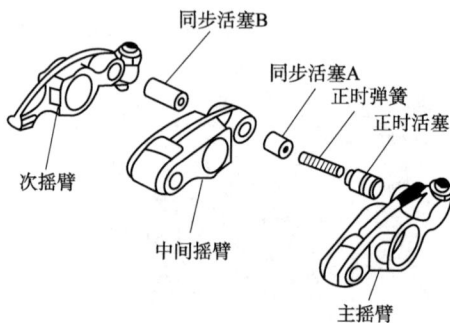

图 4-170　VTEC 系统的进气摇臂总成

(3)正时板。正时板的作用是在复位弹簧的作用下,插入相应的槽中使正时活塞定位。由于进气配气相位对发动机性能的影响比排气门大,所以 VTEC 发动机只对进气门的配气机构进行控制,而排气门的工作情况与普通发动机的配气机构相同。

(4)VTEC 系统的工作原理。本田雅阁的 VTEC 系统能够阶段式改变进气门配气相位及气门升程,其工作原理是根据发动机的转速、负荷以及冷却液温度等参数的变化,通过电磁阀调节摇臂活塞的液压系统,使发动机在不同工况下由不同的凸轮控制,适当地调整进气门的配气相位和气门升程,从而使发动机在高、低速下均能达到最高效率。

①工作原理。VTEC 系统由发动机 ECU 控制,ECU 按收发动机传感器的参数(包括转速、负荷、车速、冷却液温度等)后进行处理,并决定何时输出相应的控制信号,以控制电磁阀的通电和断电,改变进气门的配气相位和气门升程。VTEC 系统的控制原理如图 4-171 所示。

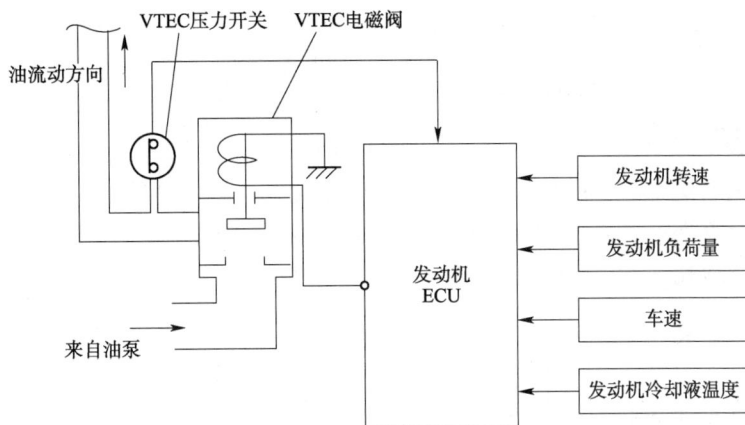

图 4-171　VTEC 系统控制原理

②工作工程。进气摇臂总成的 3 个摇臂根据发动机工况的不同可以各自独立运动,也可以连成一体共同运动。

a. 低速工况时:发动机低速时,VTEC 控制电磁阀断电,机油油道断开,机油压力不能作用在正时活塞上,在位于次进气摇臂液压缸孔中的阻挡活塞和复位弹簧的作用下,摇臂液压缸孔中的 3 个活塞都位于初始位置上,即正时活塞和同步活塞 A 位于主进气摇臂的液压缸孔中;与中间进气摇臂等宽的同步活塞 B 位于中间进气摇臂的液压缸孔中,3 个摇臂彼此分离,如图 4-172 所示。

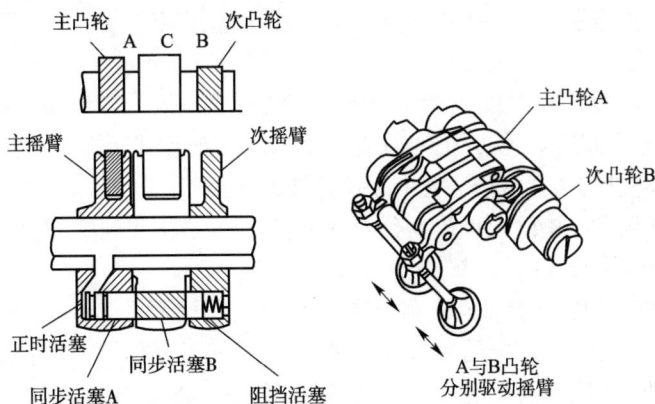

图 4-172　低速工况下 VTEC 系统的工作状态

由于 3 个摇臂之间已分离,中间进气摇端无法顶动气门,只是在摇臂轴上做无效的运动,所以此时主凸轮 A 和次凸轮 B 分别推动主进气摇臂和次进气摇臂,控制主、次两个进气门的开闭,中凸轮 C 驱动中间进气摇臂空摆,如图 4-173a)所示。主进气门以正常的开度开

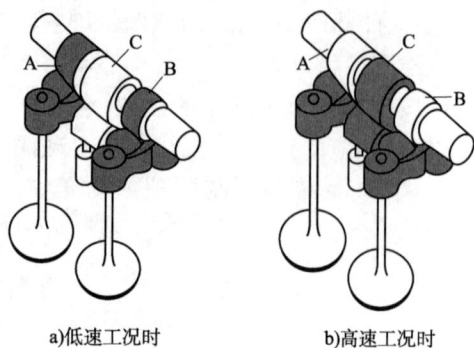

a)低速工况时   b)高速工况时

图 4-173 进气摇臂总成

启,而次进气门则只是稍稍开启,以防燃油积聚在进气门附近,进气气流主要通过主进气门进入发动机汽缸内,这种情形与普通发动机的进气门配气机构的工作类似,处于单进、双排的工作状态。

b.高速工况时:当发动机到达某一个预先设定好的高转速值(如 3000r/min)时,并且发动机的负荷、冷却液温度以及车速信号也达到某一设定值后,发动机 ECU 就会发出使 VTEC 电磁阀通电的控制信号,机油油道打开,机油压力作用在正时活塞的左侧,如图 4-174 所示,此时位于主进气摇臂

液压缸孔中的正时活塞将克服位于次进气摇臂液压缸孔中复位弹簧的作用力推动同步活塞A、B 以及阻挡活塞向右移动,从而在同步活塞 A、B 的作用下,主进气摇臂、次进气摇臂与中间进气摇臂被连接在一起,成为一个同步运动的组合摇臂。

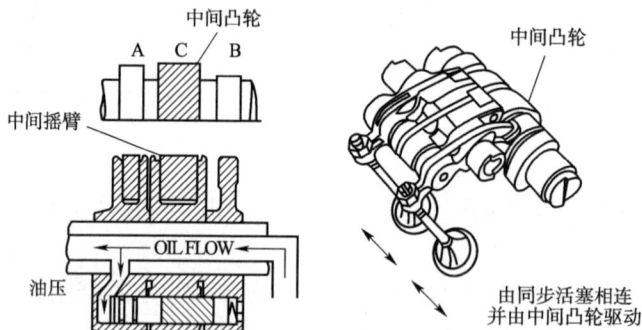

图 4-174 高速工况下 VTEC 系统的工作状态

由于 3 个摇臂已经连成一体,而中间凸轮 C 的升程最大,因此组合摇臂受中间凸轮 C 驱动,主、次两个进气门同步运动,如图 4-173b)所示,改变了进气门的配气相位和气门升程(气门开启时间延长并且升程变大)使之适应发动机的高速运转工况,进气门配气机构处于双进、双排的工作状态。

当发动机的转速、冷却液温度或者车速不满足 VTEC 系统的控制条件时,发动机 ECU 将重新使 VTEC 控制电磁阀断电,切断机油通道,并使压力机油泄出,作用在正时活塞左侧的机油压力下降,此时,在次进气摇臂液压缸孔中复位弹簧的作用下,正时活塞和同步活塞 A、B 复位,主进气摇臂、次进气摇臂与中间摇臂重新分开,进气门配气机构回到单进、双排的工作状态。

3.废气涡轮增压控制系统

根压增压装置使用的动力源不同,增压装置可分为废气涡轮增压和动力增压两种类型。废气涡轮增压是利用发动机排出的废气能量驱动增压装置工作,而动力增压是利用发动机输出动力或电源驱动增压装置工作。由于废气涡轮增压装置结构简单又不消耗发动机动力,所以,目前多采用废气涡轮增压的方式。

废气涡轮增压器控制系统如图 4-175 所示。主要由涡轮室和增压器两部分组成,涡轮室进气口与排气管相连,排气口接在排气管上。增压器进气口与空气滤清器管道相连,排气口接在进气歧管上。涡轮和泵轮分别装在涡轮室和增压器内,两者同轴刚性连接。

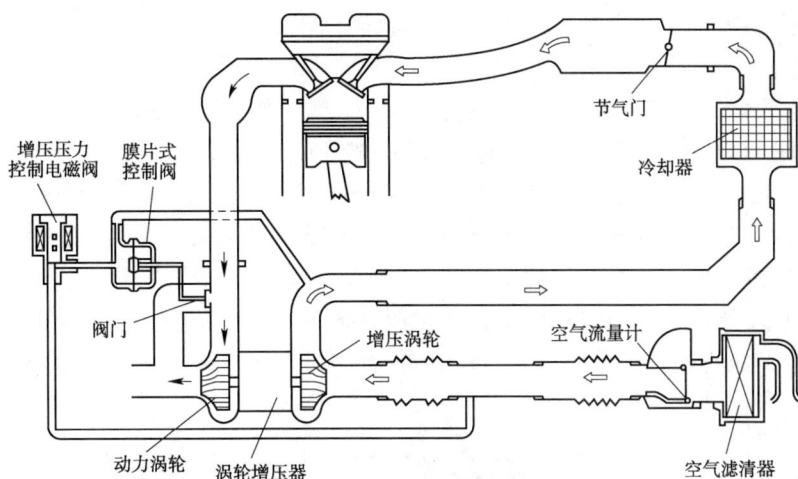

图 4-175 废气涡轮增压器的结构

废气涡轮增压系统除涡轮增压器之外,还包括进气旁通阀、排气旁通阀和排气旁通阀控制装置及中冷器等。

1)涡轮增压器

涡轮增压器包括涡轮壳体、压缩机壳体、中间壳体、涡轮、压缩机轮、全浮式轴承、排气旁通阀等,如图 4-176 所示。涡轮和泵轮装配在同一个轴上,通过两个浮动轴承分别安装在涡轮壳体和压缩机壳体,中间壳体内有润滑和冷却轴承的油道,还有防止机油漏入压缩机或涡轮机的密封装置等。

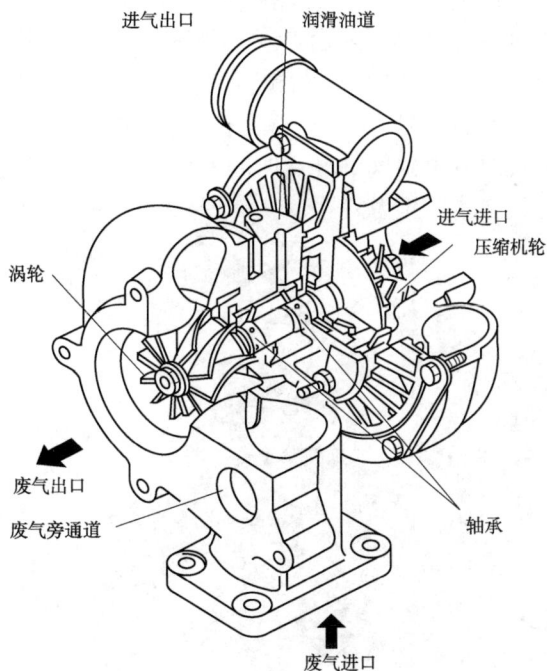

图 4-176 废气涡轮增压器结构

涡轮机叶轮、压缩机轮和密封套等零件安装在增压器轴上,构成涡轮增压器转子。来自排气歧管的废气压力使涡轮高速旋转,同轴上的压缩机轮跟着旋转,把进气压入汽缸。转子因直接受到排气的冲击,变得特别热而且高速旋转,所以必须耐热并耐磨损。

2)增压压力的调节

在汽车涡轮增压系统中设置进、排气旁通阀,是调节增压压力最简单、成本最低而又十分有效的方法。排气旁通阀的工作原理如图 4-177 所示。控制膜盒中的膜片将膜盒分为上、下两个室,上室为空气室,经连通管与压缩机出口相通;下室为膜片弹簧室,膜片弹簧作用在膜片上,膜片通过连动杆与排气旁通阀连接。当压缩机出口压力(也就是增压压力)低于限定值时,膜片在膜片弹簧的作用下左移,并带动连动杆将排气旁通阀关闭;当增压压力超过限定值时,增压压力克服膜片弹簧力推动膜片右移,并带动连动杆将排气旁通阀打开,使部分排气不经涡轮机直接进入排气总管中,从而达到控制增压压力及涡轮机转速的目的。

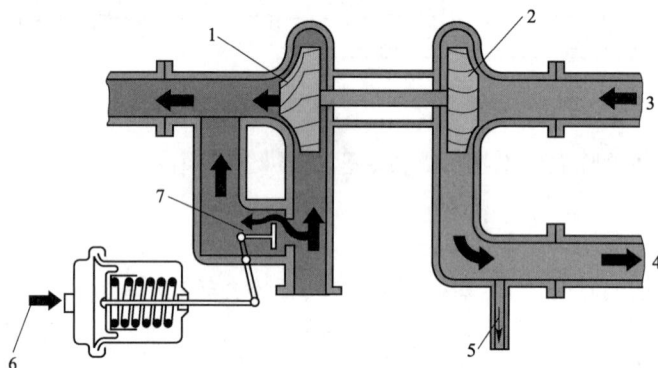

图 4-177 排气旁通阀工作原理图

1-涡轮;2-压缩机轮;3-空气;4-压缩后的空气;5、6-接控制阀;7-旁通阀

在有些发动机上,排气旁通阀的开闭由 ECU 控制的电磁阀操纵或直接由电动机调节,如图 4-178 所示。ECU 根据发动机的工况,由预存的增压压力脉谱图确定目标增压压力,并与增压压力传感器检测到的实际增压压力进行比较,然后根据其差值来改变控制电磁阀开闭的脉冲信号占空比,以此改变电磁阀的开启时间,进而改变排气旁通阀的开度,控制排气旁通量,因此能够精确地调节增压压力。

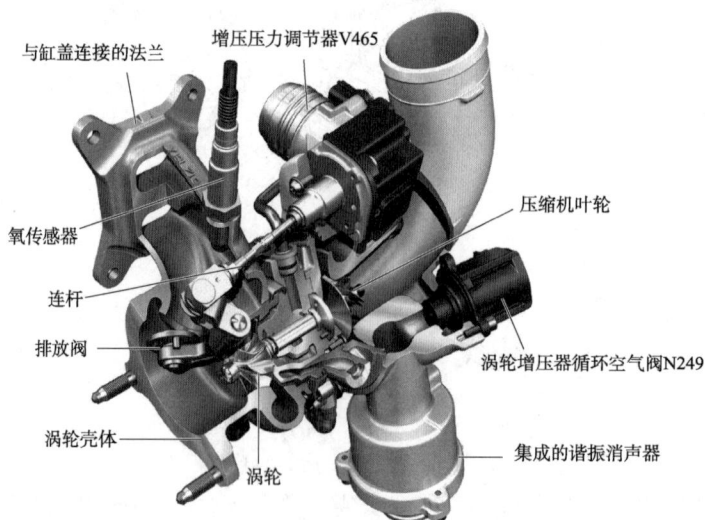

图 4-178 大众 EA888 发动机涡轮增压器

3）涡轮增压器的润滑及冷却

涡轮增压器的润滑和冷却方式如图4-179所示。来自发动机润滑系统主油道的机油,经增压器中间壳体上的机油进口进入增压器,润滑和冷却增压器轴与轴承。然后,机油经中间壳体上的机油出口返回发动机油底壳,在增压器轴上装有油封,用来防止机油窜入压气机或涡轮机蜗壳内。

由于汽油机增压器的热负荷大,所以要在增压器中间壳体的涡轮机侧设置冷却水套,并用软管与发动机的冷却系统相连。冷却液自中间壳体上的冷却液进口流入中间壳体内的冷却水套,从冷却液出口流回发动机冷却系统。冷却液在中间壳体的冷却水套中不断循环,使增压器轴和轴承得到冷却。

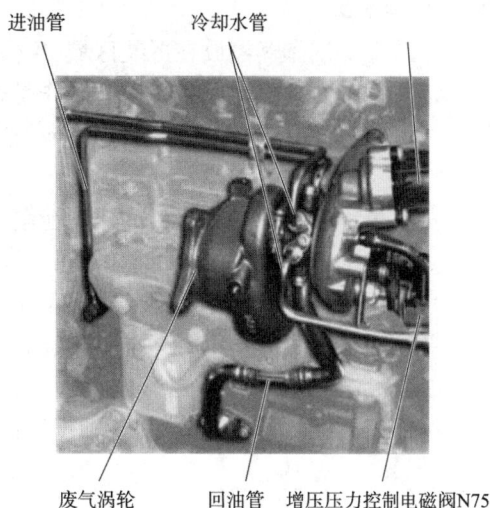

图4-179 大众EA111发动机涡轮增压器润滑和冷却水管

4）中冷器

涡轮增压的一个缺点是会加热进气。空气的温度越高,它的密度越小。随着空气的温度变得越来越高,每个进气行程进入汽缸的空气分子就越少。另外,进气温度升高也会导致爆燃问题。为了克服这些不利影响,许多增压系统采用了中冷器。中冷器就像一个散热器,将增压系统中的热量转移出去并散发在大气中。中冷器通常采用水冷方式,也有采用风冷方式的,如图4-180所示。

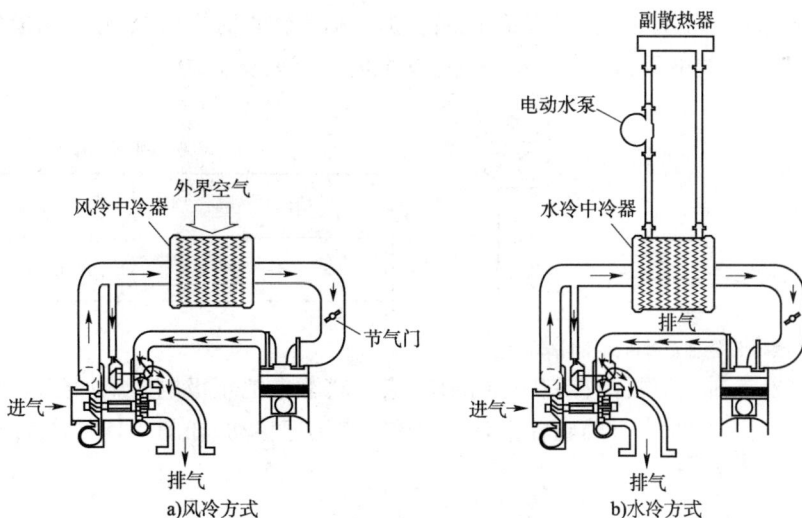

图4-180 中冷器冷却方式

二、任务实施

（一）可变气门正时系统检测

下面以丰田汽车为例说明可变气门正时系统的检测方法和标准。

1. 准备工作

(1)将实训车辆停放在拆装区域,确保人员和设备的安全。

(2)检查实训室通风系统设备工作是否正常。

(3)准备蓄电池、万用表、维修手册、常用工具 1 套。

2. 技术要求与注意事项

(1)异物累积会导致轻微的压力泄漏,轻微的压力泄漏可能造成凸轮轴提前。

(2)系统中某些部位的机油中有异物时,会输出故障码(DTC)P1349。即使机油滤清器滤除这些异物,系统短时间内恢复正常,这些代码也将保留在记录中。

(3)如果测量值不符合标准,更换凸轮轴正时机油控制阀总成。

3. 操作步骤

(1)通过维修手册,查找凸轮轴正时机油控制阀的电路,如图 4-181 所示。

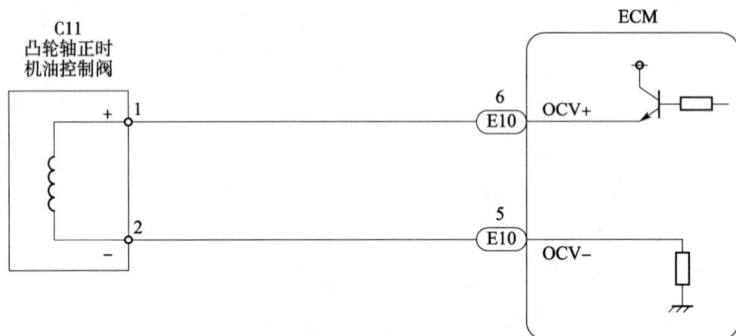

图 4-181 凸轮轴正时机油控制阀电路图

(2)检测凸轮轴正时机油控制阀的电阻。拆下凸轮轴正时机油控制阀,测量凸轮轴正时机油控制阀端子间的电阻,如图 4-182 所示,标准电阻值见表 4-20。

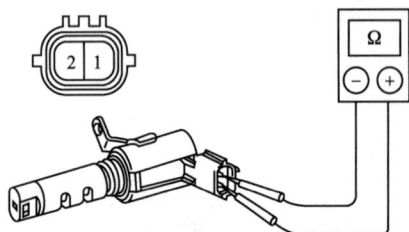

图 4-182 测量凸轮轴正时机油控制阀的电阻

检 测 电 阻　　　　表 4-20

检测仪连接	标准电阻值
端子 1—端子 2	20℃时,6.9~7.9Ω

(3)检查凸轮轴正时机油控制阀的工作状态。将蓄电池正极电压施加到端子 1,负极电压施加到端子 2,正常状态下凸轮轴正时机油控制阀迅速移动,如图 4-183 所示,规定状态见表 4-21。

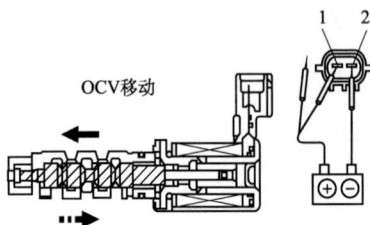

图 4-183 检查凸轮轴正时机油控制阀工作状态

检 查 工 作 状 态　　　　表 4-21

条　　件	规定状态
施加蓄电池正极(+)电压	OCV 向左移动
切断蓄电池正极(+)电压	OCV 向右移动

（4）检查凸轮轴正时机油控制阀滤清器。拆下凸轮轴正时机油控制阀滤清器,检查滤清器是否堵塞。如果滤清器堵塞,清洗机油控制阀滤清器。然后重新安装凸轮轴正时机油控制阀滤清器。

（5）完成实训任务后,对工作过程进行自我评价,提交实训工作单,接受指导老师的技能考核。

（6）整理并清洁工作场所,清点和收拾借出的工具、设备和资料,交回实训室。

（二）拆卸和安装废气涡轮增压器

下面以上汽大众朗逸轿车为例说明废气涡轮增压器的拆卸和安装方法。

1. 准备工作

（1）将实训车辆停放在拆装区域,确保人员和设备的安全。

（2）检查实训室通风系统设备工作是否正常。

（3）准备软管夹 Hazet 798-15B、万用表、维修手册、常用工具 1 套。

2. 技术要求与注意事项

（1）仅仅更换废气涡轮增压器是不够的。为避免出现后续可能的损害,请同时进行以下工作:检查空气滤清器壳体、空气滤清器滤芯和进气管是否脏污;检查整个增压空气管路和中冷器是否有异物;如果在增压系统内发现异物,则必须对整个系统进行清洁,必要时更换中冷器。

（2）安装时,将所有隔热罩重新装回原位。安装前,增压系统的软管接头必须无油脂和机油。

（3）安装了增压器之后,以急速运行发动机约 1min,以确保增压器油道内充满机油。

3. 操作步骤

（1）排放冷却液。如图 4-184 箭头所示,旋出螺栓,拆下右侧传动轴的隔热板。脱开隔热密封套并取下。

（2）拔下油压开关 F22 的电气插头,如图 4-185 箭头所示。

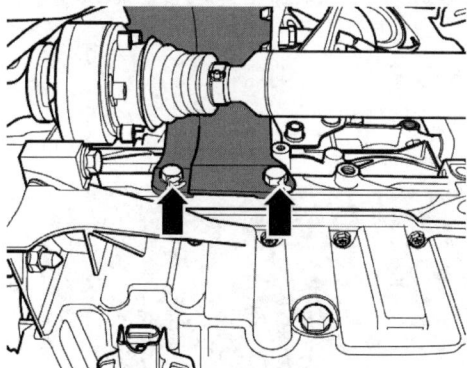

图 4-184　旋出螺栓

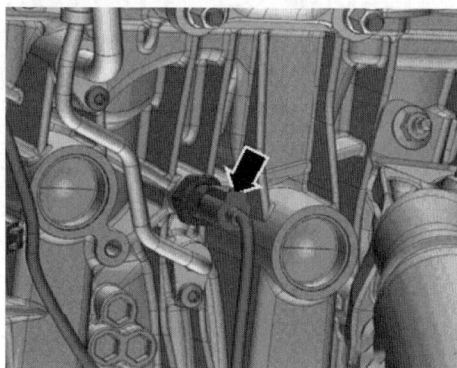

图 4-185　拔下油压开关 F22 的电气插头

（3）旋出螺栓,如图 4-186 箭头 A 所示,取下机油回油管 2。旋出螺栓,如图 4-186 箭头 B 所示,拆下机油管路螺栓。

（4）松开弹簧卡箍 1 和 2,拆下空气导管,如图 4-187 所示。

（5）脱开固定在进气导管上的真空管,取下进气导管。

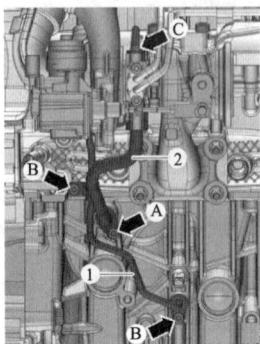

图 4-186　拆下机油回油管

1-机油管;2-回油管

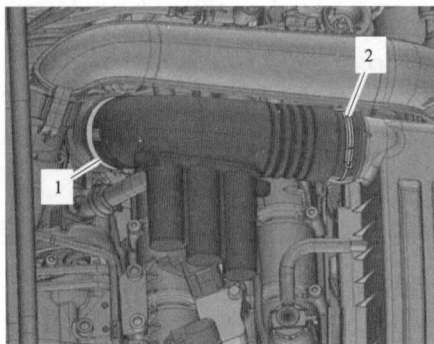

图 4-187　拆下空气导管

1、2-弹簧卡箍

（6）按压开锁按钮,拔下活性炭罐电磁阀连接管 1。旋出螺栓,如图 4-188 箭头所示,取下曲轴箱通风管。

（7）旋出螺栓,如图 4-189 箭头所示,脱开车厢蒸发器后的冷却液管。

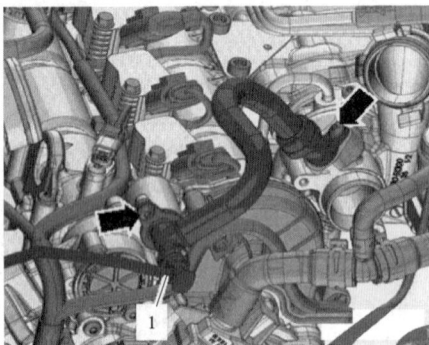

图 4-188　取下曲轴箱通风管

1-连接管

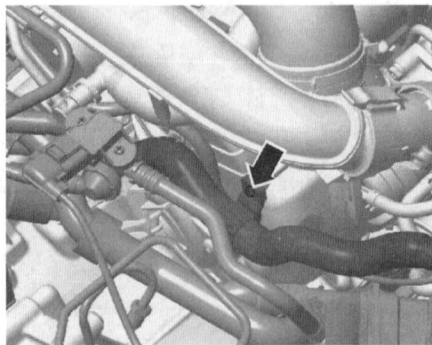

图 4-189　脱开冷却液管

（8）拔下电气插头连接。旋出螺栓,将冷却液管路移到右侧。松开氧传感器线束的固定卡子。

（9）旋出螺栓,如图 4-190 箭头所示,取下隔热板,取下机油供油管 1。

（10）取下排气管和涡轮增压器连接卡箍。

（11）拧出螺栓,取下废气涡轮增压器,如图 4-191 所示。

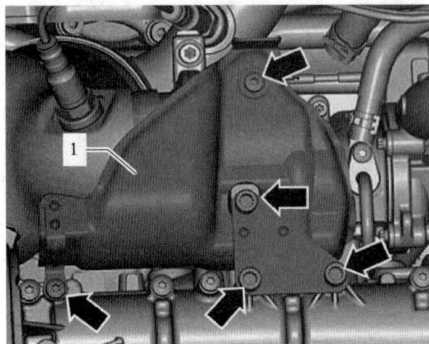

图 4-190　拆下隔热板

1-供油管

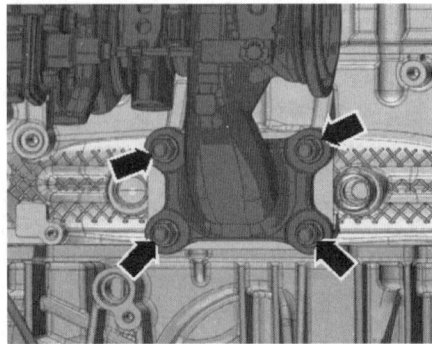

图 4-191　拆下废气涡轮增压器

(12)安装以拆卸的相反顺序进行。

(13)完成实训任务后,对工作过程进行自我评价,提交实训工作单,接受指导老师的技能考核。

(14)整理并清洁工作场所,清点和收拾借出的工具、设备和资料,交回实训室。

(三)废气涡轮增压器执行器的检测

下面以上汽大众朗逸轿车为例说明废气涡轮增压器执行器的检测方法。

1.准备工作

(1)将实训车辆停放在拆装区域,确保人员和设备的安全。

(2)检查实训室通风系统设备工作是否正常。

(3)准备手动真空泵 VAS 6213、万用表、维修手册、常用工具 1 套。

2.技术要求与注意事项

(1)从废气涡轮增压器通过增压压力限制电磁阀 N75 到压力罐的软管必须通畅无泄漏。

(2)增压压力限制电磁阀 N75 正常。

(3)过压会损坏压力罐。压力不能超过 0.8kPa。

3.操作步骤

(1)松开弹簧卡箍 3,拔下压力罐上的软管,如图 4-192 所示。

(2)将手动真空泵 VAS 6213 的软管 2 安装到压力罐的接头上。沿箭头方向将手动真空泵滑环 1 推到止位,如图 4-193 所示。操作手动真空泵数次。

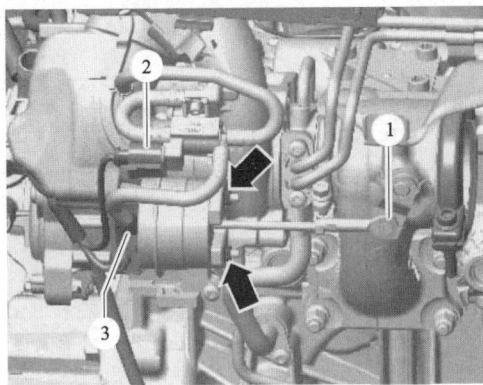

图 4-192　拔下压力罐上的软管
1-操纵杆;2-增压压力限制电磁阀 N75;3-压力罐

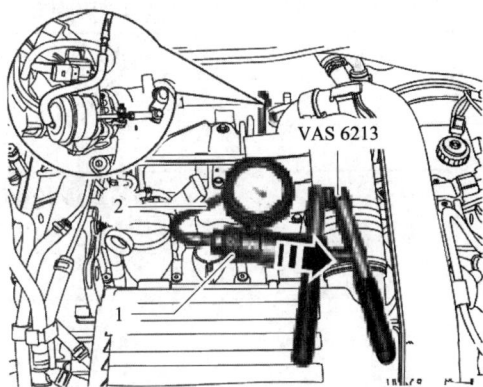

图 4-193　把手动真空泵安装到压力罐上
1-滑环;2-软管

(3)检查废气涡轮增压器执行器的操纵杆,操纵杆必须从 0.3kPa 开始移动。在大约 0.8kPa 时,操纵杆必须到达调整行程的末端。

(4)松开手动真空泵滑环,操纵杆必须按相反方向开始移动。检查操纵杆在整个调整范围的移动情况。它的移动必须连续且平滑。

(5)安装以拆卸的相反顺序进行。

(6)完成实训任务后,对工作过程进行自我评价,提交实训工作单,接受指导老师的技能考核。

（7）整理并清洁工作场所,清点和收拾借出的工具、设备和资料,交回实训室。

三、评价与反馈

1. 自我评价

（1）通过本学习任务的学习,你是否已经知道以下问题:

①进气谐波增压控制系统原理是什么?工作过程有哪些?

②不同车系可变配气相位及气门升程控制系统的工作原理是什么?

③废气涡轮增压控制系统组成有哪些?工作过程有哪些?

（2）可变气门正时系统检测的步骤有哪些?

（3）拆卸和安装废气涡轮增压器的步骤有哪些?

（4）废气涡轮增压器执行器的检测步骤有哪些?

（5）实训过程完成情况如何?

（6）通过本学习任务的学习,你认为自己的知识和技能还有哪些欠缺?

签名:_____ ___年___月___日

2. 小组评价（表4-22）

小组评价表

表4-22

序　　号	评价项目	评价情况
1	着装是否符合要求	
2	是否能合理规范地使用仪器和设备	
3	是否按照安全和规范的流程操作	
4	是否遵守学习、实训场地的规章制度	
5	是否能保持学习、实训场地整洁	
6	团结协作情况	

参与评价的同学签名:_____ ___年___月___日

3. 教师评价

_____

_____

教师签名:_____ ___年___月___日

四、技能考核标准（表4-23）

技能考核标准表

表4-23

序号	项　目	操作内容	规定分	评分标准	得分
1	可变气门正时系统的检测	记录车辆铭牌信息	2分	记录信息是否全面	
		查找凸轮轴正时机油控制阀的电路	5分	是否达到操作要求标准	
		检测凸轮轴正时机油控制阀的电阻	5分	是否达到操作要求标准	

续上表

序号	项 目	操 作 内 容	规定分	评 分 标 准	得分
1	可变气门正时系统的检测	查凸轮轴正时机油控制阀的工作状态	5分	是否达到操作要求标准	
		检查凸轮轴正时机油控制阀滤清器	5分	是否达到操作要求标准	
		设备仪器回收、清点,清洁场地	3分	是否符合5S要求	
2	拆卸和安装废气涡轮增压器	记录车辆铭牌信息	2分	记录信息是否全面	
		排放冷却液	4分	是否达到操作要求标准	
		拔下油压开关F22的电气插头	4分	是否达到操作要求标准	
		取下机油回油管	4分	是否达到操作要求标准	
		拆下空气导管	4分	是否达到操作要求标准	
		取下进气导管	4分	是否达到操作要求标准	
		取下曲轴箱通风管	4分	记录信息是否全面	
		脱开车厢蒸发器后的冷却液管	4分	是否达到操作要求标准	
		松开氧传感器线束的固定卡子	4分	是否达到操作要求标准	
		取下隔热板	4分	是否达到操作要求标准	
		取下排气管和涡轮增压器连接卡箍	4分	是否达到操作要求标准	
		安装废气涡轮增压器	5分	记录信息是否全面	
		设备仪器回收、清点,清洁场地	3分	是否符合5S要求	
3	废气涡轮增压器执行器的检测	记录车辆铭牌信息	2分	记录信息是否全面	
		拔下压力罐上的软管	5分	是否达到操作要求标准	
		将手动真空泵接到压力罐的接头上,操作手动真空泵数次	5分	是否达到操作要求标准	
		检查废气涡轮增压器执行器的操纵杆	5分	是否达到操作要求标准	
		松开手动真空泵滑环	5分	是否达到操作要求标准	
		设备仪器回收、清点,清洁场地	3分	是否符合5S要求	
	总分		100分		

思考与练习

(一)填空题

1. 根据喷油器安装的位置不同,可以将汽油供给系统分为_____和_____。

2. 根据喷油器安装的位置不同,可以将燃油喷射系统分为_____和_____两种。

3. 燃油压力调节有两种方法是_____和_____。

4. 高压喷油系统的压力是根据发动机_____和_____在5~11MPa之间调整。

5. 卡门旋涡式空气流量计按其检测方式可分为_____和_____。

6. 凸轮轴/曲轴位置传感器可分为_____、_____和_____三种类型。

7. 当喷油器的结构和喷油压差一定时,喷油量的多少就取决于_____。

8. 燃油泵的控制电路主要有_____、_____、_____三种类型。

9. 发动机起动后,在达到正常工作温度之前,ECU 根据_____信号对喷油时间进行修正。

10. 热式空气流量计的主要元件是_____,可分为_____和_____。

11. 电控燃油喷射系统由_____、_____、_____组成。

12. 发动机起动后转速超过预定值时,ECU 确定_____的燃油喷射时间。

13. 多点式电控燃油喷射系统通常采用间歇方式喷油,根据控制方式不同,又可以分为_____、_____和_____三种基本类型,

14. 多点喷射是在每缸处装有_____个喷油器。

15. 空气流量计分为_____、_____和_____三种类型。

16. 进气温度传感器随着进气温度的增高,其热敏电阻的阻值_____。

17. 喷油器的驱动方式分为_____、_____。

18. 怠速控制的实质就是对怠速工况下的_____进行控制。

19. 根据动力源不同,增压装置可分为_____和_____两类。

(二) 选择题

1. 在 MPI(多点汽油喷射系统)中,汽油被喷入(　　　)。
   A. 燃烧室内　　　B. 节气门后部　　　C. 进气歧管　　　D. 进气道

2. 单点喷射系统采用下列(　　　)喷射方式。
   A. 同时喷射　　　B. 分组喷射　　　C. 顺序喷射　　　D. 上述都不对

3. 对喷油量起决定性作用的是(　　　)。
   A. 空气流量计　　　　　　　B. 冷却液温度传感器
   C. 氧传感器　　　　　　　　D. 节气门位置传感器

4. 在(　　　)式空气流量计中,还装有进气温度传感器和油泵控制触点。
   A. 翼片　　　B. 卡门旋涡　　　C. 热线　　　D. 热膜

5. 当节气门开度突然加大时,燃油分配管内油压(　　　)。
   A. 升高　　　B. 降低　　　C. 不变　　　D. 先降低再升高

6. 在多点电控汽油喷射系统中,喷油器的喷油量主要取决于喷油器的(　　　)。
   A. 针阀升程　　　B. 喷孔大小　　　C. 内外压力差　　　D. 针阀开启的持续时间

7. 丰田公司电磁感应式曲轴位置传感器一般安装在(　　　)。
   A. 曲轴皮带轮之后　　　　　　B. 曲轴皮带轮之前
   C. 曲轴靠近飞轮处　　　　　　D. 分电器内部

8. 负温度系数的热敏电阻其阻值随温度的升高而(　　　)。
   A. 升高　　　B. 降低　　　C. 不受影响　　　D. 先高后低

9. 进气惯性增压系统通过改变(　　　)达到进气增压效果。
   A. 进气通道截面积　　　　　　B. 压力波传播路线长度
   C. 废气流动路线　　　　　　　D. 进气管长度

10. VTEC 控制系统在发动机高速运转时(　　)。

  A. 主次气门同步开闭 　　　　　B. 主气门定时开闭,次气门始终关闭

  C. 次气门定时开闭,主气门始终关闭 　　D. 主次气门异步开闭

(三)判断题

1. 多点喷射系统是在节气门上方安装一个中央喷射装置。(　　)

2. 缸内直喷式是将燃油直接喷射到汽缸内。(　　)

3. 目前大多数电控燃油喷射系统采用外装燃油泵。(　　)

4. 安装燃油滤清器时不需要注意安装方向。(　　)

5. 电动油泵中的止回阀能起到一种保护作用,当油压过高时能自动减压。(　　)

6. 燃油压力调节器的作用是调节喷油器的燃油喷射压力。(　　)

7. 燃油喷射供给系统包括低压供油和高压喷油两部分。(　　)

8. 高压燃油泵一般由凸轮轴驱动。(　　)

9. 发动机起动时的喷油量控制和发动机起动后的喷油量控制的控制模式完全相同。(　　)

10. 发动机起动后的各工况下,ECU 只确定基本喷油时间,不需要对其修正。(　　)

11. 在电控发动机的任何工况下均采用的是闭环控制。(　　)

12. 喷油器的实际喷油时刻比 ECU 发出喷油指令的时刻要晚。(　　)

13. 发动机起动后的各工况下,ECU 只确定基本喷油时间,不需要对其修正。(　　)

14. 不同车型采用的燃油泵控制电路是不相同的。(　　)

15. 进气温度传感器中的热敏电阻随着进气温度的升高而变大。(　　)

16. 采用同时喷射方式的电控喷射系统,曲轴每转两圈各缸同时喷油一次。(　　)

17. 目前汽车上的增压装置多采用动力增压。(　　)

18. 在可配气相位控制系统中,凸轮轴沿工作方向转过一个角度,如:气门提前开启角增大,则迟后关闭角也增大。(　　)

19. 在谐波增压控制系统中,当气体惯性过后进气门附近被压缩的气体膨胀而流向进气相同的方向。(　　)

20. 氧化锆式氧传感器输出信号的强弱与工作温度无关。(　　)

(四)简答题

1. 简述汽油发动机燃烧过程及燃烧的影响因素。

2. 汽油发动机燃料供给系统一般由几个子系统组成?每个子系统由哪些部件组成?

3. 空气流量计有几种形式?并简述各工作原理。

4. 电控燃油喷射系统喷油量是如何控制的?

5. 如何对燃油系统的压力进行释放?

6. 电控燃油喷射系统主要传感器有哪些?并简述其工作原理。

7. 简述电控燃油喷射系统主要控制功能。

8. 简述丰田汽车可变配气相位及气门升程控制系统的工作原理。

9. 简述废气涡轮增压控制系统组成和工作过程。

10. 简述不同类型怠速控制系统的结构与工作原理。

单元五 发动机润滑系统构造与检修

学习任务1 润滑系统概述

建议课时

2~3 课时。

一、理论知识准备

发动机工作时,曲轴轴颈与轴承、凸轮轴轴颈与轴承、活塞环与汽缸壁等摩擦表面之间以很高的速度做相对运动,金属表面之间的摩擦不仅增大发动机内部的功率消耗,使零部件工作表面迅速磨损;而且摩擦所产生的热量还可能使某些工作零件表面熔化,导致发动机无法正常运转。因此为保证发动机的正常工作,必须对发动机内相对运动部件表面进行润滑,使金属表面之间间隔一层薄的油膜,以减小摩擦阻力、降低功率损耗、减轻磨损,延长发动机使用寿命。

1. 润滑系统的作用

1)润滑

在发动机工作时,润滑系统连续不断地把数量足够、温度适当且洁净的润滑油(也称为

机油)输送到各传动件的摩擦表面,在摩擦表面形成油膜,实现液体摩擦。

2)冷却

润滑油流经摩擦表面,带走摩擦副产生的 6% ~14% 的热量,维持零件正常工作温度。

3)清洁

通过润滑油的循环流动冲洗零件表面,带走摩擦副之间的磨损磨屑或其他杂质。

4)密封

利用润滑油的黏性,使其附着在相互运动零件的表面之间形成油膜,起到密封作用。

5)防蚀

附着在零件表面的润滑油避免了零件与水、空气、燃气等的直接接触,起到防止或减轻零件锈蚀和化学腐蚀的作用。

2. 润滑方式

1)压力润滑

压力润滑就是将具有一定压力的润滑油源源不断地送到零件的摩擦面间,形成具有一定厚度并能承受一定机械负荷的油膜,尽量将两摩擦零件完全隔开,实现可靠的润滑。发动机上采用这种润滑方式的有:曲轴各轴颈与轴承之间、凸轮轴颈与轴承之间、摇臂轴与摇臂之间等部位。

2)飞溅润滑

飞溅润滑是利用发动机工作时某些运动零件(主要是曲轴和凸轮轴)旋转时,飞溅起的或从连杆大头上专设的油孔喷出的油滴和油雾,对摩擦表面进行润滑的一种方式。发动机上采用这种润滑方式的有:缸壁、凸轮等;相对运动速度较低的零件,如活塞销等;机械负荷较轻的零件,如挺柱等。

3)定期润滑

对水泵、发电机、起动机的轴承定期加注润滑脂的润滑方式。

3. 润滑系统的组成

润滑系统主要由油底壳、机油泵、机油滤清器、机油限压阀、机油报警装置、油道等组成,如图 5-1 所示。

(1)油底壳。用来储存润滑油。在大多数发动机上,油底壳还起到为润滑油散热的作用。

(2)机油泵。将润滑油从油底壳中抽出加压后,源源不断地送至各零件表面进行润滑,维持润滑油在润滑系统中的循环。机油泵大多装于曲轴箱内,也有些柴油机将机油泵装于曲轴箱外面。

(3)机油滤清器。用来过滤掉润滑油中的杂质、磨屑、油泥和水分等杂物,使送到各润滑部位的都是清洁的润滑油。由于过滤能力与流动阻力成正比,润滑系统的滤清器按过滤能力分成机油集器、机油粗滤器和机油细滤器(大型发动机有)三

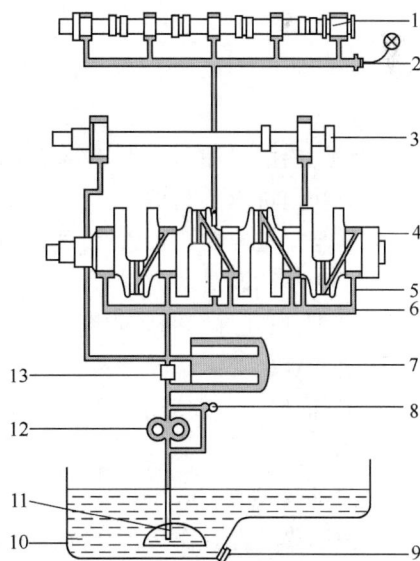

图 5-1　润滑系统的组成

1-凸轮轴;2-机油压力开关;3-中间轴;4-曲轴;5-分油道;6-主油道;7-机油滤清器;8-安全阀;9-放油螺塞;10-油底壳;11-机油集滤器;12-机油泵;13-旁通阀

种,设于润滑系统的不同部位。

(4)阀类。限压阀用来限制机油泵输出的润滑油压力。旁通阀在粗滤器发生堵塞时打开,机油泵输出的润滑油可直接进入主油道。机油细滤器进油限压阀用来限制进入细滤器的油量,防止因进入细滤器的油量过多,导致主油道压力降低而影响润滑。

(5)机油报警装置。在缸盖上凸轮轴主油道的尾端,安装有一个机油压力开关,称最低压力报警开关,打开发动机点火开关,机油压力开关控制的油压指示灯亮,当发动机起动后,该灯熄灭。如发动机机油压力不足时,机油压力开关则将油压指示灯电路接通,油压指示灯闪亮。

润滑系统还包括部分油管和在发动机机体上向各润滑部位输送润滑油的主油道。某些负荷较大的发动机还设有机油散热器,对机油进行散热冷却。

4. 润滑系统的油路

发动机润滑系统的油路如图 5-1 和图 5-2 所示。齿轮式机油泵由位于曲轴一侧的中间轴上的齿轮驱动。在主油道上,有五条分油道分别与曲轴的五道主轴承孔相通,对曲轴各道主轴颈进行润滑,并通过曲轴内部的油道,对连杆轴颈进行润滑。

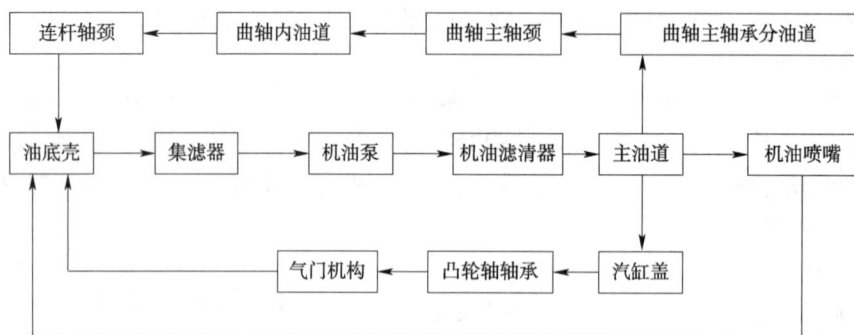

图 5-2　润滑系统油路示意图

主油道内的机油有一小部分经分油道润滑中间轴后轴承;主油道内的机油还通过一条专门的分油道进入凸轮轴的五个轴承处,对凸轮轴五道轴颈进行润滑。凸轮轴总油道还设有分油道与挺柱导向孔相通,以便对液力挺柱补充油液。

以上所述的润滑均为压力润滑,其他部位则采用飞溅润滑。润滑完毕的润滑油靠重力流回油底壳,以便继续循环使用。

5. 发动机润滑油

机油,即发动机润滑油,能对发动机起到润滑减摩、辅助冷却降温、密封防漏、防锈防蚀、减振缓冲等作用。

1)机油的种类

机油主要分为矿物油、半合成油和全合成油三种。

(1)矿物油。矿物油是在石油提炼过程中分馏出有用的物质,比如汽油和航空用油,之后再把留下来的底油再进行加工提取。就本质而言,它运用的是原油中较差的成分。矿物油价格低廉,使用寿命及润滑性能都不如合成油,同时还对环境有较大的污染。另外,矿物油在提炼过程中因无法将所含的杂质完全除去,因此流动点较高,不适合低温地区使用。

（2）半合成油。半合成油是在矿物油的基础上经过加氢裂变技术提纯后的产物,它是由矿物机油、全合成机油以4:6的关系混合而成,半合成油的纯度非常接近全合成油,但其成本较矿物油略高,是矿物油向合成油的理想过渡产品。

（3）全合成油。全合成油是机油中属于高等级油品。是来自原油中的瓦斯气或天然气所分散出来的乙烯、丙烯,再经聚合、催化等复杂的化学反应炼制成大分子组成的润滑液。在本质上,它使用的是原油中较好的成分,加以化学反应并在人为的控制下达到预期的分子形态,全合成油分子排列整齐,抵抗外来变数的能力自然很强,因此体质较好,热稳定、抗氧化反应、抗黏度变化的能力自然要比矿物油和半合成油强得多。

2）机油的性能

通常机油应该具备以下几点性能:

（1）有适当的黏度。发动机的工作压力很高,主轴承、连杆轴承等部位要承受很高的负荷。若机油不能在运动部位形成一定厚度的油膜,发动机磨损就会增大。黏度过低会使汽缸密封不严,机油油耗增大,黏度过大会使摩擦阻力增大,造成燃油油耗增大,冷起动困难。

（2）有良好的黏温特性。黏温特性是指润滑油黏度随温度升高而减小,随温度降低而增大的性质。黏度随温度变化越小,机油的黏温特性越好,对使用越有利。

（3）有较低的凝点。若机油的凝点高,冬季气温较低时机油流动困难,甚至会凝固,轻则造成发动机暖机时间长,重则导致发动机无法起动。

（4）有良好的抗氧化性。抗氧化性是指机油抵抗氧化的能力。以汽油机为例,活塞第一道环处温度约为205℃,活塞裙部约为110℃,主轴承处约为85℃,机油在这样的高温下极易氧化。此外,汽缸窜气也会加剧机油的氧化。

（5）有良好的清净分散性。清净分散性是指机油能够防止形成积炭、漆膜和油泥的能力。清净分散性是机油的特殊性质,只有清净性好的机油才能有效防止积炭、漆膜和油泥的生成。

3）机油的级别

机油级别是以质量等级和黏度等级来划分的。国际上广泛采用的是美国汽车工程师协会（SAE）所制定的黏度等级和美国石油学会（API）使用级别。

（1）SAE黏度等级。SAE按照机油的黏度等级,把机油分为冬季用机油和非冬季用机油。冬季用机油一般有6种型号,即SAE 0W、SAE 5W、SAE 10W、SAE 15W、SAE 20W和SAE 25W,数字越小,适用的环境温度越低。非冬季机油通常有4种型号,即SAE 20、SAE 30、SAE 40和SAE 50,数字越大,适用的环境温度越高。现代汽车一般使用四季用机油,即在春、夏、秋、冬季都可以使用,例如SAE 5W-30、SAE 5W-40。

W表示winter（冬季）,其前面的数字越小说明机油的低温流动性越好,代表可供使用的环境温度越低,在冷起动时对发动机的保护能力越好;"W"后面（一横后面）的数字则是机油耐高温性的指标,数值越大说明机油在高温下的保护性能越好。

（2）API质量级别。字母"S"加上另一个字母（例如SL）表示用于汽油发动机的机油,目前汽油发动机机油的使用级别有SF、SG、SH、SJ、SL、SM、SN等;字母"C"加上另一个的字母和数字表示用于柴油发动机的机油,目前柴油发动机机油的使用级别有 CC、CD、CD-Ⅱ、CE、CF-4 等。级别越靠后,使用性能越好。

4)机油型号的选择

更换机油是车辆日常维护中最重要的工作之一。更换机油时,需要选择厂商推荐的 SAE 黏度等级和 API 使用级别标准的机油。

(1)根据发动机的强化程度选用合适的机油使用级别(API)。

(2)根据地区的季节气温选用合适的机油黏度等级(SAE),如图5-3所示。

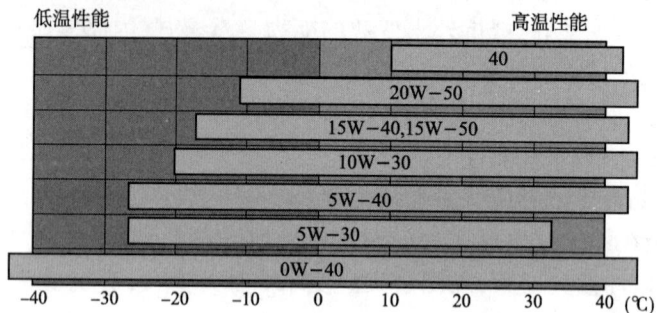

图5-3　机油选择黏度参考表

5)机油的更换周期

所有的汽车或发动机厂商都会推荐机油更换周期,更换周期以行驶里程或者时间来表示。大多数的汽车厂商推荐的更换机油周期为 5000 ~ 10000km 或者六个月。但是,如果存在以下情况,更换周期就应相应缩短:

(1)行驶环境恶劣。

(2)作为牵引拖车使用。

(3)短距离或频繁起动,特别是在冬天的时候。

(4)长时间怠速运转,如出租车或警车。

二、任务实施

(一)发动机机油液位的检查

1．准备工作

(1)将实训车辆停放在平整的维护区,确保人员和设备的安全。

(2)检查实训室通风系统设备工作是否正常。

(3)准备五件套、翼子板布、前格栅布、车轮挡块、常用工具1套等。

2．技术要求与注意事项

(1)在进入客户车辆内部前必须使用五件套保护,在发动机舱盖部位操作前必须使用翼子板布和前格栅布保护。

(2)起动发动机时,正确安装车轮挡块,防止车辆移动。

(3)打开点火开关,起动发动机并保持怠速运转几分钟,使润滑油进入各润滑点,关闭点火开关,停止发动机运转。

3.操作步骤

(1)取下发动机装饰罩。

(2)用棉纱擦净机油尺周围的油渍、尘土等,防止掉入发动机的内部,加剧磨损。

(3)拔出机油尺,用干净的抹布擦净机油尺上的机油。

(4)再次插入机油尺并推到底,重新拔出后读出机油液位,看液位是否在机油尺的上限和下限之间,如图5-4所示,箭头1和2分别表示上限和下限。

注意:机油液位位于a位置时不得添加机油;位于b位置可添加机油,此时机油液位在添加后可能位于a区;位于c位置时必须添加机油,添加后机油液位在b区就可以了(波纹区)。

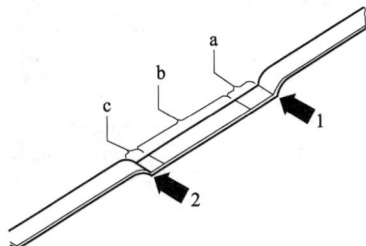

图5-4 机油尺

(5)完成实训任务后,对工作过程进行自我评价,提交实训工作单,接受指导老师的技能考核。

(6)整理并清洁工作场所,清点和收拾借出的工具、设备和资料,交回实训室。

(二)发动机机油的更换

下面以上汽大众朗逸轿车为例说明发动机机油的更换方法。

1.准备工作

(1)将实训车辆停放在维护区域,确保人员和设备的安全。

(2)检查实训室通风系统设备是否正常。

(3)准备机油回收桶、机油滤清器套筒、五件套、翼子板布、前格栅布、车轮挡块、常用工具1套等。

2.技术要求与注意事项

(1)打开点火开关,起动发动机并保持怠速运转3~5min。其间注意观察水温表指示数值的变化,当水温达到60~70℃时,关闭点火开关,停止发动机运转。

(2)遵守场地安全规定,注意用电安全。

(3)在操作举升机举升车辆前必须检查举升机的性能是否完好。

(4)在车辆举升时,要注意检查车辆举升位置、举升后车辆是否稳定和车身是否倾斜。

(5)起动发动机时,正确安装车轮挡块,防止车辆移动。

3.操作步骤

(1)排放发动机机油。用梅花扳手拆卸放油螺塞,使用机油回收桶盛放废机油,如图5-5所示。操作时,注意机油溅出,以免烫伤皮肤。

(2)安装新的放油螺塞。待机油排放完毕后,安装新的放油螺塞和垫片,拧紧后,撤掉机油回收桶,再使用扭力扳手将放油螺塞拧紧至30N·m。最后用抹布擦拭放油螺塞周围的机油。

(3)拆卸机油滤清器。使用机滤套筒扳手,拆卸机油滤清器,拆卸时,一手按住套筒扳手,一手转动扳手,松动后,用手慢慢拧出机油滤清器,用回收桶盛放废机油,如图5-6所示。

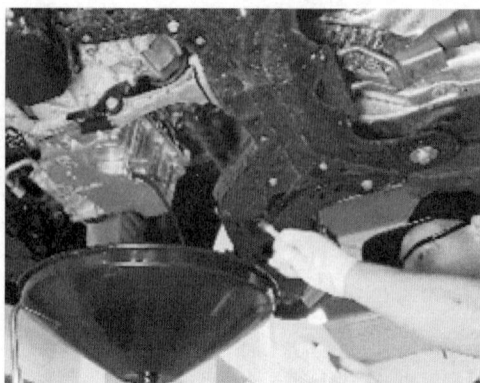

图 5-5　排放发动机机油

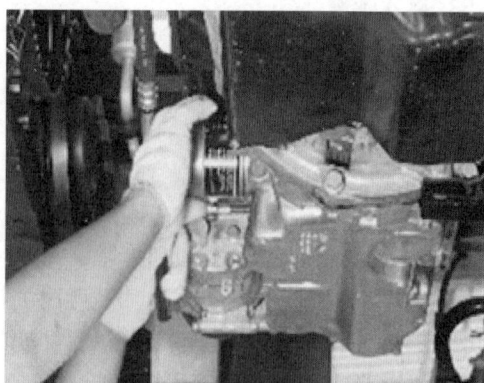

图 5-6　拆卸机油滤清器

（4）安装新的机油滤清器。用抹布清洁机油滤清器座，将新机油均匀涂抹在新的滤清器橡胶密封圈上，如图 5-7 所示。用手旋上机油滤清器，使用扭力扳手旋紧至 25N·m，然后使用抹布清洁机油滤清器。

（5）加注新的机油。将举升机降至地面，对发动机加注新的机油，加注时，禁止机油滴落，加注完成后盖上机油盖，如图 5-8 所示。

图 5-7　往新的机油滤清器橡胶密封圈上抹机油

图 5-8　加注新的机油

（6）检查机油液位。拔出机油尺，用抹布清洁干净机油尺，插回机油尺，再拔出机油尺读数，检查机油液位是否在上下刻度之间。

（7）起动发动机，检查仪表指示是否正常。

（8）完成实训任务后，对工作过程进行自我评价，提交实训工作单，接受指导老师的技能考核。

（9）整理并清洁工作场所，清点和收拾借出的工具、设备和资料，交回实训室。

三、评价与反馈

1. 自我评价

（1）通过本学习任务的学习，你是否已经知道以下问题：

①发动机润滑系统的作用和润滑方式有哪些？

②发动机润滑系统的组成有哪些？润滑路线是什么？

③发动机润滑油的种类、等级及机油型号如何选择？

（2）发动机机油液位检查和更换操作过程中用到了哪些设备？

（3）实训过程完成情况如何？

（4）通过本学习任务的学习,你认为自己的知识和技能还有哪些欠缺？

2. 小组评价（表5-1）

小 组 评 价 表

表5-1

序　号	评 价 项 目	评 价 情 况
1	着装是否符合要求	
2	是否能合理规范地使用仪器和设备	
3	是否按照安全和规范的流程操作	
4	是否遵守学习、实训场地的规章制度	
5	是否能保持学习、实训场地整洁	
6	团结协作情况	

参与评价的同学签名：_____　___年___月___日

3. 教师评价

_____

_____

教师签名：_____　___年___月___日

四、技能考核标准（表5-2）

技能考核标准表

表5-2

序号	项目	操作内容	规定分	评分标准	得分
1	发动机机油液位检查	车辆停放在维修区	3分	车辆是否停放在水平地面	
		连接尾排系统	2分	是否达到操作要求标准	
		准备防护用品和工具	3分	是否达到操作要求标准	
		安装车轮挡块,准备起动车辆	5分	是否达到操作要求标准	
		预热检测车辆	5分	是否达到操作要求标准	
		清洁机油尺周围灰尘	3分	是否达到操作要求标准	
		等待机油流回油底壳	3分	是否达到操作要求标准	
		擦拭机油尺	3分	是否达到操作要求标准	
		预检查机油液位	3分	是否达到操作要求标准	
		添加机油	5分	是否达到操作要求标准	
		确认车辆机油液位	5分	是否达到操作要求标准	
		设备仪器回收、清点,清洁场地	3分	是否符合5S要求	

续上表

序号	项目	操作内容	规定分	评分标准	得分
2	发动机机油更换	车辆停放在维修区	3分	车辆是否停放在水平地面	
		连接尾排系统	3分	是否达到操作要求标准	
		准备防护用品和工具	5分	是否达到操作要求标准	
		预热检测车辆,使冷却液温度达到60~70℃	5分	是否达到操作要求标准	
		排放发动机机油	6分	是否达到操作要求标准	
		安装新的放油螺塞	5分	是否达到操作要求标准	
		拆卸机油滤清器	6分	是否达到操作要求标准	
		安装新的机油滤清器	6分	是否达到操作要求标准	
		检查机油液位	5分	是否达到操作要求标准	
		下降车辆,起动发动机	5分	是否达到操作要求标准	
		检查机油液位	5分	是否达到操作要求标准	
		起动发动机,检查仪表指示是否正常	4分	是否达到操作要求标准	
		设备仪器回收、清点,清洁场地	3分	是否符合5S要求	
总分			100分		

学习任务2 润滑系统主要部件构造与检修

学习目标

☞ 知识目标

1. 能正确描述润滑系统主要部件的结构组成;
2. 能正确叙述润滑系统主要部件的工作原理。

☞ 技能目标

1. 能规范对机油泵进行检测;
2. 能规范对机油压力和机油压力开关进行检测。

☞ 素质目标

1. 通过对润滑系统的检修,形成良好的团结协作能力,塑造职业道德,弘扬中华传统美德;
2. 通过教学任务,培养学生正确的质量强国意识、安全意识、环保意识和客户意识。

建议课时

4~7课时。

一、理论知识准备

1. 油底壳

油底壳主要用来储存润滑油,安装在发动机底部。早期发动机油底壳多采用薄钢板冲压而成,现代发动机油底壳一般采用铝合金铸造而成,以提高散热性能,如图5-9所示。

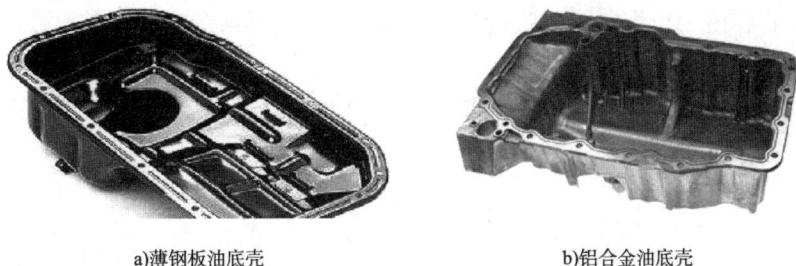

a)薄钢板油底壳   b)铝合金油底壳

图5-9 油底壳

2. 机油泵

机油泵的作用是把一定量的机油压力升高,强制性地将机油压送到发动机各摩擦表面,保证压力润滑的润滑油循环流动。按机油泵的结构形式,通常分为齿轮式和转子式两类,齿轮式机油泵又分为内啮合齿轮式和外啮合齿轮式。按机油泵的排量是否可调节,又可分为定量泵和变量泵。

1)内啮合齿轮式机油泵

(1)结构。内啮合齿轮式机油泵一般由泵体、月牙块、内齿轮、外齿轮及泵盖等部件组成,如图5-10示。泵体固定在发动机机体前端,内齿轮为主动齿轮,由曲轴直接驱动;外齿轮为从动齿轮,它与内齿轮啮合;月牙块始终保持与内、外齿轮接触,形成密封腔,以便齿轮将机油带到出油腔。

(2)工作原理。如图5-11所示,曲轴驱动内齿轮转动,进油腔的容积由于内外齿轮逐渐脱离啮合而增大,腔内产生一定的真空,机油从油底壳经吸油管被吸入进油腔,随后又被轮齿带到出油腔。出油腔的容积由于轮齿逐渐进入啮合而减小,机油压力升高,机油经出油口被压入发动机机体上的润滑油道,在发动机工作时,机油泵齿轮不停地旋转,机油便连续不断地进入润滑油道,经过滤清之后被送到各润滑部位。

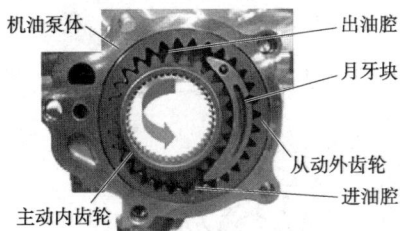

图5-10 内啮齿轮式机油泵   图5-11 内啮合齿轮式机油泵的工作原理

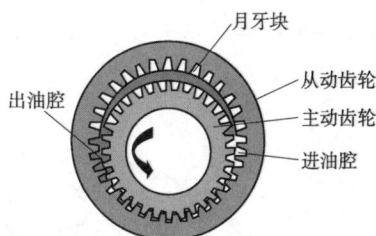

2)外啮合齿轮式机油泵

(1)结构。外啮合齿轮式机油泵由泵体、驱动轴、主动齿轮、从动齿轮及泵盖等组成,如

图 5-12 所示。外啮合齿轮式机油泵安装在曲轴箱内,它由曲轴或凸轮轴经中间传动机构驱动,发动机工作时,机油泵向润滑系统不断地供油。如果机油泵磨损,机油泵的出口压力和进口真空度都会下降,从而导致机油压力不足和流速减慢,发动机的零部件可能因为缺少机油而损坏。

（2）工作原理。外啮合齿轮式机油泵工作原理如图 5-13 所示。当齿轮按图示方向旋转时,进油腔的容积由于轮齿向脱离啮合方向运动而增大,腔内产生一定的真空度,润滑油便从进油口被吸入并充满进油腔。旋转的齿轮将齿间的润滑油带到出油腔。出油腔的容积则由于轮齿进入啮合而减小,导致油压升高,润滑油经出油口被输出,输出的油量与发动机转速成正比。

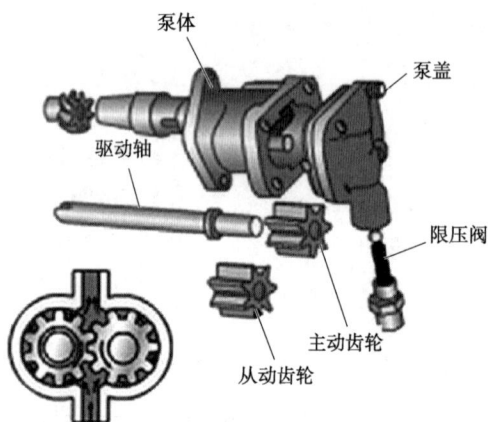

图 5-12　外啮合齿轮式机油泵结构

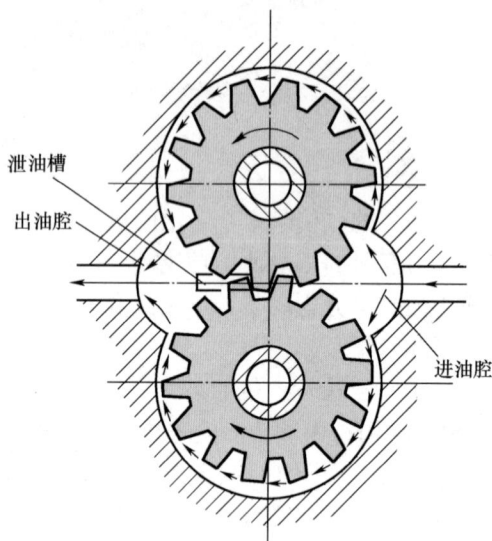

图 5-13　齿轮式机油泵结构和工作原理

外啮合齿轮式机油泵具有结构简单、加工方便、工作可靠、使用寿命长等优点。

3）转子式机油泵

（1）结构。转子泵一般由泵体、内转子、外转子、泵盖、限压阀等部件组成,如图 5-14 所示。泵体或泵盖上加工有进油槽和出油槽。内转子固定在曲轴(或机油泵传动轴)上,外转子自由地安装在泵体内,并与内转子啮合转动,内、外转子之间有一定的偏心距。转子式机油泵的内转子一般有 4 个或 4 个以上的凸齿,外转子的凹齿数比内转子的凸齿数多 1 个,转子的外廓形状曲线为次摆线。它们与机油泵体和泵盖组成了真空腔、进油腔、过渡油腔和出油腔。

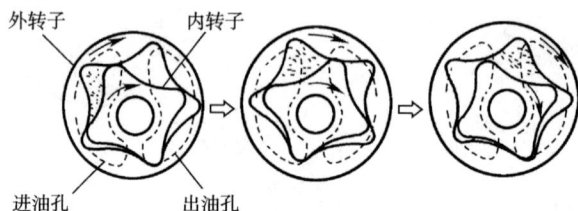

图 5-14　转子式机油泵结构和工作原理

（2）工作原理。转子式机油泵工作原理如图 5-14 所示,在内外转子的转动过程中。转子每个齿的齿形齿廓线上总能互相成点接触。因此,在内外转子之间形成了四个互相封闭的工作腔。由于外转子总是慢于内转子,这四个工作腔在旋转过程中不但位置改变,容积大小也在改变。每个工作腔总是在最小时与壳体上的进油孔接通,随后容积逐渐变大,形成真空,把机油吸进工作腔。当该容积旋转到与泵体上的出油孔接通且与进油孔断开时,容积逐渐变小,工作腔内压力升高,将腔内机油从出油孔压出,直至容积变为最小,又与进油孔接通开始进油为止。与此同时,其他工作腔也在进行着同样的工作过程。

转子式机油泵的优点是结构紧凑,供油量大,供油均匀,噪声小,吸油真空度较高。因此,当机油泵安装在曲轴箱以外或安装位置较高时,采用转子式机油泵比较合适。其缺点是内、外转子啮合表面的滑动阻力比齿轮泵大,因此,功率消耗较大。

4）可变排量机油泵

可变排量机油泵能主动控制使机油流量和压力满足发动机需求,从而消除过量机油流并降低发动机曲轴上的负载,以便节省燃油,使能量损耗降至最低水平。

（1）结构。大众 EA888 发动机可变排量机油泵主要由主驱动链轮、驱动泵轮、从动泵轮、控制活塞、冷起动阀和止回阀等组成,如图 5-15 所示。

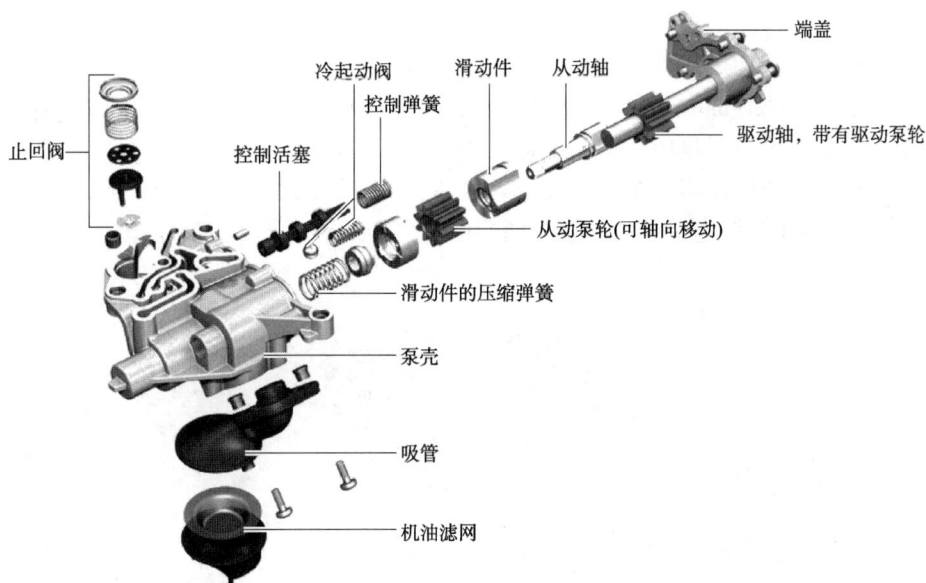

图 5-15　可变排量机油泵的组成

可变排量机油泵被集成在油底壳的顶部并且由曲轴通过一个链条驱动装置驱动,如图 5-16 所示。机油压力是通过机油泵内部的控制弹簧和控制活塞控制的。滑动装置位于两段式外部齿轮机油泵中,从而能够让两个泵齿轮沿纵向移动,实现两段式泵动力控制。如果两个齿轮的高度完全相等,机油泵以最大的动力运行;如果两个齿轮一起被推动,则机油泵以更小的动力运行。

滑动装置是机油泵内的控制活塞,控制活塞将调节过的油液导向滑动装置的左侧或右侧,滑动装置根据油压纵向移动。控制活塞由油压控制阀驱动。由低压段切换到高压段是由负载和发动机转速决定的。低于此限值时,泵以 180kPa 的压力运行;当达到 3500r/min 的转速时,机油泵会产生 320kPa 的油压。

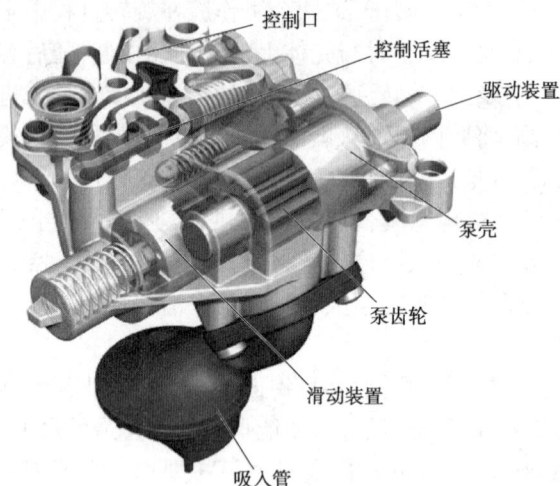

图 5-16　可变排量机的结构

(2)工作原理。

①低压控制。发动机起动瞬间机油压力为零,随着转速的提高机油压力逐渐上升。当发动机转速达到 1000r/min 左右时,机油压力达到 180kPa。在机油压力达到 1.8kPa 之前,主动齿轮和从动齿轮一直保持全啮合状态。随着输出压力的增大,控制活塞向右移动,当输出压力达到 180kPa 时,控制活塞的第 4 个孔被堵上,也就是通向从动泵轮调节活塞左侧的机油压力为零,在此之后施加在从动泵轮两边的压力开始不相等。从动泵轮开始轴向移动,如图 5-17 所示。

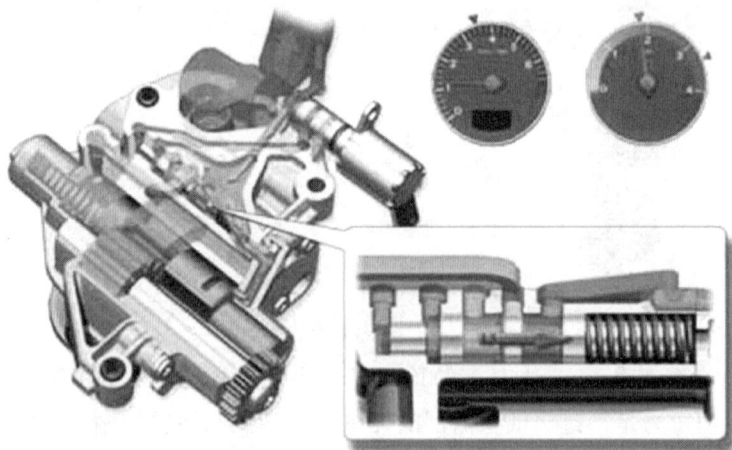

图 5-17　油压达到 180kPa 的控制

随着发动机转速继续升高,控制活塞有向右移动的趋势,其右侧的弹簧开始产生反向力,由于施加在从动泵轮左侧的压力消失,从动泵轮向左移动,结合面积缩小,这种动态的调节使机油压力维持在 180kPa 左右,如图 5-18 所示。

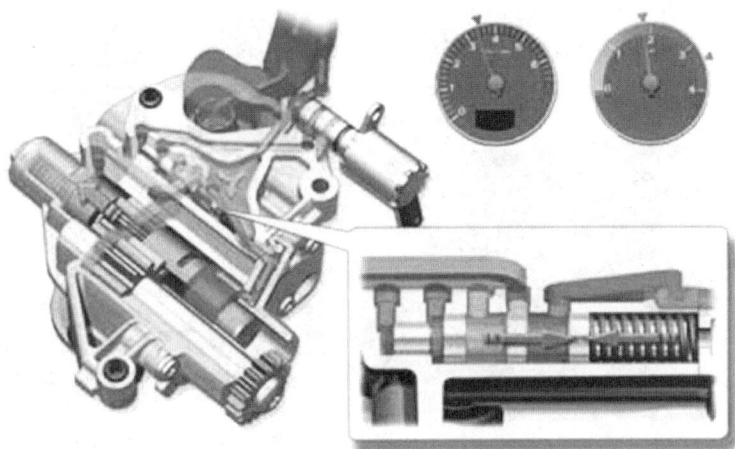

图 5-18　油压维持 180kPa 的控制

②高压控制。当发动机转速达到 3500r/min 的时，油压控制阀由发动机控制单元控制搭铁，这时候控制活塞第一个孔的油被切断，控制活塞原来的动态平衡被打破，在弹簧的作用下向左移动，第 4 个孔被打开，从动泵轮左右侧的压力重新回到平衡状态，在从动泵轮左侧的弹簧作用下，从动泵轮迅速向右移动，驱动泵轮与从动泵轮达到全啮合状态，该转速下机油压力达到 320kPa 左右，如图 5-19 所示。

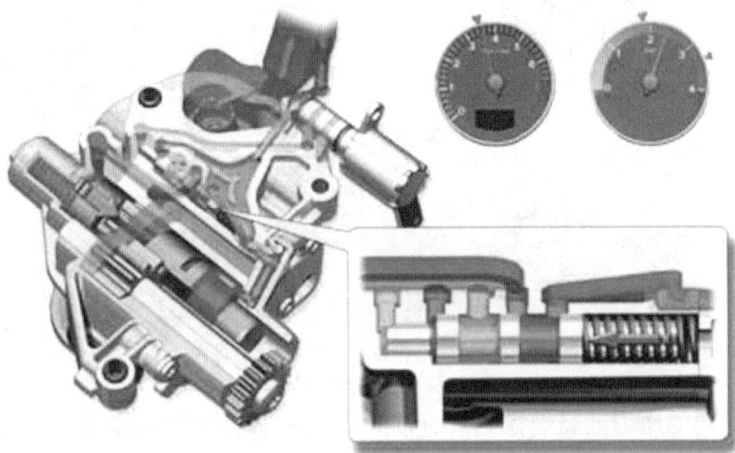

图 5-19　油压达到 320kPa 的控制

当机油压力达到 320kPa 后，随着发动机转速的提高，机油压力稍微增加，这时候控制活塞被向右推动，活塞第 4 孔被重新堵上，从被动齿轮左侧既有压力消失，在右侧输出的既有压力作用下，从动泵轮向左移动，转速提高而驱动泵轮与从动泵轮的啮合面减小，使机油压力保持在 320kPa，如图 5-20 所示。

3. 机油滤清器

机油滤清器，串联于机油泵与主油道之间，用来过滤掉润滑油中的杂质、磨屑、油泥和水分等杂物，使送到各润滑部位的都是清洁的润滑油。

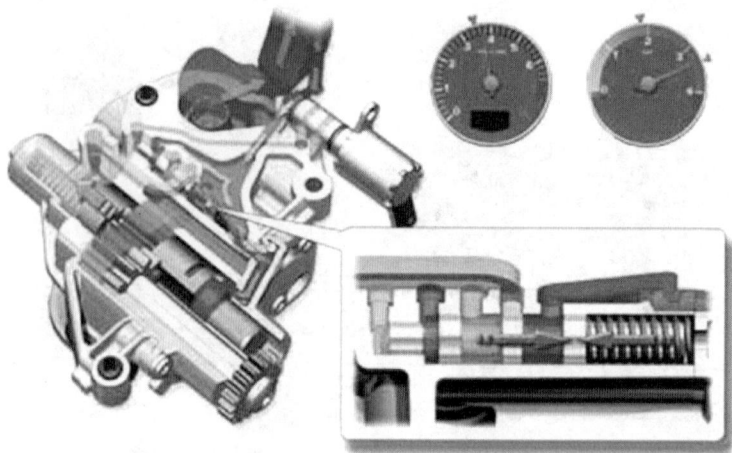

图 5-20　油压维持 320kPa 的控制

（1）结构。机油滤清器多采用纸质滤芯,结构如图 5-21 所示,主要由外壳、滤芯和盖板等组成。滤芯安装于外壳滤芯底座和端盖下端面之间,并用弹簧压紧。密封圈用来防止外壳内的机油不经过滤直接进入芯筒内。端盖与外壳之间用密封圈固定,端盖通过螺栓固定于缸体,并和缸体上相应的油孔对齐。

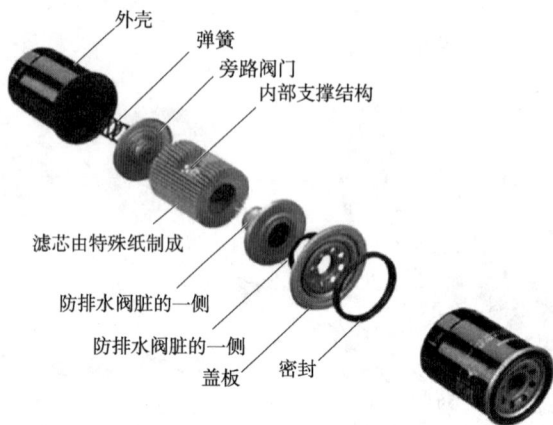

图 5-21　机油滤清器结构

从机油泵输出的压力油经端盖上的进油孔进入机油滤清器的外壳与滤芯之间,经滤芯过滤后,进入滤芯中间并经端盖上的出油孔进入主油道。旁通阀装于端盖上,当滤芯发生堵塞而阻力增加时,旁通阀打开,外壳内的机油经旁通阀和端盖出油孔进入主油道。

（2）纸质式滤清器的维护。现在,越来越多的发动机为维修方便,采用旋转式滤芯结构,滤芯为纸质折叠式结构,封闭式外壳,直接旋装于滤清器盖上,达到规定里程后进行整体更换。

在更换机油滤清器时,机架中的聚酰胺材质的锁芯开启,随着锁芯的开启,一根回流管也开启了,这样,尚留在机油滤清器中的聚集起来的油能够流回到油盘中去。必须将机油滤清器拧下来才能进行更换,在完全取下机油滤清器之前要等待 2~3s,避免有流出来的机油进入发动机。

4. 集滤器

集滤器一般是滤网式,装在机油泵前面,滤网位于油底壳中,吸油管与机油泵入口相连接。它的主要作用是防止大颗粒杂质进入机油泵。汽车发动机的集滤器分为浮式集滤器和固定式集滤器,目前汽油发动机通常采用固定式集滤器,如图5-22所示。固定式集滤器位于机油液面以下,可防止油面上的泡沫被吸入润滑系统,润滑可靠,结构简单。

安装集滤器时,吸油管与机油泵连接处必须使用新的O形圈,如图5-23所示,且在其上涂抹适量洁净机油。否则,机油泵可能无法泵吸机油。

图5-22　固定式集滤器　　　　　　　图5-23　安装集滤器

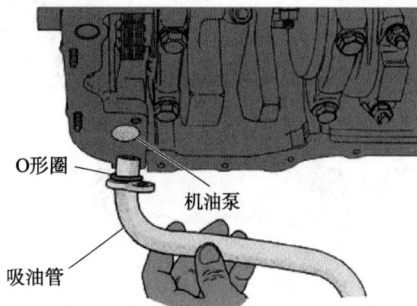

5. 机油压力开关和机油压力指示灯

机油压力开关和机油压力指示灯是用来判断润滑系统的工作状况,一旦润滑系统内的机油绝对压力降120~148kPa时,机油压力开关接通,机油压力指示灯就会点亮。

机油压力指示灯由机油压力开关直接控制搭铁,点火开关控制正极,如图5-24所示。机油压力开关安装在主油道上,它是一个常闭开关,给机油压力指示灯提供搭铁,只有在正确的机油压力下它才能断开,机油压力指示灯才熄灭。因此,点火开关置于ON时,发动机不起动,机油泵没有工作,机油压力很低,机油压力指示灯点亮。起动发动机后,机油泵工作,机油压力指示灯熄灭。

6. 机油油位传感器

有些最新的发动机在油底壳内设置了机油油位传感器,图5-25所示为上汽通用君威2.0T发动机机油油位传感器。当机油液面下降到一定高度时,传感器内部的电路导通,仪表板上的机油压力指示灯将点亮。

图5-24　机油压力开关

机油油位传感器是一个常闭型开关,它利用自身搭铁,并通过1根与ECM相连接的导线传递机油油位信息。当机油液面上升到一定高度时,传感器内部的开关断开,ECM检测到高电平信号;当机油液面下降到一定高度时,传感器内部开关闭合,给ECM一个低电平信号,ECM通过高速CAN总线向车身控制单元BCM发送一条信息,然后BCM通过低速CAN总线向

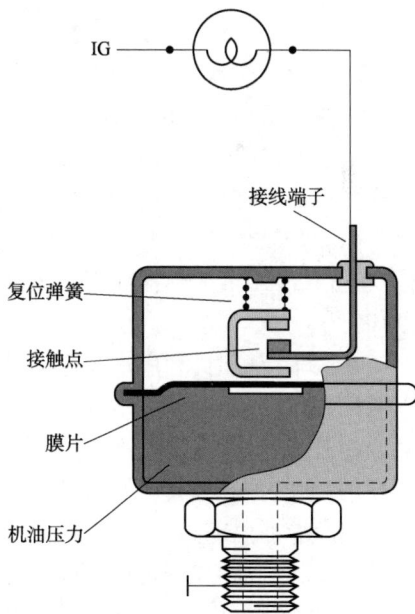

组合仪表(IPC)发送一条信息,请求点亮发动机机油压力指示灯,如图 5-26 所示。

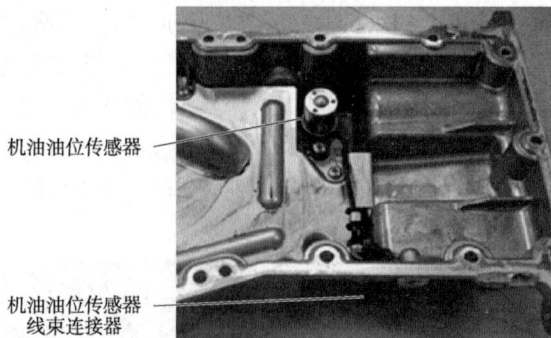

机油油位传感器

机油油位传感器
线束连接器

图 5-25　上汽通用君威 2.0T 发动机机油油位传感器

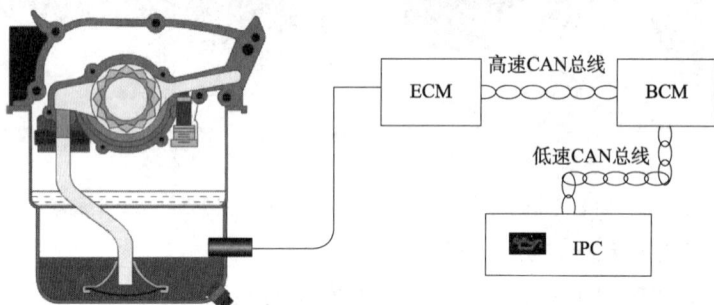

高速CAN总线

ECM　　BCM

低速CAN总线

IPC

图 5-26　上汽通用君威发动机机油油位检测

7. 机油冷却器

一些热负荷较大的发动机,如涡轮增压发动机或大功率柴油机等,除利用油底壳对机油进行散热外,还设有专门的机油散热装置。这些装置称为机油冷却器,一般分为风冷式和水冷式。机油冷却器布置在润滑油路中,其工作原理与散热器相同。

(1)风冷式。风冷式机油冷却器结构和冷却液散热器结构基本相同,但采用横流式结构,布置在冷却液散热器前面。风冷式机油冷却器油路与主油道并联,利用风扇风力使机油冷却。

在汽车行驶时,利用汽车迎面风冷却热的机油冷却器芯子。风冷式机油冷却器要求周围通风好,在普通轿车上很难保证有足够的通风空间,一般很少采用。在赛车上多半采用这种冷却器,因为赛车速度高,冷却风量大。

(2)水冷式。水冷式机油冷却器置于冷却系统中,利用冷却液的温度来控制润滑油的温度。当润滑油温度高时,靠冷却液降温,发动机起动时,则从冷却液吸收热量使润滑油迅速提高温度。机油冷却器由铝合金铸成的壳体、前盖、后盖和铜芯管组成。为了加强冷却,管外又套装了散热片。冷却液在管外流动,润滑油在管内流动,两者进行热量交换。也有使油在管外流动,而冷却液在管内流动的结构。

图 5-27 所示为大众 EA888 发动机机油冷却器,和机油滤清器集成一体。机油冷却器是装在辅助机架上,从机油冷却器里出来的,是被冷却了的机油,在压力的作用下涌流着通过机油滤清器,机油滤清器内部的回流阀门开启,这样,经过过滤的机油就能够流回到发动机的润滑循环中去。

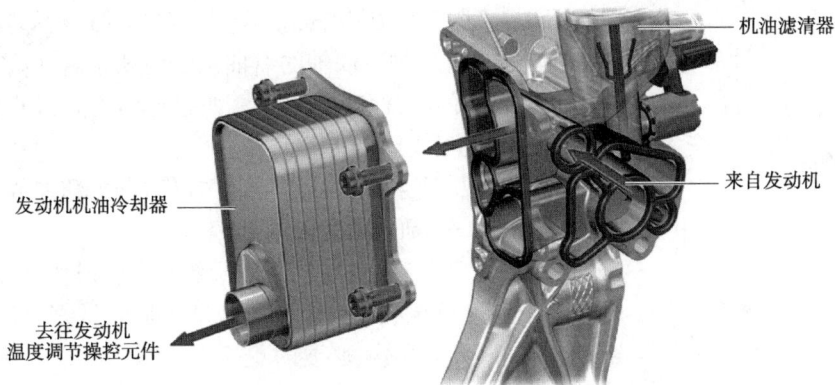

图 5-27　大众 EA888 发动机机油冷却器

二、任务实施

(一)机油泵的检修

1.准备工作

(1)将机油泵放在指定工作台,确保人员和设备的安全。

(2)检查实训室通风系统设备工作是否正常。

(3)准备塞尺、百分表、接油盘、常用工具 1 套、防护用品等。

2.技术要求与注意事项

(1)测量方法得当,数据精确。

(2)检测过程中,注意人身安全和防护工作。

3.操作步骤

(1)检查机油泵主动齿轮、从动齿轮与机油泵盖端面的间隙。主动齿轮、从动齿轮与机油泵盖端面间隙的检查方法如图 5-28 所示,正常间隙应为 0.05mm,磨损极限值为 0.15mm。

(2)检查齿轮啮合间隙。检查时,将机油泵盖拆下,用塞尺在互成 120°角三个位置处测量机油泵主、从动齿轮的啮合间隙,如图 5-29 所示。新机油泵齿轮啮合间隙为 0.05mm,磨损极限值为 0.20mm。

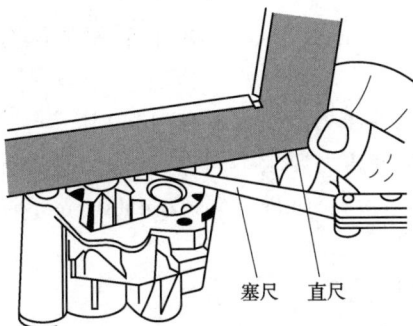

图 5-28　测量泵盖与齿轮端面间隙

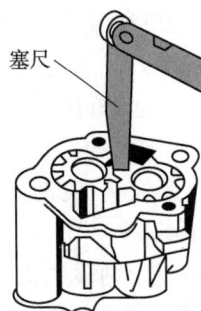

图 5-29　测量主、从动齿轮啮合间隙

(3)检查主动齿轮端面与机油泵壳配合间隙。如图 5-30 所示,主动齿轮端面与机油泵壳配合间隙应为0.03~0.075mm,磨损极限值为0.20mm。否则应对轴孔进行修复。

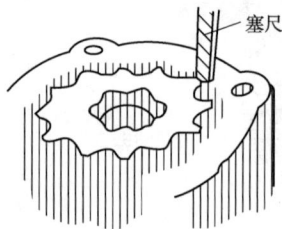

图5-30 测量主动齿轮端面与
机油泵壳配合间隙

(4)检查机油泵主动轴的弯曲度。将机油泵主动轴支承在V形架上,用百分表检查弯曲度。如果弯曲度超过0.03mm,则应对其进行校正或更换。

(5)检查机油泵盖。机油泵盖如有磨损、翘曲和凹陷超过0.05mm,应以车、研磨等方法进行修复。

(6)检查限压阀。检查限压阀弹簧有无损伤、弹力是否减弱,必要时予以更换。检查限压阀配合是否良好、油道是否堵塞、滑动表面有无损伤,必要时更换限压阀。

(7)完成实训任务后,对工作过程进行自我评价,提交实训工作单,接受指导老师的技能考核。

(8)整理并清洁工作场所,清点和收拾借出的工具、设备和资料,交回实训室。

(二)发动机机油压力开关和机油压力检测

下面以大众EA211发动机为例,说明发动机机油压力开关和机油压力检测的检测方法。

1. 准备工作

(1)将汽车停放在指定工作区域,确保人员和设备的安全。

(2)检查实训室通风系统设备工作是否正常。

(3)准备机油压力测试仪VAG1432、电气测试笔SVW 1527B、转换接头盒VAG 1594C、常用工具1套、防护用品等。

2. 技术要求与注意事项

(1)发动机油位正常。

(2)发动机机油温度至少为80℃(冷却液风扇必须运转过)。

(3)安装机油压力测试仪时,切勿起动发动机;关闭发动机后,方可拆除机油压力测试仪。

(4)安装机油压力测试仪和机油压力开关力矩不能过大,否则造成漏机油现象。

3. 操作步骤

(1)检测机油压力。

①拆卸机油压力降低开关F378,将机油压力测试仪VAG 1342代替机油压力降低开关旋入。

②将旋出的机油压力降低开关F378旋入机油压力测试仪VAG 1342中。

③起动发动机。不同转速下,低压油压开关处压力要求不同,怠速运转时的机油压力至少为60kPa;转速为2000r/min时的机油压力至少为150kPa;转速为4500r/min时的机油压力至少为280kPa。

④如果小于额定值,则检测机油压力调节阀。

(2)检测机油压力降低开关F378。

①停止发动机。

②测试仪的棕色导线搭铁(负极)。用转换接头盒VAG 1594C中的辅助导线将电气测

试笔 SVW 1527B 连接至蓄电池正极和机油压力降低开关 F378 上,如图 5-31 所示。发光二极管应当不亮。如果发光二极管亮起,则更换机油压力降低开关 F378。

③起动发动机并提高转速。在 30~60kPa 压力时,发光二极管必须开始亮起,否则更换机油压力降低开关 F378。

(3)检测油压开关 F22。

①停止发动机。

②用转换接头盒 VAG1594C 中的辅助导线将电气测试笔 SVW 1527B 连接至蓄电池正极和油压开关 F22 上。发光二极管应当不亮。如果发光二极管亮起,则更换油压开关 F22。

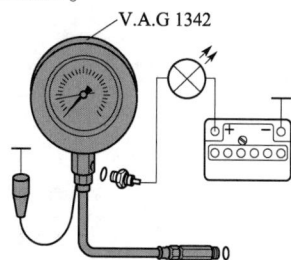

图 5-31　机油压力开关的检测

③起动发动机并提高转速。在 215~295kPa 压力时,发光二极管必须开始亮起;否则更换油压开关 F22。

④安装机油压力降低开关 F378。

(4)完成实训任务后,对工作过程进行自我评价,提交实训工作单,接受指导老师的技能考核。

(5)整理并清洁工作场所,清点和收拾借出的工具、设备和资料,交回实训室。

三、评价与反馈

1. 自我评价

(1)通过本学习任务的学习你是否已经知道以下问题:

①润滑系统主要部件的结构组成有哪些?

②润滑系统主要部件的工作原理是什么?

(2)机油压力开关和机油压力检测操作过程中用到了哪些设备?

(3)实训过程完成情况如何?

(4)通过本学习任务的学习,你认为自己的知识和技能还有哪些欠缺?

签名:_____　___年___月___日

2. 小组评价(表 5-3)

小组评价表

表 5-3

序　　号	评价项目	评价情况
1	着装是否符合要求	
2	是否能合理规范地使用仪器和设备	
3	是否按照安全和规范的流程操作	
4	是否遵守学习、实训场地的规章制度	
5	是否能保持学习、实训场地整洁	
6	团结协作情况	

参与评价的同学签名:_____　___年___月___日

3. 教师评价

_____

_____

教师签名:_____　___年___月___日

四、技能考核标准(表5-4)

技能考核标准表　　　　　　　　　　　　　　　表5-4

序号	项目	操 作 内 容	规定分	评 分 标 准	得分
1	机油泵检测	检查机油泵主、从动齿轮与机油泵盖端面的间隙	8分	是否达到操作要求标准	
		检查齿轮啮合间隙	8分	是否达到操作要求标准	
		检查主动齿轮端面与机油泵壳配合间隙	8分	是否达到操作要求标准	
		检查机油泵主动轴的弯曲度	8分	是否达到操作要求标准	
		检查机油泵盖	8分	是否达到操作要求标准	
		检查限压阀	5分	是否达到操作要求标准	
		设备仪器回收、清点,清洁场地	5分	是否符合5S要求	
2	机油压力和机油压力开关检测	记录车辆铭牌信息	3分	记录信息是否全面	
		连接尾排系统	3分	是否达到操作要求标准	
		检测机油压力	14分	是否达到操作要求标准	
		检测机油压力降低开关F378	13分	是否达到操作要求标准	
		检测油压开关F22	13分	是否达到操作要求标准	
		设备仪器回收、清点,清洁场地	4分	是否符合5S要求	
	总分		100分		

思考与练习

(一)选择题

1. 机油粗滤器上装有旁通阀,当滤芯堵塞时,旁通阀打开,(　　)。

　　A.使机油不经过滤芯,直接流回油底壳　　　　B.使机油直接进入细滤器

　　C.使机油直接进入主油道　　　　　　　　　　D.使机油流回机油泵

2. 转子式机油泵工作时,(　　)。

　　A.外转子转速低于内转子转速　　　　　　　　B.外转子转速高于内转子转速

　　C.内、外转子转速相等　　　　　　　　　　　D.内、外转子转速不确定

3. 正常工作的发动机,其机油泵的限压阀应该是(　　)。

　　A.经常处于关闭状态　　　　　　　　　　　　B.热机时开,冷机时关

　　C.经常处于溢流状态　　　　　　　　　　　　D.热机时关,冷机时开

4. 活塞通常采用的润滑方式是(　　)。

　　A.压力润滑　　　　　　　　　　　　　　　　B.飞溅润滑

　　C.两种润滑方式都有　　　　　　　　　　　　D.润滑方式不确定

5. 发动机润滑系中,润滑油的主要流向是(　　)。

　　A.机油集滤器→机油泵→粗滤器→细滤器→主油道→油底壳

B.机油集滤器→机油泵→粗滤器→主油道→油底壳

C.机油集滤器→机油泵→细滤器→主油道→油底壳

D.机油集滤器→粗滤器→机油泵→主油道→油底壳

6.不属于机油性能指标的是(　　)。

　A.黏度指数　　　　B.密度　　　　C.闪点　　　　D.流动点

7.在发动机中,下列部件不需要润滑的是(　　)。

　A.主轴承　　　　B.连杆轴承　　　　C.气门组　　　　D.集滤器

8.5W-30型号机油W表述正确的是(　　)。

　A.春季用油　　　　B.冬季用油　　　　C.夏季用油　　　　D.秋季用油

9.汽车厂商明确列出的机油更换周期是(　　)。

　A.最长的时间或者里程间隔　　　　　　B.最短的时间或者里程间隔

　C.只有换油行驶里程　　　　　　　　　D.只有换油的时间

10.两个技师在讨论有关滤清器的话题。技师甲说如果经常更换滤清器,机油会一直保持良好的状况;技师乙说滤清器能滤出人眼看不到的小颗粒。下列说法正确的是(　　)。

　A.技师甲正确　　　　　　　　　　　　B.技师乙正确

　C.甲和乙都正确　　　　　　　　　　　D.甲和乙都不正确

(二)判断题

1.发动机油过多不仅会增加发动机功率损失,而且会产生烧机油故障。　　　(　　)

2.补充发动机机油时要防止杂物进入注入口,油面高度可以超过MAX线。　　(　　)

3.如果发动机机油变质,将加剧机件磨损,动力性变差,缩短发动机使用寿命。(　　)

4.如果机油品质不好,黏度过大,在这种情况下高速运转,就容易将轴承烧坏,俗称"烧瓦"。　　　　　　　　　　　　　　　　　　　　　　　　　　　　　(　　)

5.在更换发动机机油前,必须对发动机预热,提高发动机的温度,使机油黏度变小,有利于发动机内的机油排放彻底。　　　　　　　　　　　　　　　　　　　　(　　)

6.润滑系统主油道中压力越高越好。　　　　　　　　　　　　　　　　　(　　)

7.润滑系统中旁通阀一般都安装在粗滤器中,其功用是限制主油道的最高压力。(　　)

8.更换发动机机油时,应同时更换或清洗机油滤清器。　　　　　　　　　(　　)

9.曲轴主轴承与轴径的配合间隙过大,则机油压力下降,油膜难以形成,所以,配合间隙越小,油膜越易形成。　　　　　　　　　　　　　　　　　　　　　　　(　　)

10.集滤器能过滤掉很小的杂质和胶质,所以经过集滤器过滤的润滑油直接流向机件的润滑表面。　　　　　　　　　　　　　　　　　　　　　　　　　　　　(　　)

(三)简答题

1.发动机润滑方式有哪些?

2.润滑系统的作用有哪些? 主要由哪几部分组成?

3.简述更换发动机机油的流程。

4.简述齿轮式油泵的工作原理。

5.简述转子式机油泵的工作原理。

单元六　发动机冷却系统构造与检修

学习任务1　冷却系统概述

学习目标

☞ **知识目标**

1. 能正确叙述冷却系统的作用和冷却方式;
2. 能正确叙述冷却系统的组成、工作原理及循环过程;
3. 能正确叙述冷却液的种类及作用。

☞ **技能目标**

能规范对发动机冷却系统进行检查。

☞ **素质目标**

1. 通过对冷却系统的维护,树立维护客户利益的观念,依法维护客户的切身利益;
2. 通过技能实训、质量检查,培养学生良好的职业道德与行为操守,弘扬中华传统美德。

建议课时

2~3课时。

一、理论知识准备

1. 冷却系统的作用

发动机在燃烧过程中,汽缸与燃烧室内的气体温度最高1800~2000℃。因此,必须在发动机上设置冷却系统,在发动机工作中对高温机件进行冷却,保证发动机的正常工作。冷却系统虽不参与发动机的功能转换,但却是发动机正常工作必不可少的保证。

冷却系统的冷却强度的调节是否合适,对发动机的工作影响很大。冷却不足,会造成发动机过热,导致发动机充气量下降而影响发动机功率输出。对于汽油机来说,还可能会造成早燃、爆燃和表面点火等不正常燃烧;同时,过高的温度会使润滑油黏度降低,导致机件磨损加剧。冷却过度,会使发动机过冷,导致燃料蒸发困难,可燃混合气形成条件变差。燃烧不完全不但会造成发动机功率下降、油耗量增大,同时还引起废气排放污染物增加。

冷却必须适度。不论何种形式的冷却系统,除能满足发动机在最大热负荷情况下的冷却外还必须能在发动机各种工况下,对冷却强度进行调节,以维持发动机的正常工作温度,保证发动机的正常工作,这就是发动机冷却系统的作用。

2. 冷却方式

汽车发动机上采用的冷却方式有水冷却和风冷却两种。

水冷却方式是将大部分热能通过热传导方式从炽热的发动机零件传给温度较低的冷却液,再将这些吸收了热量的冷却液送至散热器,通过散热器将热量散发到大气中。水冷却工作可靠,冷却强度调节方便,在发动机正常工作时,冷却系统能使发动机的工作温度维持在正常范围内。

风冷却方式是以空气作为冷却介质,直接对汽缸体和汽缸盖的表面进行冷却。为了加强冷却效果,并使各缸冷却均匀,有些发动机的风冷系统设有轴流式风扇、导流罩和分流板,以加大流经机体表面的空气流量。与水冷却相比,风冷却的冷却强度不容易调节和控制。因此,只在某些大型柴油机或者小型汽油机上采用。

3. 冷却系统的组成

发动机冷却系统一般由散热器、冷却风扇、节温器、水泵、膨胀水箱(或储液罐)、冷却液管路、汽缸体和汽缸盖中的水套以及其他附属装置等组成,如图 6-1 所示。

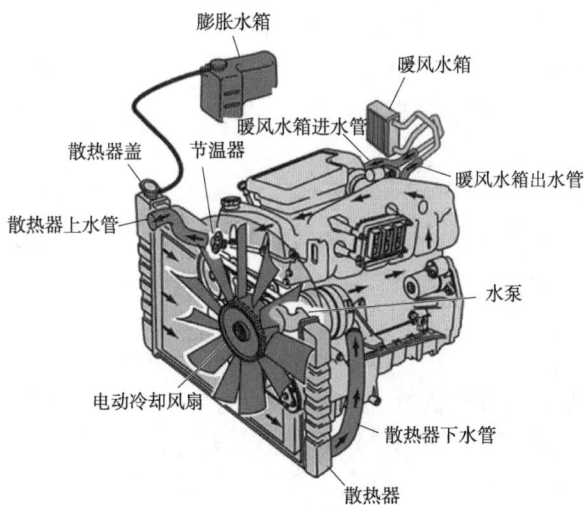

图 6-1 冷却系统的组成

4. 冷却系统工作原理

现代汽车发动机的冷却系统都采用强制循环封闭式、带膨胀水箱的水冷却系统。发动机组成及冷却液的循环过程如图 6-2 所示。

发动机汽缸体和汽缸盖中铸有水套,使循环的冷却液得以接近受热的零部件,吸收并带走热量。发动机工作时,曲轴通过皮带或链条驱动水泵,水泵将冷却液从散热器(或汽缸盖水套)吸入并加压,然后排入汽缸体水套中,冷却液吸热升温后经过节温器和散热器上水管流入散热器内。由于风扇的强力抽吸及车辆的高速行驶,空气不断由前向后且高速地流经散热器芯,带走散热器芯内部高温冷却液的热量,冷却液得以冷却。经冷却的冷却液再次被水泵泵吸至汽缸体水套中进行循环冷却。通过冷却液不断循环,发动机中在高温条件下工作的零部件不断得到冷却,从而保证发动机正常运转。

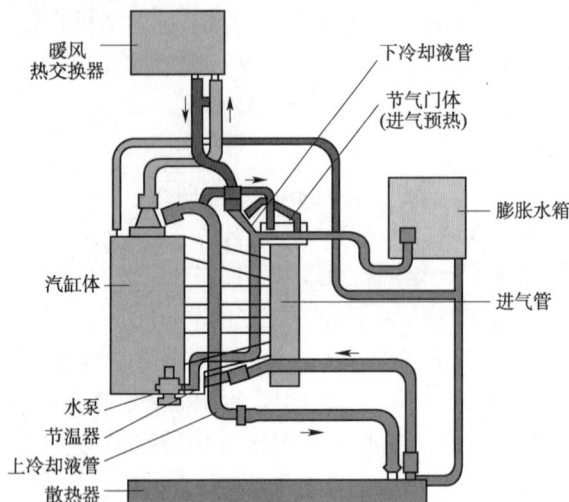

图 6-2　发动机冷却系统的工作原理

5. 冷却系统的循环过程

冷却液循环过程包括小循环和大循环。大循环即冷却液流经散热器的循环,缸盖水套中的冷却液从节温器主阀门流向散热器,通过散热器冷却后流入水泵进水口,被水泵加压后流入缸体水套,进而回到缸盖水套。小循环即冷却液不流经散热器的循环,缸盖水套中的冷却液从节温器旁通阀流向旁通管道,直接流入水泵进水口,被水泵加压后回到缸体水套,进而回到缸盖水套。

大小循环冷却液流量的比例由节温器控制。缸体水套中的冷却液温度高时,节温器打开的角度大,流向散热器的冷却液多,防止发动机过热;缸体水套中的冷却液温度低时,节温器打开角度小,流向散热器的冷却液少,防止冷却液温度偏低。这样,发动机始终保持在一个最佳的温度下工作。

1)小循环

如图 6-3 所示,冷却液温度较低时,节温器主阀门关闭、旁通阀打开,汽缸盖中的冷却液从旁通阀、旁通管路流入水泵进水口,经水泵加压后流回缸体水套。此时冷却液不经过散热器,只在汽缸盖水套和汽缸体水套之间进行小循环。不管节温器打开还是关闭,小循环是常循环,这样可提高冷却系统的温度,改善发动机的热效率,同时可以确保冷却系统始终有冷却液在循环。

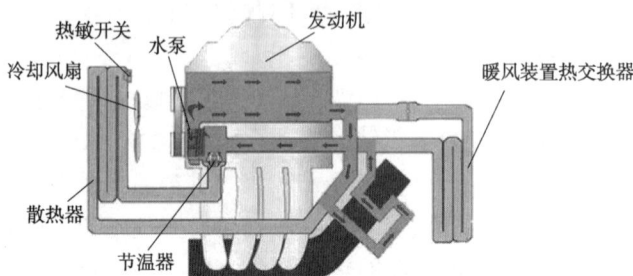

图 6-3　发动机冷却系统小循环示意图

2）大循环

经过散热器的冷却液循环为冷却液大循环,如图 6-4 所示。当冷却液温度升高到一定值时,节温器主阀门全开,旁通阀关闭,汽缸盖水套中的冷却液经散热器上水管全部流向散热器,其温度快速下降,然后从散热器下水管进入水泵进水口,经水泵加压后回到汽缸体水套,进行冷却循环。

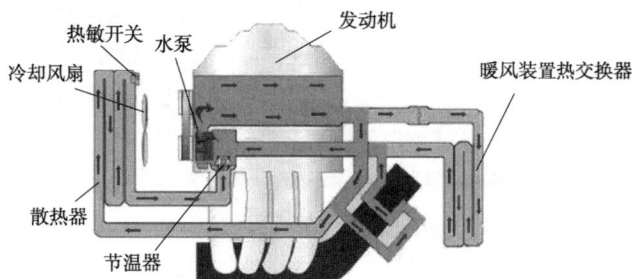

图 6-4　发动机冷却系统大循环示意图

6.冷却液

根据《机动车发动机冷却液》(GB 29734—2013)的定义,发动机冷却液是以防冻剂、缓蚀剂等原料配置而成的,用于机动车发动机冷却系统中,具有冷却、防腐、防冻等作用的功能性液体。

1）冷却液的种类

根据《机动车发动机冷却液》(GB 29734—2013)规定,冷却液按发动机使用负荷大小可分为轻负荷冷却液和重负荷冷却液两类,按主要原材料可分为乙二醇型、丙二醇型和其他类型三类。

乙二醇型冷却液是以乙二醇作为防冻剂的机动车发动机冷却液。丙二醇型是以丙二醇作为防冻剂的机动车发动机冷却液。其他类型是以除乙二醇、丙二醇之外的原料作为防冻剂,具有特定冰点数值的机动车发动机冷却液,或冰点在-15℃以上的机动车发动机冷却液,直接用于发动机冷却系统。

最常用的发动机冷却液是乙二醇型,乙二醇是一种无色、透明、稍有甜味、具有吸湿性的黏稠液体,它能以任何比例与水相溶。冷却液中还添加有防锈剂、消泡剂、防霉剂、pH 调节剂、着色剂等。

2）冷却液的作用

冷却液具有防冻、防腐蚀、防垢和防沸腾四大功能,是发动机正常运转不可缺少的散热介质。

(1)防冻功能。是为了防止汽车在冬季停车后,由于温度过低冷却液结冰而造成水箱、发动机缸体胀裂,所以要求冷却液的冰点应低于该地区最低温度的基础上再低 10℃左右,以备天气突变。

(2)防腐蚀功能。冷却系统腐蚀会使散热器的下水室、喷油嘴隔套、冷却管道、接头以及散热器排管发生故障,同时腐蚀产物堵塞管道,引起发动机过热甚至瘫痪。因而冷却液中都加入一定量的防腐蚀添加剂,防止冷却系统产生腐蚀。

(3)防垢功能。冷却液在循环中应尽可能少地减少水垢的产生,以免堵塞循环管道,影响冷却系统的散热功能。

图6-5 发动机冷却液温度指示灯

（4）防沸腾功能。冷却液的沸点通常都是超过105℃，冷却液能耐受更高的温度而不沸腾（开锅），在一定程度上满足了高负荷发动机的散热冷却需要。

3）冷却液温度指示灯

打开点火开关时，该指示灯会亮几秒钟并进行功能检查，如图6-5所示。在行驶中如果这个指示灯常亮或闪烁，同时警告音响起，可能是冷却液温度过高或冷却液液面过低。

在行驶过程中，该警告灯如若点亮，应立即关闭发动机，检查冷却液液面，必要时补充冷却液。

二、任务实施——冷却系统的检查

下面以上汽大众朗逸轿车为例说明发动机冷却系统的更换方法。

1. 准备工作

（1）将实训车辆停放在检测区域，确保人员和设备的安全。

（2）检查实训室通风系统设备工作是否正常。

（3）准备折射计T10007A、冷却系统测试仪SVW1274、手电筒、常用工具1套等。

2. 技术要求与注意事项

（1）检查冷却液液位要在冷机状态下检查。

（2）折射计T10007A使用前要校零。

3. 操作步骤

（1）检查冷却液液位。如图6-6所示，打开手电筒，照射在冷却液膨胀罐，检查冷却液液位是否正常。冷却液液位应位于"max"和"min"之间，当液位低于"min"时，需先旋开冷却液罐上的蓝色盖子，加注同型号的冷却液。

（2）检查冷却系统管路与接头。用手触摸冷却系统管路，检查管路有无老化、变形、鼓包、磨损或其他损坏。用手轻微晃动冷却系统管路，检查管路固定是否牢固、有无干涉，如图6-7所示。

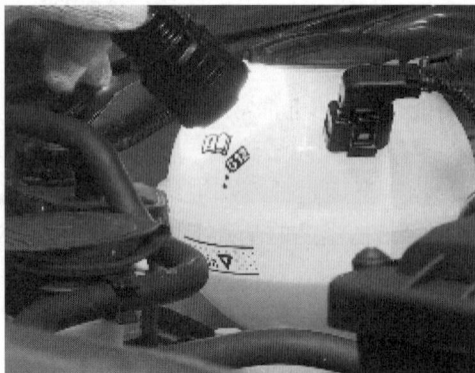

图6-6 检查冷却液液位

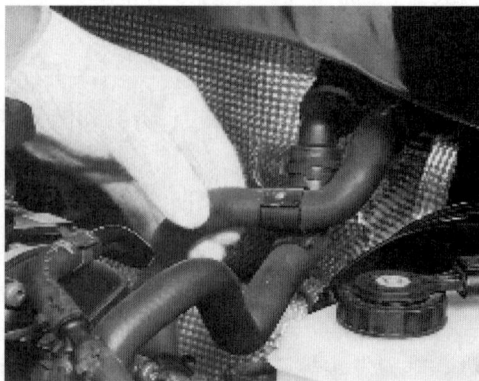

图6-7 检查冷却系统管路和接头

（3）测量冷却液冰点。使用折射仪T1007或T1007A，测量冷却液冰点，读取测量值，如

图6-8所示。冷却液冰点正常值为−35°。

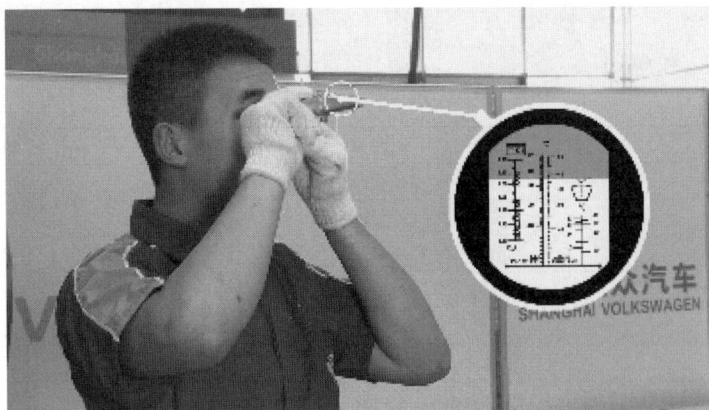

图6-8　测量冷却液冰点

（4）检查冷却系统密封性。使用冷却系统测试仪SVW1274检查冷却系统密封性，将冷却系统测试仪连接至冷却液膨胀罐，加压至100kPa，维持3min，压力应无明显变化。如压力下降，则证明冷却系统存在泄漏，需查找泄漏点，如图6-9所示。

（5）检查冷却液膨胀罐盖安全阀。将冷却系统测试仪连接至膨胀罐盖安全阀上，加压至140~160kPa，安全阀应打开泄压，如图6-10所示。检查完毕后，拧上膨胀罐盖。

图6-9　检查冷却系统密封性

图6-10　检查冷却液膨胀罐盖安全阀

（6）完成实训任务后，对工作过程进行自我评价，提交实训工作单，接受指导老师的技能考核。

（7）整理并清洁工作场所，清点和收拾借出的工具、设备和资料，交回实训室。

三、评价与反馈

1. 自我评价

（1）通过本学习任务的学习，你是否已经知道以下问题：

①冷却系统的作用和冷却方式有哪些？

②冷却系统的组成有哪些？工作原理是什么？循环过程有哪些？

③冷却液的种类有哪些？作用是什么？

（2）检查发动机冷却系统操作过程中用到了哪些设备？

（3）实训过程完成情况如何？

(4)通过本学习任务的学习,你认为自己的知识和技能还有哪些欠缺?

签名:＿＿＿＿＿＿ ＿＿年＿＿月＿＿日

2. 小组评价(表6-1)

小 组 评 价 表 表6-1

序　号	评价项目	评价情况
1	着装是否符合要求	
2	是否能合理规范地使用仪器和设备	
3	是否按照安全和规范的流程操作	
4	是否遵守学习、实训场地的规章制度	
5	是否能保持学习、实训场地整洁	
6	团结协作情况	

参与评价的同学签名:＿＿＿＿＿＿ ＿＿年＿＿月＿＿日

3. 教师评价

_____

_____

教师签名:＿＿＿＿＿＿ ＿＿年＿＿月＿＿日

四、技能考核标准(表6-2)

技能考核标准表 表6-2

序号	项目	操 作 内 容	规定分	评 分 标 准	得分
1	冷却系统检查	记录车辆铭牌信息	5分	记录信息是否全面	
		检查冷却液液位	15分	是否达到操作要求标准	
		检查冷却系统管路与接头	22分	是否达到操作要求标准	
		检查冷却系统密封性	23分	是否达到操作要求标准	
		检查冷却液膨胀罐盖安全阀	22分	是否达到操作要求标准	
		设备仪器回收、清点,清洁场地	10分	是否符合5S要求	
	总分		100分		

学习任务2　冷却系统主要部件构造与检修

学习目标

☞ 知识目标
1. 能正确叙述冷却系统主要部件的作用及构造;
2. 能正确描述冷却系统主要部件的工作原理。

☞ 技能目标
能规范对发动机冷却液进行更换。

☞ **素质目标**

1. 通过对冷却系统的检修,养成注意人身及设备安全,穿戴劳动防护用品,严格遵守实训区安全作业规程,提高规范意识;

2. 通过任务协同合作,培养团队合作、敬业奉献、服务人民的精神。

建议课时

4～7 课时。

一、理论知识准备

1. 散热器

散热器如图 6-11 所示,一般安装在车辆前部,车辆行驶时,迎面而来的低温空气不断流经散热器,带走冷却液的热量,确保散热效果良好。散热器多采用耐腐蚀、导热性能良好的铜、铝质材料制成。铝质散热器尺寸小,质量轻,成本也较低,因此,各汽车厂商广泛采用铝质散热器。

图 6-11　发动机散热器

1）作用

散热器是一个热交换器,它将汽缸盖水套中流出的高温冷却液分成许多股小水流,增大散热面积,加速其冷却。冷却液在散热器芯内流动,空气从散热器芯外流过,高温冷却液与低温空气发生热传递,实现热交换。为了获得良好的散热效果,散热器与冷却风扇配合工作。冷却液经过散热器后,其温度可降低 10～15℃。

2）结构

如图 6-12 所示,散热器由进水室、散热器芯和出水室等组成。散热器进水室顶部一般设计有冷却液加注口,冷却液由此注入整个冷却系统。进水室侧面设计有进水口,它通过散热器上水管与汽缸盖出水口相连。出水室有放水螺塞及出水口,出水口通过散热器下水管与水泵进水口相连。散热器底部一般装有减振垫,防止散热器受振动损坏。有些车辆散热器的出水室集成有自动变速器油冷却器。

散热器芯由许多冷却管和散热片组成。对于散热器芯来说,应该有尽量大的散热面积,采用散热片就是为了增加散热器芯的散热面积。散热器芯的结构有管片式和管带式两种。冷却管的断面大多为扁圆形,与圆形断面的冷却管相比,不但散热面积大,而且万一管内的冷却管结冰膨胀,扁管可以借其横断面变形而避免破裂。采用散热片,不但可以增加散热面积,还可增大散热器的刚度和强度。

3）类型

根据散热器中冷却液流动的方向可将散热器分为纵流式和横流式两种,如图 6-12 所示。纵流式散热器芯竖直布置,上接进水室,下连出水室,冷却液由进水室自上而下地流过散热器芯进入出水室。横流式散热器芯横向布置,左右两端分别为进、出水室,冷却液自进水室横向流过散热器芯到出水室。

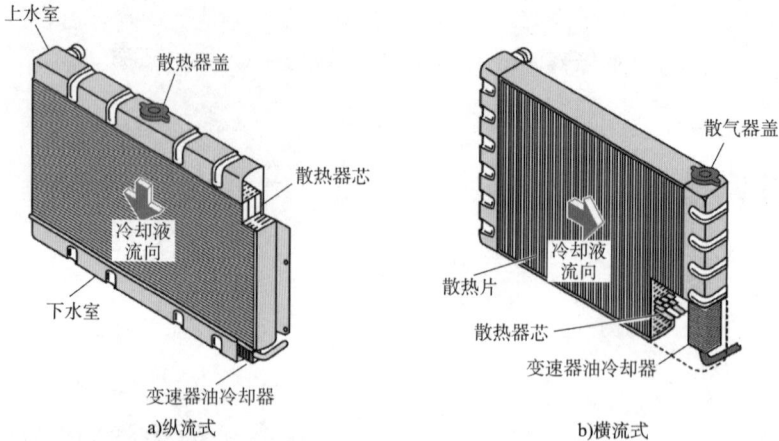

图 6-12 散热器的结构

2. 散热器盖

1)结构

汽车发动机都采用压力循环水冷系统。这种水冷系统广泛采用具有蒸汽阀和空气阀的散热器盖,其结构如图 6-13 所示。蒸汽阀在弹簧的作用下,紧紧地压在加水口,密封散热器。在蒸汽阀中央设有空气阀,弹簧使其处于关闭状态。这两个阀门的作用,不但可以提高冷却液的沸点,还可防止当散热器内冷却液量减少,或压力降低时冷却管被大气压瘪。

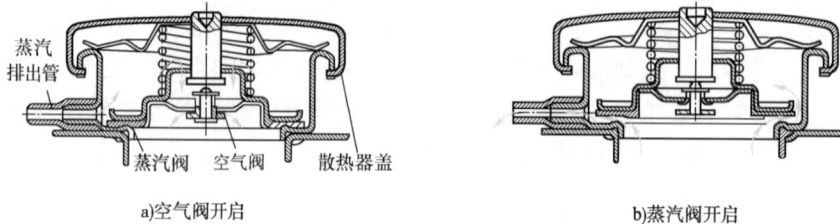

图 6-13 散热器盖

2)工作原理

当散热器内温度升高产生蒸汽,使压力升高到一定数值时(一般为 26～37kPa,某些轿车散热器盖可达 100kPa),蒸汽阀打开,水蒸气从蒸汽排出管排出。冷却液沸点的提高,就是因为冷却系统内的压力升高所致。当散热器内因冷却液冷却温度下降而产生一定的真空度时(一般为 10～20kPa),空气阀被吸开,空气从蒸汽排出管进入散热器内。

现在有很多车型采用无盖式散热器,且散热器上设计有通气螺塞,如图 6-14 所示。膨胀水箱压力盖的作用与散热器盖相似,但它通过控制膨胀水箱内气体的压力来控制冷却系统的压力。膨胀水箱压力盖也有一个压力阀和一个真空阀,它们分别控制膨胀水箱中气体的出、入,其工作原理与散热器盖相同。

3. 膨胀水箱

膨胀水箱如图 6-15 所示,除了具备对散热器内的冷却液起到自动补偿作用,又同时还具备及时将冷却系统内的水汽分离,避免"穴蚀"产生的功能。膨胀水箱用透明塑料制成,位置稍高于散热器。膨胀水箱上端通过水套出气管和散热器出气管分别和缸盖水套及散热器上储水室相通,膨胀水箱下端通过补充水管和旁通管相通。由于膨胀水箱位置稍高于散热器,膨胀水箱液面上方有一定的空间。

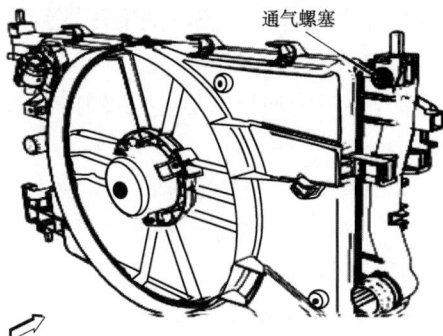

图6-14　无盖式散热器

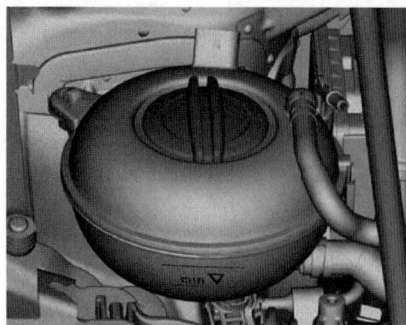

图6-15　膨胀水箱

发动机工作时,在散热器和水套内产生的蒸汽通过出气管和进入膨胀水箱后冷凝成流体,及时做到了水气分离。冷凝后的冷却液通过补充水管进入水泵,膨胀水箱应无渗漏、箱盖密封良好、通气孔畅通,否则就会破坏冷却液的回流,必须立即更换。

4. 水泵

1)离心式水泵

(1)结构。汽车发动机一般采用离心式水泵,结构简单,尺寸小、排量大且工作可靠。离心式水泵由带有冷却液进口和出口通道的壳体和叶轮等组成,如图6-16所示。叶轮轴由一个或多个密封轴承支撑,轴承不需要润滑。使用密封的轴承,可以防止润滑脂泄漏及脏物和水的进入。水泵壳体安装在发动机缸体上,水泵叶轮固定在水泵轴上,水泵泵腔与汽缸体水套相连接。

(2)工作原理。离心式水泵的工作原理如图6-17所示。叶轮固定在水泵轴上,水泵壳体装于发动机缸体上。当散热器内充满冷却液时,水泵壳体内也充满了冷却液。叶轮在随水泵轴转动时,水泵中的冷却液被轮叶带动一起旋转,并在本身的离心力作用下,向叶轮的边缘甩出,然后经外壳上与叶轮成切线方向的出水管被压送到发动机水套内。与此同时,叶轮中心处压力降低,散热器中的冷却液便经进水管被吸入,使冷却液循环起来。当水泵因故障停止转动时,并不妨碍冷却液在冷却系统内的自然循环。

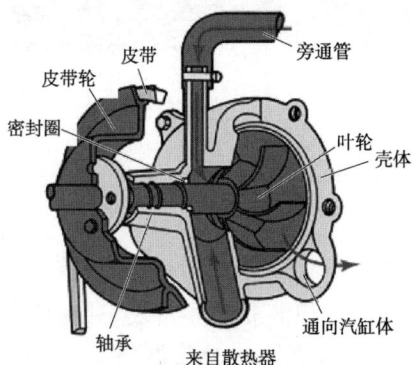

图6-16　离心式水泵结构

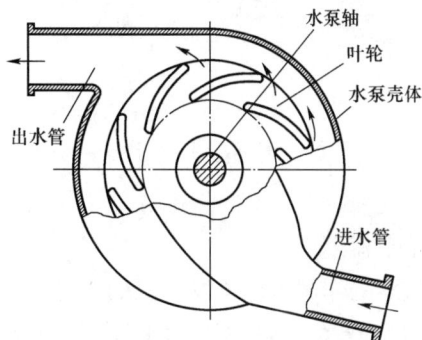

图6-17　离心式水泵工作原理

2）电子水泵

带有涡轮增压的发动机,当进气被废气涡轮增压器压缩时,压力以及进气温度都会显著增加。进气温度升高会降低发动机的充气效率,因此需要对增压空气进行冷却,以确保增压效果,减少发动机爆燃现象。冷却液流经的增压空气冷却器安装在进气歧管中,经过加热的增压空气流经该冷却器,将大部分热量传递至增压空气冷却器和冷却液,如图 6-18 所示。

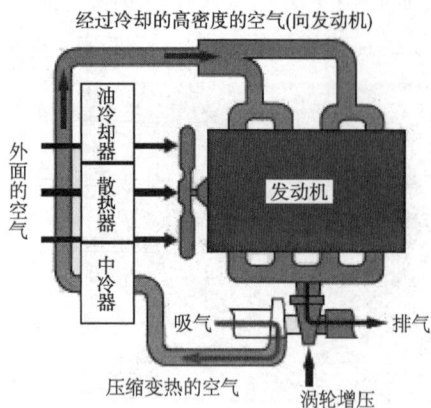

图 6-18　增压空气冷却系统

增压空气冷却系统是独立的冷却系统,集成有涡轮增压器。增压空气冷却泵是一个循环电子水泵,并根据需求进行启动,如图 6-19 所示。它将冷却液从增压空气辅助散热器吸出,并输送至进气歧管内的增压空气冷却器以及废气涡轮增压器,然后冷却液回流至前端的增压空气冷却器。

5. 冷却风扇

冷却风扇通常安装在散热器后方,如图 6-20 所示。风扇旋转时吸入空气使其通过散热器,增强散热器的散热能力,加快冷却液的冷却速度。

目前轿车和轻型汽车广泛采用电动风扇,它直接由蓄电池驱动,转速与发动机转速无关。电动风扇构造简单,总体布置方便,可以改善发动机预热性能,降低油耗,减少风扇噪声。在发动机运转初期或低温时,电动风扇不运转,当冷却液传感器检测冷却液温度超过一定值时,ECU 控制风扇电动机运转。

电子水泵

图 6-19　电子水泵

图 6-20　发动机冷却风扇

6. 节温器

1）单节温器

节温器的作用是根据发动机的工作温度自动控制冷却液的循环路线。目前,大多数发动机采用蜡式节温器,安装于缸盖出水口处,控制冷却液通往散热器的流量,如图 6-21 所示。

（1）结构。典型蜡式节温器的构造如图6-22所示。推杆的上端固定于支架,下端插入胶管的中心孔内。胶管与节温器外壳之间的环形内腔装有石蜡。节温器外壳上端套装有主阀门,下端套装有副阀门,弹簧位于主阀门与支架下底之间。

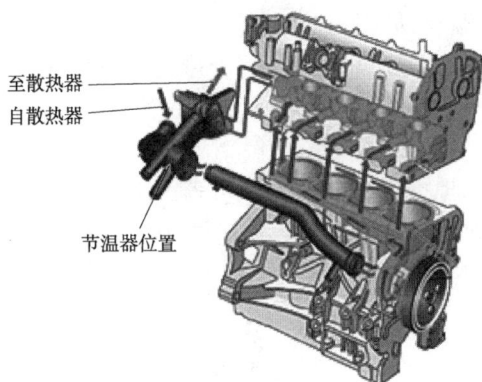

图6-21   节温器安装位置

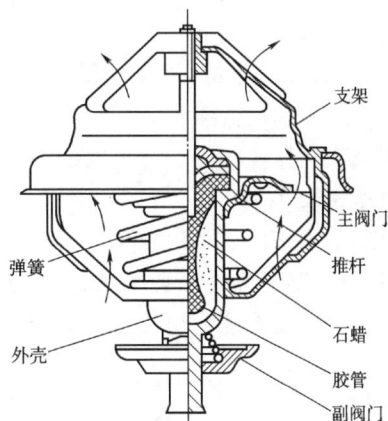

图6-22   蜡式节温器的结构

（2）工作状态。

①低温时节温器的工作状态。当冷却液温度低于87℃时,石蜡为固体,在弹簧的作用下,节温器外壳处于最上端位置,此时主阀门关闭,副阀门打开。来自发动机缸盖出水口的冷却液从副阀门进入小循环软管,经水泵又流回水套中,如图6-23所示。

②高温时节温器的工作状态。当发动机冷却液温度达到87℃时,石蜡逐渐变成液态,体积膨胀而产生推力。由于节温器外壳为刚性件,石蜡迫使胶管收缩而对推杆锥状端头产生推力。因推杆固定于支架不能移动,其反推力迫使胶管、节温器外壳下移。这时,主阀门开始打开,有部分冷却液经主阀门进入散热器散热,如图6-24所示。

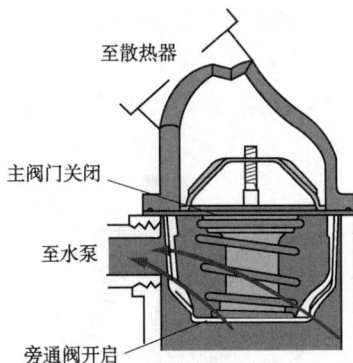

图6-23   低温时节温器的工作状态(小循环)

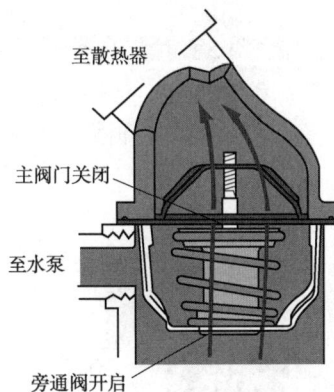

图6-24   高温时节温器的工作状态(大循环)

当冷却液温度超过105℃时,主阀门全开,副阀门刚好关闭,从缸盖出水口流出的冷却液全部经主阀门进入散热器散热。此时,冷却液流动路线长、流量大,冷却强度增大。

当发动机内冷却液处于上述两种温度之间时,主阀门和副阀门均部分开放,故冷却液的大小循环同时存在。

发动机冷却液温度由高温状态下降时,液态石蜡逐渐恢复成固态,在弹簧的弹力作用下,节温器外壳逐渐上移,先将副阀门打开;温度下降至87℃以下时,主阀门关闭。

2)双节温器

大众 EA111 发动机冷却系统采用了双节温器,如图6-25 所示。双节温器冷却系统的特点是在汽缸体和汽缸盖中分别有不同温度的单独通道。冷却液的流量是由冷却液分配壳体中的两个节温器控制的。一个安装在汽缸体中,打开温度为95℃;另一个安装在汽缸盖中,打开温度为83℃。

(1)温度低于83℃时节温器的工作状态。温度低于83℃时节温器的工作状态如图6-26所示,两个节温器都处于关闭状态,这意味着发动机的温度上升很快。冷却液流经冷却液泵、汽缸盖、暖风系统热交换器、机油冷却器和膨胀箱。

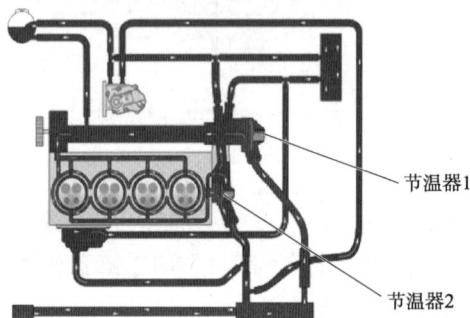

图6-25 双节温器冷却系统

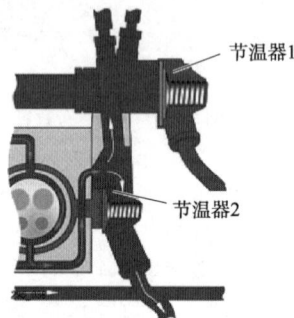

图6-26 温度低于83℃时节温器的工作状态

(2)温度在83~95℃时节温器的工作状态。温度在83~95℃时节温器的位置如图6-27所示,节温器1打开,节温器2关闭。这样就将汽缸盖中的温度调节至83℃并且进一步增加汽缸体中的温度。冷却液流经冷却液泵、汽缸盖、暖风系统热交换器、机油冷却器、膨胀箱和散热水箱。

(3)温度高于95℃时节温器的工作状态。温度高于95℃时节温器的工作状态如图6-28所示,两个节温器都打开。这样就将汽缸盖中的温度调节至83℃并且把汽缸体中的温度调节至95℃。冷却液流经冷却液泵、汽缸盖、暖风系统热交换器、机油冷却器、膨胀箱、散热器和缸体。

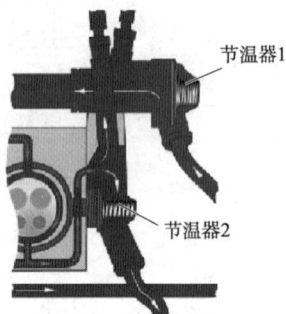

图6-27 温度在83~95℃时节温器的工作状态

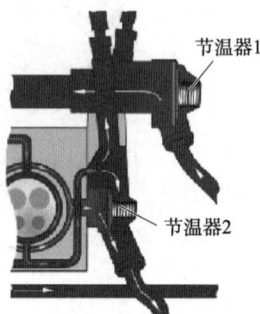

图6-28 温度高于95℃时节温器的工作状态

3）电子节温器

越来越多的发动机开始使用电子节温器,电子节温器是在蜡式节温器的基础上增加了加热装置,图 6-29 所示为上汽通用发动机电子节温器。冷却液温度和加热装置都可以控制电子节温器的开启,加热装置的工作由 ECM 通过占空比(PWM)信号控制。

电子节温器相对于蜡式节温器来说,其工作温度范围广,节温器阀门开度大,即便控制信号失效,节温器内部石蜡也可以正常工作,控制冷却液的大小循环。

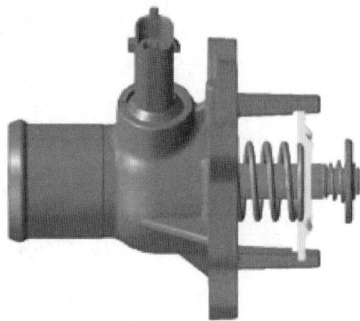

图 6-29　电子节温器

二、任务实施——发动机冷却液的更换

下面以上汽大众朗逸轿车为例说明发动机冷却液的更换方法。

1.准备工作

(1)将实训车辆停放在检测区域,确保人员和设备的安全。

(2)检查实训室通风系统设备工作是否正常。

(3)准备冷却系统检测设备、冷却系统加注装置 VAS 6096、常用工具、车辆挡块、翼子板布、三件套防护用品、冷却液等。

2.技术要求与注意事项

(1)更换冷却液时,要等发动机充分冷却下来,防止被高温的冷却液烫伤。

(2)正确使用冷却系统加注装置 VAS 6096 等工具。

(3)不同型号的冷却液不可混合使用,否则将严重损坏发动机。

3.操作步骤

(1)打开冷却液膨胀罐盖,如图 6-30 箭头所示。

(2)拆卸发动机舱底部隔音板,将收集盘放在散热器下面。

(3)松开弹簧卡箍 3,并从散热器上拔下冷却液软管,如图 6-31 所示。

图 6-30　打开冷却液膨胀罐盖

图 6-31　从散热器上拔下冷却液软管
1-冷却液软管;2-温控开关;3-弹簧卡箍;4-线束连接器

(4)松开弹簧卡箍,如图 6-32 箭头所示,从涡轮增压系统散热器上拔下冷却液软管。

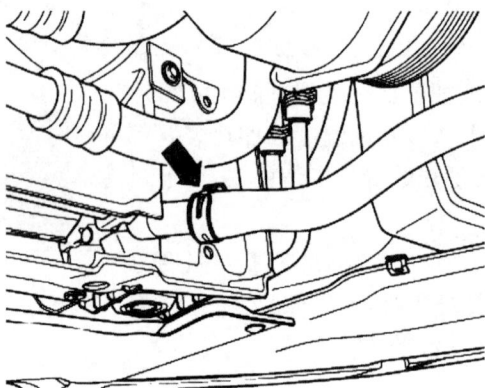

图6-32　从涡轮增压系统散热器上拔下冷却液软管

（5）安装散热器上的冷却液软管。等冷却液排空后,安装冷却液软管和发动机底部隔音护板。

（6）连接冷却系统加注设备 VAS 6096,如6-33 所示。将适量的冷却液加注到冷却液罐 VAS 6096/1 中。将冷却系统测试仪的适配接头 VAG1274/8 拧装在冷却液膨胀罐上。将冷却系统加注设备 VAS 6096 安装在冷却系统测试仪的适配接头 VAG 1274/8 上。排气软管 1 导入一个小的容器2 内。

（7）请将拉杆横向相对流通方向旋转,关闭阀门 A 和 B,如图6-34 所示。将软管 3 连接上压缩空气。将拉杆旋转至与流通方向垂直,打开阀门 B,此时显示仪表的指针必须位于绿色区域内,如图6-34 所示。

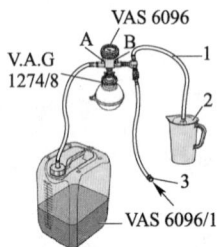

图6-33　连接冷却系统加注设备 VAS 6096
1-排气软管;2-容器;3-软管

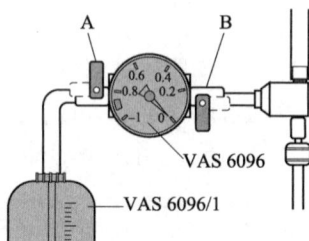

图6-34　关闭阀门 A 和 B

（8）向流通方向旋转拉杆,短暂打开阀门 A,以便冷却系统加注设备 VAS 6096 的冷却液膨胀罐软管内充满冷却液。充满后重新关闭阀门 A。继续打开阀门 B 2min,然后关闭阀门 B。

（9）先拔下压缩空气软管,再慢慢打开阀门 A。

（10）加注冷却液到膨胀罐直至加不进为止,冷却液将位于"max"以上。拆下冷却系统加注设备 VAS 6096。

（11）此时膨胀罐中的冷却液液位将会下降。将冷却液膨胀罐中的冷却液液位调整至"max"位置。打开暖风装置约30s,将暖风装置设置到"暖风状态"。关闭空调压缩机。起动发动机,将发动机运转至 1500r/min,不得超过 2min。拧紧冷却液膨胀罐盖。发动机怠速运行直到冷却液节温器打开,冷却液膨胀罐上部冷却液软管与下部冷却液软管变热。关闭发动机,并将其冷却。

(12)检查冷却液液位。发动机达到工作温度时,冷却液液位必须位于"max"标记处,而冷机时,则必须位于"min"和"max"标记之间,如图6-35所示。如有必要,添加冷却液或吸出多余的冷却液至标准液位。

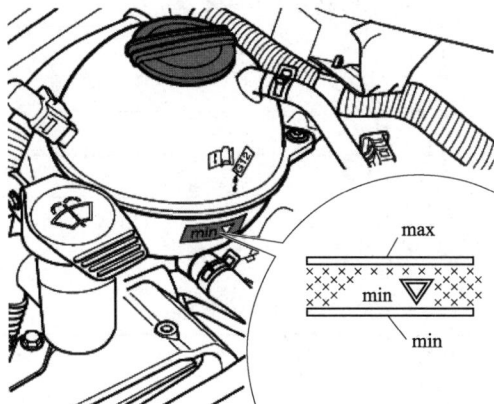

图6-35　检查冷却液液位

(13)完成实训任务后,对工作过程进行自我评价,提交实训工作单,接受指导老师的技能考核。

(14)整理并清洁工作场所,清点和收拾借出的工具、设备和资料,交回实训室。

三、评价与反馈

1. 自我评价

(1)通过本学习任务的学习你是否已经知道以下问题:

①冷却系统主要部件的作用及构造有哪些?

②冷却系统主要部件的工作原理是什么?

(2)更换冷却液操作过程中用到了哪些设备?

(3)实训过程完成情况如何?

(4)通过本学习任务的学习,你认为自己的知识和技能还有哪些欠缺?

签名:_____　___年___月___日

2. 小组评价(表6-3)

小　组　评　价　表　　　　　　　　　　　表6-3

序　号	评 价 项 目	评 价 情 况
1	着装是否符合要求	
2	是否能合理规范地使用仪器和设备	
3	是否按照安全和规范的流程操作	

序　号	评价项目	评价情况
4	是否遵守学习、实训场地的规章制度	
5	是否能保持学习、实训场地整洁	
6	团结协作情况	

参与评价的同学签名：＿＿＿＿＿＿＿　＿＿年＿＿月＿＿日

3. 教师评价

＿＿＿＿＿＿＿＿＿＿＿＿＿＿＿＿＿＿＿＿＿＿＿＿＿＿＿＿＿＿＿＿＿＿＿＿＿

＿＿＿＿＿＿＿＿＿＿＿＿＿＿＿＿＿＿＿＿＿＿＿＿＿＿＿＿＿＿＿＿＿＿＿＿＿

教师签名：＿＿＿＿＿＿＿　＿＿年＿＿月＿＿日

四、技能考核标准 (表6-4)

技能考核标准表　　　　　　　　　　　　　表6-4

序号	项目	操作内容	规定分	评分标准	得分
1	发动机冷却液更换	记录车辆铭牌信息	4分	记录信息是否全面	
		打开冷却液膨胀罐盖	5分	是否达到操作要求标准	
		拆卸发动机舱底部隔音板	8分	是否达到操作要求标准	
		从散热器上拔下冷却液软管	8分	是否达到操作要求标准	
		从涡轮增压系统散热器上拔下冷却液软管	8分	是否达到操作要求标准	
		安装散热器上的冷却液软管	8分	是否达到操作要求标准	
		连接冷却系统加注设备 VAS 6096	10分	是否达到操作要求标准	
		将软管3连接上压缩空气	8分	是否达到操作要求标准	
		冷却系统加注设备 VAS 6096 的冷却液膨胀罐软管内充满冷却液	10分	是否达到操作要求标准	
		加注冷却液到膨胀罐直至加不进为止	10分	是否达到操作要求标准	
		急速运转发动机，打开空调	8分	是否达到操作要求标准	
		检查冷却液液位	8分	是否达到要求标准	
		设备仪器回收、清点，清洁场地	5分	是否符合5S要求	
	总分		100分		

思考与练习

(一) 填空题

1. 发动机冷却液的种类有＿＿＿＿＿、＿＿＿＿＿和＿＿＿＿＿。

2. 发动机冷却系统功用有＿＿＿＿＿、＿＿＿＿＿、＿＿＿＿＿、＿＿＿＿＿、＿＿＿＿＿。

3.膨胀水箱上端软管与散热器的_____相连;膨胀水箱下部水管通过补充水管和_____相通。

4发动机冷却液的更换周期为_____。

5.冷却系统的组成:_____、_____、_____、_____、_____。

6.冷却系统调节装置:_____、_____、_____。

7.水泵分为_____和_____。

（二）判断题

1.为防止发动机过热,要求其工作温度越低越好。　　　　　　　　　　　　　（　　）

2.发动机冷却液液面高度可以超过 MAX 线。　　　　　　　　　　　　　　（　　）

3.为了保证风扇、水泵的转速,要求风扇皮带越紧越好。　　　　　　　　　　（　　）

4.在发动机上拆除原有节温器,则发动机工作时冷却液只有大循环。　　　　　（　　）

5.风扇在工作时,风是向散热器方向吹的,以利散热。　　　　　　　　　　　（　　）

6.冷却液温度由高温状态下降时,液态石蜡逐渐恢复成固态。　　　　　　　　（　　）

7.打开冷却液膨胀罐盖时,可能喷出蒸汽,因此应迅速开启。　　　　　　　　（　　）

8.冷却系统中的风扇离合器是调节发动机正常工作温度的一个控制元件。　　　（　　）

9.防冻液可降低冷却液的冰点和沸点。　　　　　　　　　　　　　　　　　　（　　）

10.更换冷却液时,要等发动机充分冷却下来,防止被高温的冷却液烫伤。　　　（　　）

（三）选择题

1.以下不是发动机冷却系统组成部件的是(　　)。

A.水泵　　　　B.散热器　　　　C.风扇　　　　　　D.冷凝器

2.冷却液循环路径分为大循环和小循环,小循环不经过(　　)部件。

A.散热器　　　B.节温器　　　　C.暖风水箱　　　　D.膨胀水壶

3.电子节温器相比传统的蜡式节温器,其优势在于(　　)(多选)。

A.控制更精确　　　　　　　　B.工作范围更广

C.阀门开度更大　　　　　　　D.成本低

4.当使用红外线测温法检查节温器时,若发现冷却液温度上升到高于节温器开启温度时,可能故障原因是(　　)。

A.冷却系统有堵塞　　　　　　B.散热器中堵塞

C.水泵故障　　　　　　　　　D.冷却液偏低

5.有关膨胀水箱的特点,下列说法正确的是(　　)(多选)。

A.当冷却液受热膨胀时,冷却液流入膨胀水箱

B.当冷却液温度下降时,冷却液回流散热器

C.膨胀水箱中冷却液液面是变化的

D.膨胀水箱有散热作用

6.如在发动机上拆除节温器,则冷却液循环路径是(　　)。

A.只有大循环　　　　　　　　B.只有小循环

C.大、小循环同时存在　　　　D.冷却液将不循环

7.冷却系统中锈蚀物和水垢积存的后果是(　　)。

A. 发动机升温慢   B. 热容量减少

C. 发动机过热   D. 发动机怠速不稳

8. 水冷却系统中,冷却液的大小循环路线由( )控制。

A. 风扇   B. 百叶窗   C. 节温器   D. 分水管

9. 若散热器盖上的蒸汽阀弹簧过软,会使( )。

A. 散热器内气压过低   B. 散热器芯管容易被压坏

C. 散热器内气压过高   D. 冷却液不易沸腾

10. ( )方法不能判断节温器性能好坏。

A. 加热法   B. 冷却法   C. 红外线测温法   D. 仪器诊断法

(四)简答题

1. 冷却系统的作用是什么? 由哪几部分组成?

2. 简述冷却系统的循环路线。

3. 膨胀水箱有什么作用?

4. 试述离心式水泵的工作原理。

5. 简述发动机冷却系统的检查流程。

6. 简述发动机冷却液的更换流程。

单元七　发动机排放控制系统构造与检修

学习任务 1　三元催化转换器构造与检修

学习目标

☞ **知识目标**

1. 能正确叙述汽油发动机的排放;
2. 能正确叙述空燃比和点火时间对排放的影响;
3. 能正确描述三元催化转换器的结构和转化效率。

☞ **技能目标**

1. 能规范对三元催化转换器进行检修;
2. 能规范对氧传感器进行检测。

☞ **素质目标**

1. 通过教学活动,培养学生安全生产、环境保护、低碳出行和职业道德等意识;
2. 通过教学活动,培养学生节约资源、降低生产成本的社会责任感,弘扬勤俭节约精神。

建议课时

2～3 课时。

一、理论知识准备

1.汽油发动机的排放

汽油是多种碳氢化合物的混合物,汽油经过燃烧后,主要排放气体有 6 种,包括氧气、碳氢化合物、水蒸气、二氧化碳、一氧化碳、氮氧化合物等,其中对环境造成污染的气体主要是碳氢化合物(HC)、一氧化碳(CO)和氮氧化合物(NO_x)等。

1)一氧化碳(CO)

CO 是一种无色无味的有毒气体。由于其能使血液的输氧能力大大降低,因此高浓度的

CO 能够引起人体生理和病理上的变化,使心脏和大脑等重要器官严重缺氧,从而引起头晕、恶心、头痛等症状,轻则使中枢神经系统受损,重则使心血管工作困难甚至死亡。

汽车尾气中的 CO 是燃烧的中间产物,是在燃烧缺氧或者低温条件下由于燃烧不完全而产生的。当汽车的负载过大、慢速行驶或者空挡运转时,混合气过浓或者燃油不能完全燃烧,排气管中的 CO 含量会明显增加。

2)碳氢化合物(HC)

HC 包括没有燃烧和未完全燃烧的燃油、润滑油及其裂解产物和部分氧化物。其中的某些成分会对眼睛、呼吸道和皮肤有强烈的刺激作用,浓度高时会使人头晕、恶心、贫血甚至导致白血病以及某些癌症;碳氢化合物中的某些烃类成分还是引起光化学烟雾的主要物质。

HC 是由混合气过稀、点火不良、排气门泄漏等原因导致燃烧不完全产生的。

3)氮氧化合物(NO_x)

NO_x是燃烧过程中形成的多种氮氧化合物,包括 NO、NO_2、N_2O_3、N_2O_4等。氮氧化合物中 95% 以上都是 NO。NO 是一种无色无味的气体,毒性不大,但可被氧化成 NO_2。NO_2是一种红棕色的有毒气体,它能使血液输氧能力下降,会损害心脏、肝、肾等器官,另外 NO_2还是产生酸雨、烟雾和引起气候变化的主要原因。NO_x是混合气在高温、富氧下燃烧时产生的。

2. 空燃比和点火时间对排放的影响

排气中有害气体的生成与空燃比、点火时间、发动机的结构等有关。通常,空燃比和点火时间的影响最大。

1)空燃比对排放的影响

图 7-1 所示为排放中有害气体的浓度随空燃比变化关系。

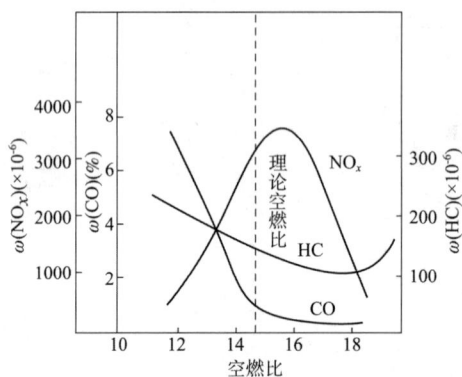

图 7-1　有害气体的浓度与空燃比的关系

(1)空燃比对 CO 排放的影响。从图 7-1 中可看出,当低于理论空燃比 14.7 时,排出的 CO 浓度便急剧上升;而空燃比超过 16 时,排出的 CO 浓度则趋于稳定,并且数值很低。说明要减小 CO 的排放,就必须采用稀混合气。试验证明发动机 CO 的排放量主要取决于空燃比。

(2)空燃比对 HC 排放的影响。空燃比在 17 以内时,随着空燃比的增大,HC 的排放浓度便下降;但空燃比继续增大时,由于混合气过于稀薄,易于发生火焰不完全传播,甚至断火,使 HC 排放浓度迅速增加。

(3)空燃比对 NO_x排放的影响。当混合气很浓时,由于燃烧高峰温度和可利用的氧的浓度都很低,使 NO_x的生成量也较低。用空燃比为 15.5~16 的稍稀混合气时,排出的 NO_x浓度最高。对于空燃比低于 16 的混合气,虽然氧的浓度增加可以促进 NO_x 的生成,但这种增加却被由于稀混合气中燃烧温度和形成速度的降低所抵消。因此对于很浓或很稀的混合气, NO_x 的排放浓度均不高。

2)点火时间对排放的影响

点火时间对发动机排放的影响如下。

(1)推迟点火。推迟点火,混合气在燃烧室内的燃烧时间将缩短,由于后燃,将使排气温度上升,促进了 HC 和 CO 的氧化,排出的 HC 减少。但推迟点火会造成燃料经济性和发动机功率的下降。

(2)提前点火。无论在任何转速和负荷下,加大点火提前角后燃烧温度提高,都会使 NO_x 的释放浓度增加。

3. 三元催化转换器的结构

三元催化技术是目前汽车上采用最多的一种排气污染物处理净化技术。三元催化转换器串联在排气系统中,当排气气流进入催化器时,废气中的有害气体 CO、HC 和 NO_x 在三元催化剂(铂、钯和铑的混合物)的作用下发生化学反应,生成 CO_2、N_2 和 H_2O,废气中的三类有害气体通过三元催化转换器后均变成了无害气体,使废气得到净化。

三元催化转换器(Three-way Catalyst Converter,TWC)安装在排气管前部,一般为可拆卸式。丰田雷克萨斯 LS400 轿车三元催化转换器的安装位置如图 7-2 所示,该车型装备 V 形发动机,在左右排气管上各装一个三元催化转换器。

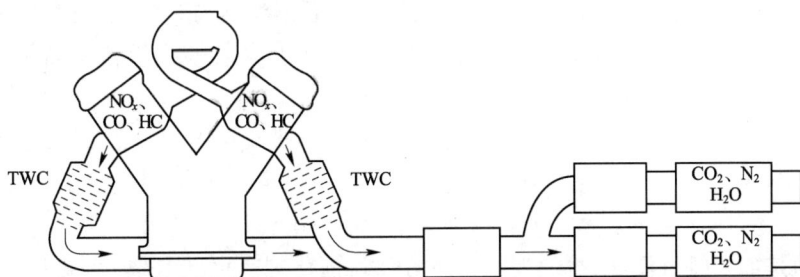

图 7-2　丰田雷克萨斯 LS400 轿车三元催化转换器的安装位置

三元催化转换器主要由金属壳体、陶瓷格栅底板及催化剂涂层组成,如图 7-3 所示。目前,三元催化转换器内装用的三元催化剂一般为铂与铑的混合物。铂能促使排气中的有害成分 CO、HC 被氧化成 CO_2 和 H_2O;铑能加速有害气体 NO_x 被还原成 N_2 和 O_2,从而起到净化排气的作用。三元催化剂的表面活性作用是利用排气本身的热量激发的,其使用温度范围以活化开始温度为下限,以过热引起三元催化转换器故障的极限温度为上限。

根据催化剂载体的结构特点,三元催化转换器可分为颗粒型和蜂巢型两种类型,颗粒型将催化剂沉积在颗粒状氧化铝载体表面,蜂巢型将催化剂沉积在蜂巢状氧化铝载体表面,氧化铝表面有形状复杂的表层,可增大催化剂与废气的实际接触面积。

4. 三元催化转换器的转化效率

催化转化器的转化效率是指试验车辆或发动机按照某种指定的工况运行时,催化转化器前后某种污染物排放量的变化率,即

$$转化器转化效率 = \frac{转化器前污染物排放量 - 转化器后污染物排放量}{转化器前污染物排放量}$$

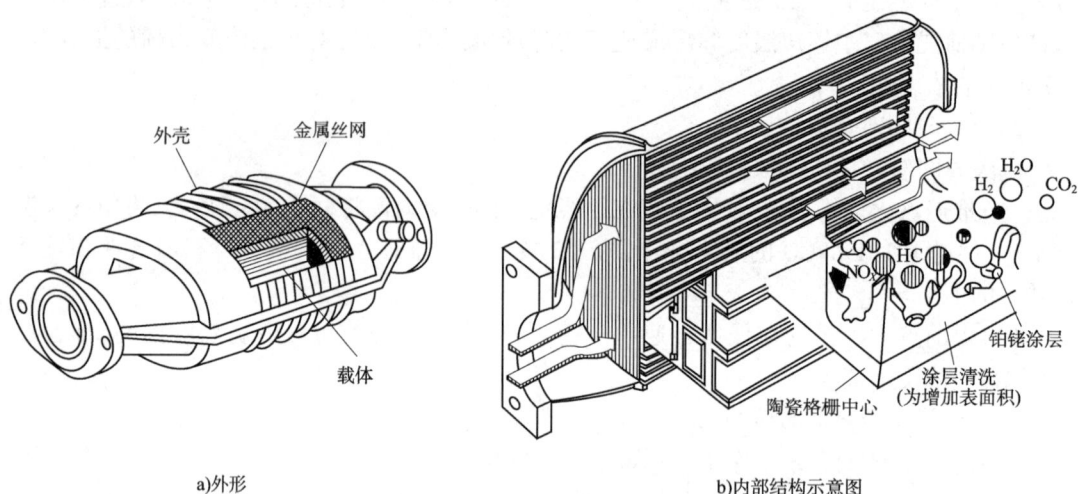

| a)外形 | b)内部结构示意图 |

图 7-3   三元催化转换器结构示意图

催化转化器将有害气体转变成无害气体的效率受诸多因素影响,其中影响最大的因素是排气温度和混合气浓度。

如图 7-4 所示为 TWC 的转换效率与混合气空燃比的关系图。从图上可以看出,只有当混合气的浓度在标准的理论空燃比 14.7 附近的一个很小范围内时,三元催化剂才能同时促进 3 种有害气体发生反应,TWC 的转换效率才最好。为此必须使用氧传感器组成发动机电控燃油喷射闭环控制系统。

TWC 的转换效率除了与混合气的浓度有关外,还与排气温度有关。TWC 只有在催化剂的温度达到 300℃以上时才开始工作,一般发动机起动预热 5min 后才能达到此下限温度,当催化剂的温度超过 400℃时,TWC 的转换效率将接近 100%。虽然 TWC 需要在高温下才能正常工作,但是如果排气温度过高(超过 815℃)时,催化剂有可能与氧化铝载体烧结产生热老化,导致活化表面积减小,使催化剂失效,这时 TWC 的转换效率将明显下降。在有些 TWC 上安装有排气温度报警装置,当报警装置发出报警信号时,应熄火检查车辆,查明排气温度过高的原因。汽车行驶过程中排气温度过高多数是由发动机长时间在大负荷下工作或因某些故障造成不完全燃烧所致。

5. 下游氧传感器

在每一个排气管上一般都装有两个氧传感器,安装在 TWC 前端的为上游氧传感器(也称主氧传感器),安装在 TWC 后端的为下游氧传感器(也称副氧传感器),如图 7-5 所示。

上游氧传感器检测燃烧室后的残余氧气,应产生上升和下降的电压信号,经过三元催化转化后,下游氧传感器应产生频率更低、波幅更小的信号,如图 7-6 所示。因此,下游氧传感器也称为催化剂监测传感器。

6. 判断三元催化转化器工作情况

判断三元催化转化器工作情况的方法如下:

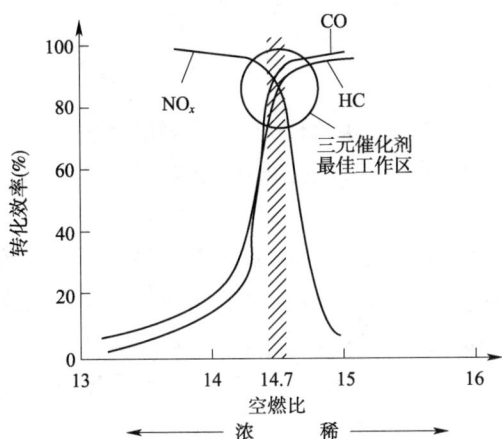

图7-4　三元催化转化器转化效率与空燃比

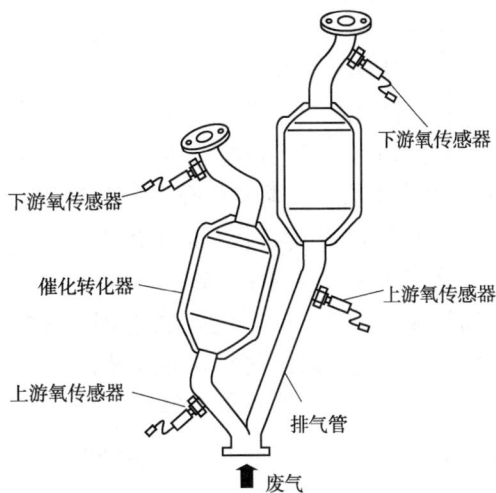

图7-5　下游氧传感器的安装位置

加热型氧传感器波形
(在三元催化转化器之前)

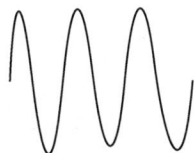

正常三元催化转化器

加热型氧传感器波形
(在三元催化转化器之后)

加热型氧传感器波形
(在三元催化转化器之前)

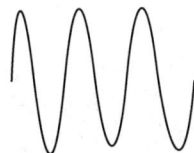

失效三元催化转化器

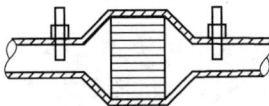

加热型氧传感器波形
(在三元催化转化器之后)

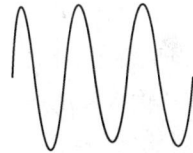

图7-6　上游、下游氧传感器波形对比

（1）测量废气。测试催化转化器的最精确方法是用废气分析仪测量排放废气。三元催化转化器有故障时,会导致废气中的 HC、CO 和 NO$_x$ 成分的含量升高。

（2）测量温度。可用数字温度计测试三元催化转化器,如果工作正常,三元催化转化器出口温度应比进口温度至少高出38℃。否则表明该转化器工作不良,应更换新的三元催化转化器。

（3）检查堵塞。在寒冷气候下驾驶一段短距离后,三元催化转化器有故障时会充满凝结物。在发动机不运转时该凝结物会凝固,从而导致转化器完全被堵塞甚至出现不能起动问题。

如果怀疑排气系统的反馈压力过大,则从汽车上卸下转化器,使用手电筒目测检查三元催化转化器上是否有堵塞、熔化和开裂现象,如图7-7 所示。如果可见区域有损坏和堵

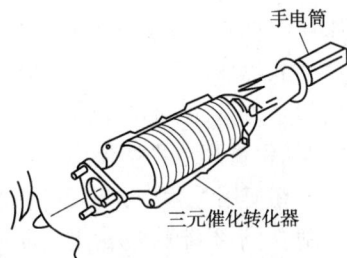

图7-7　检查三元催化转化器有堵塞

塞现象,则更换转化器。

7. 空燃比反馈控制系统

1)空燃比反馈控制过程

在发动机开环控制过程中,ECU 只是根据转速、进气量、进气压力、温度等信号确定喷油量,即控制混合气实际空燃比。但其对实际空燃比的控制不可能是很精确的,很难将实际空燃比控制在 14.7 附近很小的范围内。

为了将实际空燃比精确地控制在 14.7 附近,在发动机电子控制系统中普遍采用由氧传感器组成的空燃比反馈控制方式,即闭环控制方式,如图 7-8 所示。在三元催化转化器前面的排气歧管或排气管内装有氧传感器,其功用是检测排气中的氧气含量,以确定实际空燃比是比理论空燃比大还是小,并向 ECU 反馈相应的电压信号。ECU 根据氧传感器反馈的空燃比大、小信号,对喷油器的喷油量进行修正,使实际空燃比更接近理论空燃比。

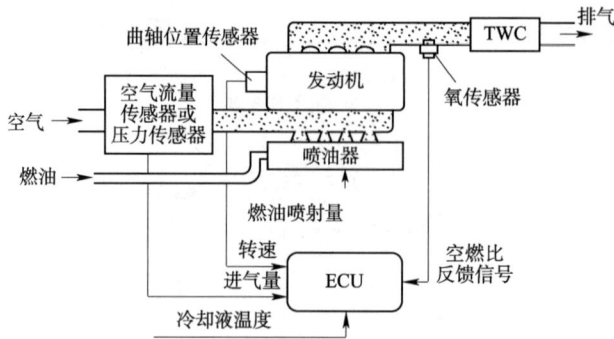

图 7-8　EFI 系统的闭环控制原理图

具体地说,在闭环控制过程中,当实际的空燃比小于理论空燃比(混合气浓)时,氧传感器向 ECU 输入高电压信号(0.75~0.90V),此时 ECU 将减少喷油量,使实际空燃比增大;当实际空燃比增大到理论空燃比时,氧传感器的输出信号电压将突变下降至 0.1V 左右,此信号输入 ECU 后,ECU 立即控制增加喷油量,使实际空燃比减小;当实际空燃比减小到理论空燃比以下时,氧传感器输出电压信号又突变重新上升至 0.75V 以上,此信号输入 ECU 后,ECU 又将控制减小喷油量,如此反复进行控制。

在反馈控制过程中,从喷油器喷油开始到氧传感器检测出氧离子浓度为止,发动机要经过进气、压缩、做功和排气等过程。由于发动机工作循环需要一定的时间,因此要使混合气的空燃比准确地保持在理论空燃比是不可能的。实际反馈控制只能将空燃比控制在理论空燃比附近的一个狭小范围内波动。

氧传感器输入 ECU 的信号电压在低电平(0.1~0.3V)与高电平(0.7~0.9V)之间的变化频率为 10 次/min 以上。如果氧传感器信号电压变化过慢(低于 10 次/min)或电压保持不变(保持高电平或低电平不变),就说明氧传感器有故障。

在使用过程中,当氧传感器失效时,ECU 将自动切断氧传感器信号,对空燃比进入开环控制,由于不能将空燃比反馈控制在理论空燃比附近,因此发动机燃油消耗量和有害气体排放量都将大大增加。

2）空燃比反馈控制条件

为了保证发动机具有良好的工作性能,混合气的空燃比并不是在发动机所有工况下都进行反馈(闭环)控制。发动机电控单元(ECU)对空燃比实施反馈控制(闭环控制)的条件是:

（1）发动机冷却液温度达到正常工作温度(80℃)。

（2）发动机运行在怠速工况或部分负荷工况。

（3）氧传感器温度达到正常工作温度。氧化锆式氧传感器温度达到300℃,氧化钛式氧传感器度达到600℃,因为此时氧传感器才能正常输出信号。

（4）氧传感器输入ECU的信号电压变化频率不低于10次/min,这是因为信号电压保持不变或变化频率过低,说明氧传感器失效。

3）空燃比开环控制条件

在下述情况下,发动机电控单元(ECU)对空燃比将不进行反馈控制,而是进行开环控制:

（1）发动机起动工况。此时需要浓混合气,以便起动发动机。

（2）发动机起动后暖机工况。此时发动机温度低于正常工作温度(80℃),需要迅速升温。

（3）发动机大负荷(节气门全开)工况,此时需要加浓混合气,使发动机输出最大功率。

（4）加速工况。此时需要发动机输出最大转矩,以便提高汽车速度。

（5）氧传感器温度低于正常工作温度。因为氧化锆式氧传感器的温度低于300℃,氧化钛式氧传感器温度低于600℃时,氧传感器不能正常输出电压信号。

（6）氧传感器输入ECU的信号电压持续10s以上时间保持不变时,说明氧传感器失效,ECU将自动进入开环控制状态。

二、任务实施

（一）三元催化转化器检修

1．准备工作

（1）将实训车辆停放在拆装区域,确保人员和设备的安全。

（2）检查实训室通风系统设备工作是否正常。

（3）准备红外测温仪、诊断仪、示波器、尾气分析仪、常用工具一套。

2．技术要求与注意事项

（1）如果发动机一直运转,三元催化转化器和其他排放控制系统元件会过热。在检修这些元件时应戴防护手套,以免烧伤。

（2）不要装一根排气管来替代三元催化转化器。

（3）判断三元催化转化器是否工作,首先应对发动机进行预热。

3．操作步骤

（1）测量废气。测试三元催化转化器的最精确方法是用尾气分析仪测量排放尾气。三元催化转化器有故障时,会导致尾气中的 HC、CO 和 NO$_x$ 成分的含量升高。

图 7-9　红外线测温仪检测 TWC 两端温度

(2)测量温度。根据三元催化转化器的工作特点,经过 TWC 的气体前、后的温度会有一定变化,我们可以使用红外线测温仪来比较 TWC 进、出口的温度差,如图 7-9 所示。若进、出口温度差大于 56℃,则说明工作良好。

(3)检测上、下游氧传感器信号波形。如果 TWC 能高效工作,下游氧传感器的信号变化频率将很低;如果 TWC 转化效率低,则下游氧传感器的信号频率与上游氧传感器信号变化频率基本一致,如图 7-10 所示。

(4)完成实训任务后,对工作过程进行自我评价,提交实训工作单,接受指导老师的技能考核。

(5)整理清洁工作场所,清点收拾借出的工具、设备和资料,交回实训室。

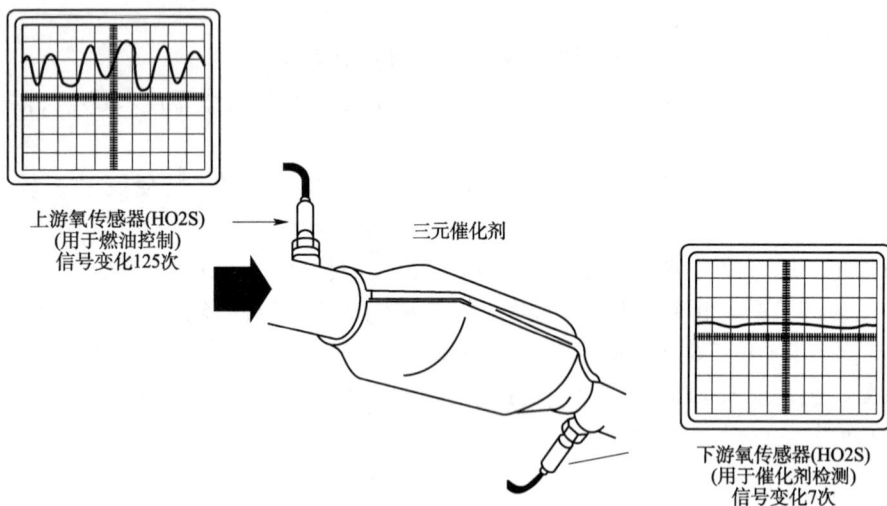

上游氧传感器(HO2S)
(用于燃油控制)
信号变化125次

三元催化剂

下游氧传感器(HO2S)
(用于催化剂检测)
信号变化7次

图 7-10　利用上、下游氧传感器信号波形检修

(二)氧传感器的检测

1. 准备工作

(1)将实训车辆停放在拆装区域,确保人员和设备的安全。

(2)检查实训室通风系统设备工作是否正常。

(3)准备万用表、维修手册、常用工具一套。

2. 技术要求与注意事项

(1)当发动机报警灯提示氧传感器出现故障或者怀疑氧传感器的工作异常时可进行外观检查、加热元件检查、输出信号检查等确定氧传感器及其线路工作是否正常。

(2)测量电控燃油喷射系统闭环控制氧传感器的输出信号时,一定要插好氧传感器的线束插接器。

(3)在更换氧传感器时,为了方便再次拆卸,应使用专用防粘胶液刷涂氧传感器的安装螺纹。在刷涂时,注意不要将防粘胶液涂到氧传感器的气孔中。

3.操作步骤

(1)外观检查。从排气管上拆下氧传感器后,首先检查氧传感器外壳上的气孔是否被堵塞。然后仔细观察氧传感器顶尖部位的颜色。

①呈淡灰色:氧传感器工作正常。

②呈棕色:氧传感器铅中毒,严重时应更换氧传感器。

③呈白色:氧传感器硅中毒,应更换氧传感器。

④呈黑色:积炭严重,在排除发动机积炭故障后,传感器可以继续使用。

(2)加热元件检查。

①检查加热元件的电阻值。拆下氧传感器的线束插头,使用万用表的欧姆挡检测氧传感器内部加热元件的电阻值,具体数据请参考车型维修手册,如果测量结果不符合要求,则应更换。

②检查加热元件的工作电路。打开点火开关,使用万用表的直流电压挡检测加热元件的工作电压,标准值应为12V,如果电压不正常,则应检查氧传感器与ECU之间的线束和插接器以及ECU的供电端电压是否正常。

(3)氧传感器信号检查。

①连接好氧传感器线束插接器,使发动机以较高转速运转,直到氧传感器工作温度达到400℃以上。注意,要使发动机以2500r/min的转速运转2min以上以消除氧传感器表面的积炭。

②保持发动机的转速为1500r/min左右,观察万用表的数值是否在0~1V来回摆动,并记下10s内指针摆动的次数。在正常情况下,随着燃油喷射系统反馈控制的进行,氧传感器的输出电压在10s内的变化次数不应低于6~8次。

③反复踩动加速踏板,并测量氧传感器输出信号电压,加速时应输出高电压信号(0.75~0.90V),减速时应输出低电压信号(0.1~0.4V)。

如果②、③不正常则说明氧传感器有故障,如果③正常但②输出电压的变化次数小于规定次数,则说明电控燃油喷射系统出现故障,应根据情况检修相关电路或元器件。

(4)完成实训任务后,对工作过程进行自我评价,提交实训工作单,接受指导老师的技能考核。

(5)整理并清洁工作场所,清点和收拾借出的工具、设备和资料,交回实训室。

三、评价与反馈

1.自我评价

(1)通过本学习任务的学习,你是否已经知道以下问题:

①汽油发动机的排放有哪些?

②空燃比和点火时间对排放的影响有哪些?

③三元催化转换器的结构和转化效率如何?

(2)三元催化转换器检修及氧传感器检测过程中用到了哪些设备?

(3)实训过程完成情况如何?

(4)通过本学习任务的学习,你认为自己的知识和技能还有哪些欠缺?

签名:_____ ___年___月___日

2.小组评价(表7-1)

小 组 评 价 表　　　　　　　表7-1

序　号	评 价 项 目	评价情况
1	着装是否符合要求	
2	是否能合理规范地使用仪器和设备	
3	是否按照安全和规范的流程操作	
4	是否遵守学习、实训场地的规章制度	
5	是否能保持学习、实训场地整洁	
6	团结协作情况	

参与评价的同学签名:_____ ___年___月___日

3.教师评价

_____

_____

教师签名:_____ ___年___月___日

四、技能考核标准(表7-2)

技能考核标准表　　　　　　　表7-2

序号	项目	操作内容	规定分	评分标准	得分
1	三元催化转化器检修	记录车辆铭牌信息	5分	记录信息是否全面	
		打开点火开关	5分	是否达到操作要求标准	
		用尾气分析仪测量排放尾气	15分	是否达到操作要求标准	
		用红外线测温仪来比较TWC进、出口的温度差	10分	是否达到操作要求标准	
		检测上、下游氧传感器信号波形	10分	是否达到操作要求标准	
		设备仪器回收、清点,清洁场地	5分	是否符合5S要求	
2	氧传感器检测	记录车辆铭牌信息	5分	记录信息是否全面	
		关闭点火开关	5分	是否达到操作要求标准	
		外观检查	5分	是否达到操作要求标准	
		检查加热元件的电阻值	10分	是否达到操作要求标准	
		检查加热元件的工作电路	10分	是否达到操作要求标准	
		氧传感器信号检查	10分	是否达到操作要求标准	
		设备仪器回收、清点,清洁场地	5分	是否符合5S要求	
	总分		100分		

学习任务2 曲轴箱强制通风系统构造与检修

学习目标

☞ **知识目标**

1. 能正确叙述曲轴箱强制通风系统的组成;
2. 能正确叙述曲轴箱强制通风系统的工作过程。

☞ **技能目标**

能规范对曲轴箱通风系统进行检修。

☞ **素质目标**

1. 通过教学活动,形成较强的岗位安全责任意识、环保意识和质量强国意识;
2. 通过教学活动,培养学生的职业素养,树立职业道德观和工匠精神,展示中国工匠可信的形象。

建议课时

2～3 课时。

一、理论知识准备

曲轴箱强制通风系统(Positive Crankcase Ventilation,PCV)是第一个控制汽车排放的系统,1966 年车辆开始使用,并且一直沿用至今。发动机工作时,会有部分可燃混合气和燃烧产物经活塞环由汽缸窜入曲轴箱内。这些物质如不及时清除,将加速机油变质并使机件受到腐蚀或锈蚀。现代汽车发动机所采用的强制式曲轴箱通风系统就是防止曲轴箱气体排放到大气中的净化装置。

1. 曲轴箱强制通风系统的组成

曲轴箱强制通风系统的主要部件是一个 PCV 阀,通常安装在气门室罩盖或进气管上的橡胶密封环内,用软管连接到进气管;清洁空气从空气滤清器通过软管进入气门室内。曲轴箱强制通风系统的结构和工作原理如图 7-11 所示。

当发动机工作时,进气管真空作用在 PCV 进气管上,吸引清洁空气进入气门室内,在曲轴箱中空气与从燃烧室泄漏的气体混合,空气与泄漏气体的混合

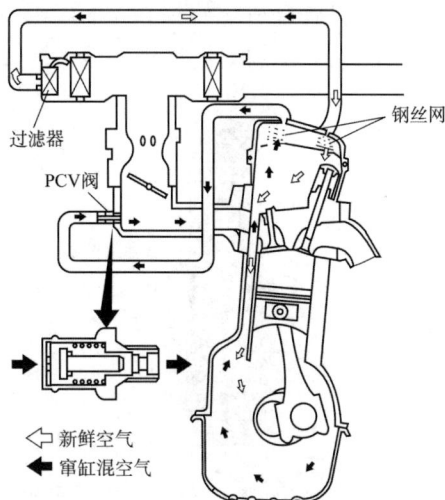

图 7-11 曲轴箱强制通风系统的结构和工作原理

过滤器 钢丝网 PCV阀
▷ 新鲜空气 ◀ 窜缸混空气

气向上流到气门室及 PCV 阀,进气管真空把混合气经 PCV 阀吸入进气管,进入燃烧室烧掉。

2. 曲轴箱强制通风系统的工作过程

1)发动机不工作时 PCV 阀的位置

PCV 阀中有一个锥形阀,当发动机不工作时,弹簧将锥形阀压在阀座上,PCV 阀处于关闭状态,如图 7-12 所示。

2)怠速或减速时 PCV 阀的位置

怠速或减速时,进气管真空度大,克服弹簧压力,将锥形阀向上吸起。这时在锥形阀与 PCV 阀壳体之间,存在小缝隙,如图 7-13 所示。因为发动机是在怠速或减速工作,所以泄漏气体很少,PCV 阀的小缝隙足够使泄漏气体流出曲轴箱。

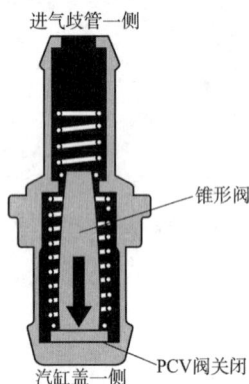

图 7-12　发动机不工作时 PCV 阀的位置　　图 7-13　怠速或减速时 PCV 阀的位置

3)部分节气门开度时 PCV 阀的位置

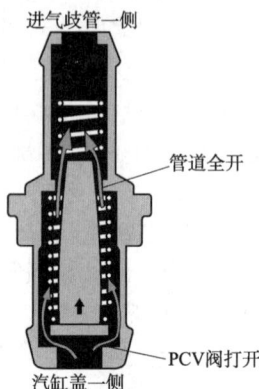

在部分节气门开度下工作时的进气管真空度比怠速时小,这时,弹簧向下推压锥形阀,使锥形阀与 PCV 阀壳体间的缝隙增大,如图 7-14 所示。因为在部分节气门开度下,发动机的负荷比怠速时大,泄漏气体比较多。锥形阀与 PCV 阀壳体间的较大缝隙可以使所有泄漏气体被吸入进气管。

4)发动机在大负荷下工作时 PCV 阀的位置

当发动机在大负荷下工作时,节气门全开,进气管真空度减小,弹簧将锥形阀进一步向下推压,从而使锥形阀与 PCV 阀壳体间的缝隙更大,如图 7-15 所示。因为大负荷工作时,产生更多的泄漏气体,所以需要更大的缝隙才能使泄漏气体流入进气管。

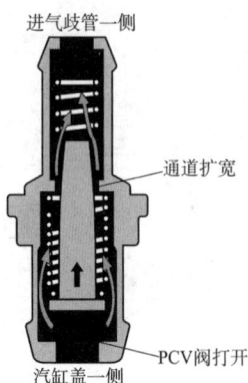

图 7-14　部分节气门开度时 PCV 阀的位置　　图 7-15　发动机在大负荷下工作时 PCV 阀的位置

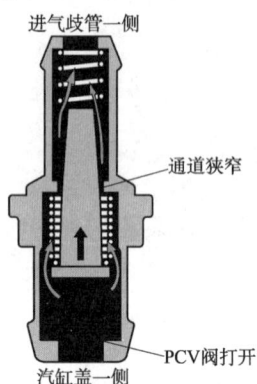

二、任务实施

曲轴箱通风系统的检修

下面以丰田 3SZ-FE 电控发动机排放控制系统为例说明曲轴箱通风系统的检测方法。

1.准备工作

(1)将实训车辆停放在拆装区域,确保人员和设备的安全。

(2)检查实训室通风系统设备工作是否正常。

(3)准备高压空气、气枪、常用工具一套。

2.技术要求与注意事项

(1)拆下机油尺、机油加注口盖或 PCV 软管可能导致发动机转速不稳。

(2)进气系统中零部件的断开、松动或裂纹将导致进气泄漏,并会引起发动机运转异常。

(3)不要通过通风阀吸气,通风阀内的石油物质是有害的。

3.操作步骤

(1)拆下 PCV 阀。

(2)检查 PCV 阀。将干净的软管接到 PCV 阀上,从汽缸盖侧吹入空气,空气应能顺畅地通过,如图 7-16 所示。从进气歧管侧吹入空气,空气应很难通过,如图 7-17 所示。

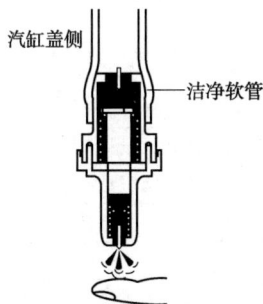

图 7-16　检查 PCV 阀位置 1　　　　图 7-17　检查 PCV 阀位置 2

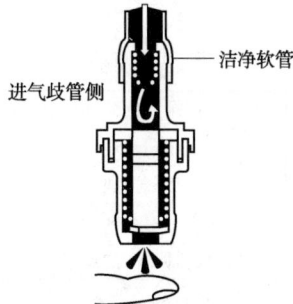

(3)检查软管。通过目视检查软管、连接部位和衬垫上有无裂纹、泄漏与损坏。

(4)完成实训任务后,对工作过程进行自我评价,提交实训工作单,接受指导老师的技能考核。

(5)整理并清洁工作场所,清点和收拾借出的工具、设备和资料,交回实训室。

三、评价与反馈

1.自我评价

(1)通过本学习任务的学习,你是否已经知道以下问题:

①曲轴箱强制通风系统的组成有哪些?

②曲轴箱强制通风系统的工作过程是什么?

(2)曲轴箱通风系统的检修过程中用到了哪些设备?

(3)实训过程完成情况如何?

(4)通过本学习任务的学习,你认为自己的知识和技能还有哪些欠缺?

签名:＿＿＿＿＿＿ ＿＿年＿＿月＿＿日

2. 小组评价(表7-3)

小组评价表　　　　表7-3

序　　号	评 价 项 目	评 价 情 况
1	着装是否符合要求	
2	是否能合理规范地使用仪器和设备	
3	是否按照安全和规范的流程操作	
4	是否遵守学习、实训场地的规章制度	
5	是否能保持学习、实训场地整洁	
6	团结协作情况	

参与评价的同学签名:＿＿＿＿＿＿ ＿＿年＿＿月＿＿日

3. 教师评价

＿＿＿＿＿＿＿＿＿＿＿＿＿＿＿＿＿＿＿＿＿＿＿＿＿＿＿＿＿＿＿＿

＿＿＿＿＿＿＿＿＿＿＿＿＿＿＿＿＿＿＿＿＿＿＿＿＿＿＿＿＿＿＿＿

教师签名:＿＿＿＿＿＿ ＿＿年＿＿月＿＿日

四、技能考核标准(表7-4)

技能考核标准表　　　　表7-4

序号	项目	操 作 内 容	规定分	评 分 标 准	得分
1	曲轴箱通风系统的检修	记录车辆铭牌信息	10分	记录信息是否全面	
		拆下PCV阀	25分	是否达到操作要求标准	
		从汽缸盖侧吹入空气	25分	是否达到操作要求标准	
		检查软管	25分	是否达到操作要求标准	
		设备仪器回收、清点、清洁场地	15分	是否符合5S要求	
	总分		100分		

学习任务3　废气再循环系统构造与检修

学习目标

☞ 知识目标
1. 能正确叙述废气再循环系统的作用;
2. 能正确叙述不同类型废气再循环系统的工作过程。

☞ 技能目标
能规范对电磁式废气再循环阀进行检修。

1. 通过教学活动,形成较强的岗位安全责任意识、环保意识和质量强国意识;
2. 通过教学活动,培养学生理论与实践相结合、自主学习的能力。

建议课时

2~3 课时。

一、理论知识准备

NO_x 是空气中的氮气与氧气在高温、高压的条件下生成的。发动机排出 NO_x 的量主要与汽缸内的最高温度有关,汽缸内最高温度越高,排出的 NO_x 量越多。

1. 废气再循环系统的作用

废气再循环系统(Exhaust Gas Recirculation,EGR),其功能是在发动机工作过程中,将一部分废气引入进气管,与新鲜(或混合气)混合后返回汽缸进行再循环。

废气再循环是目前用于减少 NO_x 排放量的一种有效措施。因为排气中的主要成分是 CO_2、H_2O 和 NO_x 等,它们的热容较高,能降低最高燃烧温度,这样就抑制 NO_x 生成。但是,过度的废气再循环将会影响发动机的正常运行,特别是在怠速、低转速小负荷及发动机处于冷态运行时,再循环的废气将明显降低发动机的性能。因此,应选择 NO_x 排放量多的发动机运转范围,并根据工况条件的变化自动调节参与再循环的废气量。发动机工作并进行废气再循环时,废气再循环量的多少可用废气再循环率(EGR 率)来表示,EGR 率是指废气再循环量与进入汽缸内的气体总量的比率,即

$$EGR\ 率 = [EGR\ 气体流量/(吸入空气量 + EGR\ 气体流量)] \times 100\%$$

废气再循环控制系统有机械式和电控式两种。一般机械式控制系统控制的 EGR 率较小(5%~15%),即使采用能进行比较复杂控制的机械式控制系统,控制的自由度也受到限制。电控式控制系统不仅结构简单,而且可进行较大 EGR 率(15%~20%)控制。因此,在现代汽车电控发动机上通常采用电控式 EGR 控制系统。电控式 EGR 控制系统主要有两种类型:开环控制 EGR 系统和闭环控制 EGR 系统。

2. 开环控制 EGR 系统

日产 NISSAN 轿车 VG30 型发动机所采用的废气再循环控制系统就是一种开环控制 EGR 系统,如图 7-18 所示。它由废气再循环控制阀(EGR 阀)、废气再循环真空电磁阀(EGR 真空电磁阀)、曲轴位置传感器、节气门位置传感器、冷却液温度传感器、起动信号以及发动机的 ECU 等组成。

EGR 阀安装在废气再循环通道中,用以控制废气再循环量。EGR 真空电磁阀安装在通向 EGR 阀的真空通道中,ECU 根据发动机冷却液温度、节气门开度、转速和起动等信号来控制电磁阀的通电或断电。ECU 控制 EGR 真空电磁阀不通电时,EGR 阀的真空通道接通,

EGR 阀开启系统进行废气再循环;ECU 控制 EGR 真空电磁阀通电时,EGR 阀的真空通道被切断,EGR 阀关闭,系统停止废气再循环。

在发动机工作时,ECU 控制 EGR 真空电磁阀通电,停止废气再循环的情况有:

(1)起动工况(起动开关信号)。

(2)怠速工况(节气门位置传感器信号)。

(3)暖机工况(冷却液温度信号)。

(4)转速低于900r/min 或高于3200r/min 的工况(转速信号)。

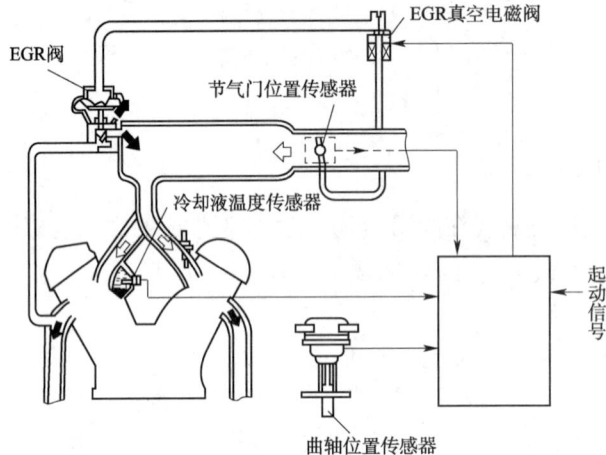

图 7-18　典型开环控制 EGR 系统图

在除上述以外的其他工况,ECU 均控制 EGR 真空电磁阀不通电,系统均进行废气再循环。废气再循环量取决于 EGR 阀的开度,而 EGR 阀的开度直接由真空度控制。由于真空管口设在靠近节气门全闭位置的上方,随发动机转速和负荷(节气门开度)的增大,真空管口处的真空度增加,EGR 阀的开度增大;随发动机转速和负荷的减小,EGR 阀的开度也减小。

在有些发动机的 EGR 控制系统中,EGR 真空电磁阀采用占空比控制型电磁阀,ECU 通过占空比控制真空电磁阀的开度,调节作用在 EGR 阀上的真空度,控制 EGR 阀的开度,以实现对废气量的控制。在此系统中,通向 EGR 阀的真空管口一般设在节气门之后。

3. 闭环控制 EGR 系统

在开环控制 EGR 系统中,EGR 率只受 ECU 预先设置好的程序控制,系统不能检测发动机各种工况下的 EGR 率,因此无反馈信号。而在闭环控制 EGR 系统中,ECU 以 EGR 率或 EGR 阀开度作为反馈信号实现闭环控制,其控制精度更高。

用 EGR 阀开度作为反馈信号的闭环控制 EGR 系统如图 7-19 所示。与采用占空比控制型真空电磁阀的开环控制 EGR 系统相比,其特点是在 EGR 阀上增设了一个 EGR 阀开度传感器。EGR 阀开度传感器为电位计式,其工作原理与电位计式节气门位置传感器类似。EGR 阀开度传感器与 ECU 之间有三条连接线路,分别为电源线、搭铁线和信号线。ECU 通过电源线为传感器提供5V 的标准电压,传感器将 EGR 阀开度变化转换为电信号经信号线输送给 ECU。闭环控制 EGR 系统工作时,ECU 可根据 EGR 阀开度传感器的反馈信号修正电磁阀的开度,使 EGR 率保持在最佳值。

用 EGR 率作为反馈信号的闭环控制 EGR 系统控制原理如图 7-20 所示。ECU 根据

EGR 率传感器信号对 EGR 阀实行反馈控制。新鲜空气经节气门进入稳压箱,参与再循环的废气经 EGR 阀也进入稳压箱。EGR 率传感器安装在稳压箱上,检测稳压箱内气体中的氧浓度(氧浓度随 EGR 率的增加而降低),ECU 根据此反馈信号修正 EGR 阀的开度,使 EGR 率保持在最佳值,从而有效地减少 NO_x 的排放量。

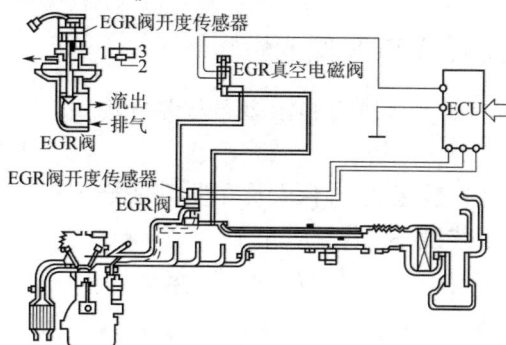

图7-19 用 EGR 阀开度作为反馈信号的闭环控制 EGR 系统图

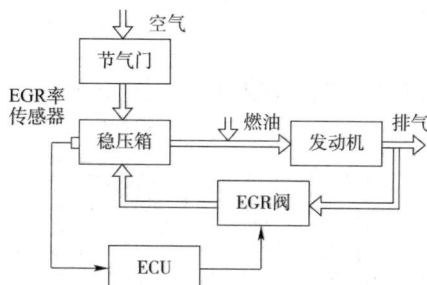

图7-20 用 EGR 率作为反馈信号的闭环控制 EGR 系统控制原理图

4. 电磁式 EGR 阀

电磁式 EGR 阀由发动机 ECU 控制,由电磁线圈、电枢、锥形阀、EGR 阀开度位置传感器等组成,如图7-21 所示。发动机 ECU 控制电磁线圈通电,使电枢向上运动,当其带动锥形阀离开阀座后,废气就可以进入进气波管。通用凯越轿车 EGR 阀安装位置如图7-22 所示。

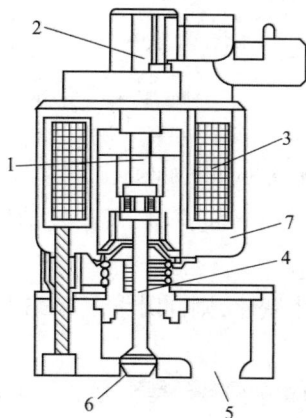

图7-21 电磁式 EGR 阀的结构

1-弹簧;2-EGR 阀开度位置传感器;3-电磁线圈;4-阀杆;

5-通道;6-EGR 阀;7-阀体

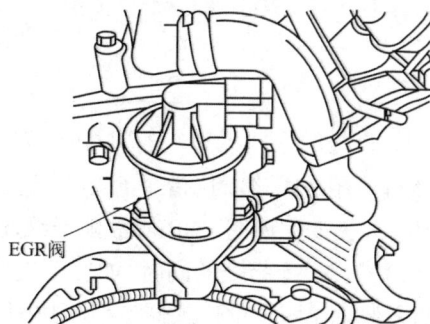

图7-22 凯越轿车 EGR 阀安装示意图

发动机 ECU 根据冷却液温度传感器、节气门位置传感器和空气流量传感器的输入信号确定最佳的 EGR 阀的开启程度,再通过控制 EGR 阀电磁线圈的通电占空比信号控制电枢的最佳开启位置,EGR 阀中的开度位置传感器可以反馈电枢的实际位置,从而可以实现 EGR 系统的闭环控制。

二、任务实施——电磁式 EGR 阀的检修

下面以上汽通用凯越轿车为例说明 EGR 阀的检测方法。

1. 准备工作

(1)将实训车辆停放在拆装区域,确保人员和设备的安全。

(2)检查实训室通风系统设备工作是否正常。

(3)准备诊断仪、万用表、维修手册、常用工具一套。

2. 技术要求与注意事项

在怠速、低转速小负荷及发动机在冷态运行时,废气再循环将会明显降低发动机的性能。

3. 操作步骤

(1)通过维修手册,查找废气再循环(EGR)控制电磁阀控制电路,如图 7-23 所示。

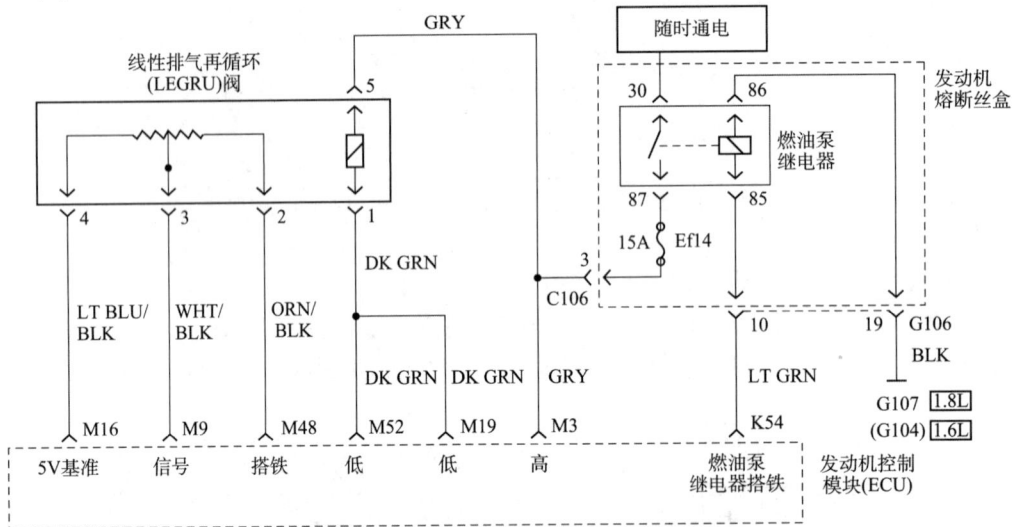

图 7-23　凯越轿车废气再循环(EGR)控制电磁阀控制电路

(2)使用故障诊断仪指令 EGR 阀至 25%、50%、75% 特定开度,观察发动机怠速转速是否变化,如无变化说明 EGR 阀故障或线路故障。

(3)发出以上指令的同时,如发动机怠速转速发生变化,则同时读取 EGR 阀开度是否增大,如无变化说明开度传感器或线路故障。

(4)如步骤(2)中怠速转速无变化,应检查 EGR 阀电源端子是否有 12V 电压。

(5)完成实训任务后,对工作过程进行自我评价,提交实训工作单,接受指导老师的技能考核。

(6)整理清洁工作场所,清点收拾借出的工具、设备和资料,交回实训室。

三、评价与反馈

1. 自我评价

(1)通过本学习任务的学习,你是否已经知道以下问题：

①废气再循环系统的作用是什么?

②废气再循环系统的工作过程有哪些?

(2)电磁废气再循环阀的检修过程中用到了哪些设备?

(3)实训过程完成情况如何?

(4)通过本学习任务的学习,你认为自己的知识和技能还有哪些欠缺?

签名：_____ ___年___月___日

2. 小组评价(表7-5)

小 组 评 价 表　　　　　表7-5

序　号	评 价 项 目	评 价 情 况
1	着装是否符合要求	
2	是否能合理规范地使用仪器和设备	
3	是否按照安全和规范的流程操作	
4	是否遵守学习、实训场地的规章制度	
5	是否能保持学习、实训场地整洁	
6	团结协作情况	

参与评价的同学签名：_____ ___年___月___日

3. 教师评价

教师签名：_____ ___年___月___日

四、技能考核标准(表7-6)

技能考核标准表　　　　　表7-6

序号	项目	操 作 内 容	规定分	评 分 标 准	得分
1	电磁式EGR阀检修	记录车辆铭牌信息	10分	记录信息是否全面	
		查找电路图	15分	查找是否正确	
		起动发动机,怠速运转	10分	是否达到操作要求标准	
		用故障诊断仪指令EGR阀至25%、50%、75%特定开度	20分	是否达到操作要求标准	
		观察发动机怠速转速变化	15分	是否达到操作要求标准	
		检查EGR阀电源端子	20分	是否达到操作要求标准	
		设备仪器回收、清点,清洁场地	10分	是否达到操作要求标准	
	总分		100分		

学习任务4　燃油蒸发控制系统构造与检修

学习目标

☞ 知识目标
1. 能正确叙述燃油蒸发控制系统的作用；
2. 能正确叙述燃油蒸发控制系统的组成和工作原理；
3. 能正确叙述燃油蒸发控制系统工作过程。

☞ 技能目标
能规范对燃油蒸发控制系统电磁阀进行检修。

☞ 素质目标
1. 通过教学活动,形成较强的岗位安全责任意识、环保意识和质量强国意识；
2. 通过教学活动,培养学生创新能力、心理素质和克服困难的能力。

建议课时

2～3课时。

一、理论知识准备

为了减少燃油系统排放到大气中的碳氢化合物,在发动机控制系统中普遍采用了燃油蒸发控制系统。

1. 燃油蒸发控制系统的作用

燃油蒸发控制系统(Evaporative Emission,EVAP)作用是收集燃油箱中产生的燃油蒸气,并将燃油蒸气导入汽缸燃烧,防止燃油蒸气排放到大气中去。EVAP系统还会根据发动机工况,控制导入汽缸的燃油蒸气量。

燃油蒸发控制系统通常使用活性炭罐吸附燃油蒸气。活性炭罐又简称炭罐,里面填充了活性炭颗粒,用来吸附燃油蒸气。

2. 燃油蒸发控制系统的组成和工作原理

燃油蒸发控制系统组成如图7-24所示,由活性炭罐、炭罐电磁阀、管路等组成。发动机未运转或向油箱加油时从密封的油箱中蒸发出的燃油蒸气被导入活性炭罐,随后被吸附在活性炭颗粒表面进行储存(称为吸附过程)；当发动机运转时,活性炭罐中吸附在活性炭表面的汽油分子又重新蒸发,随新鲜空气一起被吸入发动机汽缸燃烧(称为脱附过程),同时使活性炭罐内的活性炭恢复吸附汽油分子的能力。

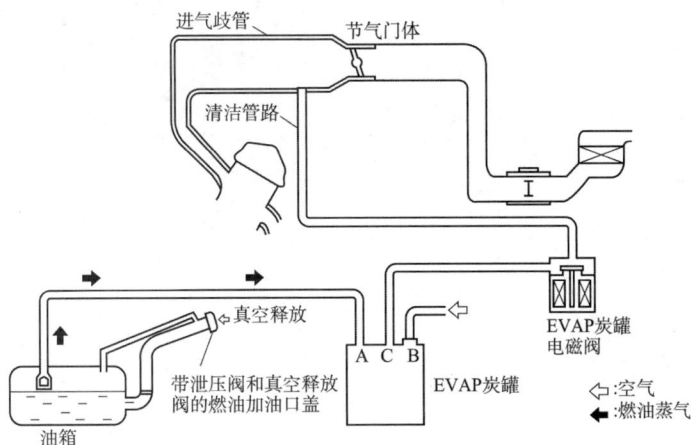

图 7-24　燃油蒸发控制系统组成

加油口盖上装有真空释放阀,当燃油箱内的燃油蒸气被吸出压力下降时,外界空气通过该阀进入燃油箱。当燃油蒸气脱附吸入进气管时,新鲜空气通过炭罐通向大气的孔 B 补充进入炭罐,使炭罐内的燃油蒸气脱附更快。

3.燃油蒸发控制系统工作过程

ECU 通过控制 EVAP 炭罐电磁阀中的蒸气旁通道开度来控制流量。炭罐电磁阀根据来自 ECU 的信号不断进行开启/关闭(ON/OFF)操作,通过阀门开度变化对发动机控制。

根据发动机各种工况,ECU 读取存储器中的标定信息,确定燃油蒸气流量。当发动机达到一定工作温度且节气门开启时,ECU 控制进入发动机进气管的燃油蒸气流量,使其随着空气量的增加而增加;在怠速和减速工况时,汽油蒸发控制系统不工作。

二、任务实施——燃油蒸发控制系统电磁阀的检修

下面以丰田卡罗拉轿车为例说明燃油蒸发控制系统电磁阀的检修方法。

1.准备工作

(1)将实训车辆停放在拆装区域,确保人员和设备的安全。

(2)检查实训室通风系统设备工作是否正常。

(3)准备高压空气、真空压力表、真空压力泵、维修手册、常用工具一套。

2.技术要求与注意事项

(1)当发动机温度低于正常值、发动机停机及怠速运转时,EVAP 不工作。

(2)当发动机温度达到正常值时并且发动机在中、高速运转时,EVAP 才开始工作。

3.操作步骤

(1)通过维修手册,查找燃油蒸发控制系统控制电路,如图 7-25 所示。

(2)拆开电磁阀进气管一侧的软管。

(3)发动机怠速运行时,使用故障诊断仪执行主动测试,当执行打开电磁阀动作时,听软管是否有吸气的声音,如没有需对电磁阀及其电路做进一步的检测。

(4)拆开电磁阀线束插接器,测量电磁阀两端子间的电阻,阻值一般应为 $36 \sim 44\Omega$。

(5)测量电磁阀线束侧电源端子间的电压,应为 12V。

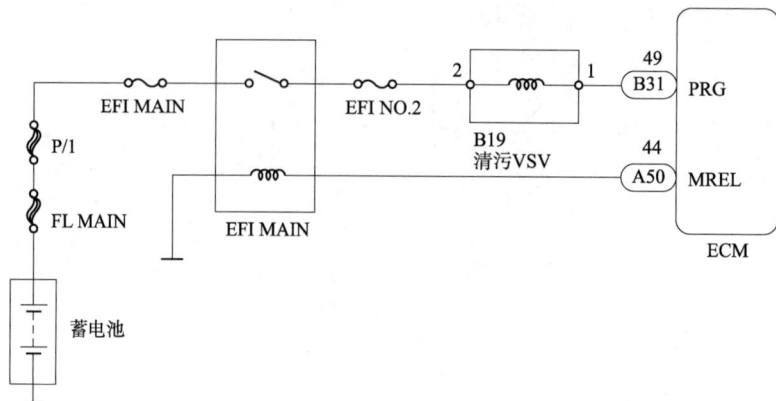

图 7-25　卡罗拉轿车燃油蒸发控制系统控制电路

三、评价与反馈

1. 自我评价

（1）通过本学习任务的学习,你是否已经知道以下问题：

①燃油蒸发控制系统的作用是什么？

②燃油蒸发控制系统的组成有哪些？其工作原理是什么？

（2）燃油蒸发控制系统电磁阀的检修过程中用到了哪些设备？

（3）实训过程完成情况如何？

（4）通过本学习任务的学习,你认为自己的知识和技能还有哪些欠缺？

签名：＿＿＿＿＿＿＿　＿＿年＿＿月＿＿日

2. 小组评价（表 7-7）

小 组 评 价 表　　　　　　　　　　表 7-7

序　　号	评价项目	评价情况
1	着装是否符合要求	
2	是否能合理规范地使用仪器和设备	
3	是否按照安全和规范的流程操作	
4	是否遵守学习、实训场地的规章制度	
5	是否能保持学习、实训场地整洁	
6	团结协作情况	

参与评价的同学签名：＿＿＿＿＿＿＿　＿＿年＿＿月＿＿日

3. 教师评价

＿＿＿

＿＿＿

教师签名：＿＿＿＿＿＿＿　＿＿年＿＿月＿＿日

四、技能考核标准(表7-8)

技能考核标准表 表7-8

序号	项目	操作内容	规定分	评分标准	得分
1	曲轴箱通风系统的检修	记录车辆铭牌信息	10分	记录信息是否全面	
		查找电路图	15分	查找是否正确	
		拆开电磁阀进气管一侧的软管	15分	是否达到操作要求标准	
		使用故障诊断仪执行主动测试	20分	是否达到操作要求标准	
		测量电磁阀两端子间的电阻	15分	是否达到操作要求标准	
		测量电磁阀电源端子间的电压	15分	是否达到操作要求标准	
		设备仪器回收、清点,清洁场地	10分	是否符合5S要求	
总分			100分		

思考与练习

(一)填空题

1. 电驱动型 EGR 系统中,ECU 通过控制_____通电占空比来改变 EGR 阀的开度,对 EGR 进行控制,传感器检测阀杆的实际位置,与实现 EGR 阀的闭环控制。

2. 废气再循环系统主要由_____、_____、_____以及 ECU 组成。

3. 控制系统的功能是收集由汽油箱蒸发出来的_____,并将_____导入汽缸参加燃烧,从而防止汽油蒸气直接排入大气中而造成污染。

4. 三元催化转化器的功能是_____。

5. 在三元催化转化器前后各装一个氧传感器的目的是_____。

6. 三元催化剂是_____的混合物。

7. 正常情况下转化器出气口应该至少比进气口温度高_____。

8. 进入废气中的氧气较少时,氧化钛式氧传感器的二氧化钛半导体阻值_____。

9. 随发动机转速和负荷减小,EGR 阀开度将_____。

10. 废气再循环会使混合气的着火性能和发动机输出功率_____。

11. NO_2是空气中的氧气与氮气在_____条件下形成的。

12. 汽油机排放的主要污染物是_____、_____、_____。

(二)判断题

1. 三元催化转化器还原 CO 和 HC 并氧化废气中的 NO_x。它们净化为 CO_2、H_2O 和 N_2。 ( )

2. PCV 系统在 PCV 阀处净化曲轴箱内的窜缸混合气,并将其释放至大气。 ( )

3. PCV 系统在 PCV 阀处将空气引入曲轴箱内,降低窜缸混合气的浓度。 ( )

4. PCV 系统将窜缸混合气导入进气歧管内,使窜缸混合气重新燃烧。 ( )

5.自始至终,EGR 系统将部分废气送入进气系统内再循环,防止因燃烧温度降低而产生 NO_2。 （　　）

6.EGR 系统根据发动机状态将部分废气送入进气系统再循环,降低燃烧温度,防止产生 NO_x。 （　　）

7.EGR 系统将排气管排放的部分废气送入排气歧管,使燃烧后废气的未燃尽部分再燃烧。 （　　）

8.EGR 系统将进气送入排气管,使废气的未燃尽部分再燃烧。 （　　）

(三)简答题

1.燃油箱蒸发控制系统的作用是什么?

2.废气再循环控制系统的作用是什么?

3.三元催化转换器的作用是什么?

4.曲轴箱通风系统的作用是什么?

5.汽车上装用的排放控制系统都有哪些?

单元八　发动机拆装与维护

学习任务1　发动机拆装

📖 **学习目标**

☞ **知识目标**

1. 能正确叙述发动机拆装流程；
2. 能正确叙述发动机拆装注意事项。

☞ **技能目标**

能使用发动机拆装工具对发动机进行规范拆装。

☞ **素质目标**

1. 通过对发动机的拆装，注意人身及设备安全，穿戴劳动防护用品，严格遵守实训区安全作业规程，提高规范意识；
2. 通过小组合作完成拆装任务，培养团队合作、敬业奉献、服务人民的精神。

📚 **建议课时**

3～5课时。

一、理论知识准备

发动机拆卸和安装是发动机维修的重要作业内容。在进行这些维修作业时，应严格遵循制造厂商所规定的操作流程，按标准进行维修检查。本学习任务以大众主流车型配置的铝合金发动机EA211为例，说明发动机拆卸、分解及安装的流程。

1. EA211发动机拆装流程

按大众EA211发动机维修手册要求，通过规范操作，总结EA211发动机拆装流程如图8-1所示，由17部分内容组成。

2. EA211发动机拆装注意事项

(1)着装防护。进入实操工作区应身着工作服，穿工作鞋，在进行特定项目操作时还应穿戴手套、工作帽、防护眼镜与口罩等防护用品。

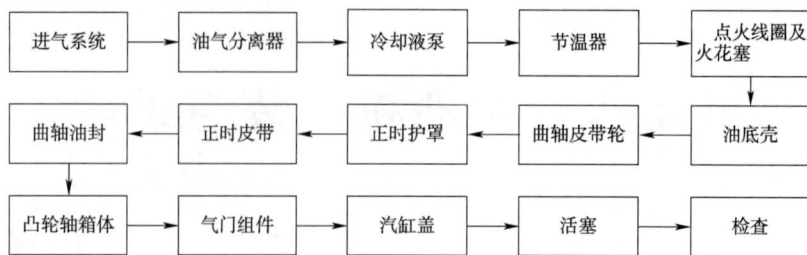

| 进气系统 | → | 油气分离器 | → | 冷却液泵 | → | 节温器 | → | 点火线圈及火花塞 |

| 曲轴油封 | ← | 正时皮带 | ← | 正时护罩 | ← | 曲轴皮带轮 | ← | 油底壳 |

| 凸轮轴箱体 | → | 气门组件 | → | 汽缸盖 | → | 活塞 | → | 检查 |

图 8-1 EA211 发动机拆装流程图

（2）工具使用。请按操作规范使用各类工具,避免工具尖锐部分的伤害,在使用大扭力工具时注意发力方向,避免失控摔倒。

（3）设备操作。请严格按照安全操作规程操作各类车间设备,例如举升机、翻转架、油压机,否则有可能造成严重的伤害事故。

（4）高温部件。为防止烫伤,请避免直接接触车辆高温部件,如散热器、排气系统、冷却液管等,如需接触应佩戴防护用品,热车状态下禁止拧开冷却液壶盖。

（5）沟通协调。双人或多人配合工作的情况下,应多提醒、多沟通、多协调,避免因沟通不畅造成的误操作伤害事故。

（6）维修标准。严格按照厂家维修手册标准进行发动机拆装作业。

（7）场地整洁。时刻保持实践工作区的整洁,避免在工作过程中发生绊倒、滑倒和撞伤等人身伤害。

二、任务实施

下面以大众汽车 EA211 发动机为例,在发动机总成翻转架上进行发动机拆装说明。

1. 准备工作

（1）将 EA211 发动机摆放在拆装区域,确保人员和设备的安全。

（2）检查实训室通风系统设备工作是否正常。

（3）准备 EA211 发动机 2 台、维修手册 2 本、常用工具 2 套、专用工具 1 套,见表 8-1。

EA211 发动机拆装专用工具　　　　　　　　　　　　　　　　　　表 8-1

序号	代　号	图　片	功　能
1	T10172		固定冷却液泵皮带轮、固定进气凸轮轴皮带轮
2	CT10530		点火线圈拉拔器
3	S3415		固定曲轴皮带轮扳手

续上表

序号	代 号	图 片	功 能
4	CT80009		固定曲轴皮带轮
5	T10368		曲轴垫圈
6	CT10499		松开偏心张紧轮
7	T10340		锁止销,防止曲轴转动
8	T10477		固定凸轮轴
9	T20143/1		油封拉拔撬杆
10	T10478		油封装配工具
11	T10134		曲轴密封凸缘安装器

序号	代　　号	图　　片	功　　能
12	Hazet4766-1		火花塞套筒
13	S3362A		气门拆装工具
14	V146.2		活塞安装工具

2. 技术要求与注意事项

(1) 更换冷却液泵时要连皮带一起更换，冷却液泵上的密封件都是一次性的，安装时要浸润冷却液。

(2) 为了不改变配气相位，在曲轴螺栓拆开或松动时，禁止转动曲轴，否则发动机有损坏的危险。

(3) 拆卸正时皮带前，用记号笔标出其运行方向。

(4) 带有 PTFE 密封件的密封凸缘装备有密封唇支撑环。该支撑环作为一个安装衬套，在安装前不能拆下。

(5) 从包装中取出后密封凸缘和传感器轮不能分离或转动。

(6) 传感器轮通过一个定位销固定在组装工具 T10134 的安装位置上。

(7) 整体上的密封凸缘和油封只能和传感器轮一起更换。

(8) 通过将导向销插入曲轴的孔中，将 T10134 保持与曲轴的相对位置。

(9) 安装气门弹簧时，小直径朝向气门弹簧座，大直径朝向缸盖。

(10) 汽缸盖垫片要套入汽缸体定位销，并能够读到垫片的零件号。

(11) 在重新安装用过的活塞时，活塞顶部的箭头朝向曲轴皮带轮。可用彩色记号笔标出汽缸的排列位置。不要用冲击痕、刮痕、刻痕在活塞顶进行标记。

(12) 连杆轴瓦盖上的凸耳指向曲轴皮带轮。

(13) 由于缸体铝合金材料容易变形，不能松开或拆下曲轴主轴承盖的固定螺栓，更不能拆下曲轴。

3. 操作步骤

1) 进气系统拆装

(1) 拆卸。

①旋出螺钉，拆下节气门控制单元，如图 8-2 所示。

②旋出螺栓,拆卸进气歧管,如图8-3所示。

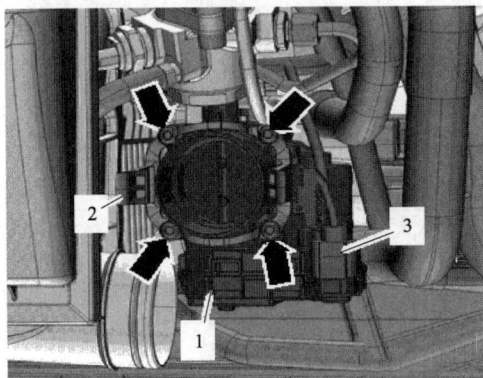

图8-2　拆卸节气门控制单元

1-节气门控制单元;2-卡扣;3-节气门控制单元插头

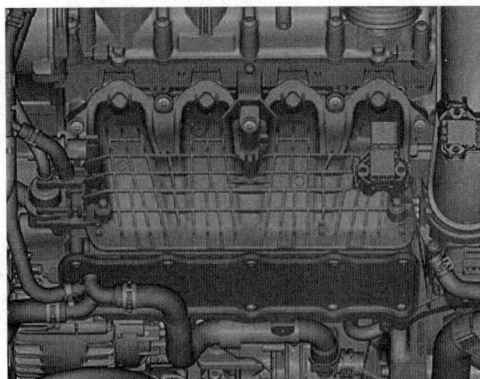

图8-3　拆卸进气歧管

（2）安装。安装以拆卸的相反顺序进行。

2）油气分离器拆装

（1）拆卸。如图8-4所示,按螺栓编号9→1顺序拧出螺栓,并检查螺栓损坏程度;小心地将油气分离器从粘结面上松开,并清除粘结面上的密封胶,清理干净。

（2）安装。

①如图8-5所示,将密封胶均匀地涂在干净的油气分离器结合面上,密封胶厚度为2～3mm,涂上密封胶后,必须在5min内安装油气分离器。

②然后按1→9顺序拧紧螺栓。

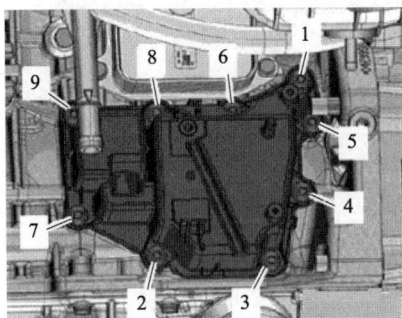

图8-4　EA211油气分离器螺栓拆装图

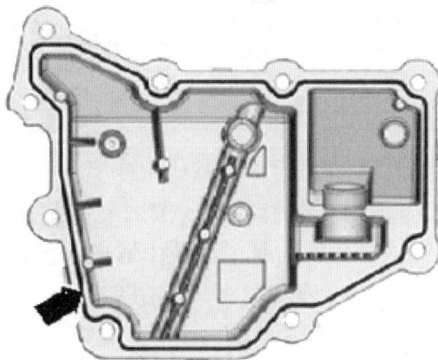

图8-5　EA211油气分离器密封胶分布图

3）冷却液泵拆装

（1）拆卸。

①拆卸齿形带轮罩盖。

②如图8-6所示,用T10172及适配器T10172/2松开冷却液泵齿形带轮螺栓并拆除此螺栓,取下冷却液泵齿形带轮。

③如图8-7所示,按螺栓编号5→1顺序拧出水泵固定螺栓,拆下水泵。

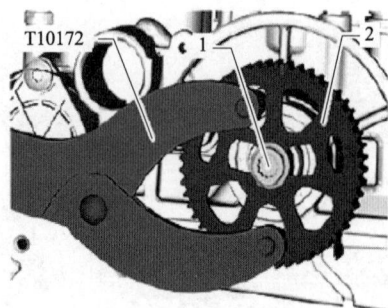

图 8-6 拆卸冷却液泵齿形带轮

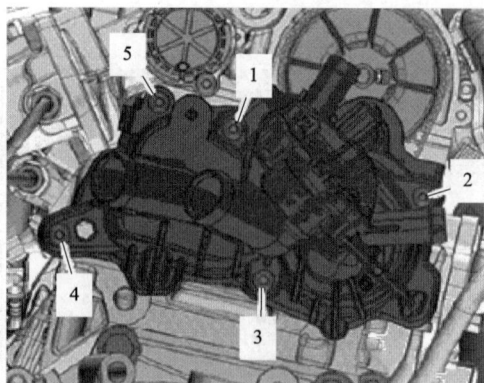

图 8-7 螺栓安装顺序

（2）安装。

①如图 8-7 所示，按螺栓编号 1→5 顺序用手拧紧水泵固定螺栓。

②按螺栓编号 1→5 顺序用扭力扳手拧紧水泵固定螺栓至 10N·m。

③更换冷却液泵齿形带轮螺栓并拧紧，然后装上罩壳。

④如图 8-8 所示，凸轮轴上的凹槽 1、2 为非对称，冷却液泵皮带驱动轮上的凸耳（如箭头所示）同样为非对称设置，将冷却液泵皮带驱动轮放置在凸轮轴上，使得非对称槽与皮带驱动轮上的凸耳相配合。

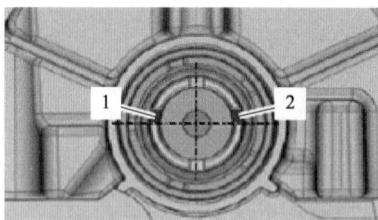

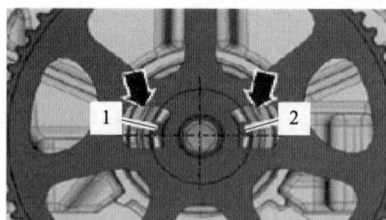

图 8-8 凸轮中凹槽标记

4）节温器拆装

（1）拆卸。拆除冷却液泵，按图 8-9 所示标出的顺序由 F→A 拧出螺栓，将冷却液泵从冷却液泵壳体上抽出，从冷却液泵中取出节温器 1 和节温器 2，如图 8-10 所示。

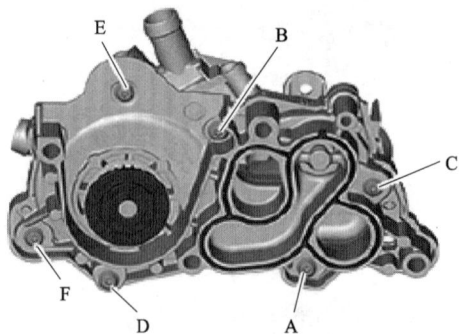

图 8-9 螺栓拆装顺序

图 8-10 节温器

1、2-节温器

（2）安装。

①换密封圈。用冷却液沾湿密封圈,将冷却液泵壳体装配在冷却液泵上,冷却液泵壳体对准冷却液泵上的定位销,如图8-11所示。

②按图8-9所示,按 A→F 的顺序拧紧螺栓,拧紧力矩为7N·m。

5）点火线圈拆装

（1）拆卸。

①拔下电气插头连接器,旋出点火线圈固定螺栓。

图8-11　节温器定位销位置

②将专用工具 CT10530 插入点火线圈1上的螺栓孔中,沿箭头方向拧紧螺母2,直到 CT10530 卡紧为止,然后用力往上拉专用工具,拔出点火线圈,如图8-12所示。

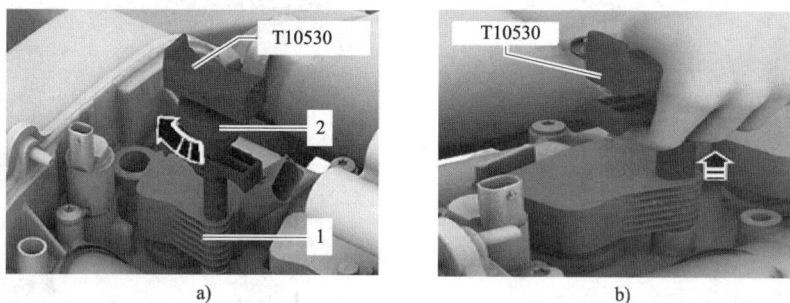

图8-12　点火线圈拆卸方法
1-点火线圈;2-螺母

③使用专用工具 Hazet4766,拧出火花塞。

（2）安装。

①使用专用工具 Hazet4766 安装火花塞,紧固火花塞,火花塞拧紧力矩标准值为25N·m。

②用手均匀柔顺地将点火线圈套入火花塞上,切忌使用击打工具敲击点火线圈,连接点火线圈的电气插头,并拧紧固定螺栓。

6）油底壳拆装

（1）拆卸。

①如图8-13所示,按螺栓编号 19→1 顺序拧出油底壳螺栓,小心地将油底壳从粘结面上松开,若密封胶太紧可用热风枪加热软化后拆卸。

②可使用旋转的塑料刷来清除油底壳结合面上的剩余密封胶,如图8-14所示。

（2）安装。

①如图8-15所示,将密封胶涂在干净的油底壳结合面上,密封胶厚度为 2～3mm。密封胶过量会产生堵塞油道危险。涂上密封胶后,必须在5min内安装油底壳。

②如图8-16所示,按螺栓编号 1→19 顺序拧紧油底壳螺栓,完成油底壳安装后,必须过30min后才允许加入机油。

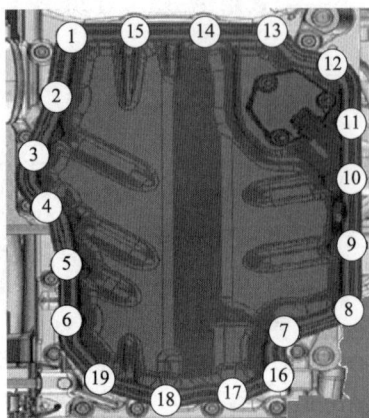

图 8-13　油底壳螺栓拆卸顺序

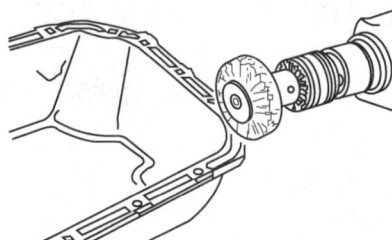

图 8-14　油底壳密封胶处理

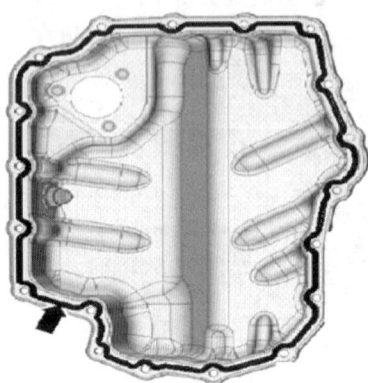

图 8-15　油底壳密封胶处理

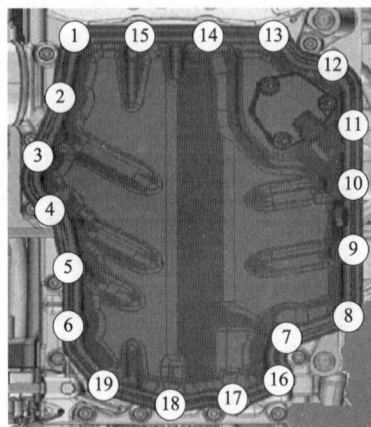

图 8-16　油底壳螺栓安装顺序

7）曲轴皮带轮拆卸

①用 S3415 及 CT80009 固定曲轴皮带轮，用 Hazet6294-1 将其螺栓拆除，如图 8-17 所示。

②将 T10368 套入螺栓中并拧入曲轴皮带轮孔中，为了防止正时错位，拆掉曲轴皮带轮后要使用 T10368 垫到原皮带轮位置，注意与链轮的配合，如图 8-18 所示。然后将皮带轮螺栓拧紧。

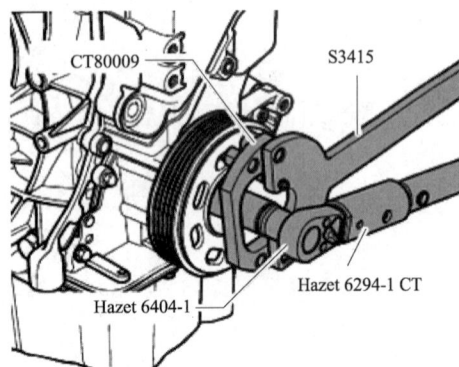

图 8-17　曲轴皮带轮螺栓拆卸

图 8-18　T10368 的固定

8）正时护罩拆卸

如图 8-19 所示，按正时护罩标识顺序拆下凸轮轴罩盖、曲轴前罩盖、中间罩盖，EA211 发动机取消了整体式正时护罩，采用三段分体式。

9）正时皮带拆装

（1）拆卸。

①如图 8-20 所示，用 T10172 固定进气凸轮轴皮带轮，拧松固定螺栓 1，并用同样方法拧松排气凸轮轴皮带轮的固定螺栓，此螺栓都松开一圈。

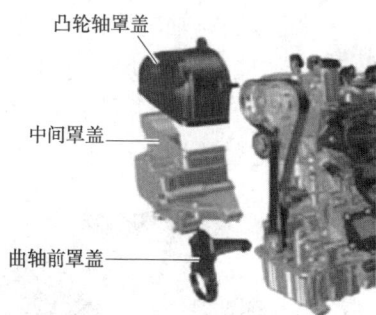

图 8-19　正时护罩组成

②如图 8-21 所示，松开张紧轮固定螺栓 1，用 T10499 松开偏心张紧轮 2。

③将齿形带拆下。

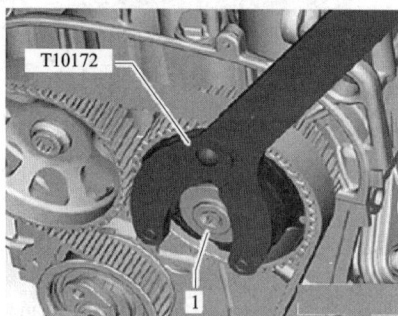

图 8-20　凸轮轴固定螺栓拆卸

1-螺栓

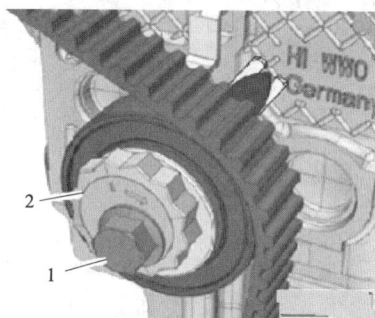

图 8-21　张紧轮固定螺栓拆卸

1-螺栓;2-张紧轮

（2）安装。

①拆下 1 缸火花塞，放入长条形工具(如螺丝刀)，旋转曲轴，找到曲轴的 1 缸上止点大概位置。然后顺时针转动曲轴，使其转过 1 缸上止点 270°左右。

②如图 8-22 所示，将缸体上用于密封"1 缸上止点"孔的锁定螺栓拧出，装入 T10340 并以 30N·m 的力矩拧紧。然后将曲轴沿顺时针方向转动，至限位位置。

③T10340 顶在曲轴侧壁，它只能在发动机转动方向上锁定曲轴于上止点的位置上。用凸轮轴锁 T10477 将凸轮轴固定在上止点位置。

④如图 8-23 所示，安装 T10494 时候必须先装入水泵皮带轮。

图 8-22　T10340 安装位置图

图 8-23　T10494 安装位置图

⑤更换凸轮轴皮带轮固定螺栓 1、2 并将其拧上,但不要拧紧,使凸轮轴皮带轮能在凸轮轴上转动,但不能晃动,如图 8-24 所示。

⑥如图 8-25 箭头所示,安装张紧轮,使张紧轮的凸耳必须嵌入在气缸盖的铸造孔内,张紧轮的固定螺栓用手拧紧。

图 8-24　凸轮轴皮带轮固定螺栓

1、2-螺栓

图 8-25　张紧轮凸耳固定位置

⑦按图 8-26 所示顺序装上齿形正时皮带。

⑧如图 8-27、图 8-28 所示,用 T10499 将张紧轮的偏心轮 2 沿顺时针方向转动,直到指示针 3 位于缺口右侧 10mm 处(目的是使皮带绷紧),接着逆时针转动偏心轮 2,直到指示针 3 正好位于缺口中间。将偏心轮 2 保持在该位置上,同时用 T10500 拧紧固定螺栓 1。

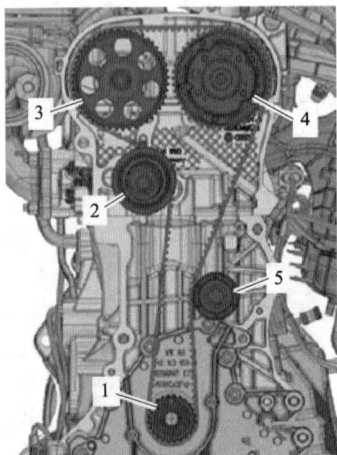

图 8-26　正时皮带安装顺序

1-齿形带轮;2-张紧轮;3-排气凸轮轴皮带轮;4-进气凸轮轴皮带轮;5-导向轮

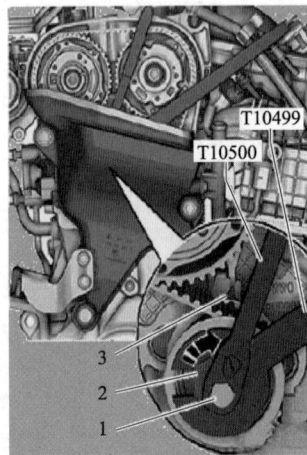

图 8-27　偏心轮固定

1-螺栓;2-偏心轮;3-指示针

⑨如图 8-29 所示,用 T10172 将凸轮轴皮带轮的固定螺栓 1、2 拧紧至 50N·m。

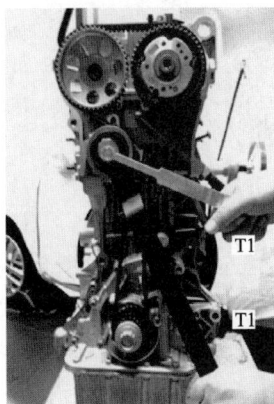

图 8-28　偏心轮固定

图 8-29　凸轮轴皮带轮螺栓紧固
1、2-螺栓

⑩拆卸凸轮轴固定工具 T10477，拆卸 10340 并安装缸体上密封上止点孔的锁定螺栓。

（3）检查。

①拆下 1 缸火花塞，放入长条形工具（如螺丝刀），旋转曲轴，找到曲轴的 1 缸上止点大概位置。然后顺时针转动曲轴，使其转过 1 缸上止点 270°左右。

②将缸体上用于密封"1 缸上止点"孔的锁定螺栓拧出，安装 T10340 并以 30N·m 的力矩拧紧。然后将曲轴沿顺时针方向转动，至限位位置。

③T10494 可以很容易地安装到凸轮轴的上止点位置，并能用固定螺栓轻易地拧到底，则正时调整正确，否则需重新调整正时。

10）曲轴前油封拆装

（1）拆卸。

①如图 8-30 所示，机油泵及曲轴前油封盖总成的固定螺栓在拆卸时必须按照图标明的顺序进行拆卸。

②用 T20143/1 拆下油封，如图 8-31 所示。

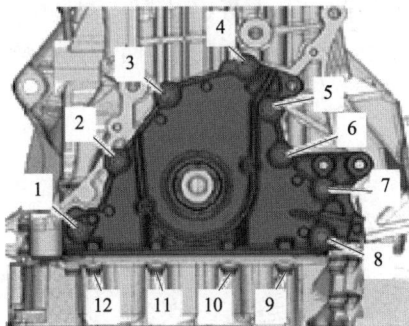

图 8-30　曲轴前油封盖螺栓拆卸

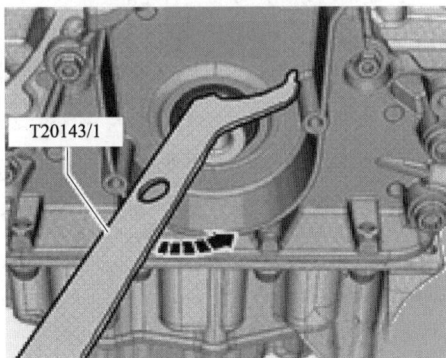

图 8-31　曲轴前油封拆卸

（2）安装。

①如图 8-32 所示，将没有涂油的油封沿 T10478/3 推到 T10478/2 上，然后取下 T10478/3，再将 T10478/2 和油封装在凸轮轴上，用 T10478/1 和凸轮轴齿形带轮螺栓将油封拧紧到位。

②安装曲轴油封盖，必须以拆卸相反的顺序拧紧固定螺栓。

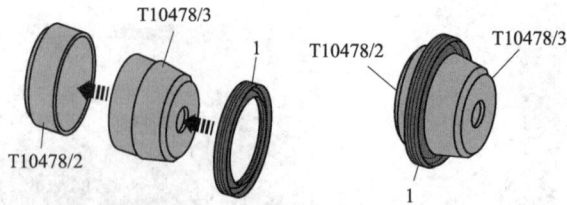

图 8-32　曲轴前油封安装
1-油封

③机油泵与曲轴前油封盖总成与缸体、油底壳的密封面要涂密封胶,密封胶不要涂得太多,因为残余的密封胶会导致润滑系统被污染的危险,涂上密封胶后,必须在 5min 内安装机油泵及曲轴前油封盖总成。

11)曲轴后油封的安装

(1)将密封凸缘和传感器轮安装到 T10134 上。

①旋入六角螺母 B,使丝杆 A 的夹紧表面能够夹入一个台虎钳上,然后向下压组装壳体 C 直到靠到六角螺母 B(箭头方向),再旋入六角螺母 B,使 T10134 的内件和组装壳体处于相同高度,如图 8-33 所示。

②从新的密封凸缘上拆卸固定卡,如图 8-34 箭头所示。

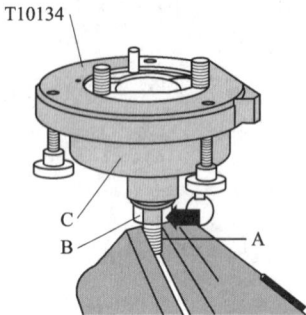

图 8-33　使六角螺母 B 夹到台虎钳上

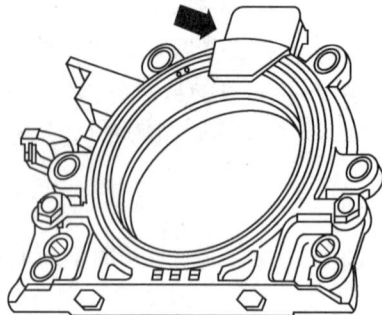

图 8-34　拆卸固定卡

③传感器轮 C 上的定位孔 A 必须与密封凸缘上的标记 B 对齐,如图 8-35 所示。

④将密封凸缘正面向下放在干净的平面上,然后按图 8-36 中箭头方向向下推密封唇支撑环 A 直到接触到平面,传感器轮上边缘和密封凸缘前端必须平齐。

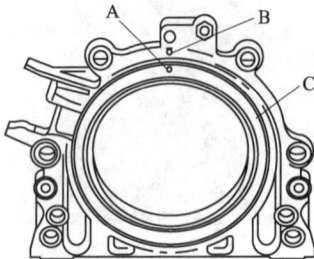

图 8-35　A 孔与 B 孔对齐

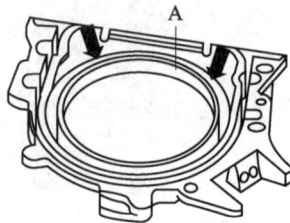

图 8-36　下推密封唇支撑环

⑤将密封凸缘放置在 T10134 上,使得定位销 B 可以插入到传感器轮的孔 A 上,确保密封凸缘平齐地压在 T10340 上,如图 8-37 所示。

⑥将密封凸缘和密封唇的支撑环 B 压到组装工具 T10134 的表面上,同时拧紧三个滚花

螺钉 A,定位销不能从传感器轮孔中脱开,如图 8-38 所示。

图 8-37　将密封凸缘放置在 T10134 上

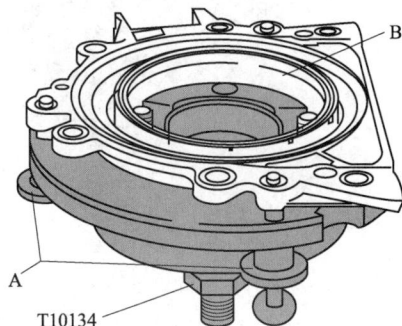

图 8-38　拧紧三个滚花螺钉

(2)将 T10134 连同密封凸缘安装到曲轴凸缘上。

①将六角螺母 B 旋到丝杆末端,按图 8-39 中箭头方向按下 T10134 丝杆,直到六角螺母 B 靠在组装壳体 A 上。

②将组装壳体的平面端与曲轴箱密封表面的油底壳端对齐,然后使用内六角螺栓 A 将组装工具 T10134 固定到曲轴凸缘上,如图 8-40 所示。将内六角螺栓 A 拧入曲轴凸缘内(约 5 圈)。

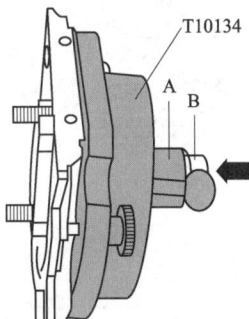

图 8-39　六角螺母 B 靠在壳体上

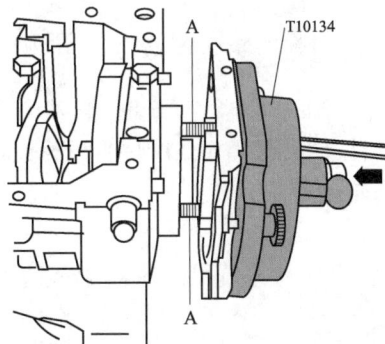

图 8-40　T10134 固定在曲轴凸缘上

(3)将 T10134 安装到曲轴凸缘。

①用手按箭头方向推动 T10134 壳体 C 使得密封唇的支撑环 B 接触到曲轴凸缘 A,然后用导向销 F 推入曲轴的孔中,这样会确保传感器轮准确安装到位,如图 8-41 所示。

②用手拧紧组装工具的两个内六角螺栓。

③用手将六角螺母 E 拧入丝杆直到靠到组装壳体 C 上。

(4)使用 T10134 将传感器轮压入曲轴凸缘。

使用扭力扳手 V.A.G 1331 和 V.A.G 1332/11 拧紧 T10134 的六角螺母到35N·m,在拧紧六角螺母到35N·m 以后,在汽缸体和密封凸缘之间必须有很小的间隙,如图 8-42 所示。

(5)检查。

①将六角螺母 E 旋到丝杆末端,然后从汽缸体上拆卸两个螺栓 A,再将三个滚花螺钉 B 拧出密封凸缘,如图 8-43 所示。

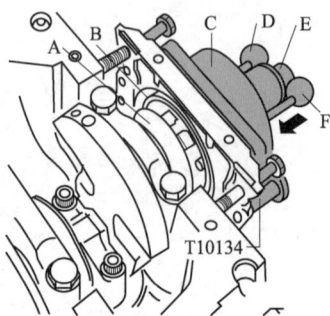

图 8-41 将 T1013 安装到曲轴凸缘

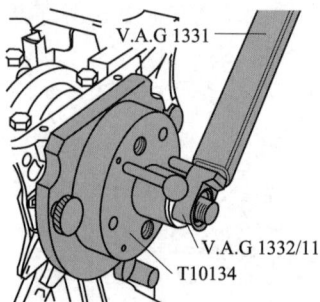

图 8-42 将传感器压入曲轴凸缘

②拆卸工具 T10134,拆卸密封唇支撑环。

③用游标卡尺测量曲轴凸缘 A 和传感器轮 B 的距离 a。如果曲轴凸缘 A 和传感器轮 B 之间的间隙 a =0.5mm,则传感器轮安装正确,如图 8-44 所示。

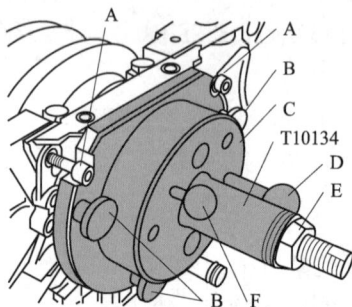

图 8-43 将螺钉 B 拧出密封凸缘

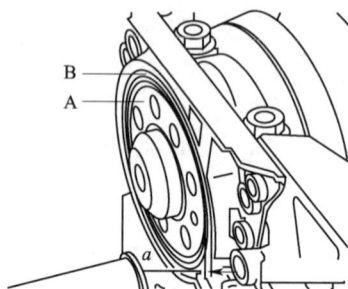

图 8-44 测量距离 a

④然后按照交替和对角顺序拧紧密封凸缘的固定螺栓到 10N·m。

12)凸轮轴箱体拆装

(1)拆卸。

按照图 8-45 顺序旋出凸轮轴螺栓。

(2)安装。

①用两个双头螺柱拧在汽缸盖 2 和 4 的位置上,小心地将凸轮轴箱 3 从上部垂直沿双头螺柱放到汽缸盖上,如图 8-46 所示。

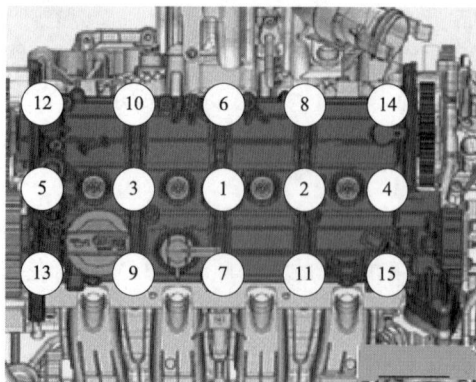

图 8-45 拆卸凸轮轴箱体

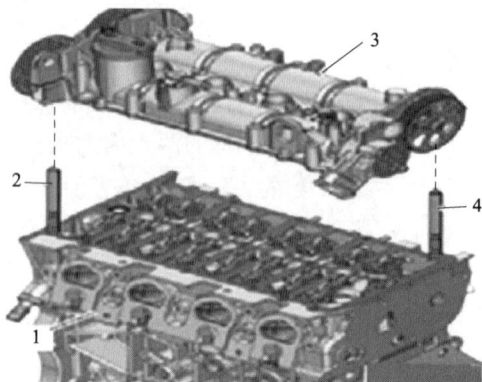

图 8-46 安装凸轮轴箱体

1-汽缸盖;2、4-双头螺柱;3-凸轮轴箱

②凸轮轴箱体螺栓按1→15顺序按力矩要求拧紧,拧紧力矩为10N·m+180°。

13)气门组件拆装

(1)拆卸。

①拆卸凸轮轴箱,使用Hazet4766旋出火花塞,然后将各汽缸活塞推到"下止点"位置。

②将CT40012/1旋入相应的火花塞孔中。将压力软管连接到至少600kPa的压缩空气上,用S3362A拆下气门弹簧,如图8-47所示。

③用钳子Hazet 791-8拔出气门杆密封件,如图8-48所示。

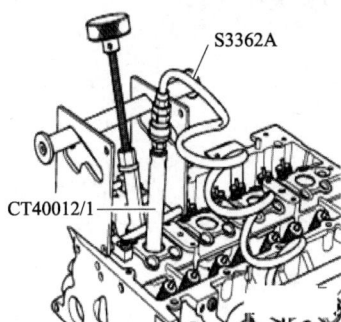

图8-47 拆卸气门弹簧

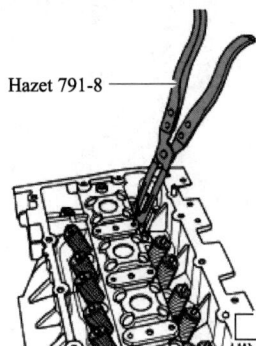

图8-48 拔出气门杆密封件

(2)安装。

①为避免损坏新的气门杆密封件B,将塑料套筒A放置在相应的气门杆上。在气门杆密封件的密封唇B上涂机油,并装入压力工具3365中,小心地将它推入气门导管上,如图8-49所示。

②取下塑料套筒A,将气门弹簧和气门弹簧座放在气门导管上,用气门拆装工具S3362A安装气门弹簧,如图8-50所示。

③安装火花塞。

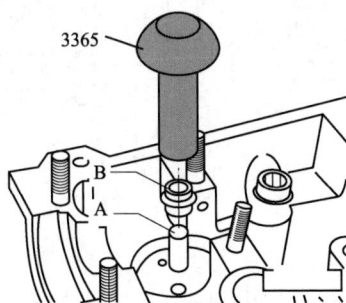

图8-49 安装压力工具

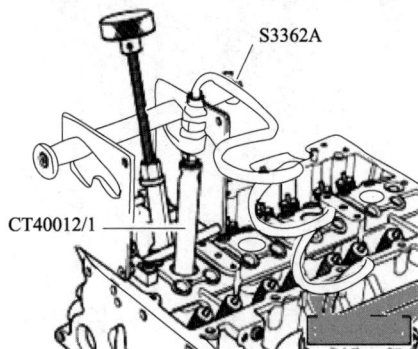

图8-50 安装气门弹簧

14)汽缸盖拆装

(1)拆卸。

按照图8-51的顺序旋出汽缸盖螺栓。

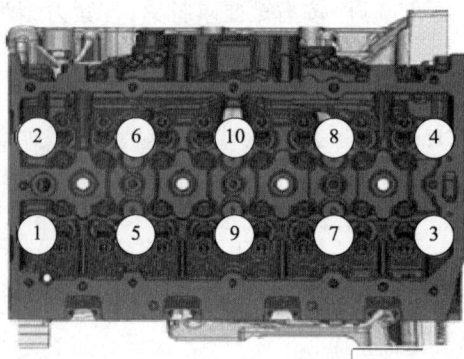

图 8-51　拆卸汽缸盖螺栓

（2）安装。

更换汽缸盖螺栓并按 10→1 的顺序拧紧汽缸盖螺栓，拧紧力矩为 $40N \cdot m + 90°$。

15）活塞拆装

（1）拆卸。

①标出活塞所属汽缸，对连杆和连杆轴承盖所属汽缸进行标记，拆卸连杆轴承盖，将连杆连同活塞一起从汽缸体中拆出。

②新连杆有可能没有完全断开，如果连杆轴瓦盖不能用手拿开，用软金属（如铜等软材料）保护板将连杆轻轻地夹在台虎钳上，连杆只能在图 8-52 所示的过圆心的直径线下面夹紧，将连杆螺栓拧出 5 圈，如图 8-52 所示。

③使用塑料锤小心地敲打连杆轴瓦盖的箭头位置，直到轴瓦盖松开，如图 8-53 所示。

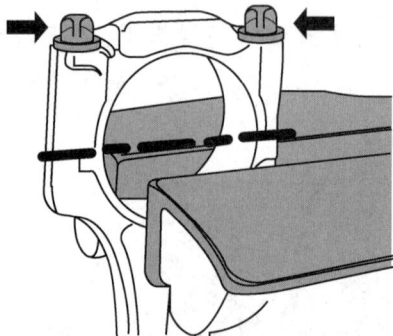

图 8-52　用台虎钳夹住连杆

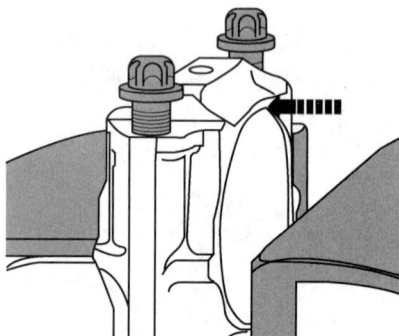

图 8-53　敲打连杆轴瓦盖

（2）安装。

安装以拆卸的相反顺序进行。安装过程中要注意下列事项：

①在重新安装用过的活塞时，活塞顶部的箭头朝向曲轴皮带轮，可用彩色记号笔标出汽缸的排列位置，如图 8-54 所示。

②给轴瓦的运行面涂油脂。

③安装连杆轴瓦盖，轴瓦必须安装在连杆和轴瓦盖的中间位置上，保证间距 a 相等，如图 8-55 所示。

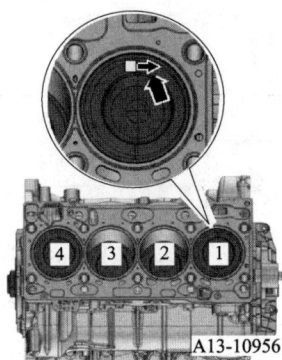

图 8-54　活塞顶部箭头标识

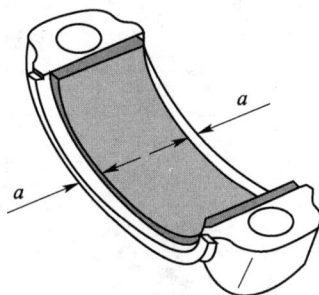

图 8-55　安装轴瓦盖

三、评价与反馈

1. 自我评价

(1)通过本学习任务的学习,你是否已经知道以下问题:

①上汽大众 EA211 发动机拆装流程有哪些?

②发动机拆装有哪些注意事项?

(2)上汽大众 EA211 发动机拆装步骤要求、拆装专用工具、发动机拆装注意事项有哪些?

(3)实训过程完成情况如何?

(4)通过本学习任务的学习,你认为自己的知识和技能还有哪些欠缺?

签名:_____　___年___月___日

2. 小组评价(表 8-2)

小 组 评 价 表　　　　表 8-2

序　　号	评 价 项 目	评 价 情 况
1	着装是否符合要求	
2	是否能合理规范地使用仪器和设备	
3	是否按照安全和规范的流程操作	
4	是否遵守学习、实训场地的规章制度	
5	是否能保持学习、实训场地整洁	
6	团结协作情况	

参与评价的同学签名:_____　___年___月___日

3. 教师评价

_____

_____

教师签名:_____　___年___月___日

四、技能考核标准(表8-3)

技能考核标准表　　　　　　　　　　　　　表8-3

序号	项目	操 作 内 容	规定分	评 分 标 准	得分
1	EA211 发动机 拆装	进气系统拆装	6分	记录信息是否全面	
		油气分离器拆装	6分	是否达到操作要求标准	
		冷却液泵拆装	6分	是否达到操作要求标准	
		节温器拆装	6分	是否达到操作要求标准	
		点火线圈拆装	6分	是否达到操作要求标准	
		油底壳拆装	6分	是否达到操作要求标准	
		曲轴皮带轮拆卸	6分	是否达到操作要求标准	
		正时护罩拆卸	6分	是否达到操作要求标准	
		正时皮带拆装	6分	是否达到操作要求标准	
		曲轴前油封拆装	7分	是否达到操作要求标准	
		曲轴后油封安装	9分	是否达到操作要求标准	
		凸轮轴箱体拆装	6分	是否达到操作要求标准	
		气门组件拆装	6分	是否达到操作要求标准	
		汽缸盖拆装	6分	是否达到操作要求标准	
		活塞拆装	6分	是否达到操作要求标准	
		工具回收、清点、清洁场地	6分	是否达到操作要求标准	
总分			100分		

学习任务2　发动机维护

学习目标

☞ 知识目标

1. 能正确描述我国汽车维护制度;
2. 能正确描述汽车维护的分级,汽车维护的作业内容和技术要求;
3. 能正确描述汽车各级维护和磨合期维护的作业项目和工艺流程。

☞ 技能目标

1. 能规范对空气滤清器滤芯进行更换;
2. 能规范对燃油滤清器进行更换。

☞ **素质目标**

1. 通过查询、检索、总结,培养学生自主学习的能力和创新精神;
2. 通过制订计划和展示汇报,培养学生较好的逻辑思维和表达能力。

建 议 课 时

3~5课时。

一、理论知识准备

汽车维护是指汽车经使用一定的行驶里程间隔或时间间隔后,根据汽车维护技术标准,按规定的工艺流程、作业范围、作业项目、技术要求所进行的预防性维护作业。

通过汽车的技术维护,车辆达到下列要求:

(1)汽车经常处于技术状况良好的状态,可以随时出车。

(2)在合理使用的前提下,因中途损坏而停车,以及因机械故障而影响行车安全。

(3)在运行过程中,降低燃料、润滑油以及配件和轮胎的消耗。

(4)各总成的技术状况应尽量保持均衡,以延长汽车大修间隔里程。

(5)减轻车辆噪声和排放污染物对环境的污染。

1. 汽车维护制度

根据我国汽车技术管理的有关规定,汽车维护应贯彻"定期检测、强制维护、视情修理"的原则,即车辆维护必须遵照交通运输管理部门规定的行驶里程或间隔时间,按期强制执行,不得拖延,并在维护作业中遵循车辆维护分级和作业范围的有关规定,保证维护质量。

汽车维护是预防性的,保持车容整洁,及时消除发现的故障和隐患,防止汽车早期损坏是汽车维护的基本要求,汽车维护的各项作业是有计划的、定期执行的,其内容是依照汽车技术状况变化规律来安排的,并做在汽车技术状况变坏之前。

汽车维护又是强制性的,维护是在计划预防维护的基础上进行运行状态定期检测的维护制度。汽车的维护工作必须遵照交通运输管理部门或汽车使用说明书规定的行驶间隔里程或间隔时间,按期执行,不得任意拖延。

1)汽车维护分级

在汽车的使用过程中,由于汽车的新旧程度、使用地区条件的不同,在各个时期对汽车维护作业项目也不同。

根据国家标准《汽车维护、检测、诊断技术规范》(GB/T 18344—2016)有关规定,汽车维护分为日常维护、一级维护、二级维护三种级别。维护作业以清洁、检查、补给、润滑、紧固和调整为主,维护范围随着行驶里程的增加逐步扩大,内容逐步加深。

日常维护是驾驶人为保持汽车正常工作状况的经常性工作,其作业的中心内容是清洁、补给和安全检视,通常是在每日出车前、行车中和收车后进行的车辆维护作业。

一级维护是对经过较长里程运行后的汽车,由维修人员对汽车安全部件进行的检视维护作业,其作业中心内容除日常维护作业外,以润滑、紧固为主,并检查有关制动、操纵等系统中的安全部件。

二级维护是由维修企业负责执行的车辆维护作业,其作业中心内容除一级维护作业外,以检查、调整制动系统、转向操纵系统、悬架等安全部件,并进行轮胎换位、检查调整发动机工作状况和汽车排放相关系统等。

根据汽车有关强制维护管理方面的规定,在汽车维护作业中除主要总成发生故障必须解体外,不得对其他总成进行解体。为减少重复作业,季节性维护和维护间隔较长的项目(超出一、二级维护项目以外的维护内容),可结合一、二级维护同时进行。在汽车二级维护前应进行检测诊断和技术评定,根据结果确定附加作业或小修项目,结合二级维护一并执行。

2)汽车维护的周期

根据国家标准《汽车维护、检测、诊断技术规范》(GB/T 18344—2016)有关规定,日常维护周期为出车前、行车中和收车后。一级维护、二级维护周期的确定应以行驶里程间隔为基本依据,行驶里程间隔执行车辆维修资料等有关技术文件的规定。对于不便用行驶里程间隔统计、考核的汽车,可用行驶时间间隔确定一级维护、二级维护周期。

由于引进车型的维护规定与国家汽车强制维护规定的内容有所不同,为保证汽车的合理使用,在汽车实际维护工作中应以厂家规定内容为准。

3)汽车维护作业方式

汽车维护主要工作有清洁、检查、补给、润滑、紧固和调整等作业方式。

(1)清洁。清洁工作是提高汽车维护质量、防止机件腐蚀、减轻零部件磨损和降低燃油消耗的基础,并为检查、补给、润滑、紧固和调整工作做好准备。其工作内容主要包括对燃油、机油、空气滤清器滤芯的清洁、汽车外表的养护和对有关总成、零部件内外部的清洁作业。

(2)检查。检查是汽车维护的重要工作之一,通过对汽车的检查,能确定零部件的变异和损坏,其工作内容主要是检查汽车各总成和机件是否齐全,连接是否紧固,是否有漏水、漏油、漏电和漏气等现象、利用汽车上的指示仪表、警报装置等随车诊断装置,检查各总成、机构和仪表等技术状况、对影响汽车安全行驶的转向、制动、灯光等工作情况应加强检查,汽车拆检或装配、调整时应检查各主要部分的配合间隙。

(3)补给。补给工作是指在汽车维护中,对汽车的燃油、润滑油料及特殊工作液体进行加注补充,对蓄电池进行补充充电,对轮胎进行补气等作业。

(4)润滑。润滑主要是为了减少有关摩擦副的摩擦力,减轻机件的磨损。其工作内容包括按照汽车的润滑图表和规定的周期,用规定牌号的润滑油或润滑脂进行润滑;各油嘴、油杯和通气塞必须配齐,并保持畅通;发动机、变速器、转向器、驱动桥等应按规定补充、更换润滑油。

(5)紧固。汽车在运行中,由于振动、颠簸、热胀冷缩等原因,会改变零部件的紧固程度,以致零部件失去连接的可靠性,紧固工作是为了使各机件连接可靠,防止机件松动的维护作业。紧固工作的重点应放在负荷重且经常变化的各机件的连接部位上,以及对各连接螺栓进行必要的紧固和配换。

(6)调整。调整工作是保证各总成和机件长期正常工作的重要一环,调整工作的好坏,对减少机件磨损、保持汽车使用的经济性和可靠性有直接的关系。其工作内容主要是按技术要求,恢复总成、机件的正常配合间隙及工作性能等作业。

2.发动机维护作业内容和技术要求

根据国家标准《汽车维护、检测、诊断技术规范》(GB/T 18344—2016)有关规定,日常维护、一级维护、二级维护发动机作业内容技术要求见表8-4。

发动机维护作业项目和技术要求 表8-4

等级	作业项目	作业内容	技术要求
日常维护	发动机	检查发动机润滑油、冷却液液面高度、视情补给	(油)液面高度符合要求
一级维护	空气滤清器、机油滤清器和燃油滤清器	清洁或更换	按规定的里程或时间清洁或更换滤清器。滤清器应清洁、衬垫无残缺、滤芯无破损。滤清器安装牢固、密封良好
	润滑油及冷却液	检查油(液)面高度,视情更换	按规定的里程或时间更换润滑油、冷却液,油(液)面高度符合规定
二级维护	发动机工作状况	检查发动机起动性能和柴油发动机停机装置	起动性能良好,停机装置功能有效
		检查发动机运转情况	低、中、高速运转稳定,无异响
	发动机排放机外净化	检查发动机排放机外净化装置	外观无损坏,安装牢固
	燃油蒸发控制装置	检查外观,检查装置是否畅通,视情更换	炭罐及管路外观无损坏,密封良好,连接可靠,装置畅通无堵塞
	曲轴箱通风装置	检查外观,检查装置是否畅通,视情更换	管路及阀体外观无损坏,密封良好,连接可靠,装置畅通无堵塞
	增压器、中冷器	检查、清洁中冷器和增压器	中冷器散热片清洁,管路无老化,连接可靠,密封良好。增压器运转正常,无异响,无渗漏
	发电机、起动机	检查、清洁发电机和起动机	发电机和起动机外表清洁,导线接头无松动、运转无异响,工作正常
	发动机传动带(链)	检查空气压缩机、水泵、发电机、空调机组和正时传动带(链)磨损及老化程度,视情调整传动带(链)松紧度	按规定里程或时间更换传动带(链)。传动带(链)无裂痕和过量磨损,表面无油污,松紧度符合规定
	冷却装置	检查散热器、水箱及管路密封	散热器、水箱及管路固定可靠,无变形、堵塞、破损及渗漏,箱盖接合表面良好,胶垫不老化
		检查水泵和节温器工作状况	水泵不漏水、无异响,节温器工作正常
	火花塞、高压线	检查火花塞间隙、积炭和烧蚀情况,按规定里程或时间更换火花塞	无积炭,无严重烧蚀现象,电极间隙符合规定
		检查高压线外观及连接情况,按规定里程或时间更换高压线	高压线外观无破损、连接可靠
	进、排气歧管、消声器、排气管	检查进、排气歧管,消声器排气管	外观无破损,无裂痕,消声器功能良好
	发动机总成	清洁发动机外部,检查隔热层	无油污、无灰尘,隔热层密封良好
		检查、校紧连接螺栓,螺母	油底壳、发动机支撑、水泵、空气压缩机、涡轮增压器、进排气歧管、消声器、排气管、输油泵和喷油系统等部位连接可靠

3.汽车维护工艺

汽车维护工艺是指汽车维护的各种作业按一定方式组合、协调、有序地进行的过程。汽车维护工艺具有灵活性。可以按作业的内容单一划分，可以将几个内容结合进行，也可以按汽车组成部分划分。

根据实践,汽车维护工艺顺序大致为：

（1）进行外表清洁作业。

（2）进行检查紧固作业,与此同时或在其后进行试验调整作业、电气作业、轮胎作业和添加作业等。

（3）进行润滑作业和外表整修作业。

1）日常维护作业

日常维护是保持汽车正常状况的基础工作,由驾驶人负责完成。

日常维护是预防性的维护作业,也是车队的一项经常性的技术工作。因此,必须强制执行汽车的日常维护工作,坚持出车前、行驶中、出车后的三检制度;检查传动、行驶机件,操纵机构的可靠性;维护整车和各总成件的清洁;紧固松动的连接件等。

日常维护工作的工艺流程如图 8-56 所示。

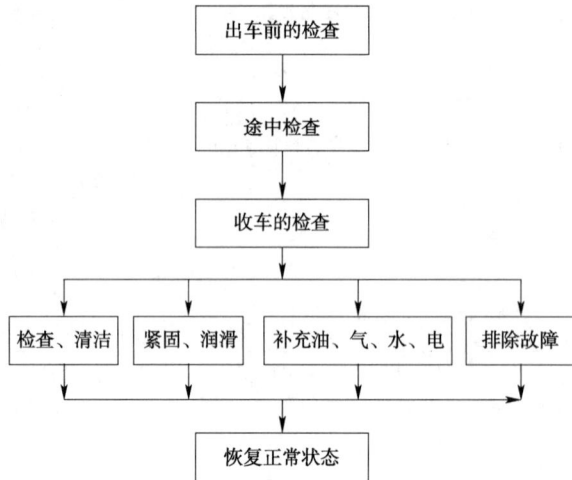

图 8-56　日常维护作业流程图

2）一级维护作业

汽车一级维护是二级维护的基础,由专业维修人员负责执行。

汽车一级维护作业的中心内容除日常维护作业外,以清洁、润滑、紧固为主,并检查有关制动、操纵等安全部件。具体作业项目与汽车结构形式有关。主要根据汽车使用说明书、维修手册推荐或有关的汽车维护技术标准的规定而确定。

一级维护作业的工艺流程如图 8-57 所示。

3）二级维护作业

汽车二级维护是为了维持汽车各总成、机构的零件具有良好的工作性能,及时消除故障和隐患,确保汽车在二级维护间隔期内能正常运行。二级维护由专业维修人员负责执行。

按照我国"车辆技术管理应坚持技术与经济相结合"的原则,汽车维护实行状态检测下的二级维护制度,即:"车辆二级维护前应进行检测诊断和技术评定,根据结果,确定附加作业或小修项目,结合二级维护一并进行。"以消除故障和隐患,保持汽车完好技术状态,确保真正达到汽车维护应有的目的。为此,汽车二级维护的工艺过程较一级维护工艺过程增加了维护前检测诊断和技术评定、确定附加作业项目的内容。

汽车二级维护作业的中心内容以检查、清洁、润滑、紧固和调整为主,并检查有关制动、操作等安全部件。即二级维护应以不解体维护作业为中心,强调对部分安全部件的拆检要求。

汽车二级维护附加作业项目是通过维护前不解体检测手段,依据检测结果及车辆实际技术状况,从而确定以消除汽车故障为目的的二级维护附加作业项目和作业内容,恢复汽车的正常技术状况。附加作业项目确定后与基本作业项目一并进行二级维护作业。

汽车二级维护的工艺流程如图 8-58 所示。

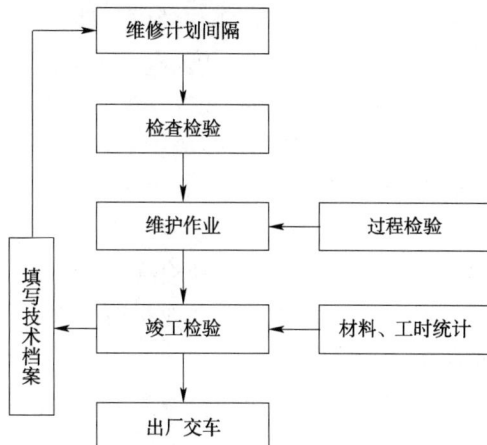

图 8-57 一级维护作业流程图

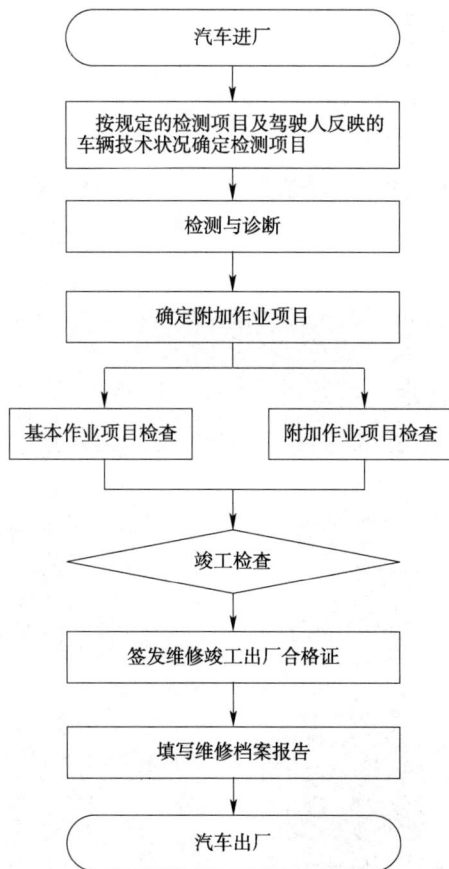

图 8-58 二级维护作业流程图

4）磨合期维护作业

汽车的使用寿命、工作的可靠性和经济性在很大程度上取决于汽车使用初期的磨合。

汽车的磨合期就是指新车或大修后的汽车在最先行驶的一段里程。汽车的磨合期一般规定为1500～2500km，或按汽车使用说明书规定的里程执行。

汽车在磨合期的技术维护作业，要按汽车使用说明书规定执行。

磨合前维护是为了防止汽车出现事故和损伤，保证顺利地完成零部件相互磨合，其主要内容有：检查和紧固外部各种螺栓、螺母；检查各部位润滑油、制动液、冷却液的数量和质量；检查发动机运转情况，察听有无异响，观察各仪表灯光、信号装置是否齐全有效等。

磨合期结束后，应对汽车进行全面的检查、紧固、润滑和调整作业，使汽车达到良好的技术状况，投入正常运行。

二、任务实施

下面以上汽大众朗逸轿车为例说明空气滤清器滤芯和燃油滤清器的更换方法。

（一）更换空气滤清器滤芯

1．准备工作

（1）将实训车辆停放在拆装区域，确保人员和设备的安全。

（2）检查实训室通风系统设备工作是否正常。

（3）准备新的空气滤清器滤芯、常用工具1套。

2．技术要求与注意事项

空气中的尘埃、水分、油污被空气滤清器滤芯过滤，当纸质滤芯吸附了过多的污物后就会发生堵塞，进气量就会下降，影响发动机的动力性，此时就应清洁或更换空气滤清器滤芯。

3．操作步骤

（1）拧下空气滤清器饰盖固定螺栓，拔出真空管，拆下空气滤清器饰盖，取出空气滤清器滤芯。如图8-59所示。

（2）用抹布清洁滤清器底板。

（3）更换安装新的空气滤清器，安装空气滤清器饰盖，紧固空气滤清器饰盖螺栓，如图8-60所示。

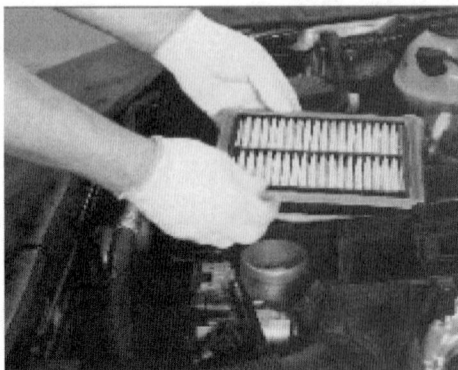

图8-59　取出旧的空气滤清器滤芯

图8-60　安装新的空气滤清器滤芯

（4）安装真空管。

（5）完成实训任务后,对工作过程进行自我评价,提交实训工作单,接受指导老师的技能考核。

（6）整理并清洁工作场所,清点和收拾借出的工具、设备和资料,交回实训室。

（二）更换燃油滤清器

1. 准备工作

（1）将实训车辆停放在拆装区域,确保人员和设备的安全。

（2）检查实训室通风系统设备工作是否正常。

（3）准备新的燃油滤清器、常用工具1套。

2. 技术要求与注意事项

（1）在断开燃油管路前先释放燃油系统压力。

（2）安装新的燃油滤清器,注意安装方向。

3. 操作步骤

（1）释放燃油系统压力。拧开加油口,断开电动油泵连接插头,起动发动机并使其运转至熄火。

（2）按压开锁按钮,从燃油滤清器管上拔出进、出油管和回油管路,如图8-61所示的油管1、2和3。

（3）旋出螺钉4,取下燃油滤清器,如图8-61所示。

（4）安装新燃油滤清器,注意燃油滤清器箭头应为汽油流动指向,如图8-62箭头所示。

（5）连接进、出油管和回油管,用卡箍紧固油管,注意滤清器壳上的销钉2必须嵌入滤清器支架上导向件的凹口1中,如图8-62所示。

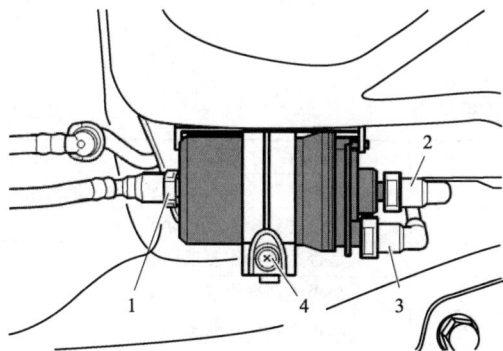

图8-61　拔出进、出油管和回油管路
1、2、3-油管;4-螺钉

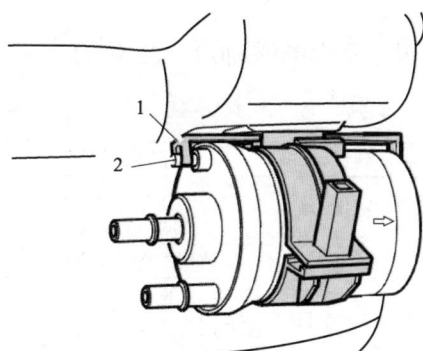

图8-62　燃油滤清器安装方向
1-凹口;2-销钉

（6）插上油泵连接插头,起动发动机,检查燃油滤清器以及油管连接处是否有泄漏。

（7）完成实训任务后,对工作过程进行自我评价,提交实训工作单,接受指导老师的技能考核。

（8）整理并清洁工作场所,清点和收拾借出的工具、设备和资料,交回实训室。

三、评价与反馈

1. 自我评价

(1) 通过本学习任务的学习，你是否已经知道以下问题：

① 我国汽车维护制度是什么？

② 汽车维护的作业内容和技术要求有哪些？

(2) 上汽大众朗逸轿车汽车空气滤清器滤芯和燃油滤清器的更换方法是什么？

(3) 实训过程完成情况如何？

(4) 通过本学习任务的学习，你认为自己的知识和技能还有哪些欠缺？

签名：_____ ___年___月___日

2. 小组评价（表8-5）

小 组 评 价 表   表8-5

序　号	评价项目	评价情况
1	着装是否符合要求	
2	是否能合理规范地使用仪器和设备	
3	是否按照安全和规范的流程操作	
4	是否遵守学习、实训场地的规章制度	
5	是否能保持学习、实训场地整洁	
6	团结协作情况	

参与评价的同学签名：_____ ___年___月___日

3. 教师评价

_____

_____

教师签名：_____ ___年___月___日

四、技能考核标准（表8-6）

技能考核标准表   表8-6

序号	项目	操作内容	规定分	评分标准	得分
1	更换空气滤清器滤芯	取出空气滤清器滤芯	8分	是否达到操作要求标准	
		清洁滤清器底板	8分	是否达到操作要求标准	
		安装新的空气滤清器	8分	是否达到操作要求标准	
		安装真空管	8分	是否达到操作要求标准	
		工具回收、清点、清洁场地	8分	是否达到操作要求标准	
2	更换燃油滤清器	释放燃油系统压力	10分	是否达到操作要求标准	
		拔出进、出油管和回油管路	10分	是否达到操作要求标准	
		取下燃油滤清器	10分	是否达到操作要求标准	
		安装新燃油滤清器	10分	是否达到操作要求标准	
		连接进、出油管和回油管	10分	是否达到操作要求标准	
		起动发动机	5分	是否达到操作要求标准	
		工具回收、清点、清洁场地	5分	是否达到操作要求标准	
	总分		100分		

思考与练习

(一)填空题

1.汽车维护是指汽车经使用一定的_____或时间间隔后,根据汽车维护技术标准,按规定的_____、作业范围、_____、技术要求所进行的预防性维护作业。

2.维护作业以_____、检查、_____、_____、_____和_____为主。

3.汽车的使用寿命、_____和_____在很大程度上取决于汽车使用初期的磨合。

4.汽车发动机润滑油(也称机油)的主要作用_____、_____、_____、_____和_____。

5.空气滤清器的作用是滤去进入汽缸空气中的尘土和砂砾,减少_____、_____、和_____的磨损,延长发动机的使用寿命。

(二)选择题

1.汽车维护应贯彻定期检测、强制维护、(　　)的原则。

　　A.计划修理　　　　B.定期修理　　　　C.视情修理　　　　D.强制修理

2.汽车一、二级维护周期的确定,应以汽车(　　)为基本依据。

　　A.行车时间间隔　　B.行驶里程　　　　C.诊断周期　　　　D.经销商维修规定

3.长效防冻冷却液选用时应注意,其冰点要低于使用环境温度(　　)左右。

　　A.2℃　　　　　　B.5℃　　　　　　　C.10℃　　　　　　D.5℃

4.汽车二级维护附加作业项目的确定是以(　　)为目的。

　　A.延长使用寿命　　B.减少维修费用　　C.提高动力性　　　D.消除汽车故障

5.使用冷却系统测试仪检测冷却系统密封性时,应加压至(　　),保持3min,观察压力。

　　A.50kPa　　　　　B.100kPa　　　　　C.150kPa　　　　　D.200kPa

(三)判断题

1.汽车维护分一级维护、二级维护、三级维护三种级别。　　　　　　　　　　(　　)

2.二级维护的作业中心内容除一级维护作业外、以润滑、调整为主。　　　　　(　　)

3.汽车维护制度的内容有作业类别、作业要求和作业内容。　　　　　　　　　(　　)

4.长效防冻冷却液只有具有降低冰点特点,无提高沸点效能。　　　　　　　　(　　)

5.汽车的磨合期是指新车或大修后的汽车在最先行驶的一段里程。　　　　　　(　　)

(四)简答题

1.汽车维护如何分级?各级维护的中心内容是什么?

2.汽车维护的主要工作有哪些?

3.一级维护作业内容有哪些?简述其工艺流程。

4.二级维护作业内容有哪些?简述其工艺流程。

5.简述更换燃油滤清器的作业方法。

单元九　发动机综合故障诊断与排除

学习任务1　发动机检修常用工具与设备仪器

学习目标

☞ **知识目标**

1. 能正确使用发动机机械系统检修常用工具与设备仪器;
2. 能正确使用发动机电控系统检修常用工具与设备仪器;
3. 能正确操作大众、丰田和通用诊断系统。

☞ **技能目标**

能规范正确对发动机汽缸磨损进行检验。

☞ **素质目标**

1. 通过教学活动,培养学生严谨的工作态度和精益求精的工匠精神,展示中国工匠可信的形象;
2. 通过教学活动,培养学生对新知识、新技能的学习能力和创新能力,不断提出真正解决问题的新理念新思路新办法。

建议课时

2～4课时。

一、理论知识准备

1. 发动机机械系统检修常用工具与设备仪器

1)常用工具

(1)开口扳手。开口扳手是最常见的一种扳手,如图9-1所示。其开口的中心平面和本体中心平面呈15°角,这样既能适应人手的操作方向,又可降低对操作空间的要求。其规格是以两端开口的宽$S(\text{mm})$来表示的。

(2)梅花扳手。梅花扳手同开口扳手的用途相似。其两端是花环式的。其孔壁一般是12

边形,可将螺栓和螺母头部套住,扭转力矩大,工作可靠,不易滑脱,携带方便,如图 9-2 所示。

(3)棘轮扳手和套筒。棘轮扳手和套筒的材料、环孔形状与梅花板手相同,适用于拆装位置狭窄或需要一定力矩的螺栓或螺母,如图 9-3 所示。棘轮扳手和套筒主要由套筒头、滑头手柄、棘轮手柄、快速摇柄、接头和接杆等组成。

(4)活动扳手。其开口尺寸能在一定的范围内任意调整,使用场合与开口扳手相同,但活动扳手操作起来不太灵活,如图 9-4 所示。

图 9-1　开口扳手

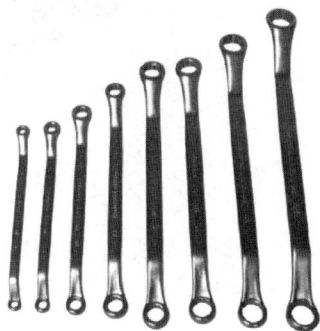

图 9-2　梅花扳手

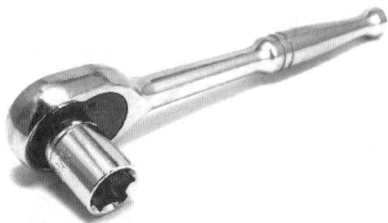

图 9-3　套筒扳手

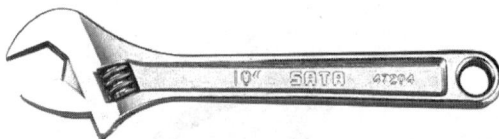

图 9-4　活动扳手

(5)扭力扳手。它是一种可读出所施力矩大小的专用工具,如图 9-5 所示,其规格是以最大可测力矩来划分的。扭力扳手除用来控制螺纹件旋紧力矩外,还可以用来测量旋转件的起动力矩。

(6)内六角扳手。内六角扳手是用来拆装内六角螺栓或螺塞用的,如图 9-6 所示。规格以六角形对边尺寸表示,一般有尺寸为 3 ~ 27mm 的 13 种。

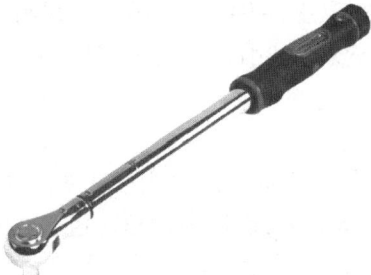

图 9-5　扭力扳手

图 9-6　内六角扳手

(7)一字螺钉旋具。一字螺钉旋具又称一字起子或平口改锥,用于旋紧或松开头部开一字槽的螺钉,如图 9-7 所示。常用的规格有 100mm、150mm、200mm 和 300mm 等几种。

(8)十字螺钉旋具。十字螺钉旋具又称十字起子、十字改锥,用于旋紧或松开头部带十字沟槽的螺钉,材料和规格与一字螺钉旋具相同,如图9-8所示。

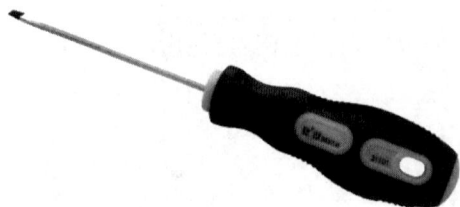 

图9-7　一字螺钉旋具　　　　　　　图9-8　十字螺钉旋具

(9)鲤鱼钳。如图9-9所示,鲤鱼钳钳头的前部是平口细齿,适用于夹捏一般小零件;中部凹口粗长,用于夹持圆柱形零件,也可以代替扳手旋小螺栓或小螺母;钳口后部的刃口可剪切金属丝。

(10)尖嘴钳。如图9-10所示,因其头部细长,所以能在较小的空间内工作,带刃口的能剪切细小零件,使用时不能用力太大,否则钳口头部会变形或断裂。

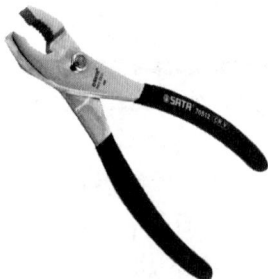 

图9-9　鲤鱼钳　　　　　　　　　图9-10　尖嘴钳

(11)锤子。汽车维修中常用锤子有手锤和橡胶锤。手锤通常用工具钢制成,规格按锤头质量划分。使用时应使锤头安装牢靠,手握锤柄末端,用锤头正面击打物体。橡胶锤主要用于击打零件加工表面,以保护零件不被损坏。

2)专用工具

(1)火花塞套筒。如图9-11所示,火花塞套筒用于拆装发动机火花塞。套筒内六角对边尺寸为22~26mm,用于拆装14mm和18mm的火花塞;套筒内六角对边为17mm的,用于拆装10mm的火花塞。

(2)活塞环钳。如图9-12所示,活塞环钳用于装卸发动机活塞环,避免活塞环受力不均匀而拆断,使用时,将活塞环钳卡住活塞环开口,轻握手柄,慢慢收缩,活塞环就慢慢张开,将活塞环装入或拆卸。

(3)气门弹簧压缩器。如图9-13所示,气门弹簧压缩器用于装卸气门弹簧。使用时,将钳口收缩到最小位置,插入气门弹簧座下,然后旋转手柄。左手掌向前压牢,使器口贴紧弹簧座,装卸好气门锁(销)片后,反方向旋转气门弹簧装卸手柄,取出气门弹簧压缩器。

(4)机油枪。如图9-14所示,机油枪用来润滑发动机相关部件。它是全封闭无缝结构,利用泵塞在泵体中往复压缩,推动油阀来完成可靠的吸油和射油过程。

图9-11 火花塞套筒

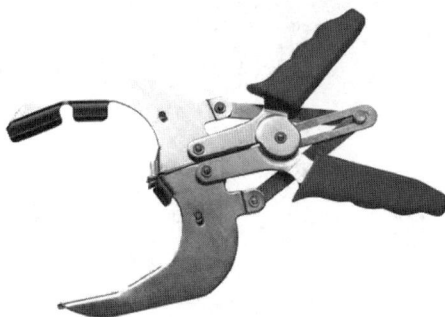

图9-12 活塞环钳

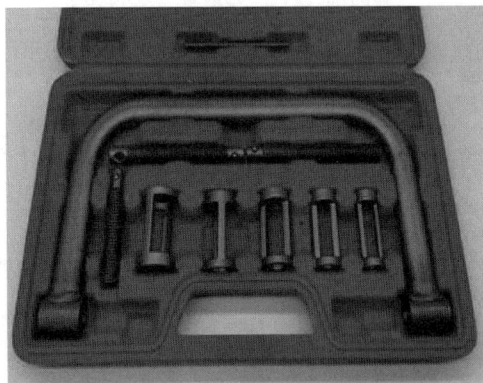

图9-13 气门弹簧压缩器

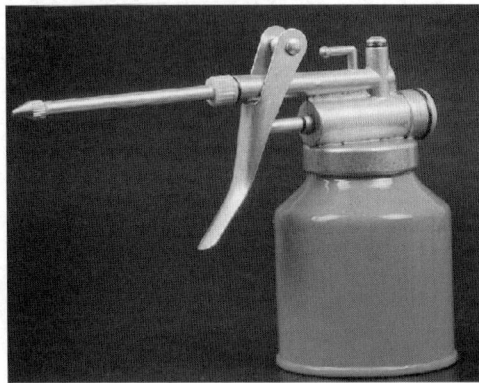

图9-14 机油枪

3)专用测量工具

(1)厚薄规。厚薄规又称塞尺,如图9-15所示,主要用来测量两平面之间的间隙。厚薄规由多片不同厚度的钢片组成,每片钢片的表面刻有表示其厚度的尺寸值,厚薄规的规格以长度和每组片数来表示,常见的长度有100mm、150mm、200mm和300mm四种,每组片数有2～17等多种。

在汽车维修中,厚薄规常用来测量零件之间的配合间隙,如气门间隙、曲轴轴向间隙、汽缸体和汽缸盖变形等。

(2)火花塞间隙规。如图9-16所示,火花塞间隙规用于发动机点火系统火花塞间隙检查与调整。火花塞间隙是指火花塞中心电极与搭铁电极间的距离,一般火花塞的间隙为0.6～1.3mm。

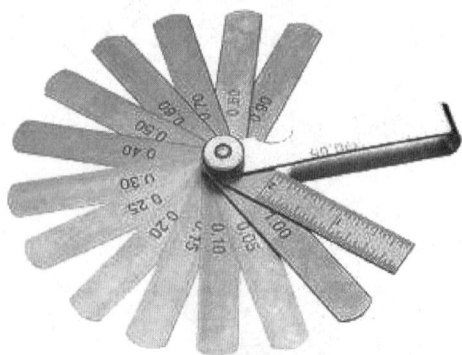

图9-15 厚薄规

图9-16 火花塞间隙规

（3）百分表。如图9-17所示，百分表主要用于测量零件的形状误差（如曲轴弯曲变形量、轴颈或孔的圆度误差等）或配合间隙（如曲轴轴向间隙），常见百分表有0～3mm、0～5mm和0～10mm三种规格。百分表的刻度盘一般为100格，大指针转动一格表示0.01mm，转动一圈为1mm，小指针可指示大指针转过的圈数。

在使用时，百分表一般要固定在表架上，如图9-18所示。用百分表进行测量时，必须首先调整表架，使测杆与零件表面保持垂直接触且有适当的预缩量，并转动表盘使指针对正表盘上的刻度线，然后按一定方向缓慢移动或转动工件，测杆则会随零件表面的移动自动伸缩，测杆伸长时，表针顺时针转动，读数为正值；测杆缩短时，表针逆时针转动，读数为负值。

图9-17 百分表

图9-18 磁性力表座

（4）游标卡尺。游标卡尺主要用来测量零件的内外直径和孔（槽）的深度等，其精度分为0.10mm、0.05m和0.02mm三种。测量时，应根据测量精度的要求选择合适精度的游标卡尺，并擦净测量爪和被测零件的表面。测量时将测量爪张开，再慢慢地推动游标，使两测量爪与工件接触，禁止硬卡硬拉。

游标卡尺由尺身、游标尺和测量爪等组成，常用精度为0.01mm的游标卡尺，如图9-19所示，其尺身上每一刻度如为1mm，则游标尺上每一刻度表示0.10m。读数时，先看游标尺上"0"刻度线对应的尺身刻度线读数，再找出游标尺上与尺身某一刻度线对得最齐的一条刻度线读数,测量的读数为尺身读数加上0.1倍的游标读数。

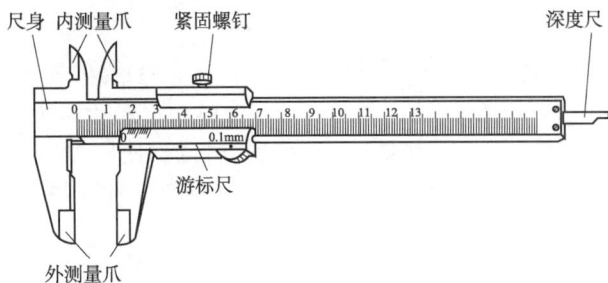

图 9-19　游标卡尺的结构

(5)外径千分尺。外径千分尺是比游标卡尺更精密的量具,其精度为 0.01mm。外径千分尺的规格按量程划分,常用的有 0～25mm、25～50mm、50～75mm、75～100m 或 100～125mm 等规格,使用时应按零件尺寸选择相应规格。外径千分尺的结构如图 9-20 所示。使用外径千分尺前,应检查其精度,检查方法是旋动棘轮,当两个砧座靠拢时,棘轮发出两、三声"咔咔"的响声,此时,活动套管的前端应与固定套管的"0"刻度线对齐,同时活动套管的"0"刻度线还应与固定套管的基线对齐,否则需要进行调整。

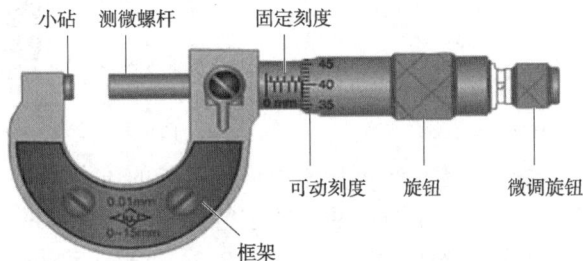

图 9-20　外径千分尺的结构

(6)量缸表。量缸表又称内径百分表,主要用来测量孔的内径,如汽缸直径与轴承孔直径等,量缸表主要由百分表、表杆和一套不同长度的接杆等组成,如图 9-21 所示。

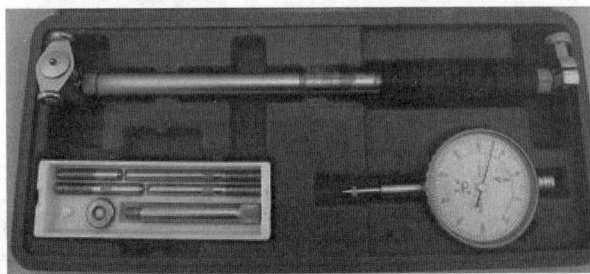

图 9-21　量缸表

4)专业检测仪器

(1)冰点仪。冰点仪用于测量电池溶液、发动机冷却液及玻璃清洗液的冰点。

检测冰点时,步骤如下:

①掀开检测仪盖板用柔软绒布将盖板及棱镜表面擦拭干净。

②将待测液体用吸管滴于棱镜表面,合上盖板,轻轻按压,将冰点仪对向明亮处,旋转目镜使视场内刻线清晰,读出明暗分界线在分划板上相应标尺上的数值即可,如图 9-22 所示。

③测试完毕,用柔软绒布将盖板及棱镜表面擦拭干净,清洗吸管,将仪器收藏于包装盒内。

④在测量电池溶液时,注意不要洒在皮肤和眼睛上,以防烧伤,测试后仔细擦净仪器。

(2)冷却系统检测仪。如图 9-23 所示,冷却系统检测仪用于检测发动机冷却系统有无泄漏。检测时,将检测仪拧在冷却液液罐上,然后进行打压,使压力达到 100kPa,保持 3min,保持 3min 如果压力基本无变化,说明冷却系统密封性良好。在检查密封盖时,当压力达到 140~160kPa 时,安全阀应打开。

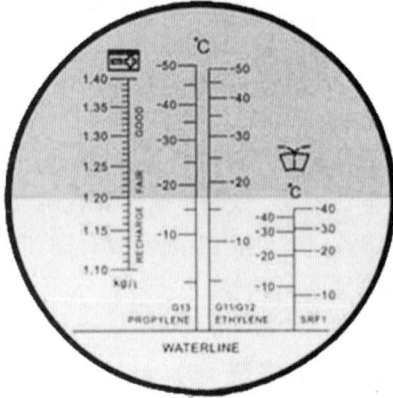

图 9-22　冰点仪的读数

图 9-23　冷却系统检测仪

(3)燃油压力表。燃油压力表用来测量燃油供给系统的压力,判断电动汽油泵、油压调节器等燃油系统元件的工作情况,是对燃油系统进行检查和故障诊断的专用工具。燃油压力表组件包括表头、各车型测试接头、连接管,如图 9-24 所示。表头一般用指针式,单位有 kPa、bar 等。

(4)机油压力表。机油压力表用来检测发动机运转时润滑系统主油道润滑油压力。主要由表头、导管和螺纹组成,如图 9-25 所示。

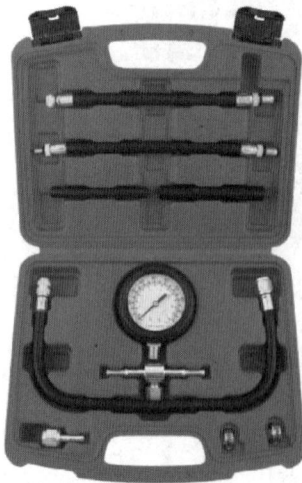

图 9-24　燃油压力表

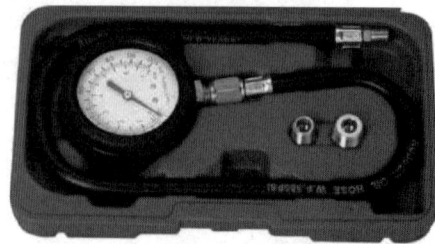

图 9-25　机油压力表

检测机油压力时,步骤如下:

①拆下机油压力传感器或另一个发动机汽缸体机油道塞。

②安装机油压力表,起动发动机并预热到正常工作温度(80℃),测量发动机机油压力。

③将读数与标准值进行比较。以新君越LDK发动机为例,急速时机油压力最小值为206kPa,1000r/min时机油压力最大为482kPa。

④安装机油压力传感器或机油道塞。

⑤起动发动机并检查机油压力开关是否漏油。

(5)汽缸压力表。汽缸压力表用来检测汽缸压缩压力,来判定发动机汽缸的密闭性。一般由压力表头、导管、止回阀和接头等组成,如图9-26所示。

检测汽缸压力时,步骤如下:

①拆下发动机空气滤清器,用压缩空气吹净火花塞或喷油器周围的脏物,拆下全部火花塞或喷油器,并按汽缸顺序放置。

②把汽缸压力表的橡胶接头插在被测缸的火花塞或喷油器孔内,扶正压紧。

③将节气门置于全开位置,用起动机转动曲轴3~5s不少于四个压缩行程,待汽缸压力表指针指示并保持最大压力后停止转动。

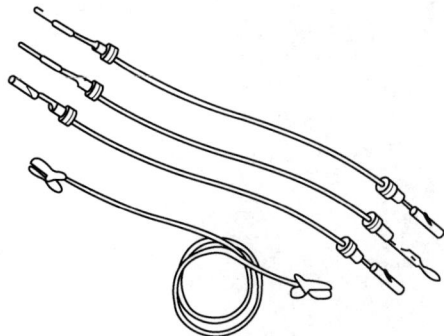

图9-26 汽缸压力表

④取下汽缸压力表,记录读数,按下止回阀使汽缸压力表指针回零。

⑤按上述方法依次测量各缸,每缸测量不少于2次,每缸测量结果取算术平均值。

2.发动机电控系统检修常用工具与设备仪器

1)跨接线

跨接线是一段专用导线,不同形式的跨接线主要是其长短和两端接头不同。跨接线两端的接头一般是不同形式的插头或鳄鱼夹,以适应不同位置的跨接,如图9-27所示。其主要用于电路故障诊断。

2)测试灯

测试灯主要用来检查电控元件电路的通断。根据指示灯亮度判断被测电路的电压高低。测试灯可分为无电源测试灯和自带电源测试灯,如图9-34所示。

图9-27 跨接线

(1)无电源测试灯。无电源测试灯如图9-28a)所示。如果怀疑某电控元件电路有断路故障,可先将测试灯的搭铁夹搭铁,再用探针触其"电源"端子。若灯不亮,则说明被测电路有断路故障,可继续沿电流的流向依次选择测点检查,直到灯亮为止。此时即可确定电路的断开点在最后两测点之间。

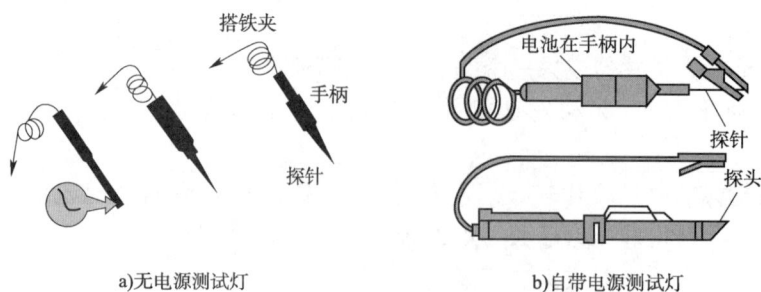

a)无电源测试灯　　　　　　　　　　b)自带电源测试灯

图9-28　测试灯

测试灯同时还可检测电路的短路故障,可将测试灯直接跨接在熔断丝处,然后依次断开电路中的线束连接器,直到灯熄灭,短路故障即发生在最后两个断开的线束连接器之间。

(2)自带电源测试灯。自带电源测试灯如图9-28b)所示,主要用于电路断路故障检测。检查时将其跨接在被测线路的两端,如果灯不亮,则说明被测线路有断路故障。

3)数字式万用表

数字式万用表主要用来测量电阻、电压、电流等参数,以此判断电路的通断和电控元件的工作状况,可分为指针式万用表和数字式万用表。检测发动机电控系统必须使用高阻抗数字式万用表。

(1)常用数字式万用表。常用数字式万用表具有测量精度高、测量范围广、输入阻抗高、抗干扰能力强、容易读数等优点,数字式万用表一般只能用来测量电阻、电压、电流,如图9-29所示。

(2)汽车万用表。汽车万用表除具有数字万用表的功能外,还具有一些汽车专用测试功能。如图9-30所示的汽车万用表除可用来测量电控元件和电路的电阻、电压、电流外,一般还能测量转速、频率、温度、电容、闭合角、占空比等项目,并具有自动断电、自动变换量程、数据锁定、波形显示等功能。

图9-29　数字式万用表

图9-30　汽车万用表

4)手动真空泵

手动真空泵又称手持式真空测量仪,如图9-31所示。发动机电控系统中采用真空驱动的元件很多,是用来抽真空的工具。一般带有显示真空度的真空表、各种连接软管和接头等附件,以适应对不同车型和不同真空驱动元件的检测。

使用手动真空泵进行检查时注意事项如下:

(1)检查前将各真空软管连接好,防止因真空泄漏而导致测量结果失准。

(2)检查时必须按规定对被检元件施加真空度,施加真空度过大会损坏被测元件。

(3)检查完毕后,在拆开连接的真空软管前应先释放真空度,否则会将灰尘、湿气等吸入被检元件内,造成不良后果。

5)喷油器清洗机

汽油机电控燃油喷射系统的喷油器是一种精密元件。在使用过程中,喷油器会因自身运动而磨损,汽油中的杂质也会堵塞或锈蚀喷油器的针阀。汽油机电控燃油喷射系统相当一部分故障是因为喷油器堵塞、卡滞、泄漏等引起的。经常用专用喷油器清洗机来清洗和测定喷油器。

喷油器清洗机可分为便携式和固定式两种类型。

(1)便携式免拆洗喷油器清洗机无须拆卸,使用方便,但没有测试功能。

(2)固定式超声波喷油器清洗机如图9-32所示。一般除用来清洗喷油器外,还具有喷油器滴漏检查和喷油量检查的功能。使用时按使用说明书进行操作。

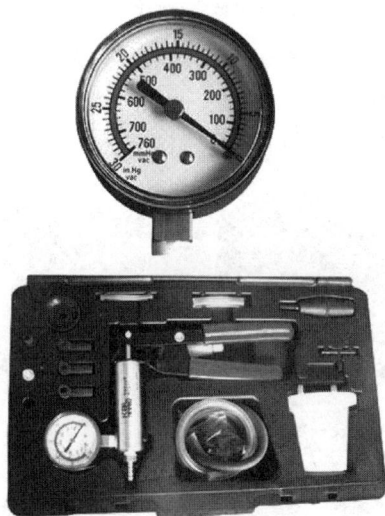

图9-31　手动真空泵

图9-32　喷油器清洗机

6)示波器

汽车发动机控制系统工作中,由各种传感器或装置向ECU输入各种控制电信号,由ECU综合分析后再向各执行元件输出各种控制信号。这些信号可分为模拟信号和数字信号两类。示波器主要用来显示控制系统中输入、输出信号的电压波形,以供维修人员根据波形分析判断电控系统故障。它比一般电子设备的显示速度快,是唯一能显示瞬时波形的检测仪器,是电控系统故障诊断中的重要设备。手持式示波器如图9-33所示。

7）故障诊断仪

常用的故障诊断仪可分为通用型和专用型两大类。

通用型是适应诊断检测多种车型而设计制造的,一般都配有不同车系的测试卡和适合各种车型的检测连接电缆连接器。测试卡存储有几十种甚至上百种不同公司、不同车型汽车电控系统的检测程序、检测数据和故障码等资料,适合综合性维修企业使用。图9-34所示为KT600故障诊断仪。

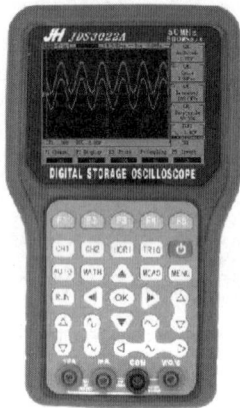

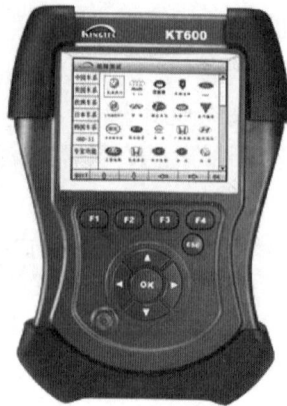

图9-33　示波器　　　　　　　图9-34　KT600故障诊断仪

专用型是汽车制造公司为自己生产的汽车而专门设计制造的。一般只适用在特约维修站配备,以便提供良好的售后服务,充分发挥故障诊断仪的功能。常见的有大众的VAS6150系列(图9-35),丰田专用诊断仪IT-Ⅱ(图9-36)和通用的TECH-2(图9-37)。

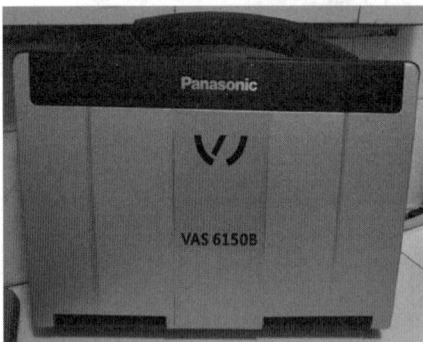

图9-35　大众VAS6150B　　　　图9-36　丰田IT-Ⅱ　　　　图9-37　通用TECH-2

3.大众ODIS诊断系统

1）诊断系统的组成

该诊断系统主要由诊断仪VAS 6150系列、无线诊断接头VAS 5054A、测量盒VAS 6356、电源适配器、诊断导线、测量导线和移动工作车SVW 6556等组成,如图9-38所示。

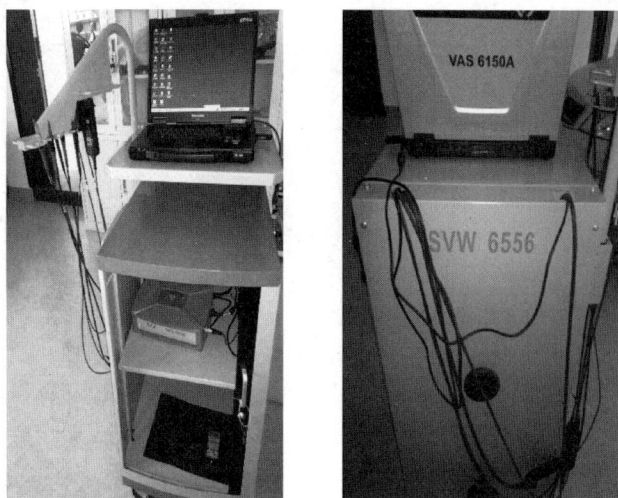

图9-38 大众ODIS诊断系统组成

（1）诊断仪VAS 6150系列。安装Windows操作系统的诊断笔记本计算机,预先安装了车辆诊断操作程序ODIS,用户可通过按键操作来实现人机对话。检测结果显示在计算机显示器上。

（2）无线诊断接头VAS 5054A。与测试仪VAS 6150系列进行匹配后,插在车辆诊断接口上,通过蓝牙或USB线缆实现车载控制单元与测试仪VAS 6150之间的数据通信。

（3）测量盒VAS 6356。与测试仪VAS 6150通过USB电缆连接,用于检测执行元件、传感器以及工作电路中各测试点的时间数据。检测结果显示在计算机显示器上。

（4）电源适配器。共有两根电源适配器连接线,外接220V交流电,转变为直流电分别连接到测试仪VAS 6150和测量盒VAS 6356的DC输入端。

（5）测量导线。测试导线是连接测试接头和测量盒VAS 6356的连接线,常用的测试导线见表9-1。

VAS 6356 测量导线   表9-1

图　　片	名　　称	功　　能
	URDI 测量导线	用于测量电压和电阻、二极管检测、连续性检测以及在线电流测量。所允许测量的最大电流电压为50V,最大交流电压为40V
	DSO 测量导线(蓝色接头)	有 DSO1 和 DSO2 两个测量导线,用于双通道数字式存储示波器

续上表

图　　片	名　　称	功　　能
	100A 电流钳(黄色接头)	适用于电流小于 100A 的导线测量
	高压钳(红色接头)	适用于高压导线的测量
	触发钳(黑色接头)	接收呈示波图形显示的信号起始点脉冲

2) 车辆自诊断

(1) 读取故障码。诊断仪可以从车辆系统中读取其故障码存储器的记录内容,并用文字显示出来。如果存储故障的同时还储存了环境要求,则会一并显示,主要包括故障出现的日期、时间、里程数、优先级、出现频率等信息。

(2) 清除故障码。车辆的故障被排除后,必须清除掉存储在电子控制单元中的故障码。使用诊断仪可以方便、快捷地清除存储在电子控制单元中的故障码。

(3) 读取测量值。诊断系统可将被测量模块的各项动态参数记录下来,以供检修人员查阅,如:发动机转速、车速、冷却液温度、节气门位置、进气压力(或进气量)、氧传感器信号、点火提前角、喷油脉冲和占空比等。

(4) 执行元件诊断。可以激活执行元件的工作状态,如通作动器诊断可以检查燃油泵继电器、喷油器、废气再循环阀、怠速控制阀、空调离合器、A/T 电磁阀等执行元件是否工作,某些情况下此过程将以视觉(如控制灯)或声音(如继电器)效果表明。

(5) 子系统编码。如果控制单元编码没有显示或在更换了控制单元之后,必须对控制单元进行编码。如果发动机电脑编码错误将导致油耗增大,变速器寿命缩短,甚至发动机无法起动。

（6）调校。用于读取、测试和存储车辆系统的设置值，如精确设置油表的余量显示。

（7）升级程序。可用测试仪更新车辆系统的程序状态。

3）测试工具

测试工具主要提供了万用表和示波器功能。测量结果以数字或图形方式显示在屏幕上。

（1）万用表。与汽车专用万用表功能相似，它可以在此设置测量功能，进行测量并读取测量结果。可通过 URD 测量线进行测量电压、串联电流、电阻和二极管测试；可通过电流钳测量电流、DSO 测量线测量电压、压力/温度传感器进行测量压力和温度。

（2）示波器。与汽车专用示波器相似，可以准确地将信号波形显示出来，通过波形的变化分析判断故障。在此屏幕上可以同时显示两个测量曲线。一般通道 A 为黄色，通道 B 为绿色。

4）引导型故障查寻

操作模式"引导型故障查寻"可以引导维修人员根据故障码和故障症状制订科学的故障检测计划，并找出症结所在，最后将其排除。

（1）车辆识别、网关安装列表、基础特征。引导型故障查寻功能从车辆识别开始。它可借助网关安装列表自动完成，也可通过手动输入基础特征完成，或者是二者混合进行。对于自动或混合方式进行车辆识别必须连接诊断导线，并接通点火装置。

（2）车辆识别、车辆系统测试、读取故障码存储器。计算出结果或输入基础特征之后就开始进行车辆系统测试。带有相同专有车辆基础特征的所有电子车辆系统都会显示在同一视屏中。通过车辆通信将检测在连接的车辆中安装了何种车辆系统和车身型号。另外还将读取其故障码存储器内容，并在运行启动模块之后显示出来。

（3）运行启动模块。视诊断数据的不同表现，在车辆系统测试之后可运行一个启动模块。其中可启动一个或多个功能检测，例如，它可以检查车辆系统的动态数据状态，如果可能的话将其更新。

（4）故障码存储器内容。此处将那些从车辆系统中读出的故障码存储器内容及其所属文字说明均显示在一个视屏中，在标准情况下，按控制器号码和故障码排序。如果存在相应的环境要求，也可按环境要求排序。从此视屏中可以通过按钮"转到"切换至功能和组件选择，在该处自己选择一个组件将其列入检测计划或显示所属文件。

（5）检测计划。在检测计划中将从现有及输入的故障症状中自动总结出一个计划来。可疑度最高的组件列在最上面，为进行处理做出预选。每次功能检测的结果都会给检测计划做出一个新的评估，用这个新建议决定下一步的处理过程，这样可更改预定的功能检测过程或加入其他内容。

（6）功能检测。功能检测是按顺序进行的检测步骤，其目的是确认故障部位，直到单个具体的组件、导线和插头或控制器。检测程序将列出关于所检测的车辆功能、部件或组件检测的结果，例如："正常""不正常""未知"等。

（7）退出引导型故障查寻。通过跳转功能可退出引导型故障查寻。可以"中断""取消"或"退出"此诊断过程。

（8）执行结束模块。视诊断数据的不同表现，可以在退出引导型故障查寻之前启动一个结束模块。在结束模块中可以启动一个至多个功能检测，这些检测可用于对车辆生产厂家反馈信息。

二、评价与反馈

1. 自我评价

(1)通过本学习任务的学习你是否已经知道以下问题：

①发动机机械系统检修常用工具和设备仪器的使用方法是什么？

②发动机电控系统检修常用工具与设备仪器的使用方法是什么？

(2)汽缸磨损检验过程中用到了哪些设备？

(3)汽缸磨损检验的步骤有哪些？

(4)实训过程完成情况如何？

(5)通过本学习任务的学习,你认为自己的知识和技能还有哪些欠缺？

签名：_____ ___年___月___日

2. 小组评价(表9-2)

小 组 评 价 表　　　　　　表9-2

序　　号	评 价 项 目	评 价 情 况
1	着装是否符合要求	
2	是否能合理规范地使用仪器和设备	
3	是否按照安全和规范的流程操作	
4	是否遵守学习、实训场地的规章制度	
5	是否能保持学习、实训场地整洁	
6	团结协作情况	

参与评价的同学签名：_____ ___年___月___日

3. 教师评价

_____

_____

教师签名：_____ ___年___月___日

三、技能考核标准(表9-3)

技能考核标准表　　　　　　表9-3

序号	项目	操 作 内 容	规定分	评 分 标 准	得分
1	汽缸磨损检验	准备测量工具	10分	准备是否齐全	
		测量工具的校零	10分	是否达到操作要求标准	
		测量汽缸直径	15分	是否达到操作要求标准	
		计算汽缸圆度和圆柱度	15分	是否达到操作要求标准	
		计算汽缸修理尺寸	15分	是否达到操作要求标准	
		确定汽缸修理级别	15分	是否达到操作要求标准	
		制定汽缸磨损检验记录表	10分	是否达到操作要求标准	
		工具回收、清点,清洁场地	10分	是否达到操作要求标准	
		总分	100分		

学习任务 2　发动机机械系统常见故障诊断

学习目标

☞ 知识目标
1. 能正确叙述发动机机械系统常见故障现象;
2. 能正确进行发动机机械系统常见故障诊断。

☞ 技能目标
能规范正确对发动机静态汽缸压力进行检测。

☞ 素质目标
1. 通过对发动机机械系统故障的检修,培养学生认真负责的工作态度及一丝不苟的工作作风,逐渐形成符合汽车维修行业职业岗位所要求的职业道德与职业素养;
2. 通过教学活动,培养学生的诚实守信、团队协作精神、精益求精工作作风,弘扬中华传统美德。

建议课时

3~4课时。

一、理论知识准备

发动机工作不正常可能是发动机自身的问题造成的,也可能是其他系统的问题造成的。当发动机运转不正常时,需要随时检查发动机的运行条件。许多发动机运行方面的故障并不是发动机机械部件引起的,在检查发动机机械部件之前,可以先对发动机点火系统和燃油供给系统等作检测。发动机常见的故障有机油消耗过多、失火、动力下降、排气泄漏、异响等。

1. 发动机尾气检查

发动机尾气能够在一定程度上反映发动机的运行状况,通过尾气检查,可以大致判断出发动机的故障范围。

1)蓝烟

排气冒蓝烟表明发动机烧机油。机油进入燃烧室主要有两条途径:一是曲轴箱内的机油经过活塞、活塞环进入燃烧室,主要原因是活塞环开口位置不正确,活塞过度磨损,活塞环失去张力;二是气门室内的机油经过气门导管进入燃烧室,主要原因是气门油封失效。如果排气冒蓝烟仅仅在发动机起动后短时间内出现,通常是发动机的气门油封失效了。

2)黑烟

排气冒黑烟的原因是过多的燃料进入燃烧室,且燃烧不充分。典型的故障原因有空气滤清器堵塞、发动机控制系统故障、喷油器泄漏、燃油压力调节器失效等。

3）白烟

发动机在低温天气排气冒白烟或白气是正常的,白烟或白气是废气中的水蒸气遇冷凝结而成的,发动机每燃烧1L汽油大约生成1L水。如果尾气中水蒸气的含量过多,可能是冷却液渗漏到燃烧室中,产生水蒸气。典型的故障原因有汽缸垫失效、汽缸盖有裂纹,甚至汽缸体有裂纹。

2. 发动机机械噪声检查

发动机异常噪声简称发动机异响。根据异响的位置不同,通常将异响分成两大类:发动机上部异响和发动机下部异响。

发动机上部异响一般表现为“哒哒”声(也有例外),它们与凸轮轴的转速有关。凸轮轴的转速是曲轴的一半,因此曲轴每转两圈,异响出现一次。例如,当发动机的转速为600r/min时,凸轮轴的转速为300r/min,则上部异响在1s内出现5次。配气机构(包括凸轮轴、气门挺柱、推杆、摇臂、气门、导管等)磨损或变形、气门积炭、正时链条等都会导致发动机上部异响。

发动机下部异响一般表现为撞击声,造成发动机下部撞击的原因主要有活塞撞击、连杆轴承撞击、活塞销撞击、飞轮松动或破裂、燃烧室积炭等。在压缩和做功行程,汽缸处于压力之下,有些异响将会更加明显。发动机下部异响也与发动机转速有直接的联系,并且发动机每转一圈出现一次。

3. 发动机失火检查

失火又称缺火,点火能量小、燃烧质量差、燃烧不完全或完全不燃烧等不正常的燃烧状况都称为失火,燃烧不正常可能是由于空燃比超差(过浓或过稀)、发动机机械故障、点火系统故障等引起的。失火主要表现为怠速抖动、加油有突突声、急加速无力、排出的尾气有刺鼻恶臭,伴随着发动机故障灯点亮,同时ECU储存相应的故障码。失火故障码一般是根据曲轴位置传感器的信号来判定的。

机械故障可能导致发动机汽缸压缩压力偏低、充气效率下降、空燃比偏差、冷却液或机油进入燃烧室、曲轴转速信号异常等,这些都可能导致失火故障码出现。

4. 静态汽缸压力检测

若某一个或多个汽缸显示压缩压力低,可通过火花塞孔向燃烧室内注入15mL发动机机油(一汤匙或机油壶喷枪按压3次),提高活塞环的密封性,在按照步骤测量汽缸压缩压力,这种方法称为汽缸压力湿式检查法。测量结果分析如下:

(1)正常情况:每个汽缸的压力能快速、平稳地积聚到规定的压力。

(2)气门泄漏:注入机油后,汽缸压力没有明显改善。

(3)活塞环泄漏:在第一个行程中汽缸压力低,在以后的行程中汽缸压力将提高,但达不到正常水平。

(4)汽缸垫泄漏:若两个相邻的汽缸均出现压力低于正常值的情况,并在向汽缸注入机油后并不能提高压缩压力,原因有可能是两个汽缸之间的汽缸垫泄漏。

5. 动态汽缸压力检测

动态汽缸压力检测,即发动机在运转的时候连接汽缸压力表进行汽缸压力测量。动态汽缸压力检测通常用来判断发动机工作状况。然而,动态汽缸压力测得的缸压值会远低于静态汽缸压力测得的缸压值。因为怠速时节气门开度很小,发动机转速越高,气门开启的时间越短,进入汽缸的空气量越少,充气效率越低,测得的汽缸压力值越低。

6. 汽缸泄漏检测

汽缸泄漏检测是一种很好的判断发动机运行状况的方法。进行汽缸泄漏检测时,首先在火花塞孔位置安装汽缸泄漏检测仪,然后通过汽缸泄漏检测仪往汽缸内注入适量压缩空气,接着观察汽缸泄漏检测仪压力表的变化,并且注意观察泄漏点。

7. 排气系统检查

1)排气背压检测

如果发动机排气不畅,排气系统中的压力就会上升,这种压力称为排气背压。

排气系统是否堵塞可以通过测量发动机的排气背压来判断。排气背压的检查方法有两种,一种是测量进气歧管真空度,另一种是直接测量排气管路的压力,直接测量排气背压需要将排气背压表安装在排气管路中。

在怠速时,发动机的排气背压最大值应该小于10kPa;发动机转速为2500r/min时,最大排气背压不能大于14kPa。

2)排气泄漏检查

排气系统泄漏会在泄漏的区域出现污点,用手靠近泄漏区域可以感觉到泄漏,同时可能会伴随爆裂声或者"嘶嘶"声。排气泄漏一般是由于部件错位或者安装不正确造成的,例如连接螺栓紧固力矩不正确、排气管吊架松动。排气系统管路连接处、氧传感器安装处等部位易发生泄漏,应重点检查。

8. 真空检测

发动机转速下降或者进气效率低时,进气歧管的真空度会随之减小,因此真空度的变化可以间接反映发动机的工作状态是否良好。发动机通常需要检测起动、怠速、高怠速三种不同工况的真空度。

二、任务实施

下面以上汽通用君威2.0T发动机为例说明静态汽缸压力检测方法。

1. 准备工作

(1)将实训车辆停放在实训区域,确保人员和设备的安全。。

(2)检查实训室通风系统设备工作是否正常。

(3)准备汽缸压力表、常用工具一套。

2. 技术要求与注意事项

(1)为获得准确的测量结果,测量时,发动机需要预热到正常的工作温度。

(2)若某一个汽缸或多个汽缸显示压力低,可通过火花塞孔向燃烧室内注入15mL机油,提高活塞环的密封性。

3. 操作步骤

(1)预热发动机使其达到正常工作温度。

(2)检查蓄电池的电量是否充满电。

（3）中止点火系统，建议断开点火线圈初级回路线束连接器或熔断丝。

（4）中止燃油喷射系统，建议断开喷油器线束连接器或熔断丝。

（5）拆下所有的火花塞，减小压缩阻力，保证发动机转速达标。

（6）在一缸火花塞孔安装汽缸压力表，如有必要进行调零，如图9-39所示。

（7）完全开启节气门，保证发动机进气充分。

（8）起动发动机，使发动机完成3~5个压缩行程，记录汽缸压力表的最大读数。

（9）检查其他汽缸的压缩压力，记录读数。

（10）将测量结果与维修手册的数据进行对比分析，确认各个汽缸的压力是否满足要求，以及最大汽缸压力与最小汽缸压力的差值是否在合理的范围之内。通常最大汽缸压力与最小汽缸压力的差值不应大于30%，例如，最大汽缸压力为1000kPa，最小汽缸压力为1000×（1-30%）=700（kPa）。

图9-39 安装汽缸压力表

（11）完成实训任务后，对工作过程进行自我评价，提交实训工作单，接受指导老师的技能考核。

（12）整理并清洁工作场所，清点和收拾借出的工具、设备和资料，交回实训室。

三、评价与反馈

1. 自我评价

（1）通过本学习任务的学习，你是否已经知道以下问题：

发动机常见机械故障诊断和排除方法有哪些？

（2）静态汽缸压力检测过程中用到了哪些设备？

（3）静态汽缸压力检测的步骤有哪些？

（4）实训过程完成情况如何？

（5）通过本学习任务的学习，你认为自己的知识和技能还有哪些欠缺？

签名：_____ ___年___月___日

2. 小组评价（表9-4）

小 组 评 价 表　　　　　　　　　　　表9-4

序　号	评价项目	评价情况
1	着装是否符合要求	
2	是否能合理规范地使用仪器和设备	
3	是否按照安全和规范的流程操作	
4	是否遵守学习、实训场地的规章制度	
5	是否能保持学习、实训场地整洁	
6	团结协作情况	

参与评价的同学签名：_____ ___年___月___日

3．教师评价

_____

_____

教师签名：_____ ___年___月___日

四、技能考核标准（表9-5）

技能考核标准表   表9-5

序号	项目	操 作 内 容	规定分	评 分 标 准	得分
1	静态汽缸压力检测	发动机达到正常工作温度	10分	是否达到操作要求标准	
		断开点火线圈连接器	10分	是否达到操作要求标准	
		断开喷油器线束	10分	是否达到操作要求标准	
		拆卸火花塞	10分	是否达到操作要求标准	
		安装汽缸压力表并校零	10分	是否达到操作要求标准	
		完全开启节气门	10分	是否达到操作要求标准	
		起动发动机，使发动机完成3～5个压缩行程	10分	是否达到操作要求标准	
		记录汽缸压力表的最大读数	10分	是否达到操作要求标准	
		检查其他汽缸的压缩压力，记录读数	10分	是否达到操作要求标准	
		工具回收、清点、清洁场地	10分	是否达到操作要求标准	
总分			100分		

学习任务3　发动机电控系统常见故障诊断

学习目标

☞ 知识目标

1．能掌握发动机车载诊断系统；

2．能掌握发动机电控系统诊断的一般方法。

☞ 技能目标

能规范正确对发动机综合故障进行诊断与排除。

☞ 素质目标

1．通过对发动机电控系统故障的检修，培养学生应用技术资料进行自学的职业能力，培养学生终身学习能力；

2．通过教学活动，增强学生职业荣誉感和责任感，培养在学习中敢担当、能吃苦的好品质。

3～4课时。

一、理论知识准备

1.发动机车载诊断系统

在发动机控制系统中,发动机ECU具有车载诊断系统(On-Bard Diagnostics,OBD)的功能,该功能可监控传感器及执行器的工作情况。如果诊断到某个故障,则该故障将以故障码的形式被记录下来,并将组合仪表板上相应的故障指示灯点亮,通知驾驶人,如图9-40所示。

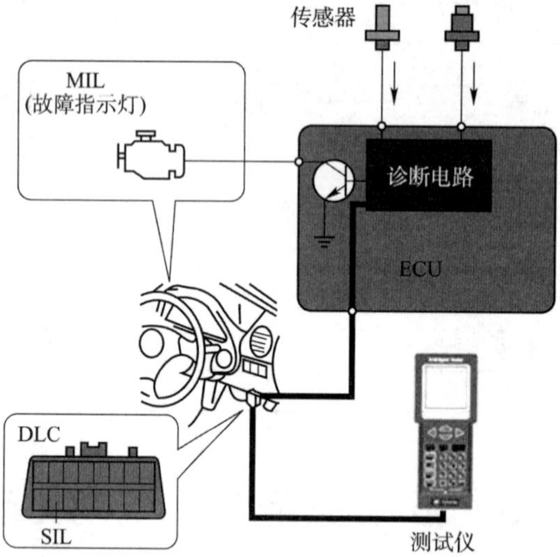

图9-40　车载诊断系统

检修时,技术人员通过特定的程序(如使用检测仪)将存储在发动机ECU存储器中的故障信息(故障码)调出,根据故障码确定故障的性质和内容,对有关的元器件和线路进行诊断与维修,将故障排除,再清除故障码。

1)故障诊断原理

发动机ECU能通过从传感器所输出的电压信号,来检测发动机工况或车辆的行驶状况,同时发动机ECU连续监测输入的信号,并与储存在发动机ECU存储器中的参数相比较,来确定是否有不正常的情况。

2)发动机故障指示灯

发动机电子控制系统在仪表板上设置一个发动机故障指示灯(Malfunction Indicator Light,MIL),又称发动机检查灯,如图9-41所示。

在发动机尚未起动时,驾驶人将点火开关打开(ON)时,发动机控制单元(ECU)进行自检,发动机故障指示灯应点亮数秒钟。如果灯不亮,一般说明故障指示灯电路有故障,如灯丝烧断、熔断丝烧断或导线断路。发动机起动后正常工作情况下,发动机故障指示灯应自动熄灭。

图9-41　仪表板上的发动机故障指示灯

3）故障码

故障码（DiagnosticTrouble Code，DTC），它表示了车辆电控系统故障的具体内容。根据其所属系统不同，DTC可以描述4种系统故障，见表9-6。

DTC 表述的系统　　　　　　表9-6

系　　统	代码范围	DTC 首字母
动力系统（Powertrain）	P0×××-P3×××	P
车身（Body）	B0×××-B3×××	B
底盘（Chassis）	C0×××-C3×××	C
网络（Network）	U0×××-U3×××	U

OBDⅡ故障码由5位字母加数字组成，如图9-42所示。

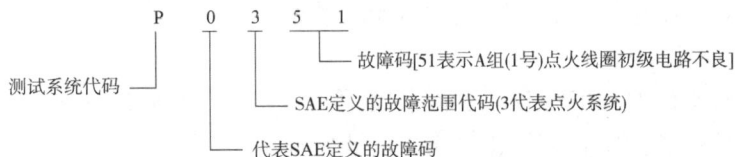

```
P    0    3    5    1
                     └── 故障码[51表示A组(1号)点火线圈初级电路不良]
           └── SAE定义的故障范围代码(3代表点火系统)
      └── 代表SAE定义的故障码
测试系统代码┘
```

图9-42　OBDⅡ故障码的组成及含义

第一位字为英文字母，是测试系统代码。

第二位为数字，表示由谁定义的DTC，目前有0和1。"0"代表SAE定义的故障码，"1"代表汽车制造厂自定义的故障码。

第三位为数字。表示SAE定义的故障范围代码，见表9-7。

SAE 定义的故障范围代码　　　　　　表9-7

代　　码	故障含义	代　　码	故障含义
1	燃油和空气系统测定不良	5	汽车或怠速控制系统不良
2	燃油和空气系统测定不良	6	ECU 或输出控制元件不良
3	点火系统不良或发动机间歇熄火	7	变速器控制系统不良
4	废气控制辅助装置不良	8	变速器控制系统不良

第四、五位为数字，代表设定的故障码。

4）诊断接口

诊断接口的标准名称是数据通信连接器（Data Link Connector，DLC），它是检测仪与车辆之间的"桥梁"，诊断仪通过DLC与车辆进行通信，读出相关信息，进而为维修提供参考。

按照SAE标准提供统一的16脚诊断接口，如图9-43所示。诊断接口一般安装于驾驶室仪表板下方。

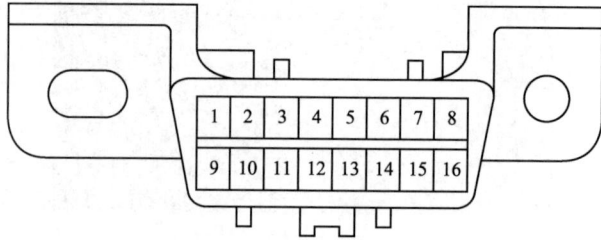

图 9-43　标准 16 脚诊断接口

2. 发动机电控系统诊断的一般方法

汽油机电控系统十分复杂,在控制系统中设有故障自诊断功能,可以利用发动机控制系统的自诊断程序进行故障诊断。而维修人员的思维能力和工作经验更是保证诊断工作顺利完成的重要条件。因此,在实际工作中更多的是采用人工直观诊断法结合自诊断系统检测进行综合诊断。

1) 人工直观诊断法

人工直观诊断法是通过原地检查或道路试验,靠直接观察、感觉或借助简单的工具来确定发动机故障的部位和产生的原因。这种方法较适合于常见和明显的机械性故障,诊断的速度和准确性主要取决诊断人员的技术水平和工作经验。

2) 故障码诊断法

当系统出现故障时,ECU 会使仪表板上"故障指示灯"即"Check Engine"(检查发动机警告)灯点亮,并有规律地闪烁,同时将故障码信息存入存储器。检修人员可以通过一定的程序将故障码从 ECU 中调出,根据故障码所显示的内容,迅速、准确地确定故障的性质和部位,有针对性地去检查有关部位、元件和线路,将故障排除。

3) 故障征兆模拟法

在利用故障码诊断法进行故障诊断时,有时读不出故障码,但故障却确实存在,且没有明显的故障征兆。这类在外界因素(如温度、受潮、振动等)影响下有时存在、有时又自动消失的故障称为间歇性故障。对此类故障,故障征兆模拟法是一种行之有效的诊断方法。

故障征兆模拟法,不仅要对故障进行验证,而且还应找出故障的部位或零部件。为此,在模拟实验前必须把可能发生故障的电路范围尽可能缩小,然后再进行故障征兆模拟实验,判断被测试的电路是否正常,同时也验证了故障征兆。

4) 部件互换诊断

部件互换诊断是将怀疑有故障的电子部件用正常的电子部件替代,以判断故障原因。如果更换部件后故障消失,则证明判断正确,故障部位确实在该处;反之,若更换部件后故障仍存在,则证明故障不在此处,该部件正常,应查找其他故障原因。若故障有好转但未完全排除,可能除了此故障外还存在其他故障点,需要进一步查找。这种方法简单易行,效率较高,经常在缺少被修车型技术资料或检测工具的情况下使用。但此方法要求准备较多原车零部件的备件,会使库存增加,加大维修成本。

3.发动机电控系统电路及电控元件故障诊断

1)电路故障检测与诊断

电控系统电路的常见故障是断路或短路。此类故障常使用高阻抗数字万用表的电阻挡或电压挡进行诊断。

(1)选择测量点。需要把线束连接器端子作为测量点时,则应拆开线束连接器。如果必须在线束连接器处于插接状态时测量参数(如传感器输出信号电压),则应先将线束连接器上的橡胶防水套向后脱出,将万用表测量表笔从后端以适当角度插入并触及端子,进行检查。

(2)断路故障的检查。图9-44所示为一典型传感器断路的检查线路,拆开3个线束连接器A、B、C中的任意两个,分别测量端子1-1和2-2之间的电阻。若电阻值为0Ω,说明两测点间无断路,若电阻为∞,说明两测量点之间断路。

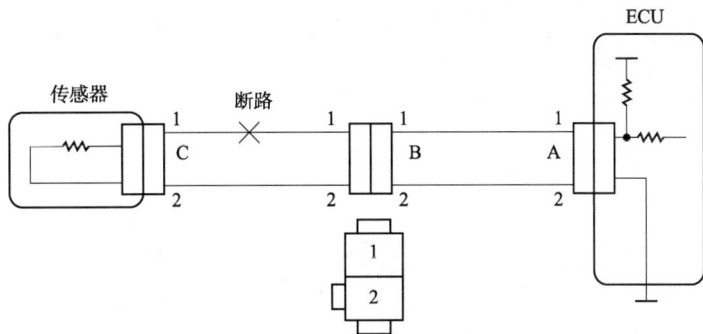

图9-44　断路故障的检查

(3)短路故障的检查。电路短路故障可通过测量连接器端子与车身或搭铁线之间是否导通(电阻为0Ω)来检查。

检查与搭铁线的导通情况:

①脱开连接器C和A,测量连接器A的端子1和2与车身之间的电阻,如图9-45所示。若连接器A的端子1与车身搭铁线的电阻为0Ω,说明导通短路;若连接器A的端子2与车身搭铁线的电阻为∞,说明不导通。

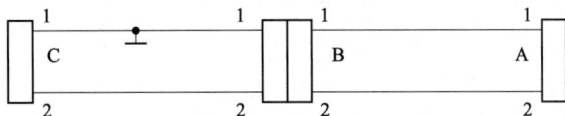

图9-45　短路的检查

②脱开连接器B,分别测量连接器A和B的端子1与车身搭铁线之间的电阻。若连接器A的端子1与车身搭铁线的电阻为∞,说明不导通;若连接器B的端子1与车身搭铁线的电阻为0Ω,说明导通短路即连接器B的端子1与车身之间有短路搭铁故障。

2)主要部件故障检测与诊断

电控系统各组成部件、传感器本身及配线出现故障是造成电控系统故障的主要原因,可见掌握各部件发生故障时所产生的现象及其对发动机及车辆的影响,对迅速查找故障原因极为重要。表9-8所示为发动机电控系统主要部件、配线故障及其故障现象。

电控系统主要部件、配线故障及其故障现象   表9-8

序号	元件名称	发动机故障现象
1	ECU	发动机不能起动;发动机性能失常
2	空气流量计	发动机起动困难;发动机性能失常,怠速不稳,加速时回火、放炮、油耗大,爆燃
3	进气管绝对压力传感器	发动机起动困难;发动机性能失常,怠速不稳,油耗大
4	大气压力传感器	发动机性能不良,怠速不稳
5	节气门位置传感器	发动机起动困难,怠速不稳;发动机性能不良,易熄火
6	进气温度传感器	发动机性能不良,怠速不稳;易熄火,油耗大,混合气过浓
7	冷却液温度传感器	发动机起动困难,怠速不稳;发动机性能不良,易熄火
8	怠速控制阀	发动机起动困难,怠速不良,发动机失速
9	P/N、P/S、A/C 开关	发动机不能起动,怠速不稳,易熄火
10	曲轴位置传感器	发动机不能起动,加速不良,怠速不稳,间歇性熄火
11	喷油器	发动机起动困难;发动机工作不稳,易熄火,怠速不稳
12	冷起动正时开关	冷起动困难,混合气过浓,怠速不稳
13	冷起动喷油器	冷起动困难,怠速不良,混合气过浓,油耗大,排放污染增加,间歇性熄火
14	燃油泵	发动机不能起动;发动机运转中熄火
15	燃油压力调节器	发动机起动困难;发动机性能不良,怠速不稳,易熄火
16	燃油滤清器	发动机不能起动;发动机运转不稳
17	节气门	发动机不能起动或起动困难;发动机性能不良
18	氧传感器	发动机性能不良,怠速不稳;油耗大,排放污染增加,空燃比失常
19	曲轴箱通风阀	发动机不能起动或起动困难,怠速不稳或无怠速,加速不良,油耗大
20	EGR 阀	发动机过热;发动机不能起动或起动困难;发动机动力不足,减速熄火,爆燃,油耗大
21	活性炭罐电磁阀	发动机性能不良,怠速不稳,空燃比失常
22	爆震传感器	爆燃,点火正时失准,发动机工作不稳
23	点火线圈	发动机不能起动,无高压火花,次级电压过低
24	点火控制器	发动机不能起动,无高压火花,次级电压过低,怠速不良
25	点火信号发生器	发动机不能起动;发动机工作不稳,怠速不稳,易熄火
26	可变配气相位电磁阀	发动机抖动、爆燃,怠速不稳;发动机动力不足,三元催化转换器损坏

二、任务实施——发动机综合故障诊断与排除

1.准备工作

(1)将实训车辆停放在检修区域,确保人员和设备的安全。

(2)检查实训室通风系统设备工作是否正常。

（3）准备诊断仪、常用诊断与检测设备、常用工具一套、相关维修手册。

2. 技术要求与注意事项

提供一台已经设置好故障的车辆，教师作为客户，来模拟汽车维修接待的过程。

3. 操作步骤

（1）认真听取客户对故障现象的描述并填写客户所述故障分析检查表，见表9-9。

客户所述故障分析表   表9-9

客户姓名		车型及年款		
车辆进店日期		车架号		
牌照号码		里程表读数		
故障症状	□发动机不能起动	□发动机不运转　□无初始燃烧　□燃烧不安全		
	□起动困难	□发动机运转缓慢　□其他		
	□急速不良	□急速转速不正常　□高(　r/min)　□低(　r/min)　□急速不稳定		
	□运转性能不良	□回火　□排气管喷火　□喘振　□爆燃　□其他		
	□发动机失速	□起动后不久　□踩下加速踏板后　□松开加速踏板后		
		□空调工作时　□从N挡换位至D挡位时　□其他		
	□其他	□起动后不久　□踩下加速踏板后		
故障发生日期				
故障发生次数	□经常　□有时(　次/日)　□仅一次　□其他			
故障发生的情况	天气	□良好　□多云　□下雨　□下雪　□变化无常　□其他		
	车外温度	□炎热　□温暖　□凉爽　□寒冷		
	地点	□公路　□郊区　□市内　□上坡　□下坡　□不平道路　□其他		
	发动机温度	□冷态　□预热　□预热后　□任何温度　□其他		
	发动机运行情况	□起动　□刚起动后　□急速　□高速运转　□行驶　□恒速		
		□加速　□减速　□空调器开关接通/断开　□其他		
检查发动机故障指示灯状态	□持续亮　□有时亮　□不亮			

（2）读取故障码，并记录故障码，并根据故障码分析可能的故障原因。

故障代码：_____。

可能的故障原因：_____。

（3）读取数据流，并把数据流填入表9-10。

数据流记录值   表9-10

数据流	测量值	数据流	测量值
发动机转速		平均喷射时间	
冷却液温度		燃油压力	
进气温度		发动机机油温度	
空气质量		氧传感器	
节气门位置		爆震传感器	

（4）主动测试，根据可能的故障原因，对执行元件进行主动测试，并把数据填入表9-11。

主动测试项目表 表 9-11

测 试 项 目	控 制 信 号	记录执行器的状态	是 否 正 常

（5）进行发动机基本检查,并把测试结果填入表 9-12。

发动机基本检查项目 表 9-12

序号	检 查 项 目	测 量 结 果	是否合格/采取措施
1	检查蓄电池电压		
2	检查发动机机油和冷却液		
3	检查空气滤清器滤芯有无污物、堵塞或损坏		
4	检查发动机怠速		
5	检查汽缸压缩压力		
6	检查 CO/HC 浓度		

（6）找出故障部位,排除故障。

（7）完成实训任务后,对工作过程进行自我评价,提交实训工作单,接受指导老师的技能考核。

（8）整理并清洁工作场所,清点和收拾借出的工具、设备和资料,交回实训室。

三、评价与反馈

1. 自我评价

（1）通过本学习任务的学习,你是否已经知道以下问题:

①发动机车载诊断系统是什么?

②发动机电控系统诊断的一般方法和流程有哪些?

（2）发动机综合故障诊断与排除过程中用到了哪些设备?

（3）发动机综合故障诊断与排除的步骤有哪些?

（4）实训过程完成情况如何?

（5）通过本学习任务的学习,你认为自己的知识和技能还有哪些欠缺?

签名:_____ ___年___月___日

2. 小组评价（表 9-13）

小 组 评 价 表 表 9-13

序　　号	评 价 项 目	评价情况
1	着装是否符合要求	
2	是否能合理规范地使用仪器和设备	
3	是否按照安全和规范的流程操作	
4	是否遵守学习、实训场地的规章制度	
5	是否能保持学习、实训场地整洁	
6	团结协作情况	

参与评价的同学签名:_____ ___年___月___日

3.教师评价

_____

_____

教师签名：_____　　___年___月___日

四、技能考核标准(表9-14)

技能考核标准表　　　　　　　　　　　　　　　　表9-14

序号	项目	操作内容	规定分	评分标准	得分
1	发动机综合故障诊断与排除	故障分析检查表记录	10分	记录信息是否全面	
		读取故障码	15分	是否达到操作要求标准	
		读取数据流	15分	是否达到操作要求标准	
		主动测试	15分	是否达到操作要求标准	
		发动机基本检查	20分	是否达到操作要求标准	
		找出故障部位	15分	是否达到操作要求标准	
		工具回收、清点、清洁场地	10分	是否达到操作要求标准	
	总分		100分		

思考与练习

(一)填空题

1.测试灯的作用是_____。

2.测试灯分为_____、_____两种类型。

3.在使用数字式万用表时,严禁_____时测量电阻。

4.电路短路故障可通过测量_____与车身或_____之间是否导通来检查。

5.燃油压力表是用来_____的专用工具。

6.喷油器清洗仪可分为_____、_____两种类型。

7.固定式喷油器清洗仪除用来清洗喷油器外,还具有喷油器_____、_____功能。

8.故障诊断仪可分为_____、_____两大类。

9.冰点仪用于测量_____、_____及玻璃清洁液的冰点。

10.OBDⅡ故障码由_____位字母加数字组成。

(二)选择题

1.甲乙两技师就"气门哒哒撞击声"进行讨论,技师甲说:凸轮轴磨损是导致该噪声的常见原因;技师乙说:润滑系统出现故障会导致该噪声。下列说法正确的是(　　)。

　　A.甲、乙都正确　　　　　　　　B.甲、乙都不正确

　　C.甲正确,乙不正确　　　　　　D.甲不正确,乙正确

2.发动机尾气冒白烟的原因有(　　)。

　　A.缺缸　　　　　　　　　　　　B.机油加注过多

　　C.汽缸垫损坏　　　　　　　　　D.活塞严重磨损

3.若发动机出现气门异响,则发动机转速为 600r/min 时,异响每秒钟出现的次数为(　　)。

　　A.1 次　　　　　　　　B.2 次　　　　　　　C.5 次　　　　　　D.6 次

4.维修技师甲说:"主轴承异响与发动机负荷有非常密切的联系",维修技师乙说:"主轴承异响和连杆轴承异响都可以通过断缸法来判断是哪一道轴承出现故障"。下列说法正确的是(　　)。

　　A.甲和乙都正确　　　　　　　　B.甲和乙都不正确

　　C.甲正确,乙不正确　　　　　　D.甲不正确,乙正确

5.关于发动机失火,维修技师甲说:"发动机失火主要是指发动机点火系统出现故障";维修技师乙说:"失火故障码根据曲轴位置传感器信号来确定的"。下列说法正确的是(　　)。

　　A.甲乙都正确　　　　　　　　B.甲和乙都不正确

　　C.甲正确,乙不正确　　　　　　D.甲不正确,乙正确

6.以下哪一种情况发动机 ECU 不可能储存失火故障码(　　)。

　　A.连杆弯曲　　　　　　　　B.汽缸泄漏

　　C.连杆轴承磨损　　　　　　D.点火时刻不正确

7.下列关于汽缸压力测试的操作不正确的是(　　)。

　　A.预热发动机　　　　　　　　B.断开点火线圈熔断丝

　　C.断开油泵继电器　　　　　　D.拆卸所有火花塞

8.进行静态缸压测试时,汽缸缸压最小值不能低于最大值的(　　)。

　　A.50%　　　　　　B.60%　　　　　　C.70%　　　　　　D.90%

9.进行动态缸压测试时,发动机怠速运行时缸压值应当是静态缸压值的(　　)。

　　A.1 倍　　　　　　　　B.一半以下

　　C.一倍以上　　　　　　D.2 倍

10.进行发动机泄漏检查时,在机油加注口处听到漏气声,则泄漏部位是(　　)。

　　A.进气门　　　　　　　　B.排气门

　　C.节气门体　　　　　　　D.活塞环

(三) 简答题

1.汽油机电控系统故障诊断的一般程序是什么?

2.在使用万用表对节气门位置传感器进行检测时,使用电阻挡应测量什么? 使用电压挡应测量什么?

3.一辆轿车起动困难,试简述其诊断步骤有哪些?

4.一辆轿车怠速发抖,现场技师准备检查以下 4 个元器件是否正常工作:空气流量计、节气门位置传感器、2 缸喷油器、2 缸点火模块。假设你是现场技师,请分别说明在下面两种情况下你如何进行检测:①只有故障诊断仪;②只有万用表和试灯。

5.一辆轿车怠速不稳定,容易熄火,假设你是现场维修技师,试简述你制订的诊断步骤。

6.一辆轿车加速不良,技师怀疑节气门位置传感器有故障。假设你是那名技师,现场只

有一块万用表,你可以检查哪些项目判断此传感器是否有故障?

7.一辆轿车冷起动困难,检测故障码为冷却液温度传感器故障,请分析起动困难的具体原因。

8.简述燃油压力测试的步骤。

9.简述机油压力测试的步骤。

10.简述发动机检修常用的工具有哪些。

单元十　柴油发动机

学习任务 1　柴油发动机的燃烧过程

建议课时

2~4 课时。

一、理论知识准备

柴油发动机由德国工程师鲁道夫·狄赛尔在 1892 年发明。由于柴油的燃点比较低,所以柴油发动机可以采用压燃的方式点燃混合气,但是柴油黏度高,挥发性差,不易形成均匀的可燃混合气,因此柴油发动机采用高压喷油泵向汽缸内喷射雾状燃油,解决了柴油雾化问题。由于柴油发动机转矩大,经济性好,广泛应用在农业机械、工程机械、机车船舶、发电机组等领域。

1. 柴油机燃油供给系统的功用

柴油机燃油供给系统的功用是根据柴油机的工作要求,定时、定量、定压地将雾化质量良好的柴油以一定的要求喷入汽缸内,并使这些燃油与空气迅速的混合和燃烧。所谓定时就是按照供油相位要求;定量则是保证一定的油量,满足动力性输出的要求;定压则要求喷入汽缸的燃油具备一定的动能与空气进行混合。燃油供给系统的工作情况对柴油机的功率和油耗有重要的影响。

2.柴油的特性

(1)蒸发性差、流动性差、自燃温度低。必须采用高压喷射雾化的方法与空气混合。因此,柴油机必须具有很大的压缩比、很高的喷油压力、很小的喷油器喷孔。

(2)热值高,发动机功率大,经济性好。

(3)燃烧极限范围宽。属稀燃发动机,排放中 CO、HC 较少,输出功率取决于油量的调节。

3.柴油机混合气的形成

1)柴油机混合气的形成特点

柴油机所用的燃料(柴油)黏度较大,不宜挥发,必须借助喷油设备(喷油泵和喷油器等)将柴油在接近压缩行程终了的时刻,通过高压以细小的油滴形式喷入汽缸,与高温高压的热空气混合,经过一系列物理化学准备,然后着火燃烧。柴油机混合气的形成具有以下特点:

(1)缸内进行,即在压缩行程接近终了时柴油由喷射系统直接赠入燃烧室内,时间短,难以形成均的混烧室内的工质成分随时间和地点而变化

(2)柴油本身黏度大,蒸发性不好。

(3)混合气在高温、高压下多点自燃着火燃烧且混合过程、着火过程和燃烧过程共存。

柴油机可燃混合气的形成时间极为短促,这就给柴油机中柴油与空气的良好混合和完全燃烧带来很大困难。而且喷油与燃烧重叠,出现边燃烧、边喷油、边混合的情况。因此混合气形成过程很复杂。

柴油机由于难以实现喷入汽缸的柴油与空气的完全均匀混合,因此要求空气对燃料的比例一般比汽油机大。过量空气系数通常在标准工况下都大于 1,一般在 1.15~2.20。

2)柴油机可燃混合气的形成方式

柴油机混合气形成方式从原理上来分,有空间雾化混合和油膜蒸发混合两种。

(1)空间雾化混合。将燃油喷向燃烧室空间,形成雾状,雾状油滴从高温空气中吸热蒸发并扩散,与空气形成混合气。为了使混合均匀,要求喷出的燃油与燃烧室形状配合,并利用燃烧室中空气的运动与其混合。

(2)油膜蒸发混合。将大部分燃油喷到燃烧室壁面上,形成一层油膜,油膜受热汽化蒸发,在燃烧室中强烈的涡流作用下,燃油蒸气与空气形成均匀的可燃混合气。这一混合方式中起主要作用的因素是燃烧室壁面温度、空气相对运动速度和油膜厚度。

4.柴油机燃烧室

柴油机燃烧室主要分为直喷式燃烧室和分隔式燃烧室两大类。

1)直喷式燃烧室

直喷式燃烧室由汽缸盖底面和活塞顶部凹坑形成,燃料直接喷入与空气混合燃烧。如图 10-1 所示,直喷式燃烧室呈浅盆形,喷油器的喷嘴直接伸入燃烧室。这种燃烧室结构紧凑,散热面积小,因将燃油直接喷入燃烧室,故发动机起动性能好,做功效率高。

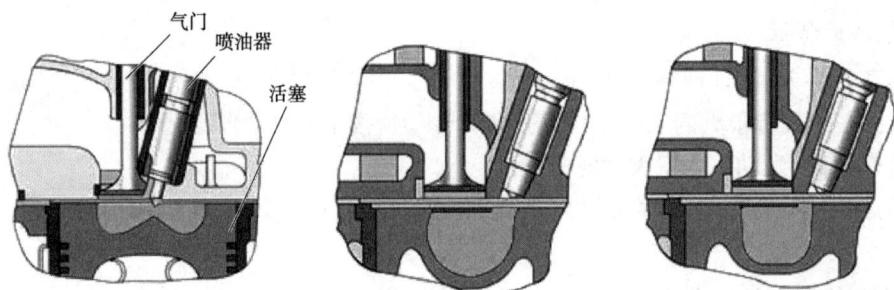

图 10-1   直喷式燃烧室

2）分隔式燃烧室

分隔式燃烧室的容积则一分为二，一部分位于汽缸盖中，另一部分则在汽缸内，如图 10-2 所示。在汽缸内的那部分称主燃烧室，位于汽缸盖中的那部分称副燃烧室。主、副燃烧室之间用通道连通。分隔式燃烧室又有涡流室燃烧室和预燃室燃烧室之分。分隔式燃烧室属空间雾化混合方式，燃料先在副燃烧室预燃，再经通道喷入主燃烧室进一步燃烧。

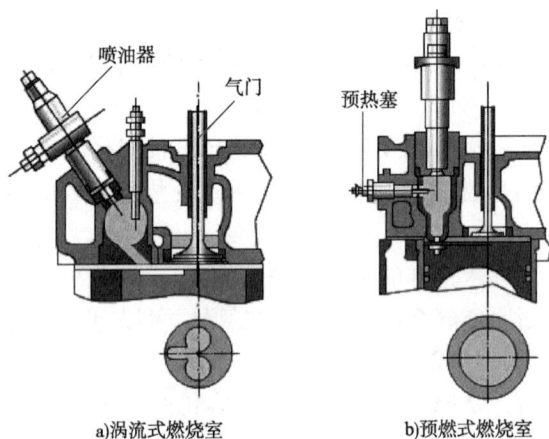

a)涡流式燃烧室   b)预燃式燃烧室

图 10-2   分隔式燃烧室

涡流室燃烧室，如图 10-2a）所示，其主、副燃烧室之间的连接通道与副燃烧室切向连接，在压缩行程中，空气从主燃烧室经连接通道进入副燃烧室，在其中形成强烈的有组织的压缩涡流，因此称副燃烧室为涡流室。燃油顺气流方向喷射。

预燃室燃烧室，如图 10-2b）所示，其主、副燃烧室之间的连接通道不与副燃烧室切向连接，且截面积较小。在压缩行程中，空气在副燃烧室内形成强烈的无组织的紊流。燃油迎着气流方向喷射，并在副燃烧室顶部预先发火燃烧，故称副燃烧室为预燃室。

5. 柴油机的燃烧过程

柴油机的柴油与空气在缸内混合，因此，需要有较大的供油提前角（一般为 22°~26°），柴油机汽缸压力与曲轴转角关系如图 10-3 所示。

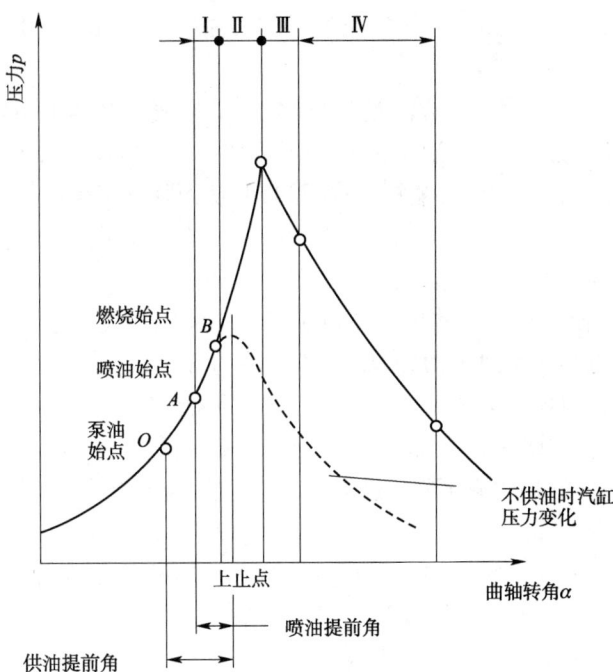

图 10-3　汽缸压力与曲轴转角关系

O-高压泵开始供油时刻;A-喷油器开始喷油时刻;B-自燃点

(1)供油提前角。泵油始点 O 至活塞上止点所对应的曲轴转角。若供油提前角过大,则着火准备期过长,会引起爆燃;着火时间提前,会引起活塞敲缸,使得发动机工作粗暴,噪声增加。若供油提前角过小,则着火发生在活塞下行时,发动机动力下降。

(2)喷油提前角。喷油始点 A 至活塞上止点所对应的曲轴转角。

(3)喷油延迟期。泵油始点 O 到喷油始点 A 的间隔时间。高压油管越长,喷油延迟期越长;高压油腔的膨胀量越大,喷油延迟期越长。因此,应尽量缩短喷油延迟期。

(4)燃烧延迟期(A-B)。是因为喷油后,混合气形成需要一定的时间才能着火,由此形成了燃烧延迟期。燃烧延迟期越长,累积的燃油越多,着火时的压力增加越快,使柴油机工作粗暴,发动机的噪声越大。

燃烧延迟期取决于燃油的十六烷值、混合气形成的过程(喷油压力、喷油器形式、压缩比和燃油喷射的方式等)、发动机的温度等因素。

6.影响柴油机燃烧过程的因素

1)柴油的性质

(1)柴油的自燃性。十六烷值是评定柴油自燃性好坏的指标,对燃烧过程也有一定影响。十六烷值越高,着火性越好。着火性好的柴油,使着火延迟期缩短,柴油机工作柔和。但是十六烷值过高,燃料分子量加大,使燃油蒸发性变差、黏度增加,导致燃烧不完全,排气冒黑烟,燃油经济性下降。因此,国产柴油的十六烷值规定为40～50,不必要过分增大。

(2)柴油的蒸发性。柴油的蒸发性用馏程表示。馏程指柴油蒸馏过程中馏出一定百分数所处的温度,通常以馏出50%的温度来评定。馏程低,说明这种燃油馏分多,蒸发性好,有利于混合气形成,改善了燃烧过程。但是,馏程过低,燃油蒸发过快,则在着火延迟期内形成的混合气量过多,柴油机工作粗暴。车用柴油机的柴油馏程为 200～300℃。

2)影响燃烧过程的运转因素

(1)负荷。柴油机的负荷调节方法是"质调节",即空气量基本上不随负荷变化,而只调节循环供油量。负荷增大,循环供油量也增大,过量空气系数减小,单位容积内混合气燃烧放出的热量增加,使缸内温度上升,缩短着火延迟期,从而降低了柴油机的工作粗暴。

在中、小负荷工况下,燃烧热效率的变化一般不大,但随负荷增大,循环供油量加大,过量空气系数减小,燃烧过程延长,都可能使燃烧效率下降。

(2)转速。转速升高时,由于散热损失和活塞环的漏气损失减小,使压缩终点的温度和压力增高;转速升高也会使喷油压力提高,改善燃油的雾化,这些都使得以秒为单位的着火落后期缩短,而以曲轴转角为单位的着火延迟期则有可能缩短,也可能延长。

一般来说,转速过高或过低时,都会使燃烧热效率降低。转速过高时,燃烧所占的曲轴转角加大,充气效率下降,热效率下降;转速过低时,空气涡流减弱,喷油压力下降,使混合气质量变差,热效率也会下降。

(3)供油提前角。供油提前角过大,喷油时汽缸内温度、压力较低,着火落后期较长,压力升高率和最大爆发压力增大,导致柴油机工作粗暴,NO_x 的排放量增加。过早燃烧还会增加压缩负功,降低柴油机的经济性和动力性。

供油提前角过小,则燃油不能在上止点附近及时燃烧,对柴油机的经济性和动力性也不利,微粒的排放也会增加。过迟燃烧还会使燃烧温度升高,散热损失增加。

对于每一种工况,均有一个最佳的供油提前角,此时在负荷及转速不变的前提下,功率最高,有效燃油消耗率最低。但为了兼顾降低 NO_x 的排放量和燃烧噪声的需要,一般调节供油提前角略小于最佳的供油提前角。

3)结构方面的因素

(1)压缩比。压缩比较大时,压缩终点的温度和压力都比较高,使着火延迟期缩短,发动机工作比较柔和。同时,压缩比的增大,还能提高发动机工作的经济性和改善起动性能。

如果压缩比过高,燃烧最高压力会过分增大,曲柄连杆机构会承受过高的负荷,影响发动机的使用寿命。

(2)活塞材料的影响。铸铁活塞与铝合金活塞相比其温度较高,可以缩短着火延迟期,因此在其他条件相同时,采用铸铁活塞的柴油机工作比较柔和。

(3)喷油规律的影响。喷油规律是指单位时间(或转角)的喷油量即喷油速度随时间(或转角)而变化的关系。从减轻燃烧粗暴性考虑,比较理想的喷油规律是"先缓后急",即在着火延迟期内喷入汽缸的油量不宜过多,以控制速燃期的最高燃烧压力和平均最大压力升高率,而着火燃烧后,应以较高的喷油速率将燃油喷入汽缸,停油应干脆迅速,喷油延续角不宜过大,目的是使燃烧过程尽量在上止点附近进行,以获得良好的性能。

二、任务实施——柴油发动机总体结构认知

1.准备工作

(1)将柴油发动机摆放在实训区域,确保人员和设备的安全。

(2)检查实训室通风系统设备工作是否正常。

（3）准备柴油发动机台架 1 台。

2.操作步骤

（1）将学生分成 3 个实训小组,每组确定一名组长。

（2）在实训指导老师的同意下,按照工作单的引导,完成柴油发动机总体结构的认知。

（3）观察实训柴油发动机,本次实训所用的柴油发动机型号是＿＿＿＿＿＿＿＿＿。

（4）观察柴油发动机,认识柴油发动机外围部件,说出其名称并记录。

本次实训所用柴油发动机外围主要的附件有＿＿＿＿＿＿＿＿＿。

（5）进行柴油发动机拆装,认识柴油发动机各部件。

（6）分组讨论柴油发动机与汽油发动机的总体结构的区别,记录讨论结构并向指导老师汇报。

区别:＿＿＿＿＿＿＿＿＿＿＿＿＿＿＿＿＿＿＿＿＿＿＿＿＿＿＿＿＿＿＿＿＿＿＿＿＿。

（7）完成实训任务后,对工作过程进行自我评价,提交实训工作单,接受指导老师的技能考核。

（8）整理清洁工作场所,把发动机台架放回原处。

三、评价与反馈

1.自我评价

（1）通过本学习任务的学习,你是否已经知道以下问题:

①柴油发动机按燃烧室结构特征如何分类?

②柴油发动机总体结构主要有哪些?

（2）实训过程完成情况如何?

（3）通过本学习任务的学习,你认为自己的知识和技能还有哪些欠缺?

签名:＿＿＿＿＿＿＿＿　＿＿＿年＿＿＿月＿＿＿日

2.小组评价(表 10-1)

小 组 评 价 表　　　　　　　　　　　表 10-1

序　号	评 价 项 目	评 价 情 况
1	着装是否符合要求	
2	是否能合理规范地使用仪器和设备	
3	是否按照安全和规范的流程操作	
4	是否遵守学习、实训场地的规章制度	
5	是否能保持学习、实训场地整洁	
6	团结协作情况	

参与评价的同学签名:＿＿＿＿＿＿＿＿　＿＿＿年＿＿＿月＿＿＿日

3.教师评价

＿＿＿

＿＿＿

教师签名:＿＿＿＿＿＿＿＿　＿＿＿年＿＿＿月＿＿＿日

四、技能考核标准(表10-2)

技能考核标准表 表10-2

序号	项目	操作内容	规定分	评分标准	得分
1	柴油发动机总体结构的认知	记录发动机型号	5分	记录信息是否全面	
		记录发动机的外围部件	20分	记录信息是否全面	
		发动机拆装	25分	是否达到操作要求标准	
		部件认知	25分	是否达到操作要求标准	
		讨论柴油发动机与汽油发动机的异同	20分	是否达到操作要求标准	
		设备仪器回收、清点、清洁场地	5分	是否符合5S要求	
		总分	100分		

学习任务2 高压共轨式电控柴油发动机

学习目标

☞ 知识目标
1. 能正确描述高压共轨式电控柴油发动机的组成及工作原理;
2. 能正确描述高压共轨系统的结构组成及工作原理。

☞ 技能目标
1. 能规范对高压油泵进行拆装;
2. 能规范对喷油器进行检修。

☞ 素质目标
1. 通过维修过程中的质量把控,树立维护客户利益的观念,依法维护客户的切身利益;
2. 通过小组评价,能客观地评判自己或他人的工作业绩。

建议课时

4~6课时。

一、理论知识准备

1. 高压共轨式电控柴油发动机概述

高压共轨技术是指高压油泵、压力传感器和ECU组成的闭环系统中,将喷射压力的产生和喷射过程彼此完全分开的一种供油方式,由高压油泵把高压燃油输送到公共供油管,通过对公共供油管内的油压实现精确控制,使高压油管压力大小与发动机的转速无关,可以大幅度减小柴油机供油压力随发动机转速的变化,因此也就减少了传统柴油机的缺陷。ECU 控制喷油器的喷油量,喷油量大小取决于燃油轨(公共供油管)压力和电磁阀开启时间的长短。

德国戴姆勒・奔驰公司利用博士公司的技术首先在世界范围内推出了采用新型高压共轨燃油喷射系统的 4 气门直喷式柴油机,并用于 A、C 级轿车上。日本日野公司利用电装公司的技术在新型 K13C 型柴油发动机和 J 系列柴油发动机上均采用了高压共轨系统,日本三菱公司也利用电装公司的技术在重型柴油发动机上应用了高压共轨系统。

1994 年,博世公司生产了第一代高压共轨式电控燃油系统,如图 10-4 所示。

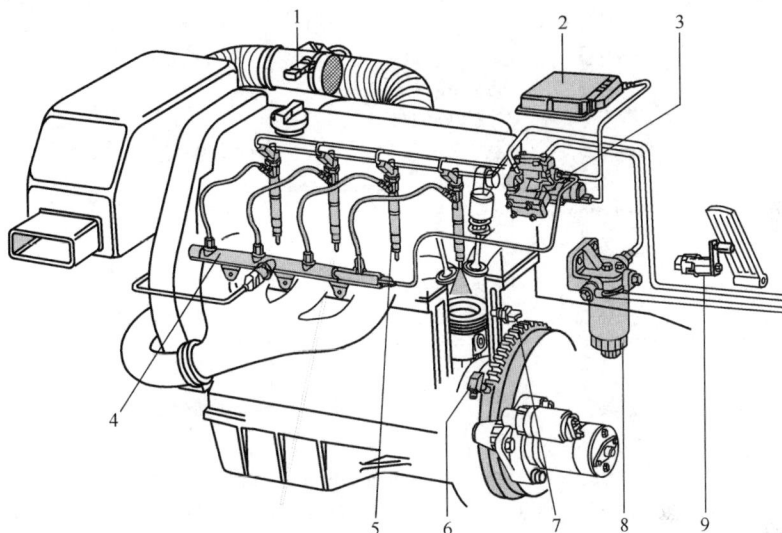

图 10-4　高压共轨式电控燃油系统

1-空气流量计;2-ECU;3-燃油泵;4-共轨;5-喷油器;6-转速传感器;7-冷却液温度传感器;8-燃油滤清器;9-加速踏板位置传感器

　　2. 高压共轨式电控柴油发动机的优点

（1）自由调节喷油压力（共轨压力）。利用共轨压力传感器测量共轨内的燃油压力,从而调整供油泵的供油量、控制共轨压力（共轨压力就是喷油压力）。此外,还可以根据发动机转速、喷油量的大小与设定了的最佳值（指令值）始终一致地进行反馈控制。

（2）自由调节喷油量。以发动机的转速及加速踏板位置信息等为基础,由计算机计算出最佳喷油量,通过控制喷油器电磁阀的通电、断电时刻直接控制喷油参数。

（3）自由调节喷油率形状。根据发动机用途的需要,设置并控制喷油率形状（预喷射、主喷射、后喷射）。

（4）自由调节喷油时间。根据发动机的转速和负荷等参数,计算出最佳喷油时间,并控制电控喷油器在适当的时刻开启或关闭,从而准确控制喷油时间。

在高压共轨电控系统中,由各种传感器（发动机转速传感器、加速踏板位置传感器、温度传感器等）实时检测出发动机的实际运行状态,由微型计算机根据预先设计的计算程序进行计算后,定出适合于该运行状态的喷油量、喷油时间、喷油率等参数,使发动机始终都能在最佳状态下工作。

3. 高压共轨式电控柴油发动机的组成与工作原理

下面以大众 2.0L TDI 发动机为例来说明高压共轨式电控柴油发动机的组成及工作原理,如图 10-5 所示。

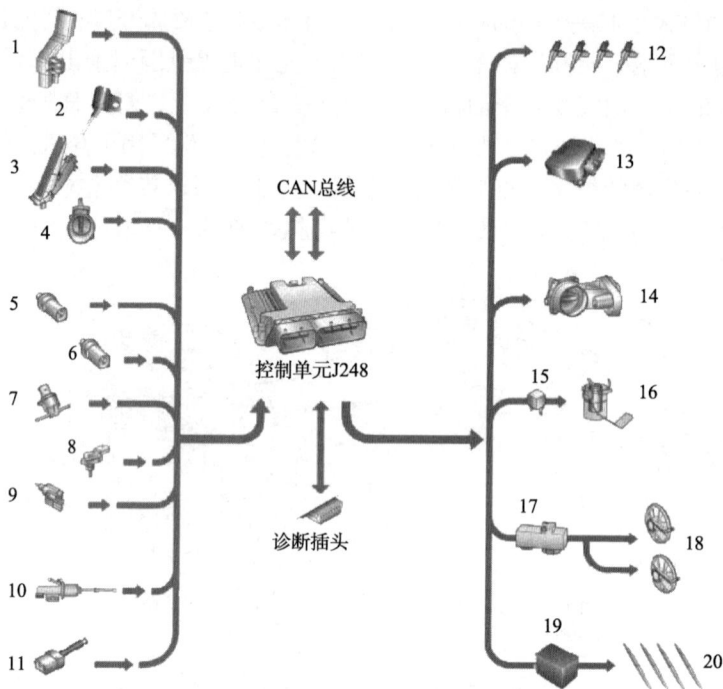

图 10-5　大众 2.0L TDI 发动机管理系统组成

1-发动机转速传感器 G28;2-霍尔传感器 G40;3-加速踏板位置传感器 1G79、加速踏板位置传感器 2 G815;4-空气流量计 G70;5-冷却液温度传感器 G62;6-散热器出口冷却液温度传感器 G83;7-燃油温度传感器 G81;8-进气温度传感器 G42;9-制动灯开关 F、GRA 制动踏板开关;10-离合器位置传感器 G476;11-增压空气压力传感器 G3;12-喷油阀 N240、N241、N242、N243;13-电磁阀模块:废气再循环阀 N18、废气再循环冷却器转换阀 N345、增压压力控制电磁阀 N75;14-进气歧管风门电动机 V157;15-燃油泵继电器 J17;16-燃油泵 G6;17-冷却风扇控制单元 J293;18-冷却风扇 V17、V18(右侧);19-预热塞控制单元 J370;20-预热塞 1Q10、预热塞 2Q11/预热塞 3Q12/预热塞 4Q13

高压共轨式电控柴油发动机由传感器、电控单元(ECU)和执行器三部分组成。传感器感知和检测发动机与车辆的运行状态,并将检测结果转换成电信号输送给 ECU;ECU 接收来自传感器的各种信号,存储计算后获得最佳控制指令;执行器接收 ECU 传来的指令,并完成需要的调控任务。

根据发动机管理系统中不同的控制内容,电控系统包括高压共轨电控燃油喷射系统、增压压力控制系统、废气再循环控制系统、预热控制系统、柴油机后处理装置等。

1)高压共轨电控燃油喷射系统

高压共轨电控燃油喷射系统由传感器、电控单元(ECU)和执行元件三部分组成,如图 10-6所示。传感器采集转速、温度、压力、位置等信号,并将实时监测到的传感器数据输入到控制单元中;ECU 作为电控系统的指挥中心,对来自传感器的信息进行比较与运算,确定最佳运行参数;执行元件按照最佳运行参数对喷油压力、喷油量、喷油时间、喷油规律等进行控制,驱动喷油系统,使得柴油机工作状态达到最佳。

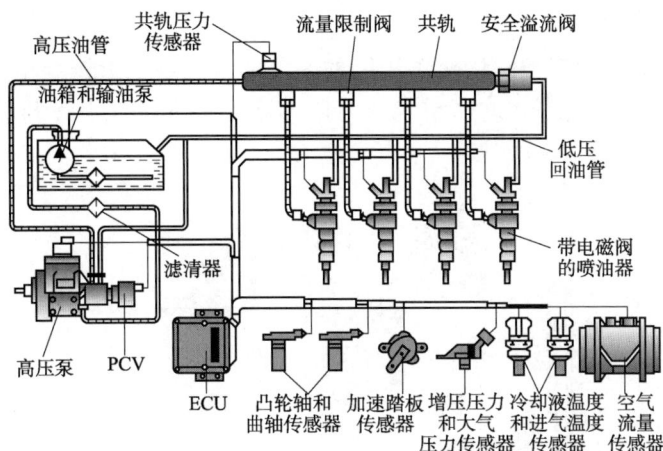

图 10-6　高压共轨电控燃油喷射系统结构图

高压共轨喷射系统用于混合气的准备,该共轨喷射系统是柴油机上的一种高压蓄压器燃油喷射系统。该喷油系统中,压力的产生与燃油的喷射是分开的,由一个独立的高压泵产生所需的燃油高压。此燃油高压存储于高压蓄压器(共轨式)中,并通过喷油管路传送到喷油器上。高压共轨喷射系统由发动机 ECU 控制。

如图 10-7 所示,燃油系统加压泵 G6 持续向进油管供油,经过带预热阀的燃油滤清器,可以防止滤清器由于石蜡晶体在低温下结晶而堵塞;辅助燃油泵经供油管向高压油泵供油,经过集成燃油温度传感器 G81 的过滤网,可以防止杂质微粒进入高压泵中,并且测量出当前燃油温度;带有燃油计量阀的高压油泵建立起喷油所需的高压(高压可达 180MPa),并可以通过燃油计量阀 N290 按系统要求调解压缩的燃油量;燃油压力调节阀 N276 在高压范围内调解燃油压力(23~180MPa),并通过燃油压力传感器 G247 向 ECU 反馈燃油压力信息,构成闭环控制系统,最终在轨道式高压蓄压器内存储所有缸喷油用的高压燃油;燃油压力保持阀形成回油背压,保持喷油器回油压力为 1MPa,该压力用于保证喷油器的正常工作。

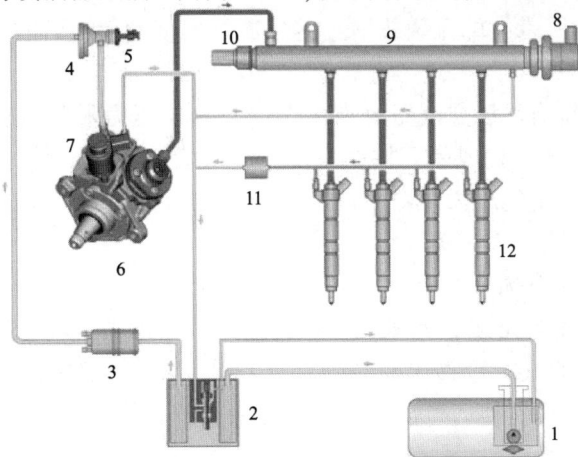

图 10-7　发动机高压共轨喷射系统示意图

1-燃油系统加压泵 G6;2-燃油滤清器(带预热阀);3-辅助燃油泵 V393;4-过滤网;5-燃油温度传感器;6-高压油泵;7-燃油计量阀 N290;8-燃油压力调节阀 N276;9-高压蓄压器(轨道式);10-燃油压力传感器 G247;11-压力保持阀;12-喷油器 N30、N31、N32、N33

2)增压压力控制系统

增压压力控制系统用以控制增压器压缩的空气质量。系统由控制单元、增压压力限制电磁阀 N75、真空单元、增压器、增压空气压力传感器 G31 和进气温度传感器 G42 等组成。系统结构如图 10-8 所示。

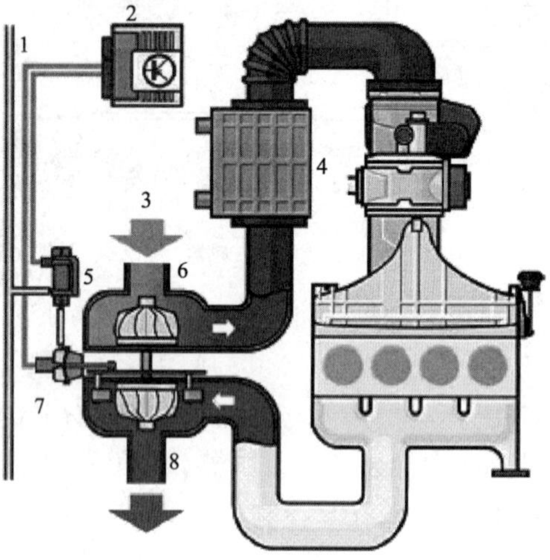

图 10-8　高压共轨喷射系统示意图

1-真空管;2-发动机控制单元;3-进气;4-增压空气滤清器;5-增压压力限制电磁阀 N75;6-涡轮增压器;7-真空单元;8-排气涡轮带导流片调节装置

发动机控制单元首先根据发动机工况计算出所需要的增压压力,作为控制目标。增压压力传感器 G31 检测当前的增压空气压力,若当前增压空气压力高于目标增压压力,增压压力限制电磁阀 N75 控制真空管路接通,由真空单元调节增压器导流片角度减小,从而降低涡轮转速,降低增压空气压力;若当前增压空气压力低于目标增压压力,增压压力限制电磁阀 N75 控制真空管路断开,真空单元调节增压器导流片角度增大,从而增加涡轮转速,增加增压空气压力。

增压压力控制系统有增压空气压力传感器 G31、增压压力限制电磁阀 N75、集成在真空单元上的位置传感器 G581 构成闭环控制系统。发动机控制单元利用进气温度传感器 G42 的信号来调节目标增压空气压力。由于温度会影响增压空气的密度,因此该信号被发动机控制单元用作修正参数。

3)废气再循环控制系统

采用废气再循环系统是减少氮氧化合物排放的一大措施。废气再循环系统将部分废气送回到燃烧室中。油气混合物中的氧气含量降低,减缓了燃烧。这就降低了燃烧峰值温度,从而减少了氮氧化合物的排放。工作原理与汽油机废弃再循环系统相同,如图 10-9 所示。

4)柴油机预热控制系统

TDI 发动机有一个柴油快速起动预热装置。它能迅速起动发动机,和汽油发动机一样,几乎在所有的气候条件下都无需长时间预热。预热控制系统组成如图 10-10 所示。

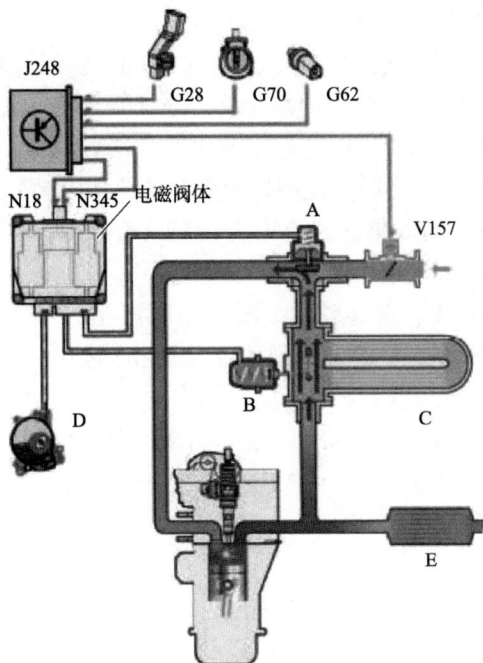

图 10-9　废气再循环控制系统

G28-发动机转速传感器；G62-冷却液温度传感器；G70-空气流量计；J248-柴油直接喷射系统控制单元；N18-废气再循环阀；N345-废气再循环冷却切换阀；V157-进气歧管风门电动机；A-废气再循环阀；B-真空元件；C-废气再循环冷却器；D-真空泵；E-催化转化器

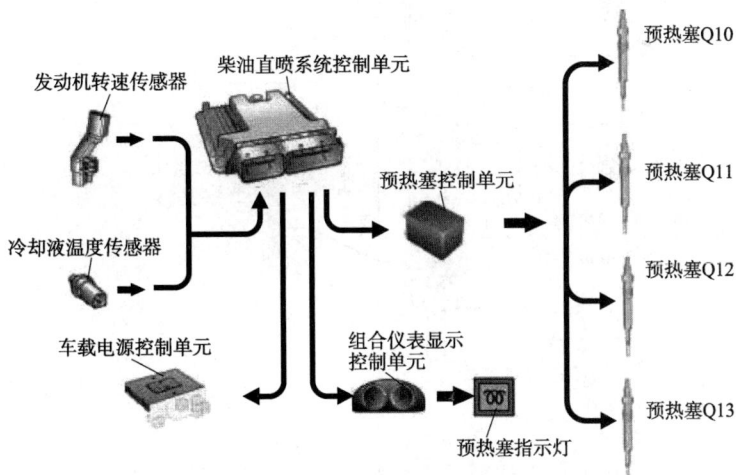

图 10-10　柴油机预热控制系统

该预热塞系统的优点如下：

（1）能够在低至 -24℃ 的温度下起动。

（2）加热时间极短。预热塞 2s 内可达到 1000℃ 的高温。

（3）预热温度和起动后预热温度可控。

（4）能进行自诊断。

5）后处理装置

柴油机的后处理装置包括 NO_x 还原装置、CO 及 HC 氧化装置以及微粒捕集装置等。其中，作为 NO_x 的还原催化技术，采用的还原剂主要有添加轻柴油、提高排气中 HC、添加酒精、添加 NH(氨)化合物等。其中比较典型的还原催化技术是酒精还原法和氨还原法。

（1）酒精选择还原法。当氧化铝催化剂采用酒精还原法时，即使在氧和水蒸气共存的排气中，也表现出显著降低 NO_x 的效果。这是因为酒精具有亲水性，与水蒸气的性质相似，而且酒精和氧化铝具有良好的促进 NO_x 还原反应的性质。

（2）氨气选择还原法（NH_3-SCR 法）。氨气还原法是在排气中导入氨气，并使之在 $200 \sim 400℃$ 下与金属氧化物为主要成分的固体催化剂相接处，由此还原 NO_X。其还原反应需要与氧气共存，反应为

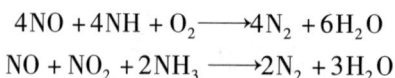

$$4NO + 4NH + O_2 \longrightarrow 4N_2 + 6H_2O$$
$$NO + NO_2 + 2NH_3 \longrightarrow 2N_2 + 3H_2O$$

4. 高压共轨系统结构组成

1）高压泵的结构与工作原理

高压泵的结构如图 10-11 所示，由驱动轴、柱塞、进油阀、出油阀、电磁断油阀、压力调节阀和机体等组成。驱动轴由发动机驱动，其偏心凸轮有三个凸轮，分别驱动三组柱塞，驱动轴每转一圈，三柱塞分别上下运动一次。

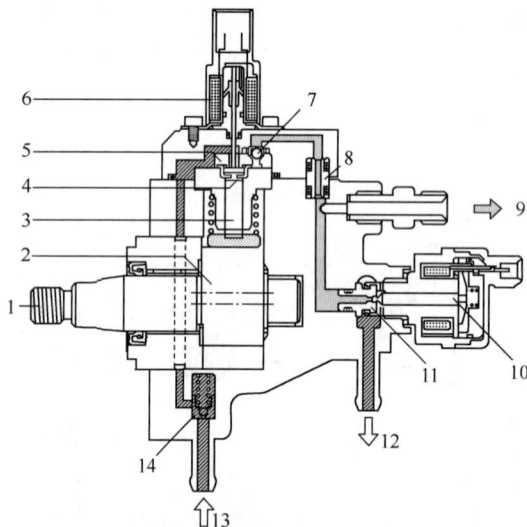

图 10-11　高压泵的结构

1-驱动轴；2-偏心凸轮；3-高压泵柱塞；4-高压油腔；5-进油阀；6-电磁断油阀；7-出油阀；8-密封套；9-高压油管；10-压力调节器；11-溢油阀座；12-回油管；13-吸油管；14-止回阀

当柱塞下行时，燃油从吸油管经止回阀、进油阀被吸入，如图 10-12 所示。当柱塞克服弹簧上行时，油压将进油阀关闭，由于柱塞与套的高精度，因此，能产生很高的压力，顶开出油阀，从高压油管压出。柱塞的复位是靠受压弹簧压动与之镶嵌的弹簧座而实现的。

（1）压力调节阀。由电磁阀、阀针、密封球和平衡弹簧等组成。共轨上安装有油压传感器，检测共轨中的压力，如图 10-13 所示。当油压过高时，ECU 控制压力调节阀打开溢油阀

泄压。

从小孔施加在密封球上的力与作用在相对面积很大的阀针上的力相平衡,当 ECU 给电磁阀通电后,破坏了这种平衡,磁力将针阀向上抬起,密封孔打开泄压。

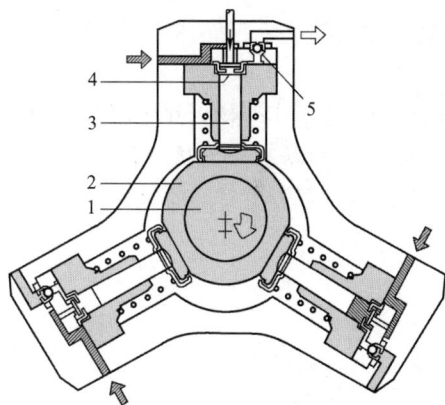

图 10-12 供油泵工作原理图

1-驱动轴;2-偏心凸轮;3-高压泵柱塞;4-高压油腔;5-进油阀

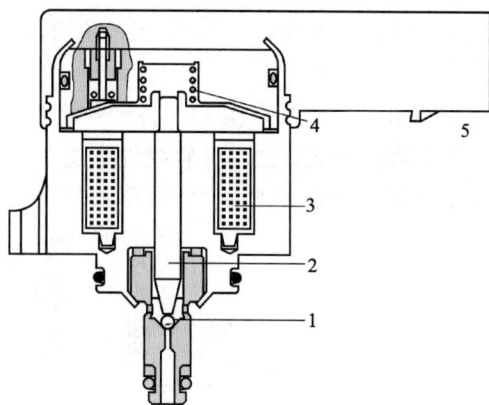

图 10-13 压力调节阀

1-密封球;2-阀针;3-电磁线圈;4-平衡弹簧;5-护套

(2)电磁断油阀。供油泵产生的高压燃油经共轨分配到各个汽缸的喷油器中;燃油压力由设置在共轨内的传感器检出,反馈到控制系统,并使实际压力值和事先设定的、与发动机转速和发动机负荷相适应的压力值始终一致。

柱塞下行,控制阀开启,低压燃油经控制阀流入柱塞腔。柱塞上行,但控制阀中尚未通电,控制阀仍处于开启状态,吸进了的燃油并未升压,经控制阀油流回低压腔。

ECU 计算出满足必要的供油量的定时,适时地向控制阀供电,并使之开启,切断回油流路,柱塞腔内燃油增压。因此,高压燃油经出油阀(止回阀)压入共轨内,控制阀开启后的柱塞行程与供油量对应。如果使控制阀的开启时间(柱塞的预行程)改变,则供油量随之改变,从而可以控制共轨压力。

凸轮越过最大升程后,则柱塞进入下降行程,柱塞腔内的压力降低;这时出油阀关闭,压油停止,控制阀处于停止通电状态,控制阀开启,低压燃油将被吸入柱塞腔内。

2)喷油器的结构与工作原理

喷油器的结构如图 10-14 所示,喷油器主要由喷油嘴、顶针、电磁阀、控制活塞和球阀等组成。

电控喷油器中由电磁阀直接控制喷油始点、喷油间隔和喷油终点,从而直接控制喷油量、喷油时间和喷油率。电控喷油器实际上完成了传统喷油装置中的喷油器、调速器和提前器的功能。

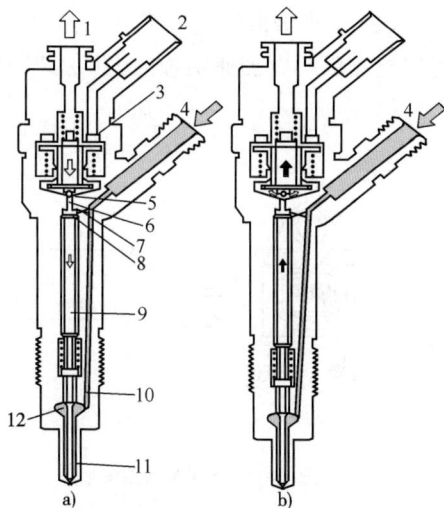

图 10-14 喷油器的结构

1-回油管;2-控制接线柱;3-电磁线圈;4-进油口;5-止回阀;6、7-节流孔;8-B 腔;9-接杆;10-油道;11-针阀;12-A 腔

与直喷式柴油机中的机械式喷油器体相似,喷油器可用压板等安装在汽缸盖内。

高压油从进油管进入,通过油道通到喷油嘴 A 腔。此时,高压油也通过节流孔进入喷油器的 B 腔。由于 B 腔和 A 腔压力相同,故喷油嘴关闭,如图 10-14a)所示。

当电磁阀通电后,活塞被电磁力吸起,止回阀在油压作用下打开,B 腔泄压后油压下降,A、B 腔的压力差将针阀抬起,喷油嘴喷油,如图 10-14b)所示。

3)共轨组件

如图 10-15 所示,共轨组件的作用是接受从供油泵供来的高压燃油,并按照 ECU 的指令向各个汽缸分配燃油。共轨组件中还有压力限制器、流动缓冲器和压力传感器等,随时监测有无过剩燃油流出、喷射,监测压力是否正常并进行控制。

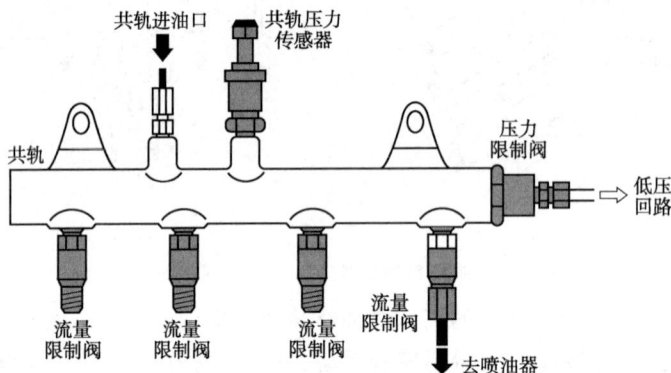

图 10-15　共轨组件

4)高压共轨系统的各种传感器

(1)发动机转速传感器。如图 10-16 所示,发动机转速传感器安装在飞轮壳上,以脉冲形式检测发动机转速;供油泵传感器布置在供油泵上;具有传感器功能;对汽缸进行判别。

(2)加速踏板位置传感器。如图 10-17 所示,加速踏板位置传感器安装在加速踏板上,可以检测出脚踩加速踏板的力(加速踏板转过的角度)。其输出电路有两套,以确保可靠性。

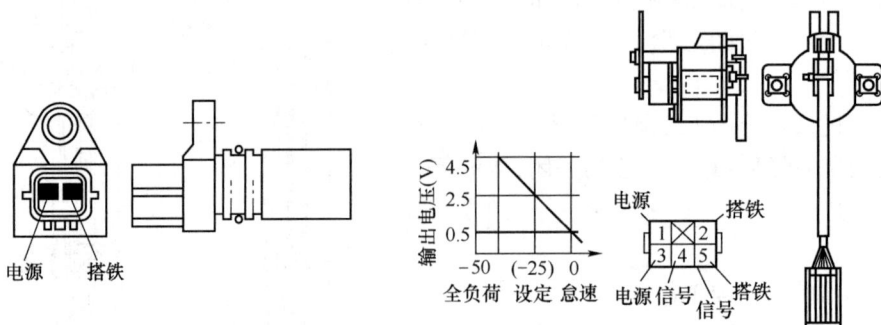

图 10-16　发动机转速传感器

图 10-17　加速踏板位置传感器

(3)增压压力传感器。如图 10-18 所示,增压压力传感器安装在进气管上,为了对燃油喷射进行最佳化控制,随时都在监视着增压器提供的进气压力的变化。

(4)冷却液温度传感器。如图 10-19 所示,冷却液温度传感器安装在汽缸体左前方的上部。为了确保燃油喷射最佳化,随时都在监视着冷却液温度的变化。

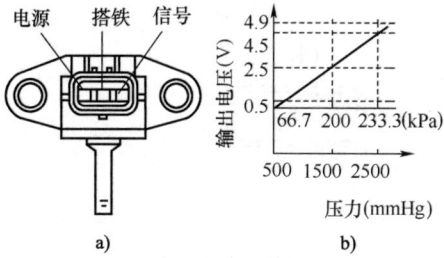

图 10-18　增压压力传感器

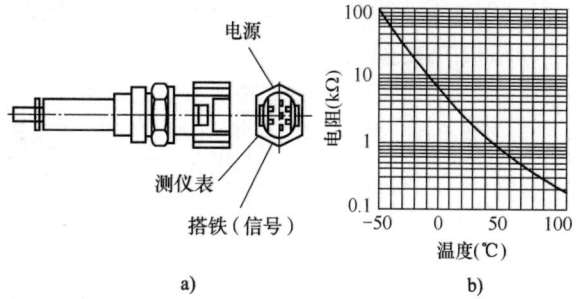

图 10-19　冷却液温度传感器

（5）燃油温度传感器。燃油温度传感器安装在汽缸上,靠近燃油滤清器的位置,为了确保燃油喷射最佳化,随时都在监视着燃油温度的变化,发动机中实际使用的燃油温度传感器的形状和特性曲线如图 10-20 所示。

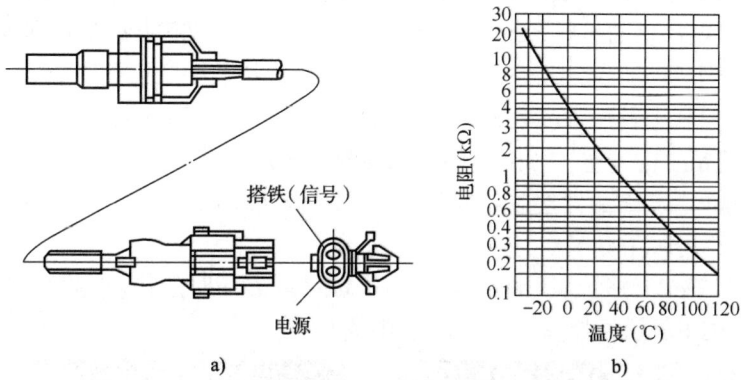

图 10-20　燃油温度传感器

（6）大气温度传感器。大气温度传感器安装在进气管的前部,为了确保燃油喷射最佳化,随时都在监视着大气温度的变化。

（7）速度传感器。速度传感器安装在变速器上,监视车速的变化,发动机中实际使用的车速传感器如图 10-21 所示。

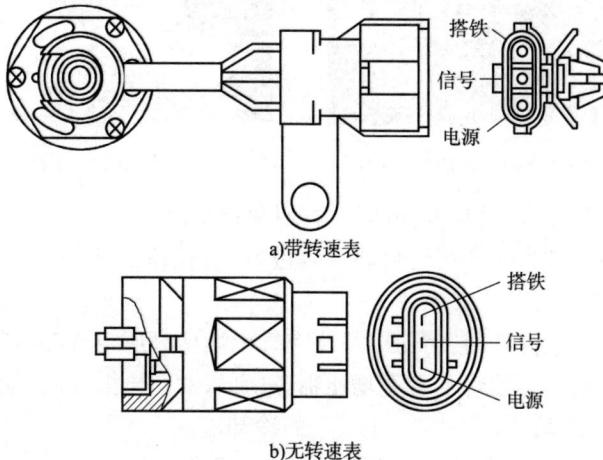

a)带转速表

b)无转速表

图 10-21　速度传感器

（8）加速踏板开关。如图 10-22 所示，加速踏板开安装在加速踏板上，随时都在监视着加速踏板的怠速位置。

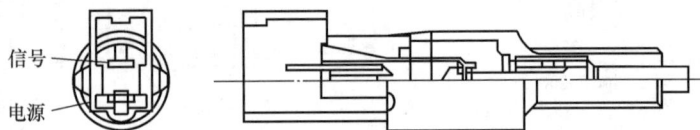

图 10-22　加速踏板开关

（9）大气压力传感器。大气压力传感器布置在 ECU 内部，为了确保燃油喷射最佳化，随时都在监视着大气压力的变化。

（10）诊断开关。诊断开关（插座颜色：白色）布置在检查盒内，在进行故障诊断时使用。

5. 高压共轨式电控燃油喷射系统检修

1）高压共轨式电控燃油喷射系统检修注意事项

高压共轨式电控燃油喷射系统的喷油压力可高达 135～200MPa 以上，所以，有关维修的技术和应该注意事项与传统式柴油发动机是不相同的，其维修注意事项如下：

（1）高压共轨式电控燃油喷射系统需要较高的喷油压力，因此需要比传统的喷射系统更小的喷油孔和更精密的调整，因此，当共轨式柴油喷射系统维修时，必须维持绝对的清洁度。

（2）为了防止手套上的棉絮脱落或灰尘、杂质掉落燃油系统，故在从事相关零件的拆卸和分解工作时，不可戴手套工作，如图 10-23 所示。

（3）拆卸各汽缸喷油器高压油管时，其两端螺母均需同时放松，作业时需以两个扳手同时操作，如图 10-24 所示，以免高压油管变形损坏。

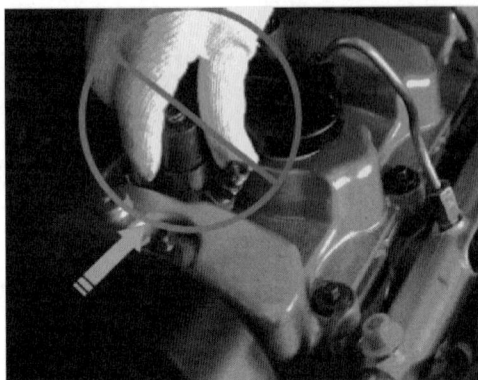

图 10-23　不可戴手套从事燃油系统的相关工作

图 10-24　拆卸高压油管操作

（4）发动机运转时，绝不可松开高压油管，以免危险。

（5）燃油系统各零件都必须用密封塑料袋包装，且孔口必须用适当的塞子保护，避免灰尘、砂粒、杂质或水分进入。

（6）当柴油管路已被拆开时，请勿用高压空气枪喷出高压空气在其附近做清洁工作。

（7）有些厂牌规定高压油管不可重复使用，只要从发动机拆卸后，就不可重复使用，以免漏油或发生其他危险情况。

（8）高压油管不可碰撞，尤其是在实施维护或检修工作时。

（9）绝不可改变高压油管的弯角与圆弧，以免影响喷油的状况，比如喷油率的控制、喷油量、喷油正时等。

（10）高压油管压力很高，不可直接用手泄放高压管油压，否则可能会射穿肉体，造成危险与伤害，最好能参阅厂家维修资料实施泄放油压工作，比如有些厂家规定要使用专用仪器泄放油压。

（11）实施高油压检查时，仅能通过共轨压力感知器的电压数值读取，最好能使用厂家专用的电脑诊断仪器或示波器进行。

（12）发动机起动运转时，检测每一汽缸的燃烧与产生动力情况，可通过拆开喷油嘴导线接头逐一确认，但要注意采用此种方法可能会被电击。

（13）进行更换喷油器的工作前，一定要确认喷油器上厂家所标示的编号或记号，更换时必须使用相同编号或记号，若无相同编号或记号的喷油器时，则需要全部更换，如图 10-25 所示。

（14）安装喷油器前，一定要将喷油器底座的积炭清洁干净，必要时要使用合适的钢丝刷实施，且一定要装上铜垫圈，以便散热和防止汽缸漏气，有些厂牌如果密封不良，喷油器会因为机油流入燃烧室而损坏。

（15）安装喷油器时，其固定螺栓一定要按照

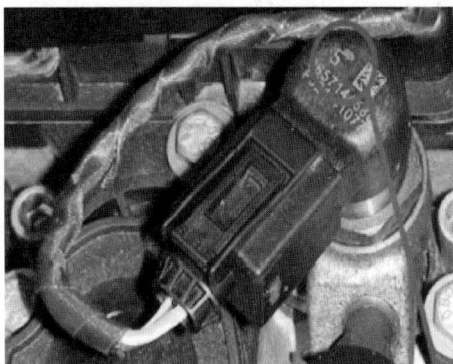

图 10-25　喷油器的安装编号

厂家规定的力矩拧紧，否则，容易造成各缸柴油分配不平均、性能降低与缩短喷油器的寿命。

（16）当油箱完全无油时，一定要添加超级柴油。如柴油发动机使用电动柴油泵作低压泵，发动机起动前可不需排放低压管路的空气。但低压泵如采用内外齿轮式，则一定要先排放低压管路的空气，再起动发动机。

2）高压共轨电控燃油喷射系统故障诊断思路

电控高压共轨燃油喷油系统柴油机，其故障一般可分为机械故障和电器故障两大类。柴油机故障诊断是比较复杂的一项工作，尤其是电控柴油机的故障，需要维修服务人员有更高的技术理论修养和丰富的实际诊断经验。然而，其中也并非没有规律可循，如果能够遵循故障诊断的一些基本原则，就可能以较为简单的方法准确而迅速地找出故障所在。电控柴油机故障诊断的基本原则可概括为以下几点。

（1）先外后内。在柴油机出现故障时，先对电子控制系统以外的可能故障部位予以检查。这样可避免本来是一个与电子控制系统无关的故障，却对系统的传感器、电脑、执行器及线路进行复杂且又费时费力的检查，即真正的故障可能是较容易查找到却未能找到。比较容易的方法是：柴油机发生故障，首先观察系统的故障指示灯，如果指示灯没有显示，则基本可以作为机械故障来进行处理。如果指示灯有显示，就可以通过闪码来确定故障位置，进而进行相应处理。

（2）先简后繁。实际上柴油机故障绝大多数都是比较简单的故障，电气系统的故障也是如此。可以首先对电气系统进行初步的检查，比如检查电控系统线束的连接状况：传感器或执行器的电连接器是否良好，线束间的连接器是否松动或断开，导线是否有磨破或线间短路现象，电连接器的插头和插座有无腐蚀现象等，检查每个传感器和执行器有无明显的损伤。

直观检查未找出故障,需借助于仪器仪表或其他专用工具来进行检查时,也应对较容易检查的或最有可能产生故障的地方先予以检查。

(3)闪码先行。电子控制系统一般都有故障自诊断功能。当电子控制系统出现某种故障时,故障自诊断系统就会立刻监测到故障并通过检测柴油机警告灯向驾驶人报警,与此同时以代码的方式储存该故障的信息。这时应该按下柴油机诊断开关,这时柴油机故障指示灯会按顺序闪出闪码,可根据对应的手册查出闪码指示的故障,从而解决故障。

(4)代码综合。如果前面所做的都解决不了问题,就需要利用专门的诊断仪对电控系统做一个全面的检测了。先确认代码故障,然后可利用诊断仪的各项功能对柴油机进行具体诊断,比如,发现柴油机喷油器某一缸喷油量为零,则可初步判断这一缸喷油器或者线束有问题,再进行下一步的排除就比较简单了。

(5)换件排除。电控柴油机的电气系统中线路发生的故障通常是配线和连接器接触不良造成的,这时想要具体查处故障原因可能要耗费比较多的时间。在实际的维修过程中,为了能快速解决问题,排除故障,最便捷的方法莫过于在诊断出故障部件后采用新件替换,这样能够以最快速的方法解决问题,找到故障部件后,查找问题原因要容易得多。

3)常见故障诊断方法

(1)故障码的读取。控制器(ECU)具有故障自诊断的功能,一旦 ECU 检测出电喷系统故障,将产生对应的故障码并存入内存,依照故障的严重等级,自动进入不同的失效保护策略。大部分情况下,失效保护策略仍能保持发动机以降低功率的方式继续工作,少数极其严重的故障,失效保护策略会停止喷油。故障码的读取可以通过故障检测仪读取。

(2)清除故障码。

①发动机熄火。

②将点火钥匙关闭,至少关闭 20s 以上(等 ECU 内部主继电器断开)。

③打开故障请求开关。

④打开点火钥匙。

⑤打开点火钥匙后 4 ~ 8s 迅速关闭故障请求开关(时间的掌握非常重要)。

⑥再打开故障请求开关,故障码清除。

4)共轨系统常见故障与维修

共轨系统常见故障及可能的原因见表 10-3。

共轨系统常见故障现象及原因对照　　　　　　　　　　　　　　表 10-3

序号	故障现象	故障可能原因及表现	维 修 建 议
1	无法起动 难以起动 运行熄火	(1)电喷系统无法上电: ①通电自检时故障指示灯不亮; ②诊断仪无法连通; ③节气门接插件没有 5V 参考电压; ④开钥匙时故障灯是否会自检(亮一下)	检查电喷系统线束及熔断丝,特别是点火开关方面(包括熔断丝,改装车还应看点火钥匙那条线是不是接在钥匙开关 ON 挡上)
		(2)蓄电池电压不足: ①万用表或诊断仪显示电压偏低; ②专用工具测蓄电池在起动的时候电压降; ③起动机运转无力	更换蓄电池或充电、跟其他车并蓄电池

序号	故障现象	故障可能原因及表现	维修建议
1	无法起动 难以起动 运行熄火	(3)无法建立工作时序： ①诊断仪显示同步信号故障； ②示波器显示曲轴/凸轮轴工作相位错误； ③线路是否连接完好； ④曲轴位置传感器上是否有异物或者划痕	(1)检查曲轴/凸轮轴信号传感器是否完好无损； (2)检查其接插件和导线是否完好无损
		(4)预热不足： ①高寒工况下,没有等到冷起动指示灯熄灭就起动； ②万用表或诊断仪显示预热过程蓄电池电压变动不正常	(1)检查预热线路是否接线良好； (2)检查预热塞电阻水平是否正常； (3)检查蓄电池电容量是否足够
		(5)ECU 软/硬件或高压系统故障： ①诊断仪显示模数转换模块故障； ②存在轨压超高的故障	确认后,更换 ECU 或通知专业人员是轨压过低
		(6)喷油器不喷油： ①怠速抖动较大； ②高压油管无脉动； ③诊断仪显示怠速油量增高； ④诊断仪显示喷油器驱动线路故障	(1)检查喷油驱动线路(含接插件)是否损坏/开路/短路； (2)检查高压油管是否泄漏； (3)检查喷油器是否损坏/积炭
		(7)高压泵供油能力不足： 诊断仪显示轨压偏小	(1)检查高压油泵是否能够提供足够的油轨压力； (2)检查燃油计量阀是否损坏； (3)检查低压油路是否供油畅通、喷油器是否卡死、高压油管是否裂等
		(8)轨压持续超高： 诊断仪显示轨压持续2s 高于 160MPa	(1)检查燃油计量阀是否损坏； (2)油压泄放阀卡滞
		(9)轨压传感器损坏： 艰难起动后存在敲缸、冒白烟等现象	拔掉轨压传感器能顺利起动
		(10)机械组件故障： ①油路不畅：油路有气、输油泵进口压力不足； ②起动机损坏； ③阻力过大、缺机油或者未置空挡； ④进排气门调整错误等	(1)检查燃油/机油路； (2)检查进/排气路； (3)检查滤清器是否阻塞等

续上表

序号	故障现象	故障可能原因及表现	维 修 建 议
2	跛行回家模式 (故障指示灯亮)	(1)仅靠曲轴信号运行: ①诊断仪显示凸轮信号丢失; ②对起动时间的影响不明显	(1)检查凸轮传感器信号线路; (2)检查凸轮传感器是否损坏
		(2)仅靠凸轮信号运行: ①诊断仪显示曲轴信号丢失; ②起动时间较长(例如4s左右),或难以起动	(1)检查曲轴传感器信号线路; (2)检查曲轴传感器是否损坏
3	节气门失效,且发动机无怠速(转速维持在1100r/min左右)	节气门故障: (1)急速升高至1100r/min节气门失效; (2)诊断仪显示第一/二路加速踏板信号故障; (3)诊断仪显示两路加速踏板信号不一致; (4)诊断仪显示加速踏板卡滞	(1)检查加速踏板线路(含接插件)是否损坏/开路/短路; (2)检查加速踏板电阻特性; (3)加速踏板是否进水
4	热保护引起功率/转矩不足,转速不受限	(1)冷却液温度过高导致热保护; (2)进气温度过高导致热保护; (3)燃油温度传感器/驱动线路故障; (4)进气温度传感器/驱动线路故障; (5)冷却液温度传感器/驱动线路故障	(1)检查发动机冷却系统; (2)检查发动机供油系统; (3)检查发动机气路; (4)检查冷却液温度传感器本身或信号线路是否损坏; (5)检查气温传感器本身或信号线路是否损坏
5	电控系统进失效模式后导致功率/转矩不足	(1)轨压传感器损坏或线路故障; (2)诊断仪显示节气门无法达到全开等; (3)油轨压力传感器信号飘移; (4)高压油泵闭环控制类故障; (5)增压压力传感器损坏或线路故障	(1)诊断仪显示轨压位于70~76MPa,随转速升高而升高,则可能是燃油计量阀/驱动线路损坏; (2)诊断仪显示轨压固定于77.7MPa,可能为轨压传感器或线路损坏; (3)发动机最高转速被限制在1600~1700r/min; (4)回油管温度明显升高; (5)油轨压力信号漂移,检查物理特性,更换; (6)高压油泵闭环控制类故障,首先检查高压油路是否异常,否则更换高压泵

续上表

序号	故障现象	故障可能原因及表现	维修建议
6	机械系统原因导致功率/转矩不足	(1)进排气路阻塞,冒烟限制起作用; (2)增压后管路泄漏,冒烟限制起作用; (3)增压器损坏(例如旁通阀常开); (4)进排气门调整错误; (5)油路阻塞/泄漏; (6)低压油路:有空气或压力不足; (7)机械阻力过大; (8)喷油器雾化不良,卡滞等; (9)其他机械原因	(1)检查高压/低压燃油管路; (2)检查进排气系统; (3)检查喷油器
7	运行不稳,急速不稳	(1)信号同步间歇错误: 诊断仪显示同步信号出现偶发故障	(1)检查曲轴/凸轮轴信号线路; (2)检查曲轴/凸轮传感器间隙; (3)检查曲轴/凸轮信号盘
		(2)喷油器驱动故障: 诊断仪显示喷油器驱动线路出现偶发故障(开路/短路等)	检查喷油器驱动线路
		(3)加速踏板信号波动: ①诊断仪显示松开加速踏板后仍有开度信号 ②诊断仪显示固定加速踏板位置后加速踏板信号波动	(1)检查加速踏板信号线路是否进水或磨损导致加速踏板开度信号飘移; (2)更换加速踏板
		(4)机械方面故障: ①进气管路/进排气门泄漏; ②低压油路阻塞/油路进气; ③缺机油等导致阻力过大; ④喷油器积炭、磨损等	参照机械维修经验进行
8	冒黑烟	(1)喷油器雾化不良、滴油等: ①诊断仪显示急速油量增大; ②诊断仪显示急速转速波动	(1)根据机械经验进行判断,例如断缸法等; (2)确认后拆检
		(2)油轨压力信号飘移(实际值＞检测值): ①诊断仪显示相关故障码; ②机械方面故障,例如气门漏气,进排气门调整错误等; ③诊断仪显示压缩测试结果不好	参照机械维修经验进行

续上表

序号	故障现象	故障可能原因及表现	维 修 建 议
9	加速性能差	(1)各种电喷系统故障原因导致转矩受到限制： 诊断仪显示相关故障码	按故障码提示进行维修
		(2)负载过大： ①各种附件的损坏导致阻力增大； ②缺机油/机油变质/组件磨损严重； ③排气制动系统故障导致排气受阻	(1)检查风扇等附件的转动是否受阻； (2)检查机油情况； (3)检查排气制动
		(3)喷油器机械故障： 积炭/针阀卡滞/喷油器体开裂/安装不当导致变形	拆检并更换喷油器
		(4)进气管路泄漏： 油路进气	(1)拧紧松脱管路； (2)排除油路中空气
		(5)节气门信号错误： 诊断仪显示加速踏板踩到底时开度达不到100%	(1)检查线路； (2)更换加速踏板

二、任务实施

(一)共轨高压油泵的拆装

下面以博世 CP2.2 型高压油泵为例说明共轨高压油泵的拆装方法。

博世 CP2.2 型高压油泵为双柱塞直列泵,最高压力 160MPa,采油润滑油润滑。该泵上有两个电磁阀来控制吸入端燃油输送,齿轮泵安装在凸轮轴延伸部分上,外形如图 10-26 所示。

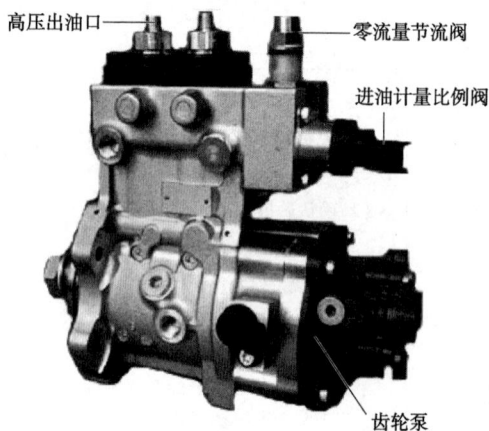

图 10-26　博世 CP2.2 型高压油泵

1. 准备工作

(1)带有博世 CP2.2 型高压油泵柴油机一台、新的高压油泵 1 个。

(2)盘车工具 1 个、M14 螺栓 1 个、新 O 形密封圈 2 个、手动泵 1 个、常用工具 1 套。

2. 技术要求与注意事项

(1)不要握住高低压连接口低强度部件,而只能握住高压油泵的泵体。

(2)安装过程中,非必要时,不能去除高压油泵上的各种防护套(罩)。在高压油泵已经安装到柴油机上,且需要连接低压油管时才允许去掉油泵上的相关防护套。

（3）高压油泵安装到柴油机上时，按拧紧力矩同时或多次均匀拧紧3个紧固螺栓。

（4）高压油泵不允许"干转"，转动前必须注入60mL的燃油且排除泵内空气。

（5）完成机械安装后才可以进行电气接口的安装。

（6）拆除高压油泵上的相关油管时，必须立即用原有的防护套罩住已拆接口。

（7）拆卸高压油管时，注意用专用工具保持油泵高压油出口接头，防止该接头在拆卸油管时可能松动。

（8）完成实训任务后，对工作过程进行自我评价，提交实训工作单，接受指导老师的技能考核。

（9）整理并清洁工作场所，清点和收拾借出的工具、设备和资料，交回实训室。

3．操作步骤

（1）高压油泵的拆卸。

①将正时齿轮盖板上的曲轴箱通风盖拆下，再将高压油泵上的所有线束和管接头拆下。

②使用盘车工具转动发动机，使油泵轴驱动键朝上，以防止其掉入正时齿轮室。

③松开高压油泵齿轮锁紧螺母后反向安装，取一个M14的螺栓拧入螺母的螺孔内、旋入将齿轮油泵轴顶出，用工具将齿轮固定，避免错齿。

④拆下油泵的4个安装螺栓，取下高压油泵。

（2）高压油泵的安装。

①清除锥面上的油污，更换两个O形密封圈，O形密封圈上涂机油。

②将新高压油泵半圆键对准齿轮键槽装入，小心半圆键脱落。

③上紧高压油泵齿轮锁紧螺母，拧紧力矩为(195±20)N·m。

④上紧高压油泵安装螺母，拧紧力矩为(60+12)N·m。

⑤安装油泵所有线束和管接头。

（3）对高压油泵系统初始充油与排空。

①在对高压油泵初次充油时，由于其齿轮式输油泵内有空气，而导致供油不足，之前应用手动泵对其进行预先供油。

②松开柴油滤出口油管，压动手油泵直到柴油滤出油口流出没有气泡的燃油为止。

③用起动机拖动柴油机旋转，此时松开喷油器侧高压油管，直到所有高压油泵喷出没有气泡的燃油为止。

（4）完成实训任务后，对工作过程进行自我评价，提交实训工作单，接受指导老师的技能考核。

（5）整理并清洁工作场所，清点和收拾借出的工具、设备和资料，交回实训室。

（二）喷油器的检测

下面以博世高压共轨柴油机为例说明喷油器的检测方法。

1．准备工作

（1）准备博世高压共轨柴油机1台。

（2）准备万用表、电流钳、诊断仪、常用工具1套。

2．技术要求与注意事项

（1）为了保证清洁，使用专用、清洁的工具，操作人员着装干净。

(2)进行拆卸和分解工作时,不可戴手套工作。

3. 操作步骤

(1)喷油器线路检测。喷油器电路如图 10-27 所示,用万用表是电阻挡,分别测量每个喷油器电磁阀与 ECU 对应端子之间的电阻值,来判断线路是否存在短路及断路故障。

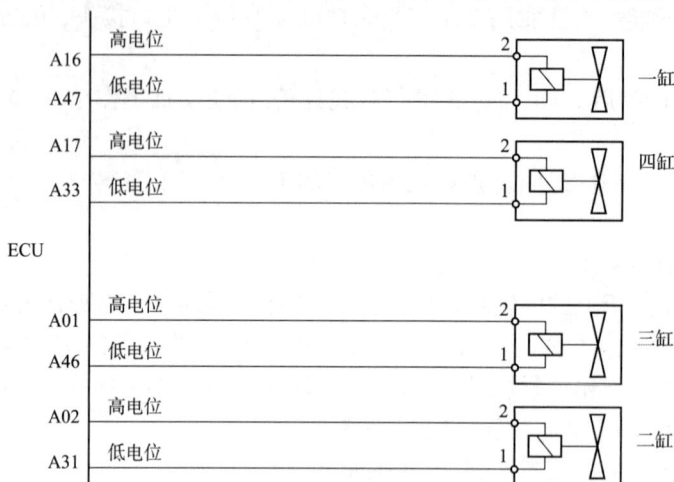

图 10-27　喷油器与 ECU 的电路连接

(2)喷油器电阻值测量。关闭点火开关,分别拔下各喷油器插头,测量各喷油器 1 号端子与 2 号端子间的电阻,正常情况下,两端子间的电阻值应为 0.2 ~ 0.4Ω。

(3)喷油器工作电流测量。使用电流钳检测喷油器工作时的波形,喷油器工作时峰值电流为 18A 左右,保持电流为 12A 左右,如图 10-28 所示。

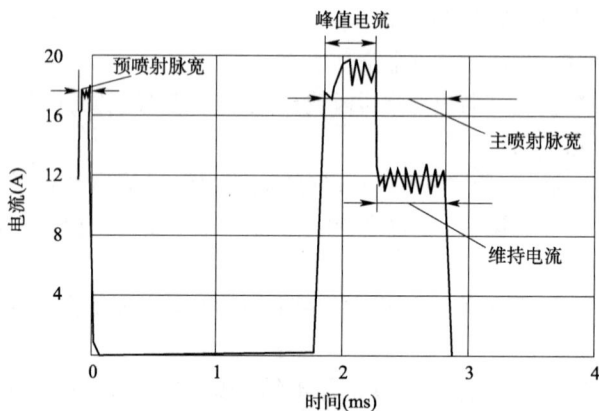

图 10-28　博世共轨喷油器电流波形

(4)喷油器工作电压检测。起动柴油机情况下,喷油器电磁阀端子处应有 5V 脉冲电压输入;或用试灯(须串联 300Ω 左右的电阻)连接喷油器电磁阀两个端子,起动时试灯应时亮时灭。

(5)数据流检测。用故障诊断仪可以读取“系统预设喷油量”“当前系统喷油量”“主喷射修正量”3 个参数的数据流。

(6)完成实训任务后,对工作过程进行自我评价,提交实训工作单,接受指导老师的技能考核。

(7)整理并清洁工作场所,清点和收拾借出的工具、设备和资料,交回实训室。

三、评价与反馈

1.自我评价

(1)通过本学习任务的学习,你是否已经知道以下问题:

①柴油发动机电控燃油系统组成有哪些?

②高压共轨柴油发动机组成有哪些?

③高压共轨柴油发动机燃油系统工作原理是什么?

(2)高压油泵的拆装步骤有哪些?

(3)喷油器的检测步骤有哪些?

(4)实训过程完成情况如何?

(5)通过本学习任务的学习,你认为自己的知识和技能还有哪些欠缺?

签名:_____ ___年___月___日

2.小组评价(表10-4)

小 组 评 价 表　　　　　　　　　　　　表10-4

序　号	评 价 项 目	评价情况
1	着装是否符合要求	
2	是否能合理规范地使用仪器和设备	
3	是否按照安全和规范的流程操作	
4	是否遵守学习、实训场地的规章制度	
5	是否能保持学习、实训场地整洁	
6	团结协作情况	

参与评价的同学签名:_____ ___年___月___日

3.教师评价

_____

_____

教师签名:_____ ___年___月___日

四、技能考核标准(表10-5)

技能考核标准表　　　　　　　　　　　　表10-5

序号	项目	操 作 内 容	规定分	评 分 标 准	得分
1	高压油泵的拆装	高压油泵的拆卸	20分	是否达到操作要求标准	
		高压油泵的安装	20分	是否达到操作要求标准	
		设备仪器回收、清点,清洁场地	10分	是否符合5S要求	
2	喷油器的检测	喷油器线路检测	10分	是否达到操作要求标准	
		喷油器电阻值测量	10分	是否达到操作要求标准	
		喷油器工作电压检测	10分	是否达到操作要求标准	
		数据流检测	10分	是否达到操作要求标准	
		设备仪器回收、清点,清洁场地	10分	是否符合5S要求	
		总分	100分		

思考与练习

(一)填空题

1. 柴油机燃油供给系统的功用是根据柴油机的工作要求,_____、_____、_____地将雾化质量良好的柴油以一定的要求喷入汽缸内,并使这些燃油与空气迅速地混合和燃烧。

2. 柴油机混合气形成方式从原理上来分,有_____和_____两种。

3. 国产柴油的十六烷值规定为_____之间,不必要过分增大。

4. 柴油机的柴油与空气在缸内混合,因此需要较大的_____。

5. 柴油机的燃烧室大致有_____、_____、_____三种。

6. 柴油发动机电控系统与汽油发动机电控系统一样,由_____、_____和执行元件组成。

7. 根据发动机管理系统中不同的控制内容,柴油机电控系统包括_____、废气再循环控制系统、_____、_____等,增压柴油机还具有增压压力控制系统。

8. 柴油机的后处理装置包括_____、_____及微粒捕集装置等。

9. 高压共轨燃油系统供油泵的结构,由_____、_____、_____、_____、压力调节阀和机体等组成。

10. 电控喷油器中由电磁阀直接控制_____、_____和_____,从而直接控制喷油量、喷油时间和喷油率。

(二)选择题

1. 共轨系统的油压可以(   )MPa。
   A. 大于200   B. 达50~200   C. 小于100   D. 都有可能

2. 共轨系统的基本喷油正时由(   )来确定。
   A. 节气门开度   B. 发动机的转速
   C. 发动机温度   D. 节气门开度和发动机的转速

3. 电控柴油机的温度越低,喷油量越(   )。
   A. 低   B. 高   C. 不变   D. 不一定

4. 下述(   )措施是共轨系统为了控制尾气排放而采取的。
   A. 主喷阶段   B. 预喷阶段   C. 后喷阶段   D. 以上都是

5. 增压压力传感器安装在进气管上,为了对燃油喷射进行最佳化控制,随时都在监视着增压器提供的(   )的变化。
   A. 进气压力   B. 进气密度   C. 进气温度   D. 以上都是

(三)判断题

1. 电控柴油机因为油耗低而广泛应用于汽车上。   (   )

2. 柴油机与汽油机组成系统一样。   (   )

3. 柴油机动力输出具有转矩大,油耗低的特点。   (   )

4. 柴油机的汽缸压力比汽油机的大。   (   )

5. 压缩比较大时,压缩终点的温度和压力都比较高,使着火延迟期缩短,发动机工作比

较柔和。　　　　　　　　　　　　　　　　　　　　　　　（　　）

　　6.电控柴油机因为油耗低而广泛被用于汽车上。　　　　　（　　）

　　7.共轨系统的油压随发动机转速的不同可以不同。　　　　（　　）

　　8.共轨系统由于采用高速电磁阀,所以可以在压缩行程中实现多次喷射。（　　）

　　9.电控柴油机和电控汽油机一样,有自诊断系统。　　　　　（　　）

　　10.柴油的雾化主要依靠高的喷油压力和很小的喷孔直径来实现的。（　　）

（四）简答题

1.简述柴油的特性有哪些。

2.简述柴油机燃油系统基本功能。

3.简述柴油机混合气的形成特点。

4.比较柴油机各种燃烧室的特点。

5.简述喷油规律对柴油发动机燃烧过程的影响。

6.柴油机电控燃油系统组成及工作原理是什么?

7.高压共轨电控燃油系统组成及工作原理是什么?

8.高压共轨燃油系统采用了哪些常用传感器,分别有什么作用?

9.高压共轨燃油系统优点有哪些?

参 考 文 献

[1] 汤定国,左适够.汽车发动机构造与维修[M].北京:人民交通出版社,2014.

[2] 陈家瑞.汽车构造(上册)[M].5版.北京:人民交通出版社,2006.

[3] 上汽通用汽车有限公司.汽车发动机机械及检修[M].北京:高等教育出版社,2016.

[4] 姜华.汽车构造[M].北京:人民邮电出版社,2014.

[5] 林平.汽车发动机检修实训[M].北京:人民邮电出版社,2016.

[6] 解福泉.汽车典型电控系统构造与维修[M].北京:人民交通出版社,2014.

[7] 曾鑫.汽车发动机电控系统检修[M].东营:中国石油大学出版社,2016.

[8] 李雷.汽车发动机电控系统检修[M].北京:人民邮电出版社,2011.

[9] 曹向红.汽车发动机电控系统故障诊断与修复[M].北京:人民邮电出版社,2016.

[10] 黄智勇.汽车发动机电控系统检修[M].北京:合肥工业大学出版社,2014.

[11] 刘宏新.汽车原理与构造[M].北京:机械工业出版社,2015.

[12] 朱良.汽车发动机电控系统检修[M].北京:人民邮电出版社,2016.

[13] 崔冠乔,周恒,付亦凡.汽车发动机构造与检修[M].北京:中国建材出版社,2016.

[14] 郭建樑.柴油发动机高压共轨电控系统原理与故障检修[M].北京:机械工业出版社,2012.

[15] 宋福昌.高压共轨电控柴油机结构与检修[M].北京:机械工业出版社,2013.